科研費
KAKENHI

崔 相 龍 (元駐日本国大韓民国特命全権大使, 高麗大学校名誉教授)

オーラルヒストリー記録

중용의 삶

- 한일관계에 대한 성찰 -

최상용 구술

小針進 대표연구

최순육 번역

종문화사

책머리에

이 책은 고하리 스스무(小針進) 교수를 비롯한 일본정치학자 4명이 한일관계를 중심으로 소생(小生)의 70년 인생을 살펴본 연구보고서이다.

접근방법은 위 4명의 전문가가 자유롭게 질문하고 내가 사실과 기억을 바탕으로 대답하는 형식이며 2009년에서 2013년까지 서울과 도쿄에서 12회에 걸쳐 이루어진 40여 시간의 구술기록이다.

널리 알려져 있듯이 한 인간의 삶의 기록에는 고백, 참회록, 자서전, 회고록 등이 있는데 이들 경우는 저자의 주관적 판단과 선택이 크게 부각되기 때문에 문체가 운문적이고 대상도 포괄적이며 내용 또한 풍부하다. 이에 비해 대담형식의 구술기록은 질문자의 문제의식과 방법에 맞춰 당사자인 저자가 구두로 대답하기 때문에 내용이 제한적이고 단편적일 수 있지만 상대적으로 객관성이 높은 사료로 활용되기도 한다.

더 늦기 전에 한일관계에 관한 학술서를 써야겠다는 생각을 하고 있었기에 때마침 구술의 기회가 주어져 내 나름의 일본이야기를 할 수 있었다.

구술녹음을 풀어 놓은 최종보고서를 읽어보니 그동안 나의 일상생활, 학문적인 삶, 때로는 정치적인 삶이 다름 아닌 중용을 배우는 긴 과정이었다는 것을 새삼 실감하게 된다. 그리하여 "최상용 구술사기록"이라는 원문의 명칭을 중용을 배우는 삶, 약칭으로 "중용의 삶"으로 바꿨다.

뜻밖에도 일본정치학자의 관심과 연구의 대상이 된 것이 두렵기도 하고 영광스럽기도 하지만, 나에겐 값진 자기성찰의 기회였고 무엇보다 두 나라 정치학자들의 대화 속에서 문자 그대로 국경을 넘는 인간적 교감이 있었다. "우정은 죽음을 초월한다"는 에피쿠로스의 말을 되새기면서 구술기록에 등장하는 모든 분들의 이름을 영원히 기억하고 싶다.

구어체이면서도 복합적인 의미를 담고 있는 일본어 원문을 한국어로 번역하는 과정에서 어려움을 감수해 준 서울신학대학교 최순육 교수, 많이 읽혀질 보장이 없는 연구보고서를 기꺼이 단행본으로 만들어 준 종(鍾)문화사 임용호 박사에게 마음으로부터 고마움을 전한다.

2016년 1월 1일 새해아침

최 상 용

목 차

제 1부

〈최상용 Oral history〉

최상용 Oral history

제1회
일시 : 2009년 7월 13일
개최장소 : 서울시내
녹음시간 : 3시간

〈출석자〉

최상용 (전 주일본대한민국특명전권대사, 고려대학교 명예교수)
고하리 스스무 (시즈오카현립대학 교수)
사도 아키히로 (추쿄대학 교수)

테이프 번역자 유한회사 펜 하우스 미카도 케이코

제 1회

최상용 (전 주일본대한민국특명전권대사, 고려대학교 명예교수)
고하리 스스무 (시즈오카현립대학 교수)
사도 아키히로 (추쿄대학 교수)

❖ 1942년 경주에서 태어나다

고하리 : 선생님께서 경주에서 태어나셨다는 이야기부터 듣고자 합
　　　　 니다. 지금까지 선생님께서 쓰신 것이라던가, 강연록 등은
　　　　 다 읽었습니다.

최　　 : 네. 여기에 정년 출판기념 DVD가 있습니다. 여기에 많은 것
　　　　 들이 나와 있습니다.

고하리 : 여기엔 음성도 들어가 있나요?

최　　 : 정년 및 출판기념이니까 제 간단한 약력, 김종필 (전 국무총리)
　　　　 씨의 강연이 들어가 있습니다. 그에 의한, 아마도 사적인 장
　　　　 소에서 처음으로 이루어진 연설일지도 모릅니다. 일본에 대
　　　　 한 얘기가 많이 들어있습니다.

고하리 : JP(김종필) 씨 말인가요?

최 : JP 본인. 그리고 박원순 변호사의 강연, 최장집 고려대학 교수의 강연, 중앙일보의 김영희 대(大)기자와 김학준 동아일보 회장을 포함해서 5명 정도가 10분 내지 15분씩 연설을 합니다. 그때 김종필 씨와 강연에서 언쟁이 있었습니다. 김학준 씨가 당시의 고문의 실태에 대해서 폭로했었기 때문입니다. 본인도 고문을 받았지만 "나는 하루 만에 쓰러지는데 그 최 선배는 1개월 넘게 버티었다"라고 말했거든요. 그에 대해 JP씨가, 후에 KCIA는 자기가 만든 거라고. 그건 정말 우연히.

고하리 : 모두들 입장이 다른 사람들이었네요.

최 : 맞아요, 맞아요. 그래서 굉장히 흥미로웠어요. 사전에는 일절 조정하지 않았죠. 자유롭게 말했어요. 이거 드리겠습니다. 제 대답에서 불충분한 점은 여기에 들어있습니다.

사도 : 서로 입장이 다른 사람들이 그런 형태로 마음을 터놓고 이야기를 한다는 건, 지금까지 별로 없었던 일이 아닌가요?

최 : 네. 이런 출판기념회는 처음이죠. 전 국무총리는 대부분 참가했습니다. 각자 모두 정치적으로는 다른 입장이지만, 저와는 깊은 교류가 있었습니다.

고하리 : 그건 선생님의 인격 및 학자라는 입장이.

최 : 김대중, 김영삼, 김종필, 이 세 사람과의 교류가 깊습니다, 우연히도 저는 대사시절부터 김종필 씨와 교류가 있었습니다. 그는 제 대사로서의 활동에 주목하고 그 나름대로 평가해주었습니다. 그는 일본을 너무나 잘 알고 있었으니까.

고하리 : 그렇군요. 이 이야기는 후반부에 하도록 하죠. 사실 YS(김영

삼 전 대통령)과 DJ(김대중 전 대통령)에 대한 이런 저런 평가나 역할을 후일 들려주시길 바랍니다.

오늘은 첫 회니까, 그렇게 욕심내지 않는 방향으로 가죠. 선생님도 말씀하시고 싶은 걸 말씀해주시길 바랍니다.

그럼 본론으로 들어가죠. 태어나신 게 1942년이란 건, 일제 강점기이긴 해도, 흔히 말하는 '식민지 시대'는 아니죠. 하지만 그렇다고 해서 일제 강점기에 대해서 전혀 모르던 세대는 아니라고 생각합니다. 저희들은 경주라고 하면 신라라고 해서, 지금도 일본인 관광객이 곧잘 갑니다만, 그때의 경주라는 도시에 대해서, 최 선생님에 대해서 알기 위해서는 저희들이 어떤 것을 알아두어야 할지부터, 말씀을 듣고자 합니다.

최　　　: 서울에서 1960년에서부터 저는 지금까지 반세기 동안 살아왔습니다. 경주에서는 태어나서 18년간 살았습니다. 초, 중, 고 까지. 지금도 경주에 대한 친근감이란 건, 일종의 자긍심이라고 해야 하나, 그런 것도 있습니다. 이건 단순한 애향심이 아니라, 경주는 역시 한국문화의 뿌리이기도 하고, 제 뿌리이기도 하며, 제 정체성의 모든 것이기 때문입니다.

한국에서 김, 이, 정, 최라는 주요 성씨가 있는데, 대부분의 뿌리가 경주입니다. 경주 김, 경주 박, 경주 이, 이렇게요.

고하리　: 본관이군요.

최　　　: 그렇습니다. 저는 경주 최, 시조는 신라시대의 최치원입니다. 최치원 선생은, 제 29대 선조입니다. 12세 때 당나라에 가서 18세에 과거에 합격해 8년간 당에서 관료를 했었습니다. 강택민 주석이 한국에 와 국제연설에서, 최치원을 인용

한 적이 있습니다. 최치원은 중화인민공화국과 대한민국 양
국에서 가장 존경 받는 인물이며 양국의 가교역할을 했습
니다. 양주에 중국정부가 어엿한 기념비도 세워주었습니다.
최치원은 한국의 유학의 시작이라고 말합니다.

고하리 : 일본 입장에서 말하자면, 전통 가문 출신이라는 이미지일까
요? 전통 있는 집안 출신이라는.

최　　 : 그렇습니다. 성골이 되지는 못했지만, 전통적 의미의 귀족
이죠. 최치원은 일종의 국비유학생이죠. 지금 말로 하면. 중
국에 가서 가장 크게 성공한 사람이지만 신라에 돌아와서는
여러 좌절을 겪고 불교에 깊은 관심을 보였습니다. 최치원
이라 하면 한국 최초의 유학자, 일반국민도 모르는 사람이
없습니다. 제 직계 선조는 정무공 최진립입니다. 정무공은
의병장으로써 임진왜란에 참전했습니다. '문약(文弱)'을 꺼
리고 무과에 합격한 학자이자 무장이고, 68세 때 병자호란
에 참전해 전사했습니다.

　　제 정체성의 역사로 말하자면 경주 최 씨의 시조 최치원의
29대손, 12대 직계 선조가 정무공 최진립, 이 정무공이 한국
에서 널리 알려진 최부자의 시작입니다. 경주 최부자는 한
국의 노블레스 오블리주(noblesse oblige, 신분이 높은 사람은 그
에 맞게 다해야 할 사회적 책임과 임무가 있다는 뜻)의 하나의 모델
입니다.

　　경주 최부자 집안은, 나라에 충성심이 강하고, 또 덕이 많
은 사람들이라고 합니다. 수확의 3분의 1을 가난한 자들에
게 무상으로 나눠주고, 3분의 1은 사회공헌을 하고, 남은 3
분의 1로 현상유지를 했습니다. 그렇게 300년. 한 가문이

300년 넘게 부를 유지해온 사례는, 세계사에서도 없습니다. 이탈리아의 메디치 가문 등, 몇 가문은 백몇 년 정도 유지했지만. 저는 경주 최부자와 같은 가계지만, 제 부모님은 중농으로, 요즘 말로 하면 중산층이었습니다.

고하리 : 부모님에 대한 이야기는 또 나중에 들도록 하지요. 그전에 태어나셨던 때의 경주 지역은 어떤 곳이었나요? 예를 들어 안동이라는 지역이라면 굉장히 보수적인 이미지가 있는데.

최 : 물론, 저는 안동 이상으로 유교적인 가르침을 받았습니다.

고하리 : 그건 태어나셨던 때 일제 강점기였어도 옛 것이 굉장히 많이 남아있었다는 건가요?

최 : 제 할아버님은 한문 학자였습니다. 아버지는 학자가 아닌 평범한 분이셨고요.

고하리 : 그러면 부모님은 학자가 아니셨고, 평범한 지주였다는 말씀이시군요.

최 : 네, 대지주는 아니셨죠. 그저 본인이 소작인을 고용하여 농작을 했으니까.

고하리 : 형제분은요?

최 : 형제는 없습니다. 외동아들입니다. 한국에서는 '무녀독남'이라는 말을 씁니다. 일본에는 없는 말이지요.

사도 : 없네요.

고하리 : 당시에는, 굉장히 드문 일이지 않았나요?

최 : 드물었죠. 아버지가 57세에 제가 태어났습니다. 어머니는 아버지와 19살 차이가 났고요.

사도 : 아버지가 57세, 어머니가 38세일 때? 지금 기준으로 하면 굉장히 고령출산이었네요.

최　　　：맞아요. 아리스토텔레스의 『정치학』이라는 고전이 있습니
　　　　다만, 그 책의 7편 16장에 남녀결혼의 적령기에 대해 남자
　　　　37세, 여자 18세라고 나와 있습니다. 제 부모님이 결혼하셨
　　　　을 때 아버지는 37세, 어머니는 18세였어요, 한번! 저는 아
　　　　리스토텔레스의 이야기를 아버님께 했습니다. 아리스토텔
　　　　레스의 이름이 길잖아요. 그걸 따라하지 못하셔서 아리인지
　　　　누군지는 모르겠지만, "그사람 제대로 알고 있구만"이라고
　　　　말씀하셨죠. (웃음) 저는 어릴 때, 부모님의 사랑을 듬뿍 받고
　　　　자랐습니다.

고하리 ：그럼 결혼하시고 나서 한참 후에 태어나신 거군요.

최　　　：저도 정확히는 모릅니다

❖ 중용이 몸에 밴 교육과 경주의 토양

최　　　：당시에는 태어나서 2, 3개월 만에 죽곤 했어요. 1942년에
　　　　태어나서 47년에 초등학교 1학년이 되었으니까 이것도 예
　　　　외적인 케이스죠.

고하리 ：네?

최　　　：5살에 초등학교 1학년이 되었습니다. 지금 교육법상이라면
　　　　있을 수 없는 일이겠지만 당시엔 교육법이 없었으니까요.
　　　　대한민국이 수립되기 전이었습니다.

고하리 ：어떤 나이에도 적당히 들어갈 수 있었다는 거군요?

최　　　：네, 저는 굉장히 장난기 많은 아이였나 봅니다. 친척 중에 초

등학교 선생님이 있었는데, 어머님이 우리 애 좀 데려가 달
라고 말해서 가게 되었어요. 그래서 당시 저보다 6살 이상
위인 반 친구들이 있었어요.

고하리 : 같은 학년에요?

최　　　: 네.

고하리 : 선생님께선 나중에 미국과 일본의 점령정책이나, 미국의 한
국에 대한 점령점책 등을 연구하셨다고 생각하는데, 그때는
아직 미군정하이었으니, 농지해방 등은 아직 되지 않았겠죠?

최　　　: 농지개혁은 1951년이죠. 이승만 정권시대.

고하리 : 그렇다면 학교에서는 아직 소작인의 아이들은 다니지 않았
나요?

최　　　: 아뇨, 다녔습니다. 여기저기 지주의 논밭전지를 빌려서, 소
작 면적이 넓은 집 아이들이 있었어요. 그런 사람들 특히 저
희 논밭을 경작한 소작인의 아들들은 모두 대학을 졸업하
고, 지금 저 이상으로 행복하게 살고 있습니다.

고하리 : 그때 교육 내용은 기억하고 계시나요? 예를 들면 교과서 등
을?

최　　　: 기억하지 못합니다.

고하리 : 예를 들어 일제 강점기의 잔재가 남아 있었다거나?

최　　　: 굉장히 희미한 기억이지만, 교과서 안에 호랑이나 사자 등
의 그림이 있었어요.

고하리 : 그건 한글로 쓰여 있었나요?

최　　　: 네. 굉장히 조잡한 황색의 책이었습니다.

고하리 : 한때, 일본어로 쓰인 교과서 위를 먹으로 검게 칠하거나.

최　　　: 해방 직후엔 그랬을지도 모르겠네요.

고하리 : 주변 어른들이 일본어로 말하는 걸 들은 적이 있으세요?

최　　 : 아버지로부터는 일본어를 가끔 들은 적이 있습니다.

사도　 : 선생님 본인은 아직 어리셨기에 일제 강점기의 기억은 물론 없으시겠지만, 주변 어른들이 일제 강점기의 일에 대해 말하는 걸 들으셨거나, 그런 적은 자주 있으셨나요?

최　　 : 으음, 농작물공출 때, 조선인 경찰이 가끔 와서 좀 강압적으로 "빨리 내놔"라는 식으로 말했던 건 기억하고 있습니다.

고하리 : 그건 기억하시는 거군요.

최　　 : 네. 그는 친척으로 같은 최 씨였습니다. 그는 그후 경찰의 간부가 되었죠.

고하리 : 어머님도 경주 분이신가요?

최　　 : 부산출신으로 김해 김 씨입니다.

고하리 : 고향도 김해십니까?

최　　 : 부산입니다.

사도　 : 조금 전에, 할아버님이 학자셨다고 하셨는데, 할아버님의 영향을 많이 받거나 하셨나요?

최　　 : 희미한 기억뿐입니다. 직접적으로 배운 적은 없습니다.

사도　 : 그건 아버님 쪽의 할아버님이셨나요? 아니면 어머니 쪽이셨나요?

최　　 : 아버님 쪽입니다.

사도　 : 학자가 될 만한 분이 가문에 계셨으니, 가문 안에 몇 명 정도는 나와 계신 건가요?

최　　 : 많이 있죠. 제 12대의 할아버님은 6명의 아들을 두셨습니다. 한국에서 널리 알려져 있는 '경주 최부잣집'은 3남 계열입니다. 장남 중에는 훌륭한 학자가 계셨습니다. 제가 1979

년에 하버드대학에 있었을 때, 와그너 교수가 제 할아버지에 대해 말씀하셨습니다. "자네는 할아버지의 자(子)를 알고 있는가?", "모릅니다"라고 말했지만, 와그너 교수는 잘 알고 계셨습니다. 와그너 교수는 경주 최 씨와 안동 김 씨를 비교 연구하신 분이니까, 당시 학자는 전부 조사하신 듯합니다.

고하리 : 선생님이 말씀하신 대로, 미국이나 유럽에서 아시아에 대한 조사를 하는 학자는 정말 우수한 사람이 많다는 거죠.

최 : 그건 말이죠, 역점을 거기에 두는 게 아니라, 평균적인 서양 지식인이 얼마나 아시아, 동양에 대해서 모르는지를 강조하고 싶었던 겁니다. 너무 모른다고요. 극소수의 전문가는 굉장히 높은 수준입니다. 그건 어디까지나 예외이고, 일반적인 서양의 지식인은 아시아에 대해서 너무 모르고 있습니다.

고하리 : 그건 또 선생님의 학계활동에서 여러모로 듣고자 합니다. 일본인의 한국연구에 대해서도 저는 약간 그런 점이 있다고 생각합니다. 선생님이 일본에 공부하러 오셨을 때, 평균적으로 일본인은 한국에 대해서 잘 모르고 있었겠지만, 한국에 대한 연구를 하고 있는 일본인은 의외로 깊게 연구하고 있는 학자가 많다고 생각하는데, 어떠세요?

최 : 그렇습니다. 한국에서는 일생, 일본연구에 전념하는 학자(연구자) 수는 굉장히 한정되어 있죠.

고하리 : 이야기를 다시 돌리면, 말씀을 들어보니, 선생님께선 해방 전에도 해방 후에도 경제적으로 굉장히 유복한 환경에서 자라신 거네요, 그렇지요?

최 : 그 정도로 유복하진 않았습니다만, 부자도 가난하지도 않았

다고 생각합니다. 저는 소작농에 대한 동정심이 많았어요. 당시 소작농 사이에서 조금이라도 글을 읽을 수 있는 사람은, 빨치산에 간 사람이 있었죠.

밤엔 공비 혹은 밤손님이라 불리는 빨치산들이 산에서 마을로 내려왔습니다. 혁명가를 부르면서 말이죠. 낮에는 경찰. 국방경비대가 그들을 감시했어요. 피가 흐르는 장면도 봤죠.

고하리 : 그건 1950년대인가요? 6.25 전쟁 때의?

최   : 전쟁 직후려나? 직전일지도 모르겠네요.

사도   : 선생님께서 초등학교에 들어가셨던 47년경엔, 아직 그 정도까지는 아니었나요?

최   : 지금도 잊을 수 없는 건, 1946년 10월 폭동입니다. 대구 폭동. 10월 폭동, 10월 인민항쟁. 즉 남노당이 주도권을 잡아 대규모로 일으킨 민중봉기죠. 1946년 이었으니 5살 때였습니다. 주변 집들의 화재를 보았고, 너무 무서워서 이불을 뒤집어쓰고 떨었던 걸 선명히 기억합니다.

고하리 : 불이 났다는 건가요?

최   : 네. 아마 소작농이 대지주의 집에 불을 지른 거겠죠. 지금 생각해보면 미군정 시기의 민중봉기였습니다. 그건 아까 농작물공출의 감독으로 온 조선인경찰 이상으로 선명하게 기억하고 있습니다.

고하리 : 좌우로 혼란스러웠던 시기 그 자체네요.

최   : 혼란기였죠. 46년은.

고하리 : 하나의 상징이란 건가요?

최   : 네. 5살이었으니 알았어요. 아마 미군정 3년간 가장 큰 규모

의 좌파 민중봉기로써 전국적으로 확산되었습니다.

고하리 : 그렇군요. 선생님의 집은 괜찮았습니까?

최 : 괜찮았습니다. 경주 최부자의 본가도 괜찮았습니다. 그것은 역시 300년간의 적선의 결과입니다.

고하리 : 우리들이 준비한 자료의 첫 번째와 두 번째, 세 번째에 들어가고 있습니다만 이즈음에서 선생님께서 사전에 준비한 것들 중에서 조금 이야기를 나눌 수 있다면 좋겠습니다.

최 : 저는 만 5세에 초등학교 1학년이 되었습니다. 학교에서 끝나고 돌아오면 서당에 가서 한문을 배웠습니다. 서당은 사설 학원 같은 곳입니다. 한자를 배우는 사설 학원.

고하리 : 서당이요?

최 : 네.

고하리 : 거기서도 천자문 등을 배웠나요?

최 : 천자문은 물론이죠. 저는 고등학교를 졸업할 때까지, 사서, 즉 『논어』, 『맹자』, 『중용』, 『대학』을 전부 읽었습니다. 얼마나 이해했는지는 모르겠지만.

고하리 : 대단하네요. 천자문, 즉 한자는 몇 살 때까지 배우셨나요?

최 : 천자문은 제일 처음에요.

고하리 : 그럼 초등학교에 들어가기 전에요?

최 : 물론입니다. 그 원문은 지금까지 갖고 있습니다.

고하리 : 이건 좀 여담이 되겠지만, 지금 한국에서는 젊은이들이 그다지 천자문을 배우지 않는다고 생각합니다만.

최 : 그다지 배우지 않죠.

고하리 : 사서도 전부 읽으셨군요. 한자 지식이란 건, 선생님의 학문적 배경에도 굉장히 큰 영향을 끼치지 않았나 합니다.

최   : 영향을 많이 끼쳤습니다.

고하리 : 그럼 지금 한국의 이러한 교육에 대해 불만이 있으신가요?

최   : 네. 역시 한글만 배우는 건 이상합니다. 한글을 배우면서
        도 한문도 공부해야 합니다. 저는 학생들에게 대학 재학
        중에 논리학과 한문, 영어를 철저하게 공부하라고 추천했
        습니다.

고하리 : 이전에도 수상경험자가 전부 서명해서 한자교육을 제대로
        시켜야 한다고 하셨었죠. 그 사서를 읽으신 기억은요?

최   : 사서연구는 지금 제 연구 테마인 중용연구에도 필수적 입
        니다. 저는 플라톤과 아리스토텔레스의 사상에 『논어』, 『맹
        자』, 『중용』, 『대학』 이상으로 중용사상이 있다는 걸 발견하
        고 신선한 충격을 받았습니다. 아리스토텔레스의 중용사상
        의 연구는 서양에 일부, 일본에 일부가 있습니다. 특히 일
        본에서는 중국의 중용사상 연구가 꽤 있습니다. 동양과 서
        양의 중용사상을 정치사상의 관점에서 비교 연구하고 있는
        사람은 거의 없습니다. 중국의 사서는 『논어』, 『맹자』, 『중
        용』, 『대학』, 플라톤의 『국가론』, 『법률론』, 아리스토텔레스
        의 『정치학』과 『윤리학』 이 4가지는 서양의 사서입니다. 저
        는 서양정치사상사를 35년간 가르치면서 서양의 중용사상
        을 공부하고, 동양의 중용사상은 어릴 때부터 많이 들었습
        니다. 이 두 가지를 비교해서 그 공통점을 추출하고자 했죠.
        그게 제 일관된 문제의식입니다.

고하리 : 서당은 어릴 때부터 다니셨고요?

최   : 그렇습니다.

사도   : 사설 학원이라고 하셨는데, 선생님은 어떤 분이셨나요?

최 : 선생님 말이죠, 제 12대 선조인 정무공(貞武公) 최진립(崔震立) 장군의 종손 최병민(崔炳旼)이란 분이었습니다. 그는 유명한 학자입니다. 그는 학자이면서 대지주였고 빨치산의 리더이기도 했습니다.

고하리 : 그분이요?

최 : 제게 한문을 가르쳐주셨습니다.

고하리 : 서당 선생님이셨나요?

최 : 그렇습니다. 지금도 500년 전의 그의 자택은 정무공 이래 이어진 가문의 종가라고 불립니다. 그 종가에서 학생을 모아 한문과 서도를 가르쳤습니다. 물론 그 선생님이 어린 제게 좌익의 사상을 세뇌시켰다던가, 그런 건 없었습니다. 하지만 지금 생각해보면 약자를 향한 동정심을 늘 강조하셨습니다.

고하리 : 보수적인 토양에서 자라면서도, 그 부분에서는 조금 리버럴한 생각을 지니신 분이 주변에 계셨던 거군요?

최 : 요즘 말로 하자면, 그렇습니다. 자유라고 하면 굉장히 서양적인 느낌이 나지만, 그런 서양적인 말이 아니라 오히려 동양의 덕, 인에 관련한 말씀이었다고 생각합니다.

고하리 : 그래서 …

최 : 안동과의 차이 말이죠. 안동 김 씨는 인사이더입니다. 재야가 아니라는 의미입니다. 조선왕조시대에 장관이 50명 이상이고 총리도 15명 이상입니다. 경주 최 씨는 한 명도 없었습니다. 그 대신에 학자라던가, 수운 최재우 같은 비판적 사상가가 많았습니다. 그 중에서도, 경주 최부잣집은 연구할 만한 가치가 있습니다. 해외 독립운동에 재정지원을 하면서도

일본인으로부터 인간적인 존경을 받고 있었고, 한국의 좌우 리더들로부터도 존경받았습니다. 부자이면서도 정경유착은 일절 하지 않았고요.

사도 : 그렇다면 분위기적으로 재야의 명망가로?

최 : 네, 그렇습니다.

사도 : 재야를 선호했군요.

최 : 경주 최부잣집은, 300년 부를 유지해온 가훈이 남아있습니다. '정치를 하지 마라' 입니다. 재산 규모도 한도를 정해서 그 이상을 넘으면 안 된다고. 과거에 합격해도 관료는 되지 않고 진사까지만. 조선왕조시대에는 어제까지 사서를 외우던 지식인이 다음날 과거에 합격해서 그 다음날 관료가 되는 시스템이었습니다. 그래서 경주 최 씨에게는 교양인이 많았지만 관료는 적었습니다. 그건 아웃사이더의 가훈 영향이기도 합니다.

고하리 : 그 가훈은 선생님께서도 꽤 의식하셨나요?

최 : 어렸을 때는 잘 몰랐지만, 역시 지식, 학문을 향한 존경심은 있었죠.

❖ 국민의식과 6.25 전쟁의 추억

고하리 : 미군정 시대의 영향입니다만, 그것은 전혀 기억에 없으신가요? 미국인 자체가 경주에는 오지 않았나요?

최 : 한국전쟁 전에는 오지 않았습니다.

고하리 : 1948년 8월 15일의 대한민국수립이 아마 초등학교 2학년 때라고 생각하는데, 수립되었을 때의 일은 기억하시나요?

최 : 기억하지 못합니다. 당시엔 정보가 없었죠.

고하리 : 예를 들어 대한민국이 수립되고 깃발을 모든 국민에게 전부 나눠 주었다던가, 아이들이 기념품을 받았다던가, 그런 일은 없었나요?

최 : 없었습니다. 이승만 대통령에 대해선 확실히 기억합니다.

고하리 : 대한민국 수립과 동시에 이승만 대통령이 등장했나요?

최 : 네. 그래서 대한민국 하면 이승만이라는 이미지가 있었죠.

고하리 : 국민의 국가라는 시선에서 보면, 나는 한국인이다, 혹은 당시라면 나는 조선인이다. 이런 인식은 언제 가지기 시작하셨나요?

최 : 글쎄요. 그건 … 역시 중학교에 들어가서겠죠. 하지만 중학생 때의 관심은 오히려 나라보다 가정이었습니다.

고하리 : 내가 한국인이다라든가, 조선인이다라든가, 주변 사람들은 그다지 말하지 않았나요?

최 : 아버지로부터 귀에 못이 박힐 정도로 들은 건, 정무공 정신이었습니다. 당시에는 그 의미를 잘 몰랐지만, 이제 와서 생각해보면 공적인 헌신 그 자체였죠.

고하리 : 그럼 그다지 민족주의적이지 않았군요?

최 : 네, 민족주의를 향한 관심은 대학교에 들어가서 생겼습니다.

고하리 : 저는 경주에는 몇 번 가본 적이 있습니다. 경주의 어느 곳에 사셨나요?

최 : 경주에서 남쪽으로 12킬로 정도 떨어진 내남면 이조리라는

곳입니다. 경주 최 씨만 사는 마을입니다. 선조인 정무공 최 진립 장군의 생가도 있습니다.

고하리 : 전쟁을 피할 수 있었는데, 한국전쟁의 전투장면을 직접 보신 적 있으세요?

최   : 없습니다.

고하리 : 경주에 피난해 온 사람은 본 적 없으신가요?

최   : 우리 집으로 피난해서 같이 살았습니다.

고하리 : 친척분이셨나요?

최   : 아니었습니다.

고하리 : 모르는 사람이었나요?

최   : 네, 모르는 사람이었습니다. 저희 집에 빈 방이 있었으니까.

고하리 : 그렇다는 건, 어느 당국의 '이 사람을 집에 머물게 해라'라는 지시가 있었나요? 아니면 그냥 들어온 사람을?

최   : 자발적이었어요. 부모님과 저, 세 명밖에 없었으니까 마침 빈 방이 있었어요.

고하리 : 선생님은 그때 나이가 마침 8살 정도였으니, 전쟁이 일어났 었던 때네요. 전쟁이 일어났다는 인식은 있으셨나요?

최   : 저희 마을에 미군이 주둔하고 있었습니다.

고하리 : 미군은 좋은 일도 하지만, 꽤 나쁜 일도 하나요?

최   : 미군에 대해서는 그렇게 나쁜 인상은 없습니다. 무좀약이 있어서 그게 꽤 향이 좋았거든요. 아이들이 무좀약과 치약 을 헷갈려하기도 했죠. 그런 에피소드도 있습니다.

고하리 : 최길성 선생님이라는 문화인류학자가 있습니다만, 그 선생 님의 전쟁인류학에 관한 논문을 읽어보면, 당시 미국군이 마을 여자를 덮치지 않게 하기 위해서, 다른 곳에서 여자를

불러와 마을 여자를 지켰다던가, 혹은 묘비석을 표적으로
해서 사격 연습을 했다는 말이 있습니다.

최   : 그런 극단적인 예가 있었을지도 모르겠네요.

고하리 : 그리고 반대로 아이들에게 초콜릿을 나눠줬다던가, 그런 이
야기도 나와 있었습니다.

최   : 어머님은 미군의 세탁 서비스를 몇 번이고 했습니다. 그들
에게 세탁기가 있었을 텐데도. 어머님으로서는 일종의 '전
술'이었을지도 모르겠습니다. 이렇게 좋은 일을 해주고 있
으니까 나쁜 짓을 하지 말라는 의미였을지도 모릅니다. 특
히 흑인 미군이 집에 찾아와 세탁을 부탁했을 땐 무서웠겠
죠.

고하리 : 그때 아이들은 속으로 미국인이 무섭다는 인상을 가졌나요,
아니면 흑인이 무섭다는 인상을 가졌던 건가요?

최   : 딱히 그런 건 아니었습니다.

사도   : 결과적으로 선생님께서 어렸을 때는, 전쟁 직후 피해는 그
다지 없었다는 건가요?

최   : 그렇습니다.

사도   : 그러면 언제 전쟁이 여기까지 닥칠지에 대한 공포심은요?

최   : 피난 준비는 잘 해두었습니다.

사도   : 언제든 도망칠 수 있도록?

최   : 가방에 필요한 물건을 넣고, 도망칠 준비를 했습니다.

고하리 : 북한이 무섭다던가, 북의 인민군이 오면 어떻게 해야 할지,
그런 소문이 돌았나요?

최   : 전혀 없었습니다. 그게 굉장히 중요한 포인트라고 생각합니
다. 역시 서울에 사는 저와 동년배인 사람들 중에 인민군을

본 사람은 반공정신이 강했어요.

고하리 : 다른 지역에 사는 사람의 이야기?

최 : 네, 가끔 이런 말을 들을 때가 있습니다. "최 교수는 인민군을 본 적이 없나요?"라고. 빨치산은 본 적 있지만, 인민군을 본 적은 없습니다.

사도 : 피난 온 사람들로부터 인민군에 대한 이야기를 들은 적은요?

최 : 피난민은 북한출신의 사람들이 아니라, 그 주변에 사는 사람들이었습니다.

고하리 : 그러면 압도적으로 경상도 사람이 많았겠네요? 다른 지역과의 교류가 그다지 없던 시대라고 생각해도 좋을까요? 예를 들어 전라도 사람과의 결혼 같은 건.

최 : 전혀 없었습니다. 당시 전라도에 대한 경상도 사람들의 편견은 좀 무서울 정도였어요. 전혀 근거가 없는데 말이죠. 서울대 2학년 때 일입니다만, 아버지로부터 "너 사귀는 사람은 없니? 슬슬 결혼해야지"란 말씀을 들었습니다. 저는 전라도 출신의 한 여성에 대해 아버지께 보고 드렸습니다. 하지만 아버지는 단번에 "결혼은 안 된다"라고 명령하셨습니다. 그 이후 저는 아버지의 편견에 대해 강한 저항감을 느끼게 되었습니다.

고하리 : 저항감이란 건, 전라도에 대한 저항감인가요? 아니면?

최 : 아뇨, 아버지의 편견에 대해서요.

고하리 : 지역감정에 대한?

최 : 네. 이상하잖아요. 저는 서울대 학생이었으니 그 정도는 판단할 수 있었습니다. 저는 내심 웃으면서 아버지의 편견을 '이

용'했습니다. 그럼 결혼은 빨리 안 해도 되겠네라고.(웃음)

고하리 : 사실 결혼에 대해서만 쓰지 못했습니다. 언제 결혼하셨는지
에 대한 기록이.

최 : 전 전라도에 대한 편견은 전혀 없습니다. 이건 위선도, 거짓
말도 아닙니다.

고하리 : 하지만 어릴 때 경주에서 …

최 : 저는 일본인에 대한 편견도 없습니다. 믿어 주실지는 모르
겠지만.

고하리 : 아뇨, 믿습니다.

최 : 사실 제 아들의 아내는 전라도 출신입니다. 둘째 아들이 연
애를 해서.

고하리 : 아내요?

최 : 둘째 며느리. 둘째 가족과 지금 함께 살고 있습니다.

고하리 : 어릴 적 8살이나 10살쯤에 경주에서 전라도의 험담 등을 들
은 적이 없었습니까?

최 : 교류가 없어서

고하리 : 그럼 딱히 험담은 들은 적이 없으세요?

최 : 들은 적 없어요.

고하리 : 전쟁 때에 혹시 다른 에피소드가 있으신가요?

최 : 없습니다.

사도 : 6.25 전쟁의 시작이라 하면, 선생님께선 제일 먼저 뭘 떠올
리시나요? 피난민에 대해서라던가?

최 : 역시 미군의 주둔과 피난해 온 사람들과 공동생활을 했던
것. 우리들도 피난 준비를 했다, 그 정도입니다.

고하리 : 중국의 인민해방군도 들어오지 않았나요?

최 : 아뇨. 그 사실도 몰랐고, 본 적도 없습니다.

사도 : 전쟁 상황에 대해 주변 어른들이 말했던 적은요?

최 : 없습니다. 역시 6.25 전쟁 당시에도, 아까 말했던 지역 단위의 좌파 우파 갈등이 이어지고 있었습니다.

고하리 : 네, 네.

최 : 좌익계의 학생과 우익계의 학생의 갈등은 전쟁 중에도 있었습니다. 특히 저희들의 마을에선 그게 심했습니다. 그래서 저는 미군점령기와 한국전쟁을 떼놓고 생각할 수 없어요. 특히 지역 단위의 좌익 우익 갈등이 강렬했죠. 왜 같은 동포가 피를 흘리는 싸움을 해야 하는지, 전 그 원인을 알고 싶었습니다. 서울대에 들어간 당시 동대문의 오래된 서점에 찾아가서 숨겨진 역사, 교과서엔 실리지 않은 역사에 대해 자료를 조사했습니다. 자료는 많이 있었습니다. 그게 미군정 시기 연구의 기반이 되었습니다.

　　그래서 유학의 적절한 장소로써 일본을 선택했습니다. 반드시 동경대일 필요는 없었습니다. 당시의 유학은 대부분 미국으로 갔습니다. 하지만 미국은 냉전 좌우갈등의 제일 당사자니까. 이 연구를 객관적으로 할 수 있는 지역으로서, 일본이 제일 좋겠다고 판단했습니다.

고하리 : 지금도 인터넷으로 검색하면 많이 나오죠. 한국의 옛 서점에서도 아직 그런 걸 손에 넣을 수 있었던 거군요. 그렇다면 6.25 전쟁 관련은 이쯤 하도록 하죠.

❖ 중, 고등학생 시절의 의식

사도　　：경주고등학교에 대해 …

고하리　：6.25 전쟁 때부터 고등학교 시절까지, 중학시절에 대해서 무언가 말씀하시고 싶으신 게 있다면 부탁드립니다.

최　　　：53년에 중학교 1학년. 그때 정전반대 데모가 있었습니다. 무슨 뜻인지도 모르고 두세 번 학교에서 동원되었습니다.

고하리　：이승만 정부의 주장을 그대로요?

최　　　：네,

고하리　：그건 학교에서 동원된 건가요?

최　　　：그렇다고 생각합니다. 당시 중학생이 자발적으로 데모를 한다는 건 있을 수 없는 일이었어요.

사도　　：전쟁 때도 평소처럼 학교는 있었군요?

최　　　：그렇습니다.

고하리　：정전을 둘러싸고 대립 같은 건 없었나요?

최　　　：물론 있었습니다. 하지만 저희들에게까지 들려오진 않았습니다.

고하리　：공산주의라는 말을 그 당시에 알고 계셨나요?

최　　　：공산주의는 공비라고 불렸으니 마이너스 이미지가 강했습니다. 하지만 실존적으로 본 공비는 그저 마을 아저씨였고, 가까운 친척이었죠.

사도　　：조금 전에, 대한민국이라 하면, 초대 이승만 대통령이라는 이미지가 있다고 하셨죠?

최　　　：그렇습니다. 대한민국이라고 하면 이승만이라는 인물이 상징 같은 거였죠.

사도　　：반대로 김일성이란 이름은, 언제 인식하시게 되었나요?

최　　　：저는 들어본 적도 없고 관심도 없었습니다.

사도　　：좌우로 갈라져 대립하던 와중에도, 김일성이란 이름은 등장
　　　　하지 않았나요?

최　　　：그저 공비가 밤에 혁명가를 불렀던 건 기억하고 있습니다.

고하리　：일본에서는 아시다시피, 이승만 라인이라 하면 당시 일본인
　　　　은 정말 무서워했습니다만, 오히려 이승만 라인을 둘러싸
　　　　고, 일본과 대립하고 있었다던가, 그런 인식은 중학생 때 있
　　　　으셨나요?

최　　　：없었습니다. 역시 한국을 대표하는 인물이라는 이미지였어
　　　　요. 좌우익 개념을 넘어서서.

고하리　：중학교 때 일본에 대해 생각했던 적은 있으신가요?

최　　　：없었습니다.

고하리　：식민지 지배를 받고 있었다는 건 그다지 생각하지 않으셨
　　　　나요?

최　　　：그다지요.

고하리　：그렇다면 반일감정도 그다지 없으셨겠네요?

최　　　：저는 그다지 없었습니다. 초, 중, 고등학생 때까지. 대학에
　　　　들어가고 나서도 한일조약반대운동에 참가하지 않았습
　　　　니다.

고하리　：그렇군요. 그래서 고등학교 때 일 말입니다.

최　　　：중, 고 합쳐서요.

고하리　：경주고는, 상당히 명문 고등학교라고 생각합니다.

최　　　：그렇습니다. 지방 명문고 중 하나입니다.

고하리　：당시 선생님이 다니시던 신교육제도의 중학교에서 고등학

교는 얼마나 많은 학생들이 입학했나요? 거의 대부분이 다 니진 않았을 텐데요?

최　　　： 3분의 1정도요.

고하리 ： 중학교에 들어간 사람은 어느 정도였나요?

최　　　： 초등학교부터요? 정확히는 모르지만 20퍼센트 정도라고 생각합니다.

고하리 ： 그럼 중학교에서 고등학교에 입학할 학생은 3분의 1 정도고, 그 고등학교도 경주고 이외의 고등학교에 가는 사람이 있었던 거죠?

최　　　： 있었습니다. 서울, 대구로도 갔습니다.

고하리 ： 경주고는 그 지역에서 굉장히 유명한 학교라고 생각합니다만, 교풍은 어떠했었나요?

최　　　： 저에겐 경주고보다 경주중 쪽이 더 의미가 깊습니다. 제 머릿속엔 중학교 시절의 교훈이 선명하게 남아있습니다. 교훈은 '희망, 신념, 아량'이었죠. 희망은 크게, 신념은 굳게, 아량은 넓게.

　　　　　저는 1953년에 중학교 1학년생이 되었습니다. 그때 담임 선생님은 '노고지리'라는 별명을 가진 황 선생님이었습니다. 황 선생님은 "너는 전국에서 제일 어려"라고 말했죠. 11살에 중학교 1학년생인 건 전국에서 저 하나뿐이라고 했지요. 저는 초등학교 시절에도 공부를 잘했습니다. 전교 1등, 2등도 했지만 경주중 1학년 때, 반에서 1등을 했습니다. 그 자신감이 굉장히 컸죠.

고하리 ： 당시 중학교 학생들은 어땠나요?

최　　　： 한 반에 60명 정도 이었습니다.

고하리 : 지금 중학교 제도와 다르군요?

최　　 : 같은 문제의 국가시험이었으니 전국에서 동시에 치렀습니다.

고하리 : 시험이 있었나요?

최　　 : 네.

고하리 : 중학교에서 고등학교에 들어갈 땐 어떠셨나요?

최　　 : 그때도 시험이 있습니다.

고하리 : 경주중과 경주고는 떨어져 있었나요?

최　　 : 아뇨, 같은 곳에 있습니다.

고하리 : 그래도 일단 시험은 봤네요?

최　　 : 네. 2년간 중학교에선 국가시험이었지만, 고등학교는 국가
　　　　시험이 아니라 학교별로 따로따로 치렀습니다.

사도　 : 그 세대 학생들이라 함은, 선생님께서 중학교에 들어간 건
　　　　가장 어렸던 11살 정도군요? 위로는 6살 차이가 나는 사람
　　　　들이 있었고, 17살인 사람도 있었던 거네요. 그렇다면 어른
　　　　과 아이 … .

최　　 : 지금도 6살 위의 동급생을 만나면 그는, "나와 동기가 아니
　　　　었다면 자넨 내게 이렇게 대하지 못할 거야"라고 합니다.(웃
　　　　음) 지금 제가 67살인데 73살인 동기가 있는 셈이죠.

사도　 : 그때는 꽤 나이 든 사람도 있구나 하고 생각하셨나요?

최　　 : 네. 저는 키순으로는 60명 중 11번이었습니다.

사도　 : 흔히 말하는, 어른 같은 사람들 사이에 껴서 1등을 차지해서
　　　　자신감을 얻게 되었다는 건가요?

최　　 : 그렇습니다. 중학교 1학년 첫 학기에 1등을 한 건 확실히 기
　　　　분 좋은 신호였죠. 2학년, 3학년 때는 꽤나 놀았지만 (웃음)

사도　 : 한 학년이 70명이었나요?

최　　　：60명 이상이었습니다.

고하리　：한 학년이 말이죠?

최　　　：아뇨, 한 반이요.

고하리　：그런 반이 몇 개나 있었나요?

최　　　：6개 있었습니다.

고하리　：그렇게나 많이요?

최　　　：네.

고하리　：그러면 같은 학년이 400명 정도 있다는 거네요?

최　　　：그렇습니다. ABCDEF반이요. 저는 C반이었습니다.

고하리　：그때는 교복이 있었나요?

최　　　：있었습니다.

고하리　：목닫이 칼라입니까?

최　　　：그렇습니다.

고하리　：교훈은, 아까 말씀 하셨던?

최　　　：'희망'은, 누구라도 말할 수 있습니다. '신념', 이말에서 좋은 영향을 받았습니다. 이 굳은 신념이 아까 제가 서당에서 글을 배웠다는 최 선생님을 떠올리게 합니다. 그는 굳은 신념의 소유자였죠. 마지막으로 '아량'입니다. 이 덕목은 일단 극단을 선호하지 않는 제 성격과도 일치합니다. 어릴 때 좌우갈등, 그 밖의 지역갈등, 남북갈등에 지친 체험에서 배운 철학이기도 합니다. 아량, 관용은 제 평생 연구 테마로서의 평화, 중용사상의 출발점입니다. 저자신 신념이라는 가치에 막연한 공감을 느꼈습니다. 아량도 제 나름대로 실천해왔습니다.

고하리　：그렇군요. 딱 맞네요.

❖ 서구 고전이 중심이었던 독서

고하리 : 조금 전에 독서에 대한 이야기가 나왔는데, 사서는 중학생 때까지 읽으셨다고 하셨죠. 그럼 세계문학전집 등은 읽으셨나요?

최　　 : 읽지 않았습니다. 초등학생 때는 한 권도 읽지 않았어요. 중학교에 들어가서는 꽤 읽었습니다.

고하리 : 예를 들어, 사서 등을 읽을 때는 한자로 쓰여 있는 걸 읽었나요? 아니면?

최　　 : 당시 한자를 배울 때는 지금처럼 체계적으로 배우지 않았습니다. '강(講)'이라는 방법으로, 인토네이션을 넣으면서 읽었죠. 꼭 '창(唱)'을 하듯이 읽었어요.

고하리 : 음독으로 익히는군요.

최　　 : 그렇습니다. 이런 방법은 능률이 나쁘다고 생각합니다. 지금처럼 문법적으로 공부하는 방법과 예전의 전통적 방법과 병행해야죠.

고하리 : 다른 책은 전부 한글로 되어있는 걸 읽으셨나요?

최　　 : 교과서와 같은, 학교에서 공부하는 책 말고는 저희 집에 책이 없었습니다. 중학교에 들어가고 읽은 건 어려운 책들뿐입니다.

고하리 : 그건 한글로 쓰여 있는 책이었나요?

최　　 : 물론입니다.

사도　 : 어떤 계통의 책을 읽으셨나요?

최　　 : 이게 또 재미있거든요. 카뮈의 『에트랑제(이방인)』, 지금 생각해보면 굉장히 어려운 책이에요. 거기에 해변이 나오는데, 그 해변에서 주인공은 사람을 죽입니다. '무상행위'라는 실존주의의 테마였는데, 전혀 이해를 못하고 읽었습니다. 『에트랑제』라고 하면, 해변을 생각하게 됩니다. 감포라는 경주 주변에 해변이 하나 있는데 그걸 생각해요. 소설의 주인공처럼 사람을 죽인 적은 없지만. (웃음)

또 하나 재미있는 건, 그 유명한 청마 유치환 선생님께서 제게 괴테의 『파우스트』를 추천해주셨습니다. 저는 『파우스트』를 3번 이상 읽었습니다. 은퇴하고 나서 또 한 번 정말 재미있게 읽었습니다. 그건 괴테가 58년간 쓴 책입니다. 정말 어려운 책이에요. 그걸 제게 읽으라고 말씀하신 거죠. 저를 총명한 학생이라고 생각한 것 같습니다. 하지만 제가 멋대로 『이방인』을 읽는 것도 무리였고, 그 시인 선생님께서 제게 『파우스트』를 추천한 것도 깊이 생각하지 않고 골라준게 아닐까 싶어요. 지금에 와서야 『파우스트』를 정말 즐길 수 있게 되었습니다.

고하리 : 은퇴하고 나서 읽으셨다는 건, 고려대 교수를 마치시고 천천히 읽으셨다는 건가요?

최　　 : 네, 천천히 읽어보았습니다. 대단했어요. 전율을 느낄 정도로 감동했습니다.

사도　 : 그럼 중학생이 된 후의 독서는 주로 유럽 중심의 문학이었나요?

최　　 : 그렇습니다. 그 외에는 한용운, 정지용 등의 시집을 읽었습니다. 정지용 시집은 사실 금서였어요.

고하리 : 어떤 게 금서였죠?

최　　 : 정지용.「향수」라는 멋진 시가 있습니다. 북한에 가서 사망했다고 하여 그의 시 자체를 읽으면 안 된다고 했죠.

고하리 : 월북시인이군요.

최   : 네, 그렇죠. 지금은 모두 정지용의 「향수」를 애창하고 있습니다. 그것 말고도 『로미오와 줄리엣』…『로미오와 줄리엣』 정도는 똑똑한 중학생이라면 읽을 수 있다고 생각합니다.

사도   : 카뮈는 그렇다 치더라도 서구 고전을 많이 읽으셨네요.

최   : 네, 그렇습니다. 당시에는 책이 그다지 많지 않았어요. 지금은 이미 독자 이상으로 작가가 많지만 (웃음) 그 문학서 중에는 일본인이 번역한 것을 다시 번역한 책이 많았습니다.

고하리 : 그런 건 나중에 아신 건가요? 아마 일본인이 번역한 책이겠지 하고?

최   : 나중에 알았습니다.

고하리 : 읽으면서 아신 건 아니군요?

최   : 그렇습니다. 번역은 굉장히 어려운 지적 작업입니다. 루소의 『Du contrat social (사회계약론)』을 처음에 나카에 조민 (中江兆民)이 번역한 건 일본어가 아니었습니다. 한문이었어요. 3년 안 되는 프랑스 유학 경험을 통해 그렇게 어려운 프랑스어를 일본어가 아닌 한문으로 번역한 것입니다.『민약론』이란 책은 위대한 업적이죠. 저는 「『Du contrat social (사회계약론)』과 나카에 조민의 『민약역해』의 비교 연구」라는 논문을 썼습니다. 번역이란 건 예술입니다. 재현예술이죠. 그런 의미에서 메이지 시대의 일본인 중에도 자랑할 만한 지적 리더가 있습니다. 유럽 최첨단 선진국과 어깨를 견줄만한 레벨이라고 생각합니다.

고하리 : 나카에 조민이?

최　　： 나카에 조민뿐만 아닙니다. 동양과 서양의 고전에 정통한 지식인이 유럽엔 많지 않습니다.

사도　： 대학원 시절에 『일본정치사상사』를 배우고, 메이지 시대의 자유 민권운동 시기에 쓰여진, 당시 영국의 밀이라던가, 독일 책이라던가, 일어로 번역한 걸 비교하면서 읽은 적이 있습니다만, 굉장히 잘 된 번역이 많았습니다.

최　　： 그 밀의 영어는 지금 영국인들도 어렵다고 합니다. 한 문장이 한 페이지 정도(웃음) 그걸 잘 탐구해서 번역한 것이죠.

❖ '주사(酒邪)'라는 단어

고하리 ： 내일은 서울대에 대한 이야기로 들어가고자 합니다만, 일단 고등학교 시절의 이야기 중에서 말하시고 싶은 화제가 있으시다면, 에피소드를 말씀해주세요.

최　　： 하나 소개하죠. 아까 언급한 유치환 교장선생님과 제가 둘이서 술을 마셨던 '사건'입니다. 생각할 수도 없습니다. 아니, 지금도 생각할 수 없어요.

고하리 ： 둘이서 마셨다는 건, 고등학교 시절 말씀이세요?

최　　： 맞아요. 역시 그 시인도 아량이 넓죠.(웃음) 당시에 경주 쪽 삼이라는 곳에서는 서민용 술집이 많이 있었습니다. 거기서 마셨어요. 저는 당시 한 여성에게 관심을 갖고 있어서 러브레터를 보냈습니다. 제 나름대로 시를 써서 보냈는데 답장이 오지 않았죠.

지금 생각해보면 저보다 3살 많은 여고생이었습니다. 그녀 입장에서 보면 저는 완전 어린애였겠죠. 답장이 없었으니까요. 저는 제 나름대로 고민이 생겨서 선생님과 술을 마시면서 단도직입적으로 '선생님, 사랑이란 무엇인가요?'라고 여쭈었습니다. 시인의 즉답은 '사랑은 어처구니없는 거야' 이었습니다. 이게 시인의 정의였습니다. '어처구니'라니, 들어본 적 있으세요?

고하리 : 네. 뭐라고 말해야 좋을까요.

최　　 : 뭐라 표현할 수 없습니다. 기가 막힌다고나 할까요? 지금도 그때 얘기를 곧잘 합니다. 훌륭한 정의네요. 그 교장선생님도 당시 어느 여성시인을 사랑하고 계셨는데, 좀처럼 잘 되지 않았던 모양이에요.

고하리 : 조금 전에, 술을 마셨던 일말입니다.

최　　 : 술은 아버지에게 7살 때부터 배웠습니다. 그래서 60년간 술을 마시고 있는 셈이죠. 제 나름대로의 술 철학이 있습니다. 아버지는 엄청난 지식인은 아니지만 술에 대해서는 잘 알고 계셨습니다. 술에 대해서라면 달인이셨죠. '주사'라는 말을 들어본 적이 있으신가요?

고하리 : 아뇨, 모릅니다.

최　　 : 주벽이라는 뜻입니다만, 글자는 알고 계세요? '주사'의 '사'는 '정(正)'의 반대어. '사(邪)'입니다. 그래서 '주사(酒邪)'입니다. '주사'를 부릴 정도로 술을 마시지 말라고 아버지로부터 귀가 따가울 정도로 들어왔습니다. 다음은 명심보감에 나와 있는 취중지지(醉中知止)라는 말입니다. '술을 마시면서도 know stopping', 즉 한도를 알아야 한다는 말입니다. 각자 자신의 주량이 있으니 자기가 자신의 체력과 상의하면서 '주사'를 부리지 않도록 마시라는 뜻이죠.

고하리 : 그렇군요. 아버님의 말씀이 있으셨군요.

최　　　: 제겐 대학 강의 이상으로 설득력이 있었습니다.

고하리 : 갑자기 큰 소리를 내거나. 그런 사람들도 있죠.

최　　　: 나이를 먹으면 특히 많아집니다. 그런 사람과는 마시지 않는 게 좋습니다.(웃음) 굉장히 불쾌하거든요. 주벽은 모두 조금씩은 있어요. '주사'는 한마디로 말하자면 질 나쁜 주벽입니다.

고하리 : 알겠습니다. 또 다른 고등학교 시절의 에피소드는, 내일 듣도록 하겠습니다. 슬슬 약속시간이 다가오고 있으니까요. 내일은 고등학교 때 있었던 또 다른 에피소드부터 시작하고자 합니다.

사도　　: 저희들은 느긋이 선생님의 말씀을 듣는 편이 좋겠습니다.

고하리 : 이렇게 준비를 많이 해주시다니, 많은 감동을 받았습니다.

최　　　: 저는 회상록을 쓰려고 생각했지만, 이걸 계기로 회상록을 쓰는 걸 그만뒀습니다. 회상록의 내용은 대부분 여기에 들어있으니까요.

고하리 : 감사합니다.

최상용 Oral history

제 2회

일시 : 2009년 7월 14일

개최장소 : 서울시내

녹음시간 : 3시간

〈출석자〉

최상용 (전 주일본대한민국특명전권대사, 고려대학교 명예교수)

고하리 스스무 (시즈오카현립대학 교수)

사도 아키히로 (추쿄대학 교수)

테이프 번역자 유한회사 펜 하우스 미카도 케이코

제 2회

최상용 (전 주일본대한민국특명전권대사, 고려대학교 명예교수)
고하리 스스무 (시즈오카현립대학 교수)
사도 아키히로 (추쿄대학 교수)

❖ 고등학교 시절에 싹튼 정도전을 향한 존경심

고하리 : 오럴 히스토리 두 번째 시간입니다만, 어제는 많이 피곤하
         셨나요?

최   : 아뇨, 아뇨. 즐거웠습니다.

고하리 : 두 시간이나 이야기를 했으니 지치시지 않았을까 했습니다.

최   : 나이를 먹어서 이렇게 과거 이야기를 하면 그리운 것들을
         떠올리게 됩니다.

고하리 : 다행입니다.

사도   : 선생님, 본인이 나이를 드셨다고 하셨는데, 전혀 그런 느낌
         이 나지 않습니다.

최   : 그런가요? 동안이란 말도 듣고, 나이에 비해 에너지가 있단

　　　　　　말도 듣습니다.

고하리 : 정말 그렇다고 생각합니다.

최 　　 : 동북아시아에서는 1942년에 태어난 정치가가 많습니다.

고하리 : 그러면 코이즈미 준이치로(小泉純一郎) 씨와도 동갑이네요.

최 　　 : 동갑이죠. 코이즈미 준이치로, 후진타오 … 모두들 쇼와 17
　　　　　　년생입니다.

고하리 : 코이즈미 씨께 그런 말씀을 하신 적 있으세요?

최 　　 : 물론이죠. 우리는 쇼와 17년생이라고 말했죠.

고하리 : 김정일은 2월 16일생이죠. 그 코이즈미 씨와 하신 말씀은
　　　　　　나중에 듣도록 하고, 어제 경주고, 중학교의 이야기로 들어
　　　　　　가죠.

최 　　 : 에피소드의 두 번째 부터였죠.

고하리 : 하나가 남았습니다.

최 　　 : 고등학교 역사 선생님입니다. 그는 그렇게 실력 있는 선생
　　　　　　님은 아니었어요. 하지만 지금 와서 생각해보면 반드시 실
　　　　　　력 있는 사람에게 영향을 받는 건 아닌 것 같습니다. 본인은
　　　　　　그만큼 실력이 없다고 하더라도, 그 분의 한마디가 의외로
　　　　　　17, 18세 소년에게 영향을 끼쳤으니까요. 그 분이 처음으로
　　　　　　위대한 정치가 정도전을 소개해주었습니다.
　　　　　　　　정도전은 조선왕조의 설계자입니다. 저는 가끔 일본인 친
　　　　　　구에게 이런 질문을 받습니다. "자네는 정치학자로써 모국
　　　　　　정치가 중에 누구를 가장 존경하는가?"라고요. 저는 주저 없
　　　　　　이 이 사람이라고 말합니다. 정도전은 제게 있어서 정치가
　　　　　　의 한 모델입니다.

고하리 : 모델이라 하심은, 최 대사에게 있어서 모델이라는 건가요?

최   : 네. 정도전은 고려 말기의 주자학자로, 최고의 철학자, 사상
         가이며, 최고의 권력자였습니다. 일본은 사무라이의 흥망성
         쇠가 있지만, 왕정 그 자체는 변하지 않죠. 세계 역사상 일본
         뿐이라고 생각합니다. 한국은 신라에서부터 고려, 고려에서
         조선왕조, 특히 후자의 경우엔 역성(易姓)혁명이라고 하여,
         엄청난 왕조의 교체를 의미합니다. 그런 과도기에 있어서,
         정도전은 최고의 학자이면서 위대한 정치가였습니다. 제 나
         름대로 해석을 해보면 지성과 정치력을 결합시킨 멋진 정치
         가의 모델이라고 생각합니다.

         2,500년의 세계사를 읽어보면, 일본, 중국과 비교해 조선
         왕조는 작은 나라이지만, 7천만 사람이 살고 있는 정치공동
         체였습니다. 정도전은 주자학이라는 이념에 근거해 한반도
         라는 나라를 설계한 것입니다. 광화문이나 돈화문 등 이름
         은 전부 그가 만들어낸 것입니다.

고하리 : 단어를 만들어냈나요?

최   : 이름을 붙였다는 말이죠. 전문가에 의하면, 돈화의 화(化)는
         변화의 화라는 해석이 있습니다. 한마디로 정도전은 조선왕
         조와 한양(지금의 서울)의 설계자였습니다. 저는 대사 활동을
         끝내고 나서 그의 전집을 전부 읽고, 제 나름대로 해석을 한
         『정치가 정도전』을 출판했습니다. 같이 써주신 박홍규(朴鴻
         圭) 교수는 동경대 법학부의 와타나베 히로시(渡辺浩) 교수
         아래에서 정치사상사를 전공했습니다.

사도   : 동경대요.

최   : 동경대 출판회에서 출간한『야마자키 안사이(山崎闇斎)의 정
         치이념』은 박 교수가 동경대에서 쓴 박사논문입니다. 참고

로 그는 석사논문에서 정도전에 대해 썼습니다.

고하리 : 이 책, 새 것이네요. 대사 활동을 끝내시고 나서 쓰셨나요?

최 : 그렇습니다. 특히 「정치가의 탄생」이라는 장은, 제 새로운 해석이 들어가 있습니다. 물론 역사학자 정도전의 연구는 꽤 있습니다. 저는 그를, 한국사라는 벽을 넘어서 세계사라는 관점에서 보아도 손색없는 대 정치가라고 봅니다.

고하리 : 그렇군요.

최 : 대학 시절, 이승만 대통령에게 실망한 저는, 정도전이 우리나라가 자랑할 정치가라고 생각했습니다.

　　이승만은 전쟁 전에는 영웅이었지만, 전후에는 몇 가지 면에서 청소년들의 비판대상이었습니다. 일단 이승만 정부는 3.15 총선거에서 누구라도 알 수 있는 부정선거를 감행했습니다. 해방 전에는 그렇게나 멋지게 독립운동을 펼쳐왔던 그가, 그의 정부가 시작되고는 식민지 시대의 인적, 물적 유산을 재편성했습니다. 지금 생각해보면 행정편의주의였죠. 당시 일제 강점기에 훈련을 받은 사람 말고는 제대로 된 행정능력이 있는 사람은 아예 없었는지도 모릅니다. 하지만 20년대 전후의 저희 청소년 입장에서 보면, 좀처럼 지지할 수 없었죠.

　　서양정치사상사를 35년간 가르친 제 입장에선, 서양정치사 중에선 키케로. 그는 2천 년 전이긴 해도 당시에 최고의 철학자였죠. 그리스 정신을 계승한 로마 대학자이면서, 시저와 경쟁한 대정치가이기도 했습니다. 정도전은 한국판 키케로라고 일컬어집니다.

고하리 : 그렇군요.

최　　　: 10년 전 「용의 눈물」이라는 드라마가 있었습니다. 그 주인
　　　　 공 중의 한 명이 정도전이었습니다. 그래서 정도전은 국민
　　　　 적으로 알려지게 되었죠. 그는 조선왕조를 건립하고, 역성
　　　　 혁명을 성공시켰지만, 6년 후 태종 이방원에 의해 살해됩니
　　　　 다. 저는 고려 말기부터 조선왕조로 넘어가는 과도기에 있
　　　　 었던 세 정치가를 비교 연구했습니다. 정몽주, 정도전, 이방
　　　　 원. 세 사람 모두 주자학에 교양을 지니고 있었습니다. 그 깊
　　　　 이를 따져 보면, 역시 정도전과 정몽주이지요. 이방원(태종)
　　　　 은 좀 깊이가 떨어지지요.

고하리　: 그렇군요.

최　　　: 생각해보면 태종은 마키아벨리스트입니다. 정몽주는 '불사
　　　　 이군(不事二君)'이라는 원리, 그 원칙을 철저히 지켰습니다.
　　　　 그는 고려 말기의 충신으로 전해집니다. 정도전이 본 고려
　　　　 는, 요즘 말로 하면 적실성이 없다고 할까요. 이미 한물간 국
　　　　 가였습니다. 고려시대의 정치이념이었던 불교는 더 이상 적
　　　　 실성이 없었습니다. 당시엔 주자학이 굉장히 신선한 정치
　　　　 이데올로기였던 거지요. 지금 생각해보면 주자의 나라, 중
　　　　 국 이상으로 주자학을 철저히 제도화 시킨 나라가 조선왕조
　　　　 였습니다. 그 기본을 만든 사람이 정도전입니다.
　　　　 　지금 한국엔 많은 종류의 싸움이 있습니다. 그 싸움 속에
　　　　 는 언제나 '명분'의 싸움이 숨어있습니다. 역시 스칼라 폴리
　　　　 틱스, 문인정치의 유산이라고 생각합니다. 문인은 이데올로
　　　　 기 혹은 명분을 갖고 무언가를 의미부여하고자 합니다. 그
　　　　 래서 다른 아시아 국가, 중국, 일본과 비교해 봐도 한국이 특
　　　　 히 이념투쟁이랄까, 명분투쟁이 심했죠. 그건 다 문인정치

와 관계가 있다고 생각합니다.

고하리 　: 일본은 무인의 … .

최 　　: 사무라이의 나라이니까요. 타협이 문인의 나라보다 쉬웠죠. 라이샤워(Edwin Oldfather Reischauer)는 저와의 대담에서 다음과 같은 질문을 했습니다. "같은 유교문화 영향을 받으면서, 일본인은 굉장히 성숙한 타협을 하는데 어째서 조선은 타협하지 않는가? 정치학자로써, 어떻게 설명할 수 있는가?"라는 첫 질문을. 두 번째는 "타협은 대체 무엇인가? 정치학자는 타협을 어떻게 정의하고 있는가?"였습니다.

❖ 서울대학교 문리대에 들어가다.

고하리 　: 슬슬 대학교 때 이야기를 듣고자 합니다.

최 　　: 그럼, 서울대학교 시절부터 시작할까요. 한국에서는 법학부가 아니라 문리대였습니다. 이건 liberal art and science를 염두에 둔 학부로써 분위기는 자유분방했습니다. 당시 저희들은 문리대를 '대학 중의 대학'이라고 부르며 자랑스러워했지만 지금은 없어졌습니다. 하버드의 리버럴 아트 앤드 사이언스, 일본의 교양학부와도 비슷합니다만, 일본의 교양학부는 2년이죠. 한국은 4년입니다. 이것과 4.19 혁명과 한일조약을 함께 이야기하려고 합니다.

고하리 　: 부탁드립니다.

최 　　: 4.19 혁명은 제가 대학교 1학년 때 일어났습니다.

고하리 : 그 전에 어째서 서울대에 가려고 하셨는지, 그것부터 듣고
자 합니다.

최 : 당시엔 일단 우수한 학생의 제1지망은 서울대였습니다.

고하리 : 문리대의 외교학과 말씀이시죠. 지금 문리대는 없어졌으니,
그 외교학부는 법학부 안에 있나요?

최 : 문리대 안에 있습니다. 당시 제 장래희망은 정치학자 또는
외교관이었습니다.

고하리 : 그건 고등학교 때부터 꿈꿔 오신 건가요?

최 : 네. 당시에 정치학과에서 외교학과가 처음으로 분리되었습
니다.

고하리 : 처음부터 학과를 나눠서 모집했나요?

최 : 그랬습니다.

고하리 : 그때, 물론 성적이 제일 좋은 학생은 서울대에 가는 경향이
많았다고 생각합니다만, 더 가까운 경북대학에 가려는 생각
은 안 하셨나요?

최 : 아뇨, 당시에, 경주고에서 1, 2위 정도 하는 사람은 전부 서
울대 1지망. 지금도 그렇습니다.

고하리 : 혹은 고려대에 간다던가, 연세대에 간다던가?

최 : 학생의 성적순으로 말하자면 당시 연세대와 고려대는 서울
대에 비하면 지금보다 훨씬 큰 격차가 있었습니다. 돈이 없
어서 학비를 낼 수 없을 정도로 가난한 학생 중에 우수했던
사람은 육사에 간 경우도 있었습니다.

고하리 : 서울에 가려는 것에 대해, 부모님은 반대하지 않으셨나요?

최 : 반대하지 않으셨습니다.

고하리 : 걱정도 하지 않으셨나요?

최　　　 : 그다지 걱정하지 않으셨습니다.

고하리 : 당시엔 하숙을 하셨나요?

최　　　 : 네. 아르바이트를 하면서요.

사도　 : 서울에는 친척분이 계셨다거나?

최　　　 : 아무도 없었습니다.

사도　 : 전혀요?

최　　　 : 네.

고하리 : 그렇다면 경주와 서울의 느낌은 굉장히 다르니 놀라시거나
　　　　 하셨나요?

최　　　 : 물론 고등학교와 대학의 분위기는 완전히 다르죠.

고하리 : 예를 들어 경주고에선 1등, 2등을 했지만 서울대에 가면 우
　　　　 수한 학생들이 많이 있었겠죠?

최　　　 : 저는 한 번 서울대에 떨어졌어요. 59년에 고등학교를 졸업
　　　　 했죠. 59년에 들어갔었더라면 17살에 대학생, 그야말로 전
　　　　 국에서 가장 어린 대학생이었겠죠.

고하리 : 일본에서는 첫 번째 낭인이라고 표현합니다. 그렇다면 재수
　　　　 생 때는 어디서 머무셨나요?

최　　　 : 경주로 돌아갔습니다.

고하리 : 돌아가서 다시 한 번 수험 공부를 하신 거죠?

최　　　 : 조금 여유를 가지고 수험 공부를 시작했습니다. 저는, 중학
　　　　 교 3학년부터 고등학교 1, 2학년 때까지는 그다지 공부를
　　　　 열심히 하지 않았습니다. 놀거나 카뮈 책을 읽고, 감포 해변
　　　　 에 놀러가기도 하고, 그냥 공부를 열심히 하는 모범생은 아
　　　　 니었죠. 성적은 4등 이하로 내려간 적은 없지만.

고하리 : 일본어로 하자면, '원래 머리기 좋다(地頭がいい)'라는 표현이 어

울린다고 생각합니다. 원래 타고난 머리가 좋은 거죠. 서울대에 갔는데 우수한 학생이 많아서 놀라지는 않으셨나요?

최 : 저는 가장 어린 나이로 들어갔지만, 유교적인 가정에서 가르침을 받아서인지 동년배 학생보다 점잖은 편이었습니다. 의기양양해하지 않았어요. 한 번 떨어졌던 경험도 있고, 경주의 유교적인 분위기에서 자란 사람이니까요. 저는 대학에 들어가서는 열심히 공부했습니다. 제 동기는 지금도 "자넨, 학창시절 때부터 대학교수 같았다"고 말합니다.

고하리 : 그렇군요. 그렇다면 60년에 들어가서 바로 3.15 부정선거가 일어난 것이군요. 그때의 이야기도 부탁드립니다.

사도 : 그 전에 학자나 외교관이 되고 싶었다는 이야기 말입니다. 고등학교 시절부터 그렇게 생각하셨던 건가요?

최 : 외교관 말이죠.

사도 : 그 계기는요?

최 : 그건 굉장히 심플한 이야기가 되는데, 애당초 공부를 잘 하는 사람은 영어 성적도 좋았지만, 제 영어 실력은 지방수준에서는 좋았습니다. 제 의사표현력은 영어든, 한국어든 비교적 좋았습니다. 웅변까지는 할 수 없었지만.

사도 : 그 어학실력을 살리고 싶으셨나요?

최 : 어학도 살리고 싶었고, 또 모처럼 외교학과가 처음으로 생겼으니까. 당시엔 굉장히 동경하던 학과였어요. 정치학과보다 훨씬 매력적이었죠.

사도 : 어제 들은 바로는, 아버님이 농업을 하셨다고 그러셨죠. 선생님께서 대학에 들어가서 외교관을 목표로 한다고 말씀 드렸고요?

최   : 아버지와는 그다지 토론하지 않았습니다. 어머님은 제 목표
         에 충고할 만한 능력은 없으셨지만, "대학 선생님이 되면 어
         때?"라고 말하시곤 했습니다.

사도   : 그보단, "대학을 졸업한 후에는 돌아와라"라든가, 그런 말씀
         은요?

최   : 그건 완전히 제게 맡기셨습니다. 중학교 1학년 때는, 제 성
         적으로 충분히 서울에 있는 고등학교에 갈 수 있었습니다.
         국가시험이었으니까요. 제 성적으로 어디든 들어갈 수 있었
         죠. 하지만 아버지께서 "중학교 때부터 서울엔 가지 마라"라
         고 하셨습니다. 평소에 "남자는 여행을 해야 한다"고 하셨던
         아버지지만, 제 나이가 아직 11~12살 이었으니, 걱정하신
         거겠죠.

사도   : 모처럼 스스로 …

최   : 전 공부로 부모님을 걱정시킨 적은 없었습니다. 그래서 일
         종의 자긍심을 가지신 게 아닐까 싶어요.

사도   : 그럼 경주에서 쭉 있을 사람은 아니고, 서울로 나가서 활약
         할 인재라고 생각하신 걸까요?

최   : 아뇨, 당시 서울의 중학교에는 교내에 매점이 있고 학생들
         이 자기가 원하는 걸 산 다음, 돈을 박스에 넣도록 한다는 정
         보를 읽은 적이 있습니다. 저, 굉장히 충격이었어요. 이런 멋
         진 중학교가 있구나 하고.
         　　"아버지, 우리나라에서 1, 2위를 다투는 명문이고 이런 분
         위기인 학교라면, 꼭 가고 싶어요"라고 말했습니다. 그러나
         "넌 가지 마라. 중학교는 경주에서 나와라"라고 하셨죠. 그
         다지 말을 많이 하지 않으시던 아버지의 명령이었습니다.

고하리 : 그때 서울대 입학은 3월이었나요?

최 : 3월 시험이었죠.

고하리 : 입학은 몇 월이죠?

최 : 입학은 좀 늦었어요. 지금은 대부분 3월 2일에 강의가 시작
됩니다. 3.1절 다음날.

고하리 : 그건 요즘을 말씀하시는 건가요?

최 : 서울대뿐 아니라 지금 어디든 그렇습니다.

고하리 : 선생님이 서울대에 입학하셨을 때는 4월이었죠?

최 : 4월 2일이었다고 기억합니다.

고하리 : 일본은 쭉 4월이지만요.

최 : 왜 그 해에는 4월이었는지 모르겠습니다.

고하리 : 혹은 한국의 학제가 지금까지 쭉 일본식인 4월로 해오다가,
언제부턴가 3월로 바뀐 게 아닐까요. 그 기억은 없으신가
요?

최 : 그건 모르겠습니다.

고하리 : 중학교나 고등학교는 어땠나요? 기억하세요?

최 : 3월이었습니다.

❖ 4.19 학생혁명 참가

고하리 : 일단 그때는 4월에 들어가서, 바로 4.19 학생혁명이 있었던
때가 아니었나요?

최 : 그렇습니다. 당시엔 3.15 부정선거로 인해 정말 우울한 분

위기였죠. 정치에 민감한 사람이라면 혁명적인 상황이라고 생각했을지도 모르겠네요.

고하리 : 그 영향을 받으셨나요?

최   : 그랬었죠.

고하리 : 재수하실 때?

최   : 아뇨, 대학교 1학년 때요.

고하리 : 그럼, 서울대 시험을 보고, 대학에 입학하기까지, 3.15 부정 선거의 뉴스를 여러 형태로 접하시고, 바로 영향을 받으신 거군요. 그리고 대학에 들어가면, 대학 안은 벌써 그 화제에 모두 영향을 받았겠네요?

최   : 그전에 민족통일연맹이란 학생단체가 있었습니다. 서울대의 정치학과를 중심으로 저희보다 1, 2년 선배였습니다. 저희들은 이미 이승만 정권에 실망했습니다. 그 단체에는 좌파학생도 있었습니다.

그런 대학 분위기 속에서 저는 1961년인가, 신진회의 멤버가 되었습니다. 「조선일보」의 주필을 맡은 유근일 씨도 그 멤버였습니다. 그는 「프롤레타리아, 단결하라!」라고 하는 논문으로 인해, 학생시절에 형무소에 들어갔습니다.

고하리 : 그럼 지금은요?

최   : 지금은 우파 지식인의 리더입니다.

고하리 : 그럼 류 씨와 동갑이세요?

최   : 아뇨, 4년 정도 선배입니다.

고하리 : 류 씨 쪽이 선배인가요?

최   : 네. 애당초 2학년, 3학년, 4학년을 중심으로 한 단체였으니까요.

고하리 : 그럼 류 씨와 이야기 한 적은 있으신가요?

최　　　: 1년에 두 번 정도 있었습니다.

고하리 : 입장이 조금 달랐을 것이라고 생각하는데요.

최　　　: 달랐지만, 기본적으로 우정이 있었습니다.

고하리 : 그렇군요. 그럼 술도 같이 마시는 사이었나요?

최　　　: 술도 약간, 그는 그다지 마시지 않았습니다.

고하리 : 인간적인 사귐이군요.

최　　　: 네. 저는 우파뿐 아니라 좌파와도 중용의 입장에서 사귀어 왔습니다. 특히 류 씨는 기본적으로 인격자니까요.

고하리 : 전에 선생님과 처음 뵌 게, 대사시절에 후쿠시마에서 열린 「한일 포럼」때였죠. 그때 류 씨도 같이 오셨던 기억이 있습니다.

최　　　: 네, 그도 멤버였습니다.

고하리 : 마침 남북정상회담 후였기 때문에, 그는 굉장히 김대중 씨를 비판했었죠.

최　　　: 물론이죠.

고하리 : 이야기를 1960년으로 돌리죠.

최　　　: 저는 그때도 지금도, 이념도 중요하지만 이념보다 인간, 인격이 더 중요하다고 제 나름대로 생각하고 있었습니다.

고하리 : 그러면 4월 19일에 이승만이 무너졌는데, 그전 17일간 서울대 안에서 무언가 활동을 하셨나요?

최　　　: 아뇨, 활동이라기보다, 그런 분위기가 있었죠. 바로 내일이라도 데모에 나갈 듯한 분위기였습니다.

고하리 : 데모에도 참가하셨나요?

최　　　: 물론이죠. 19일에 제가 선두에 서서 나갔습니다.

고하리 : 그건 조직화 되었던 … .

최　　 : 아뇨, 자발적으로요. 일부의 선도자가 있었지만 조직적인 운동은 전혀 아니었습니다. 그날 2시에 발포명령이 내려졌습니다. 그날의 에피소드도 있습니다. 발포명령 바로 전에 중앙청 옆에, 통의동이라는 곳에 중국요리점이 있었습니다.

고하리 : 중국요리점요.

최　　 : 배가 고파서 중국요리점에서 자장면을 먹었습니다. 저는 가방을 들고 있었으니까 영어사전으로 politics라는 단어를 찾아보았습니다. 저희들은 정치학도로서 정치의 현장에 서 있다는 걸 실감했습니다. 정치라는 건 대체 무엇인가. 몇 년 전의 영웅, 이승만을 리드하고 있는 정부가 부정선거를 하고 있다. 우리들은 지금 그 정부에 반대해서 여기 와 있는 거라고. politics라는 단어를 찾아보자, 제일 먼저 '정치학'이라는 게 나오고, 다음으로 '정치'가 나왔습니다. 제 직감으론 어원적으로 '정치학'과 '정치'는 떼놓을 수 없다고 생각했습니다. 반세기 전 일이었습니다.

　　그후 7년간의 일본 유학을 끝내고, 73년부터 정치사상을 가르치면서 아리스토텔레스의 『정치학』을 몇 번이나 읽었습니다. 아리스토텔레스에 의하면, 정치학은 이론학이 아니다, 실천학, 실천적 지혜입니다. 그 실천적 지혜에 가장 필요한 덕목은 사려(prudence)입니다. 1960년에 대학에 들어간 이후 지금까지 저는 정치학과 정치의 관계에 대해 일관된 문제의식을 가지고 있습니다. 지금도 여기에 있지만, 제가 책상 앞에 내놓은 책 가운데는, 막스 베버(Max Weber)의 『직업으로서의 학문』과 『직업으로서의 정치』가 있습니다.

고하리 : 그건 일본어로 된 책인가요? 아니면 한국어로 된 책을?

최 　 : 일본어와 독일어, 두 가지가 있습니다.

고하리 : 한국어는요?

최 　 : 『직업으로서의 학문』 테마는 학문과 정치의 거리죠. 일례로 써, 학자는 강단에서 자신의 신념을 학생들에게 강요해서는 안 된다. 일정의 거리를 유지해야 합니다.

그것보다 더 어려운 책입니다만, 『직업으로서의 정치』는 막스 베버가 죽기 1년 전에 쓴 책입니다. 베버는 정치가의 자질로 세 가지를 들고 있습니다. 정열, 목측(目測), 가끔씩은 통찰력이라는 좀 과장된 해석도 있습니다. 그리고 책임감, 정치가의 책임윤리입니다. 정치는 동기가 선이어야 하며, 과정이 민주적이고, 결과가 좋으면 최고입니다. 하지만 현실세계에 있어서 그런 건 없다고 생각합니다. 그렇다면 현실에선 more better or lesser evil 차선이나 차악뿐입니다. 그 요인을 전부 종합적으로 판단해서 결과에 책임을 묻는 겁니다. 막스 베버는 정치가 가문이죠. 국회의원의 아들이며, 본인도 국회의원에 나가 한 번 떨어졌습니다. 그래서 정치의 중심에 있으면서도 정치와 거리를 둡니다. 모순된 반어법이지만 이야말로 제게 호소하는 것이 있었습니다.

현실정치와 정치학은 떼놓을 수 없다고 인식하면서, 학문으로써의 정치학을 하려면 거리를 둬야 한다. 이것은 모순입니다. 그 모순을 베버는 『직업으로서의 학문』의 핵심개념인 가치자유성(wertfreiheit)으로 돌파하려 했습니다. 이것은 영원한 테마이지만, 정말 가치자유성이란 건 본인의 주관성을 배제하는 것일까.

저는 베버의 가치자유성을 제 나름대로, 단련된 주관성(disciplined subjectivity)이라고 해석하고 있습니다. 주관성 없이는 문제의식도 있을 수 없습니다. 학문의 출발도 없습니다. 하지만 자신의 주관, 자신의 이념만으로는 학문이 될 수 없습니다. 역시 본인의 주관의 한계, 본인의 오류, 사람과의 대화, 그것을 종합적으로 생각해야만 합니다. 그런 단련된 주관성이 베버가 정말 말하고자 한 가치자유가 아닐까.

다음으로, 정치가의 결과책임, 책임윤리에 대해선, 베버는 『직업으로서의 정치』에서 자세히 논하고 있습니다. 제일 마지막에, "~에도 불구하고!"(dennoch!)라는 표현이 나옵니다. 괄호로 감탄사까지 넣어서. "~에도 불구하고!"라는 표현의 의미는 무엇인가. 정치의 세계는 혼탁하다. 윤리적인 합리주의로는 이해할 수 없다. 갈등 없이 정치를 생각할 수 있을까. 그런 혼탁한 갈등, 핸더슨이 말하는 소용돌이 안에 들어가지 않으면 정치의 진수를 이해할 수 없다. 거기서부터, 권력투쟁도 하고, 생사를 건 승부의 경험 속에서 단련된 인간, 그게 정치가입니다.

저는 막스 베버를 읽으면서 정치가의 평가란 대체 무엇인가를 생각하지 않을 수 없었습니다. 정치가를 과학자나 기술자와 같이 봐서는 안 됩니다. 역사를 보면 베버가 말하는 소명의 정치가란 치열한 찬반양론의 대상이 될 만한 정치가입니다.

❖ 대도시 서울에서의 첫 생활

고하리 : 4.19의 계기는 마산에서 중학생이 살해당한 것이었죠.

최 : 그렇습니다. 그 정보는 제겐 없었어요. 물론 경상남도에선 제일 큰 원인이 되었지만.

고하리 : 그리고 그때 서울대는 아직 대학로에 있었던 때죠?

최 : 네,

고하리 : 그때 선생님께선 어디서 사셨나요?

최 : 학교주변 하숙집에서 살았습니다.

고하리 : 한 가지 중요한 것을 잊었는데, 그때까지 서울에는 가보신 적 있으신가요? 서울대에 들어가기 전에요.

최 : 없었습니다.

고하리 : 그럼 처음이셨나요?

최 : 처음이었습니다. 아니, 생각해보니까 한 번 있었네요.

고하리 : 그건 언제 적인가요?

최 : 첫 시험 때. 그 이전엔 없었습니다.

고하리 : 그럼, 굉장히 큰 도시라는 느낌을 받으셨나요? 어땠나요?

최 : 물론이죠.

고하리 : 대도시라는 느낌이요?

최 : 대도시였죠.

고하리 : 그럼 차갑단 느낌도 받으셨나요?

최 재미있는 질문이네요. 지금 생각해보면, 제네바의 시골 소년 장 자크 루소(Jean Jacques Rousseau)가 파리에 처음 왔을 때 느낀 감정, 그것과 비슷할지도 모르겠습니다. 이렇게 큰

집이 있구나 하고. 홉스(Thomas Hobbes)가 '비교 당하는 괴로움'이 가장 큰 고통이라고 했었죠? 비교한 겁니다. 제가 살던 집, 제 생활.

고하리 : 노면 전차는 아직 있었나요?

최 : 있었어요.

고하리 : 그런 것에도 놀라셨나요?

최 : 그건 뭐, 놀랐다기보단 재미있었다고 해야 할까, 전차는 부산에서도 있었으니까. 부산은 몇 번 가본 적이 있었습니다.

고하리 : 아, 그런가요?

최 : 네.

고하리 : 대구에는 가보셨나요? 서울대에 들어가면, 여러 지방 사람이 있었을 텐데요.

최 : 그렇습니다.

고하리 : 그런 것엔 놀라시지 않으셨나요?

최 : 놀랐죠, 그해 외교학과에 경상북도에서 온 사람은 저 하나뿐이었습니다.

고하리 : 그럼 또 어느 지방 사람들이 있었나요?

최 : 부산이라던지, 3분의 2 정도가 3대 명문인 경기, 서울, 경복고등학교 출신이었습니다.

고하리 : 광주, 전라도 사람은요?

최 : 몇 명 있었습니다.

고하리 : 그럼 그런 사람들과 말투가 조금 다르다거나 그런 충격은 받으셨나요?

최 : 달랐죠. 하지만 서울 사람들에게 들은 이야기로는, 전 서울 표준어를 빠르게 익혔다고 해요.

고하리 : 몰랐다는 건, 선생님의 말투를 주변 사람들이 알아듣지 못했다는 건가요?

최 : 말도, 생활도 생각보다 빠르게 적응했던 듯합니다. 한마디로 지방에서 올라온 학생 같지는 않았다고 해요.

고하리 : 그렇군요. 어제도 다른 지방 사람과 그다지 만난 적이 없다고 하셨는데, 서울대에 들어가면 여러 지방 사람들이 와 있을 테니까요.

최 : 확실히 외견상의 격차는 컸지만, 상대적인 박탈감 같은 건 그다지 없었어요.

고하리 : 다른 지방 출신 사람들과 만날 땐, 외국인을 만나는 듯한, 그런 기분이 드셨나요?

최 : 전혀요. 하지만 말이죠, 서울의 학생들은 굉장히 경박했어요. 욕도 곧잘 했고, "이 새끼, 이 새끼"라고. '이 새끼'라는 건, '코노 야로(이 자식)'입니다. 저는 일본에 가서 좀 안심했습니다. 일본인들은 그다지 욕을 하지 않잖아요.

고하리 : 그런가요?

최 : 특히 서울에 있는 제 동기들은 심했습니다.

고하리 : '이 새끼'라는 건, 유달리 귀에 익네요.

최 : 맞아요, '이 새끼'는 하루에도 몇 번씩이나.

고하리 : 경주에 계셨을 땐, 그런 말을 쓰지 않으셨나요?

최 : 생각도 못했습니다. '점잖다'라는 말을 아시나요?

고하리 : 네.

최 : 조용하다고 할까, 가풍이 좋다 할까, 여러 의미가 들어있습니다. 서울에 있는 제 동기들은 절 그런 식으로 본 듯해요. 유학시절에 일본인 친구는 저를 '옛날 무사(古武士)'라고도

불렀습니다.

고하리 : 그렇군요.

❖ 한일회담에 대한 생각과 미군정기 때 한일의 차이

고하리 : 그런데 한일회담 말입니다만, 1960년에 들어서 1965년에
국교가 수립될 때까지, 몇 가지 파란이 있었죠.

최 : 그랬죠. 저는 4.19 때 집단행동에 참가하고 나서 그 이후론
집단행동에 참가하지 않았습니다. 제 스스로 납득이 가지
않는 경우엔 일절 움직이지 않았어요.

고하리 : 그래도 61년에 그룹을 만드셨죠?

최 : 그 그룹은 집단이 아니죠. 10명 전후였으니까, 정말 그냥 공
부하는 그룹이었어요.

고하리 : 운동이 아니고요?

최 : 뭐 한때 운동의 한 종류였습니다. 하지만 선동자로써 선동하거
나 그런 그룹은 아니었어요. 한마디로 말해 이론그룹이었죠. 그
래서 4.19 데모 이후, 전 집단행동에 조금 저항감을 느끼게 되었
습니다. 집단행동이 되면 스스로의 의견이 없어지거든요. 의외
로 집단과 맞지 않아요. 그걸 용납할 수 없었어요.

고하리 : 그래서 그다지 집단에 들어가지 않으시게 된 건가요?

최 : 그렇죠. 당시에 4.19 혁명의 집단행동의 연장선상에 한일회
담이 있었습니다.

고하리 : 한일회담을 선생님은 어떻게 생각하시나요?

최　　　: 집단행동에 들어가지 않는다는 제 생각도 있었지만, 저는 한일회담정상화 그 자체에 반대하진 않았습니다. 그 전제는 일본을 탓한 것이 아닙니다. 한국을 탓한 것입니다. 대한민국의 체제가 너무나 식민지체제의 인적, 물적 자원의 재편성이었으니 이대로라면 정통성의 위기에 직면한다고 생각했죠.

고하리　: 재편성?

최　　　: 네, 일제 강점기의 유산이 거의 보존되어 있었다는 겁니다. 미군정하의 일본의 민주혁명과 비교하면, 이승만 정부의 역사청산의지는 굉장히 약했습니다. 미군정하의 일본은 1946년에 빠르게 농지개혁을 이루었지만, 한국은 1951년까지 기다려야만 했습니다. 농지개혁은 중산층의 육성, 의회제 민주주의의 기반형성을 위해서도 필요한 정책이었습니다.

고하리　: 구체적으로, 예를 들어 일제 강점기로 말하자면, 공직추방 등을 했던 걸 말씀하시는 건가요?

최　　　: 네, 그렇습니다. 이승만 정부는 최소한의 민족반역자 처리도 하지 않았습니다. 최근에 노무현 정부가 식민지 청산정책을 내세웠지만, 너무 늦은 감이 있다고 생각합니다.

고하리　: 미리 했으면 좋았다는 말씀이세요?

최　　　: 그렇지만 아무것도 하지 않았죠.

사도　　: 하지만, 일본의 경우엔 선생님도 말씀하셨다시피, 민주화, 비군사화로 점령이 시작됩니다만 냉전이 심해진 47년경부터 역코스가 시작됩니다. 점령정책도 꽤나 역전되고. 그래서 점령군은 일본말로 하자면 "빨갱이 아닌가"라고. 뉴딜 정책 추종자들이 많이 있었으니까 그야말로 아까 말씀하신 것처럼 사회주의 … 좀 지나친 혁명이 아닌가 하는 비판도 많이 받았습니다. 그걸 한국의 이승만정권도 보고나서, 결정 짓지 못했단 견해도 있지 않을까요?

최   : 아뇨, 오히려 유효한 반공정책이란 전망이 없었다고 생각합니다. 확실히 일본도 역행의 기류가 있었겠지만, 역행 전에 제대로 된 비군사화, 민주화를 했었잖아요.

사도   : 농지개혁으로 자작농이 잔뜩 생기고, 지금 자민당 지지자가 많아진 거죠.

최   : 그런 점에서 일본의 점령은 성공사례입니다. 물론 "미국이 점령했으니까 자유민주주의 대한민국이 생긴 것이 아니냐"라는 견해도 가능합니다. 하지만 제가 주목하고 있는 점은 자유민주주의의 선택과 그 내면화입니다. 바꿔 말하면 반공을 위해서도, 자유민주주의의 정착을 위해서도, 역사의 청산과 민주개혁을 제대로 했어야 한다는 것입니다.

고하리 : 그렇군요. 한일회담을 보는 시점이란 것은, 지금 선생님께서 말씀하시는 바와 같이, 본인의 민족, 가정 내에서 먼저 청산해야 할 것이 있다는 것이군요.

최   : 그렇습니다.

고하리 : 다른 점에서, 어떤 시점으로 한일회담을 바라보고 계셨나요? 보는 시점 말입니다만, 일본과의 국교수립에 반대하지는 않으신 것 같은데 …

최   : 언제든 꼭 한일회담정상화를 해야 한다고 생각했습니다.

고하리 : 그때도요?

최   : 당시 한국은 준비가 되지 않았습니다.

고하리 : 준비가 되지 않았다는 것은. 다른 이유는 있었던 건가요?

최   : 그다지 없었습니다.

고하리 : 1960년에 장면 씨의 정권이 완성되고, 사람들에 의하면, 꽤
        자유롭긴 했지만 질서가 없었고 우유부단한 지도자라는 분
        위기가 있어서요. 그래서 1961년 5월 16일에 박정희 씨가
        군사 쿠데타를 일으킨 것이라고 합니다. 그 흐름은 서울대
        학생시절에 어떤 느낌으로 보고 계셨나요?

최   : 음, 학생은 대부분 그런 평가를 내렸습니다. Efficiency는
        있었지만 legitimacy는 없다고요.

고하리 : 그러면 장면 씨를 전혀 동정하지 않았나요?

최   : 글쎄요. 그다지 동정하지 않았어요.

고하리 : 그것이 군사 쿠데타로 바뀌어버린 순간엔 어떤 문제의식을
        갖고 계셨나요?

최   : 물론 군사 쿠데타에는 반대했습니다. 저희들이 혼란스러웠
        던 건, 일단 이승만 체제가 쓰러졌는데, 장면 정권은 무능했
        기에 이 선택밖엔 없었는가, 하는 분위기였습니다. 5.16의
        주역이었던 김종필 씨가 의외로 인기가 있었죠.

고하리 : 5.16 후에요?

최   : 네,

고하리 : 서울대에 왔었기 때문인가요?

최   : 그렇습니다. 데모를 체험한 서울대생과 토론을 했습니다.

고하리 : 그건, 김종필 씨가 라디오에 나왔다고 했던 그건가요?

최   : 서울대 현장에서 였습니다.

고하리 : JP(김종필) 씨와 토론했다는데, 그때 선생님도 참가하셨나
        요?

최   : 아뇨, 저는 그 자리엔 참석하지 않았습니다. 당시에는 학생

도 일부 군인도 일종의 민족주의라는 이미지를 공유하고 있었습니다. "우리들은 통일을 해야만 한다. 민족의 미래를 어떻게 할 것인가"라는 걸 모든 학생이 생각하고 있었습니다. 민족이라는 상징은, 의외로 박정권이 적극적으로 사용했습니다.

고하리 : 한국의 내셔널리즘이나 민족주의라는 것은, 언제부터 가열되어진 것인지 생각해볼 때, 선생님께선 그야말로 역사의 전환점 시기에 서울대에 있으셨다는 생각이 드는데요, 1960년 이승만 때부터 민족주의적인 분위기가 있었나요?

최 : 네, 있었습니다. 서양의 지식인들, 대표적 지적 리더인 하버마스(Jürgen Habermas) 씨도 그렇습니다만, 한국의 민족주의에 대한 이해는 굉장히 부족했습니다. 그들은 민족주의를 악한 이념으로 보고 있었습니다. 그들은 민족주의라 하면 바로 파시즘 (fascism)을 떠올립니다. 지금까지 한국의 민족주의는 악이 아니었다고 생각합니다. 일제 강점기에는 독립운동이었고, 분단되고 나서는 통일운동이었습니다. 민주화운동에서는 항상 공산주의와 싸워 왔습니다. 진지한 민주화운동가들은, 대부분 진지한 민족주의자였습니다. 한국에서는 아직까지 민족주의와 민주주의는 모순관계가 아닙니다.

첫째로 지금까지 한국에서는 민족주의는 플러스 이미지가 있었지만, 분석적으로 들어가면 굉장히 애매한 개념입니다. 먼저 북한의 사회주의와 민족주의를 어떻게 설명할지 이론적으로 정리되지 않았습니다. 통일을 열망하는 사상과 운동, 이것이 민족주의라면, 북한의 주의, 주장도 민족주의의 카테고리에 들어갑니다. 사람에 따라서는 분단 내셔널리즘이라는 개념을 사용하는 경우도 있습니다. 한마디로 민족주의의 개념이 제대로 되지 않았습니다. 애매합니다.

　두 번째는 민족주의를 내면적으로 떠받치고 있는 보편적인 가치, 사상 같은 것이 부족합니다. 역사적으로 보면 두 가지의 보편주의적인 이데올로기가 있죠. 일단은 자유주의. 이것은 프랑스혁명 시절에 나타난 민족주의입니다. 국민주의라고 번역되는 사상이죠. 다음으로는 사회주의와 결합한 내셔널리즘. 이 전형은 마오쩌둥의 마오이즘입니다. 대한민국, 한국의 내셔널리즘이란 대체 무엇인가. 굳이 따지면, 전자에 가깝습니다. 역시 자유주의. 그것이 4.19 혁명운동의 기본이라고 생각합니다. 민족주의와 민주주의와 자유주의, 반드시 사회주의인 것은 아닙니다. 일부는 있을지 모르겠지만.

고하리 : 제 의문은 … .

최　　 : 세 번째는 내셔널리즘의 담당세력의 문제입니다. 한국 민족주의를 짊어지고 있는 담당세력은 누구인가. 농민, 근로자? 중산층? 군인? 누구인지 불확실합니다. 그런 의미에서, 4.19 학생운동의 역사적인 위상은 굉장히 큽니다. 학생이야말로 민족주의의 일관된 담당세력입니다. 그러므로 학생이 여러 이데올로기, 즉 내셔널리즘, 자유주의, 민주주의라는 가치에 대해 이처럼 생각하고 있는지가 굉장히 중요합니다. 이처럼 전후 한국 민족주의는 개념이 애매한 상태였고, 사상이 빈약했고, 사회적으로 기반이 확실하지 않았음에도 불구하고, 이념으로서, 상징으로서의 한국 내셔널리즘과 그 잠재력은 건재하다고 생각합니다.

고하리 : 한일회담 그 자체도 민족주의였고 …

최   : 그건 안티 콜로니얼(식민지) 내셔널리즘의 연장선이지요.

고하리 : 어제, 선생님께선 경주에 계셨을 땐 그다지 반일의식을 보
         지 못하셨다고 하셨죠?

최   : 보지 못했다고 할까, 듣지를 못했어요.

고하리 : 의식을 가진 적이 없다고 하셨습니다.

최   : 그렇습니다.

고하리 : 그건 대학에 들어가시고 나서 변하셨나요?

최   : 대학에 들어가서 부터였습니다.

고하리 : 선생님 본인도 일본에 대해 굉장히 안티랄까, 그런 감정을
         가지셨나요?

최   : 한국에서 존경 받는 리더인 이순신, 안중근, 김구 등은 모두
         일본과 싸운 영웅적 인물입니다. 그런 면에서는 저도 고정
         관념을 갖고 있었죠.

고하리 : 이순신과 안중근을 … .

최   : 김구도 말이죠.

고하리 : 경주에 계셨을 때도, 그건 역사로써 알고 계셨나요?

최   : 이순신, 안중근은 중학교, 고등학교 시절에 배웠습니다.

고하리 : 그즈음부터 일본에 대한 견해 등이 나온다고 생각합니다.

최   : 친일파 비판 등은 당연히 했습니다.

고하리 : 그럼 이제 선생님 쪽에서 한일회담에 관해 몇 가지 말씀하
         고 싶으신 걸 준비해주시면 감사하겠습니다.

최   : 뭐, 한일회담 당시의 상황부터 말하자면 이 정도입니다.

고하리 : 그럼 데모 자체에는 그다지 참가하지 않으신 건가요?

최   : 일절 참가하지 않았습니다.

고하리 : 4.19에는 참가했지만, 한일회담은 지금 말씀하신 이유로 인

해 참가하지 않으신 거군요.

최   : 네. 저는 일본에 대해서보단 저희들의 체제, 우리나라에 대한 자기비판을 했습니다. 그게 제일 큰 이유였습니다.

❖ 저서 『미군정기 한국의 내셔널리즘』을 둘러싸고

사도   : 어제 말씀하셨을 때, 6.25 전쟁에 대한 화제가 있었습니다만, 선생님께서 사셨던 곳은 직접적 피해가 없으셨다고 하셨죠. 북한 인민군의 위협 등도 그다지 경험하지 못하셨다고 하셨고요.

최   : 본 적이 없었으니 위협이라는 이미지도 없었어요.

사도   : 네. 북에 대한 의식이 경주에 계셨을 때와 서울대에 오고 나서 많이 변하셨나요?

최   : 그렇다고 생각합니다. 제 『미군정기 한국의 내셔널리즘』 읽으셨나요?

고하리 : 아뇨, 읽지 않았습니다.

최   : 그건 지금도 읽히고 있는 책입니다.

고하리 : 알고 있습니다. 그건 알고 있지만.

최   : 이거, 드리겠습니다.

고하리 : 아뇨, 너무 많이 받아서 죄송할 따름입니다만.

최   : 부담스러우신가요?

고하리 : 아뇨, 그렇지는 않습니다. 이건 저도 쭉 읽어야겠다고 생각했습니다.

최　　　: 이것을 읽으면, 남북의 좌파민족운동에 대한 견해가 많이 나와 있습니다. 이 책은 사카모토 선생님으로부터 개척자적인 업적이란 평을 들었습니다. 이것은 80년대 민주화 시대가 아니었다면 빛을 보지 못했을 겁니다. 이러한 문제의식은 서문에 나와 있습니다. 어릴 때 같은 민족, 같은 친척이 낮과 밤을 가리지 않고 싸운 것이 나와 있습니다. 어째서 이렇게 된 것인지에 대한 일관된 의문이 있었습니다. 적어도 현대의 출발점인 미군정의 철저한 분석 없이는 한국 현대사를 이해할 수 없다고 생각합니다.

고하리 : 대학시절 말씀이신가요?

최　　　: 그렇습니다. 대학에 들어가고 나서 문제의식은 점점 선명해졌습니다. 세계사적 레벨의 냉전은 1947년 3월, 트루먼 독트린(Truman Doctrine) 선언에서부터 본격화되었습니다. 하지만 그 전에, 한반도에는 격한 국내냉전이 있었죠. 그래서 이건 단순히 같은 민족, 좌우의 대립이 아니라 그 배경엔 자본주의와 공산주의라는 이데올로기의 냉전이 있었던 거죠. 한마디로 미소 국제냉전과 한국의 좌, 우파 국내냉전의 이중구조가 한국에서 생겼습니다. 이것을 냉전이라는 외압과 이에 대응하려는 좌, 우의 정치세력의 갈등이라는 시각에서 분석한 것입니다. 당시 남북의 좌파세력은 국내냉전의 주요 세력이었고, 남한 전국에서 조직적인 기반을 가지고 있었습니다. 하지만 남한의 좌파세력 연구는 남, 북의 정부에서도 학계에서도 배제되고 있었습니다. 왜냐하면 남에서는 반공이 국시(國是)였고, 북의 노동당은 남의 노동당과 권력투쟁에서 승리했었기 때문입니다. 저는 박사논문에서 남의 좌파

세력의 주장을 좌파민족운동으로 보고, 사상과 행동양면에서 한국현대사의 주요부분으로서 자리매김했습니다. 지금 생각해보면 당시 남의 좌파운동 리더들은 교양, 식견, 조국애의 면에서 지금 좌파보다 훨씬 뛰어났습니다. 또한 식민지 당시의 인적·물적 유산의 청산이라는 면에서도 그들이 주도권을 잡고 있었습니다.

1948년 대한민국 정부가 그들의 주장을 조금이라도 선취(先取)하여 식민지 통치 유산을 청산했더라면, 대한민국의 정통성은 보다 더 강력했을 겁니다. 이러한 제 문제의식은 미국의 브루스 커밍스(Bruce Cumings)에 의해서 부분적으로 계승되었다고 생각합니다.

고하리 : 그렇다면 이건 다른 날에 여쭙는 것이 좋을 것 같습니다만, 예를 들어 한국의 제 5공화국 시대라던가, 박정희 시대에 『한국 공산주의운동사』등과 같은 책이 나와 있었죠?

최　　 : 네.

고하리 : 서대숙(徐大肅) 선생님 이라든지, 그리고 북한연구소에도 있죠. 서대숙 씨는 미국에서 연구하고 있으니 그렇다 치고, 한국 내에서는, 예를 들어 북한연구소의 김창순 선생님이나, 『한국 공산주의 운동사』등은 한국 내의 좌파를 반드시 잘 정리하고 있다고는 할 수 없다고 봐야만 할까요?

최　　 : 저는 해석보다도, 그들이 갖고 있는 자료만 정리해준다고 해도 큰 공헌이라고 생각합니다.

고하리 : 또 김남식 선생님도 돌아가셨죠.

최　　 : 돌아갔습니다.

고하리 : 서대숙 선생님의 연구는요?

최　　　 : 좋은 연구였습니다. 그 이야기도 조금 전에 드린 DVD에서 최장집 교수가 증언하고 있습니다.

고하리 : 어제 받았던 것은 음성뿐이었나요? 아니면 사진도 나와 있나요?

최　　　 : 물론 사진도 있습니다.

고하리 : 이번에 컴퓨터로 음성이 나오는 걸 갖고 오지 않아서 아직 듣지 못했습니다만, 몇 분 정도인가요?

최　　　 : 2시간이 넘습니다.

고하리 : 기대를 가지고 듣도록 하겠습니다.

❖ 박종홍 교수의 변증법 강의와 좌우명 '구동존이(求同存異)'

사도　 : 서울대시절에, 선생님께서 영향을 받으신 선생님은요?

최　　　 : 제일 큰 영향을 주신 분은, 철학자 박종홍 교수입니다. 박종홍 교수는 헤겔의 『Wissenschaft der Logik』이라는 방대한 책의 해설 강의입니다. 일본에서는 『대논리학』이라고 말하던가요? 이것을 4년 간, 서울대 최고의 명강의였습니다. 알다시피 헤겔은 '변증법'이란 제목의 책은 없죠. 그 논리의 전개과정이 변증법적이었습니다. 변증법강의를 들을 때의 기쁨은 지금도 남아 있습니다. 왜냐면 역시 당시에는 혁명기였고, 변증법은 변혁의 철학이니까요.

　13권의 강의 노트는 지금도 소장하고 있습니다. 그 노트 안에는 박 교수의 강의에 대한 제 나름의 비판도 적혀 있습니다.

사도   : 굉장하네요.

고하리 : 그 비판은 나중에 적으신 건가요? 아니면 수업 중에?

최   : 집에 돌아가서요.

사도   : 대단합니다.

최   : 마침 딱 반세기 전이네요. 정말 재미있었습니다. 그 변증법 강의에서 지금 남아있는 것은 사고방식으로서의 변증법입니다. 복안적, 종합적으로 매사를 생각하는 방법으로, 결코 이분법적 사고가 아닙니다. 제 좌우명이라고 할까, 가훈이 있습니다. '구동존이(求同存異)'입니다. 이것은 주은래(周恩來)의 철학이기도 합니다. 한마디로 '같은 것을 추구하고, 다른 것을 유보하면서 끝없는 대화를 통해 가까워진다'라는 뜻입니다. '구동존이'는 제 좌우명이자 가훈이자 정치철학입니다.

고하리 : 이건 대사시절에 한일관계에 굉장히 중요한 … .

최   : 사인을 요청 받으면 저는 늘 '구동존이'를 철저하게 지킨다고 씁니다. 외교는 '구동존이'의 실천입니다.

고하리 : 이걸 가훈으로 삼으시고, 가훈이면서 동시에 여러 가지를 생각하게 하는 힌트도 되는 것이군요.

최   : 그렇습니다. 언젠가 이 일이 끝나고 나면 제 집에 초대하고 싶습니다만, 집에는 제대로 쓰여 있습니다. 가훈으로서요. 지금 손자도 저희 집 가훈을 외우고 있습니다.

고하리 : 저도 앞으로 따라 해보겠습니다.(웃음)

최   : 이것을 계승한 것이, 정동영 전 대통령 후보입니다. 그는 '선생님의 좌우명을 그대로 받아들이고 있습니다'라고 자서전에 썼습니다. '구동존이'는 제 연구관심인 변증법, 평화, 중

용과도 관련되어 있습니다. 제게 있어 중용은 변증법의 동
양적 표현입니다.

고하리 : 그 선생님은 어디서 공부하셨던 분인가요?

최   : 경성 제국대학을 나오셨습니다.

고하리 : 경성 제국대학을 나온 분은 우수한 분이 많으시네요.

최   : 많습니다.

고하리 : 그럼 이 선생님이 경성대에서 헤겔을 공부하셨다는 것은 일
본 선생님한테 배운 건가요?

최   : 그렇습니다. 경성 제국대의 일본 선생님이라 생각합니다.
일본의 헤겔 연구가의 영향을 받으셨으리라 생각됩니다.

고하리 : 당연히 일본어도 잘 하시겠네요.

최   : 요시노 사쿠조(吉野作造) 선생도 헤겔을 공부했지요?

❖ 동경대 유학 전의 일본 이미지

사도   : 선생님께선 처음에 외교관이 되고자 하셔서 외교학과에 들
어가셨죠. 이런 강의를 들으시면서 학자가 되리라고는?

최   : 굉장히 단순한 이유지만, 제가 학생이었을 땐, 사법시험과
같은 레벨의 외무고시가 없었습니다. 외무고시가 있었다면
전 일단 시도했을 거라고 생각합니다. 혹시 합격했다면 전
지금 외교관이었을 지도 모르겠습니다. 인생 다 그런 거죠.

고하리 : 사법시험에 통과한 사람이 되는?

최   : 사법시험과 같은 레벨의 외무고시가 지금도 있습니다.

사도 : 선생님께서 서울대에 입학하신 1960년은 학생혁명이 있었던 시기입니다만, 사실 그 직후에 일본에선 안보소동이란 것이 있었습니다.

최 : 있었죠,

사도 : 엄청난 소동이었습니다만, 이에 대한 정보나, 일본의 동향은 전달되었나요?

최 : 아뇨, 일본에 가서 알았습니다.

사도 : 외교관 시험제도가 제대로 되어 있지 않았기에 외교관이 되지 않으셨군요.

최 : 그런 제도가 있었다면 시도해봤겠죠,

사도 : 학자가 되겠다고 생각하신 건 언제쯤인가요?

최 : 문리과 대학생은 대부분 학자를 지망했습니다. 법학도는 역시 변호사 같은 법조인으로.

고하리 : 시간이 슬슬 다되고 있습니다만, 혹시 지금 시간이 있다면, 한국을 떠나기 전 일본에 대한 이미지까지 해볼까 합니다.

최 : 하죠. 뭣보다 저도 일반 한국 청년이 갖는 고정관념 정도는 있었습니다. 한국인이 존경하는 사람 중에는, 존경의 이유가 일본과의 싸움이기 때문에 그런 이미지가 있습니다. 다음으로 일본은 중국이나 조선에서 문화를 받아들이면서 또 서양문화도 받아들였죠. 한국은 쇄국정치. 200년 간 정신뿐 아니라 기술도 받아들이지 않았습니다. 동도서기(東道西器)라는 말이 있습니다만, 화혼양재(和魂洋才)에 투철해 메이지유신 때 근대국가를 건설한 일본에 대해, 한국의 개화론자들은 일종의 동경을 갖고 있었습니다.

고하리 : 그렇군요.

최   : 메이지 유신을 이룩한 일본의 지적 능력, 정치적 능력은 대체 무엇인가, 하고요. 특히 저는 메이지 시대의 지적 리더에 관심이 있었습니다. 제가 메이지 시대의 나카에 조민과 같은 사람에게 관심을 갖는 것도 대학시절의 문제의식의 연장선상이라고 생각합니다.

         그후 라이샤워 씨와의 대담, 그의 책을 읽었습니다만, 역시 라이샤워의 메이지 유신 평가는 높습니다.

고하리 : 그렇다면 지적 관심으로 일본을 바라보고 계셨다는 것인가요?

최   : 그렇습니다. 아직 일본인을 본 적은 없었어요.

고하리 : 일본인을 만난 적이 없으셨나요?

최   : 없었습니다. 조선인 경찰이 아니라 일본인 경찰을 봤다면, 또 다른 이미지를 가졌을지도 모르겠습니다만.

고하리 : 감정적인 부분으로 일본을 생각하신 적은 없으신가요?

최   : 가기 전까지는 없었습니다.

고하리 : 예를 들어, 한국 내에서 일본인의 욕을 하는 사람은 많았을 것이라고 생각됩니다만.

최   : 제 선조가 의병대장이었으니, 그건 있었습니다.

고하리 : 그리고 대학동기 중에서도, "일본은 나쁘다" 같은 화제가 나오진 않았을까 하는데요, 그렇지도 않은가요?

최   : 의외로 그런 건 없었습니다.

고하리 : 다른 사람은 어땠나요?

최   : 다른 사람은 저보단 강했습니다.

고하리 : 이미 꽤 시간이 지났고, 유학 동기에 대해선 또 이야기가 길어질 것 같으니 다음번에 천천히 듣도록 하겠습니다.

최상용 Oral history

제 3회

일시 : 2009년 11월 9일

개최장소 : 서울시내

녹음시간 : 2시간

〈출석자〉

최상용 (전 주일본대한민국특명전권대사, 고려대학교 명예교수)
고하리 스스무 (시즈오카현립대학 교수)
사도 아키히로 (추쿄대학 교수)

테이프 번역자 유한회사 펜 하우스 미카도 케이코

제 3회

최상용 (전 주일본대한민국특명전권대사, 고려대학교 명예교수)
고하리 스스무 (시즈오카현립대학 교수)
사도 아키히로 (추쿄대학 교수)

❖ 구체적인 일본 이미지

고하리 : 유학 전의 일본의 이미지에 대한 이야기입니다만, 좀 더 구
　　　　체적인 이미지 예를 들면, 친절한 사람이 별로 없는 국가는
　　　　아니라고 생각하셨다든지.

최　　 : 일본?

고하리 : 네. 또는 경제는 정말 앞서 있다고 생각했다든지, 구체적인
　　　　이미지를 알고 싶습니다만.

최　　 : 일본의 이미지 말입니까? 구체적인 이미지는 거의 없었습
　　　　니다. 굳이 말하자면, 일제 강점기의 우리 국민이 누구라도
　　　　공유하고 있는 일본관같이 피해자로서의 부정적인 이미지
　　　　는 있었지요.

고하리 : 예를 들면, 아버지나 어머니는?

최 : 특히 부모님으로부터 일본인에 대해서 악평을 들은 적은 없습니다.

고하리 : 역으로 일본을 알고 있는 만큼, 일본인의 좋은 부분과 나쁜 부분을 잘 알고 있었기에.

최 : 말수가 적으신 분이지만. 외국유학 이야기를 했을 때, "일본이면 괜찮아"라고 말해주셨습니다. 그것에는, 아버지 자신의 일본친구에 대한 좋은 이미지와 칠십 세를 넘긴 노인이니까, 만약의 경우 쉽게 귀국할 수 있다, 그런 기대가 있었는지도 모릅니다. 그리고 '올림픽을 주최하고 있는 도쿄·일본, 역시 선진국이다'라는 이미지는 있었습니다.

고하리 : 그때에 알고 지낸 일본인이 있었습니까?

최 : 한 명도 없었습니다.

고하리 : 만난 적이 있는 일본인은 없다, 그럼 만난 적은 없지만 이름이라던가, 당시의 총리대신의 이름이라든지 그런 것은요?

최 : 총리대신은 사토 에이사쿠(佐藤栄作).

고하리 : 그런 이름은 알고 계셨군요.

최 : 그렇습니다. 일본 총리대신의 이름은 확실히 알고 있었습니다.

사도 : 올림픽 뉴스는 어디서 보셨습니까? 영상이라든지.

최 : 뉴스는 꽤 소개되었습니다. 특히 한국의 선수가 나오지요? 그러면 분위기 아시겠지요? 올림픽의 이듬해, 일본에 갔으니까 물론 도일하기 전에도 경성제대, 동경제대의 명성에 대해서는 자주 듣고 있었습니다.

고하리 : 경성제대시대의 이야기를 서울대생으로서 여러 가지 들을

수 있었다는 것입니까?

최　　　： 그렇습니다. 그리고 또한 동대문의 서점에 가면, 당시 교수
　　　　　님들이 쓰신 논문이 있었습니다.

고하리 ： 그것은 일본어로 되어있었습니까?

최　　　： 아니요, 한국어로 번역되어.

고하리 ： 서울대 도서관을 이용한 적이 있습니다만, 구 경성제국 시
　　　　　대의 책이 꽤 남아있지요?

최　　　： 남아 있습니다.

고하리 ： 그런 것도 보시거나 하셨습니까?

최　　　： 없습니다. 일본어를 몰라서.

고하리 ： 그때 전혀 일본어를 몰랐습니까?

최　　　： 전혀 몰랐습니다. 동경제대 - 동경대는, 지금도 미국의 하버
　　　　　드, 영국의 케임브리지와 견줄 정도로 프레스티지가 있었습
　　　　　니다.

고하리 ： 그렇다면, 서울대에서 공부하는 것보다도 한 단계 위의 학
　　　　　문이 가능하지 않을까 하는?

최　　　： 그렇습니다.

고하리 ： 희망은?

최　　　： 당시의 서울대의 분위기에서 공부가 되지 않았다고 하는 편
　　　　　이 옳을지도 모릅니다. 4.19 학생혁명, 반독재민주화운동으
　　　　　로 격랑의 연속이어서 정상적인 강의는 기대할 수 없었습니
　　　　　다. 저는 4.19 혁명 후에는 집단행동에 참가하지 않고 자원
　　　　　하여 병역을 마치고, 동경대 유학을 준비했습니다.

❖ 동경대 유학의 동기와 신세진 분들

고하리 : 이전에 조금 듣긴 했습니다만, 동경대 유학의 계기를 좀 더
　　　　명확히 알고 싶습니다.

최　　 : 동경대에 대한 동경은 있었습니다. 일본이라는 나라, 일본
　　　　인 개인의 이미지보다는 동경대라는 이미지가 저에겐 압도
　　　　적이었습니다.

고하리 : 어느 시점에서, 선생님은 일본어를 어느 정도 하시게 되었
　　　　습니까?

최　　 : 아버지로부터 간단한 일본어를 들은 적이 있습니다. 일본에
　　　　가서 텔레비전을 통하여 집중적으로 하면 가능하다고 생각
　　　　하고 있었습니다. 일본어 공부는 정말 불충분했습니다.

고하리 : 동경대에 가고 싶다고 생각한 동기의 단계에서 거의 알지
　　　　못하는 언어의 국가였네요. 오히려, 프랑스어나 영어가 됐
　　　　지만, 동경대에 간다는 것은 꽤 엄청난 도전이셨겠네요?

최　　 : 그렇습니다. 당시 일본에는 저의 친척이 많았습니다. 민단
　　　　계도, 조총련계도 있습니다. 그 중에서도, 최영안 씨가 가까
　　　　운 친척입니다. 아시카가 시에서 세금을 가장 많이 내는 기
　　　　업인이었습니다. 그는 제가 서울대생시절부터 "동경대는 국
　　　　립이니까, 학비가 거의 들지 않아. 내가 도와줄 게"라고 하
　　　　셨습니다. 그후 제가 동경대에 들어가고 나서 경제적으로
　　　　지원해주셨습니다.

고하리 : 같은 경주 최 씨라고 해도 만난 적도 없지요?

최　　 : 그는 매년 고국을 방문해서, 대학생시절 몇 번이고 만난 적
　　　　이 있습니다.

고하리 : 그래도 매우 가까운 친척은 아니지요?

최 : 꽤 가깝습니다. 같은 가족처럼 연대감이 있습니다. 이 기회에 꼭 기록으로 남기고 싶은 분이 있습니다. 채현년이라고 하는 기업인입니다. 동해어망사장인 채 선생님은 저의 가풍을 잘 알고 계셔서 저의 동경대 유학을 적극적으로 지원해 주셨습니다.

고하리 : 동해어망은 한국입니까?

최 : 그렇습니다. 채 사장은 도시샤대 출신으로 한때 대구대학 교수와 이사장의 경력을 가지고 있던 분입니다. 당시는 국교 정상화 전이었는데도, 그는 이미 일본과 무역을 하고 있었습니다. 동해어망의 도쿄지사를 만들기 위해 도일하게 되었습니다.

고하리 : 명목상?

최 : 명목상만은 아닙니다. 실제 동해어망은 지사를 만들었습니다. 저는 회사에 들어가지 않고 동경대 대학원 시험준비에 들어갔습니다. 저는 맨 처음에 비즈니스 여권으로 채 사장님과 함께 12인승 비행기로 도일했습니다.

사도 : 12인승입니까?

최 : 그렇습니다. 12인승의 프로펠러 비행기를 타고, 오사카공항에 도착했습니다.

고하리 : 그것은 서울에서 간 것입니까?

최 : 그렇습니다.

고하리 : 몇 시간 정도 걸렸습니까?

최 : 3시간 정도 걸렸으려나. 저로써는 처음으로 비행기를 타는 것이었습니다.

사도 　： 그 당시 비행기에 탄 적 있는 사람이 매우 드물었을 때였지요?

최 　： 적었습니다.

고하리 ： 조금 더 세세한 것입니다만, 오사카에 도착하고 나서 어떻게 도쿄에 갔습니까?

최 　： 전부 채 사장님과 함께였습니다. 채 사장님은 저를 위해 도일했다고 해도 과언은 아닙니다. 오사카에 내린 저가 본 일본의 첫인상은 자전거의 행렬이었습니다. 1965년 11월 이었습니다. 당시, 그렇게 자전거가 많았습니다.

고하리 ： 제가 태어난 것은 1963년입니다.

최 　： 아, 그럼 모르겠네요. 자전거가 많았던 거랑, 그 당시 이미 어느 정도 중산층은 자가용도 있었습니다. 1박한 곳은 채 사장님의 친척집이었습니다.

고하리 ： 오사카에 살고 있는 그분도 재일 한국인이었습니까? 일본인이 아닌?

최 　： 재일 한국인이었습니다. 다음날 채 사장님과 함께 오사카에서 도쿄로 갔습니다.

고하리 ： 신칸센으로 말입니까? 신칸센은 1964년에 완성되었어요.

최 　： 신칸센이었습니다. 이렇게 멋진 기차가 있을 줄은.

사도 　： 당시의 신칸센은 도쿄-신오사카 구간뿐이었으니깐

최 　： 당시 비행기는 있었지요? 국내선?

사도 　： 비행기도 있었습니다.

고하리 ： 도쿄에 도착해서는요?

최 　： 지금도 선명하게 기억하고 있습니다. 구 제국호텔에 묵었습니다. 기묘한 호텔이었습니다. 3층 정도 였던가 ... 그 로비

에 앉아보았습니다. 지금 생각해보면, 1919년 3월에 몽양 여운형 선생님이 그곳에서 일본의 지도자들을 향해서 연설했습니다. 저는 1966년 3월에 동경대 대학원 외국인 연구생이 되어, 같은 해 9월에 석사과정에 들어갔습니다.

고하리 : 그럼, 일본어는 6개월 만에 하시게 되신 것입니까?

최 : 열심히 일본어를 공부했습니다. 한자가 많아서 다행이었습니다.

일상어는 조그만 선술집에 가서 아주머니와 이야기를 하면서 …

사도 : 동경대에 유학하실 때 선생님의 관심은, 지금도 이야기를 듣고 있습니다만, 동경대의 교수님의 정보라든지 예를 들면, 모 교수님은 무엇이 전문이라든지.

최 : 서울대 외교학과는 'Department of International Relation' 이므로 국제정치 전문교수인 사카모토 요시카즈(坂本義和) 교수님의 제자로 자동적으로 가게 되었습니다.

사도 : 연구생 사이에서 그리고 석사과정에 들어가기까지 그 사이에 동경대의 교수가 쓴 글 등은 읽으셨습니까?

최 : 무엇보다도 일본어 공부에 전력을 다했습니다. 당시 저는 도치기현의 아시카가에 있었습니다. 아시카가에는 최영안씨가 살고 있었습니다. 그는 저의 재정보증인이었습니다. 이분은 아시카가에서 엄청난 부자로, 제가 일본어를 공부할 때까지는 집에 있도록 했습니다. 그리하여 월 1만2천 엔을 주셨습니다.

사도 : 당시의?

최 : 네 최소한의 돈입니다. 저는 석사과정에 들어가는 것이 당면

목적이었으므로 돈은 필요없다고. 일본인 부인이 처음에는
저를 경계했습니다. 아마 제가 본인의 남편에게 돈을 요구하
는 청년은 아닐까 하고 오해하신 것 같습니다. 그러나 일본
인 아주머니가 하루 종일 공부에 몰두하고 있는 저를 보시고
밤중에 야식을 만들어 주실 정도로 성원해 주셨습니다.

❖ 독학 일본어학습과 중매결혼

고하리 : 공부는 전부 독학이셨나요?

최   : 그렇습니다.

고하리 : 독학으로 일본어 공부를?

최   : 네, 정말 혼자였습니다.

고하리 : 그래도 일본어를 혼자서 공부하는 것은 매우 힘들지 않았습
         니까?

최   : 힘들었습니다. 다행히 아시카가에 와세다대학을 나온 정태
         식이라는 재일 한국인이 계셔서 저의 일본어학습을 도와주
         셨습니다.

고하리 : 아시카가에 6개월 계셨던거지요?

최   : 그렇습니다.

고하리 : 아시카가는 그 당시 어땠습니까?

최   : 도쿄까지 각 역을 정차해서 3시간 정도 걸렸습니다.

고하리 : 가끔 도쿄에 가셨나요?

최   : 가끔 정보를 얻기 위해서.

고하리 : 아시카가의 생활은, 지방도시지요? 서울과 비교하면, 외롭
지 않았습니까?

최 : 외로우니깐 더 열심히 공부했습니다.

고하리 : 과연 그렇군요. 그 당시 일본의 텔레비전 같은 걸 본 기억이
있습니까?

최 : 매일 보았지요.

고하리 : 그때 보신 텔레비전 드라마 같은 거 기억하고 계신 것은 없
습니까?

최 : 드라마가 아니고, 저는 음악이 좋아서 가야마 유조(加山雄
三), 바부 사타케(バーブ佐竹)의 노래를 좋아했습니다. 바부
사타케의 「별이 말했어요」라고 하는 재밌는 노래가 있어
요. 「외로우면 별을 봐」라든지.

고하리 : 일본은 당시 고도성장의 시기였지만, 활기가 있는 느낌이었
습니까?

최 : 활기는 지금보다 더 있었습니다. 공기는 대기오염으로 별로
좋지 않았습니다. 그후 점점 좋아져서 지금은 선진국·대도
시로서는 최고의 레벨로.

사도 : 연구생에서 동경대 대학원에 들어가기까지의 반 년간, 계속
아시카가에?

최 : 거의 그랬습니다.

사도 : 가까운 곳에 여행이라든지 그런 것은 거의 하지 않고 오로
지 공부만 하셨나요?

최 : 6개월간 일본어학습과 수험공부에 집중했습니다. 제가 박
사를 취득하기 전에도 최영안 씨는 박사, 박사라고 불러주
셨습니다. 월급도 1만 2천 엔이 3만엔으로 올랐습니다.

고하리 : 상당한 액수네요!

사도 : 지금이면 20만 엔 정도됩니까?

최 : 박사코스에 들어가고 나서는 로터리 요네야마 장학금도 받았습니다. 말하자면 직장인의 초봉에 가까웠습니다. 당시 동경대의 등록금은 연간 9천 엔이었습니다.

고하리 : 사는 곳은 어떻게 하셨습니까?

최 : 최영안 씨의 장남과 함께 도쿄에서 생활했습니다.

고하리 : 장소는 어디였습니까?

최 : 시부야 근처였나. 주소는 잊어버렸습니다. 그후 아시아학생 문화회관 아십니까?

고하리 : 아시아문화회관 알고 있습니다.

최 : 저는 독신시절 아시아문화회관에 있었습니다. 그곳에서 호즈미 고이치(穗積五一)라고 하는 훌륭한 선생님을 만났습니다. 호즈미 고이치 이사장님은 정말 존경받고 있었습니다. 호즈미 고이치 선생님은 동경대 앞에서 신성 학생기숙사를 운영하고 계셨습니다. 그분 부인이 미키모토(御木本) 가문의 여성으로, 지금 천황의 황후와도 인연이 있는 곳입니다.

고하리 : 이름을 들어 본 적이 있습니다.

최 : 호즈미 고이치 선생님이 저의 보증인이었습니다. 결혼하고 나서는 센고쿠라는 곳에 다다미 6조방의 작은 아파트로 이사했습니다.

고하리 : 지금까지를 정리하면, 제일 처음 최영안 선생님의 맨션.

최 : 맨 처음에는 최영안 씨의 아시카가 자택.

고하리 : 아시아문화회관에는 어느 정도 계셨습니까?

최 : 2년 있었습니다.

고하리 : 그후 아시아문화회관을 나갔을 때 …

최 : 아시아문화회관의 타이(田井) 전무의 안내로 사카에소(栄荘)라는 작은 아파트에 … .

고하리 : 사카에소(栄荘)는 어디에? 혼고(本郷)에 있는 곳입니까?

최 : 센고쿠. 아시아문화회관은 독신 기숙사이므로 결혼하면 나갑니다.

고하리 : 그사이, 한국에 남아있던 가족하고는 편지라든지 연락을 자주 주고받았습니까?

최 : 종종 편지를 보냈습니다.

고하리 : 아시카가 집에서 편지를 보내거나 한건가요?

최 : 그렇습니다. 아시카가의 최 사장님이 년 1회 정도 고국에 갔으니까. 경주의 어머니랑 만나서 "최 군은 제가 책임지니깐, 아주머니 걱정 마세요"라고. 그분은 1년 전 돌아가셨습니다. 일본의 유지와 민단의 간부 약 3백 명 정도 참석하는 파티에 저는 이분을 초대했습니다. 제가 인사하기 전에, 이분을 단상에 세워서 "제가 오늘 여기에 설 수 있는 것은 전부 이 아저씨 덕택입니다"라고 소개하자. 그분은 그곳에서 우셨습니다.

고하리 : 일본이름은 무엇입니까?

최 : 시가 유코(志賀裕幸)입니다. 아시카가에서 시가가라고 하면, 모르는 사람이 없습니다.

고하리 : 부인은 어디서 알게 되셨습니까?

최 : 맞선입니다. 가족끼리의.

고하리 : 단지, 일본에 오셨을 뿐, 부인되시는 분은 한국에 계셨던 거네요?

최　　　: 그렇습니다. 68년에 선보려 귀국했습니다.

고하리 : 68년에 일시 귀국하셔서?

최　　　: 그렇습니다.

고하리 : 그렇지만, 유학생활도 힘드신데 결혼하면 꽤 힘들지 않습니까?

최　　　: 아니요 계산해보았습니다만, 독신생활과 결혼생활의 비용은 거의 차이나지 않았습니다.

고하리 : 부인으로선 그 시대에 유학하고 있는 학생이 있는 곳에서 결혼해서 국제결혼은 아니지만 일부러 일본으로 옮겨와서 생활한다는 것은 매우 어려운 일이 아닙니까? 부인께서는 일본과 아무런 인연이 없으신지?

최　　　: 없습니다.

고하리 : 그럼 일본어가 안 되신다?

최　　　: 같이 살려고 온 것입니다.

고하리 : 힘드셨겠군요.

최　　　: 아니요. 아내는 저 이상으로 일본을 좋아했습니다. 특히 일본의 음식.

고하리 : 그건 한국에 있을 때부터였습니까?

최　　　: 그렇습니다. 아내는 스시를 좋아합니다.

고하리 : 부인과 나이차는 어떻게 되십니까?

최　　　: 4살 차이입니다. 68년에 만나서 약혼하고 1년 후 결혼했습니다.

❖ 사카모토 요시카즈 교수가 지도교관

고하리 : 지난 세월을 돌이켜 보면 우선 최초의 6개월은 대학원에 들
　　　　어가기 위해 열심히 공부하셨습니다. 66년 정규학생이 되어
　　　　마스터로 들어갔다는 것이지요? 그러면 결혼한 시점은 아
　　　　직 석사과정이셨습니까? 그렇지 않으면 박사과정에 들어
　　　　갔을 때였습니까?

최　　　: 박사과정입니다.

고하리 : 그러면 박사논문에 대해서 이 전에 상세하게 들었습니다만,
　　　　석사논문의 이야기를 좀 듣고 싶습니다.

최　　　: 석사논문은 여운형을 썼습니다.

고하리 : 알겠습니다.

최　　　: 이것을 선택한 이유는 요시노 사쿠조와 관련이 있습니다.
　　　　제가 연구생에 들어간 해에 사카모토 선생님이 요시노 사쿠
　　　　조 상의 제1회 수상자이셨습니다.

사도　　: 요시노 상

최　　　: 그후 요시노 사쿠조에 관심을 가지게 되었습니다. 「중앙공
　　　　론」의 1920년 정월에 요시노 사쿠조가 「여운형론」을 썼습
　　　　니다. 꽤 긴.

고하리 : 요시노 사쿠조가 여운형을 논한다는 것입니까?

최　　　: 그렇습니다.

고하리 : 그렇군요. 당연히 선생님도 일본어로 쓰시겠지만, 여운형에
　　　　관한 자료는 한국의 자료도 사용해야 할텐데, 그렇지요?

최　　　: 그렇습니다.

고하리 : 나중에, 일본에서 여운형에 관한 논의 방법이라든지.

최　　： 일본에는 요시노 사쿠조의 논문과 국회속기록이 있습니다. 하라케이(原敬) 내각이 여운형을 선택한 것은 여운형이 미래 조선의 리더이므로 그를 회유할 필요가 있다고 판단했기 때문이겠지요. 그러나 그가 초청되어 앞에서 언급한 구 제국호텔에서 고가 렌조(古賀 廉造), 다나카 기이치(田中義一), 요시노 사쿠조 등 다이쇼 시대의 일본지도자들에게 말한 것은 정정당당한 거였지요. 조선독립을 선언하고, 그 정당성을 주장하는 것이었습니다.

사도　： 이때에 이미 사카모토 요시카즈 선생이 지도교관이라고 하는 것은 자동적으로 정해져 있는 것입니까?

최　　： 그렇습니다. 연구생 시절부터 정해집니다. 연구생 시절, 선생님을 두 번 만났습니다. 지금 생각해보면 역시 공부 실적이 좋지 않으면 선생님과 만날 수 없다는 어떤 두려움 같은 것이 있었습니다. 꽤 냉철했습니다. 원래는 따뜻하신 분이지만.

사도　： 선생님의 관심분야를 예를 들자면, 서양정치사상으로 치자면 동경대는 후쿠다 칸 이치(福田 歡一) 선생님이시잖아요?

최　　： 그렇습니다.

사토　： 그래도 사카모토 선생님이신 거네요?

최　　： 제가 서울대학에 들어가서, 제일 감동한 것은 철학자 박종홍 교수의 변증법 강의라고 앞서 말씀드렸습니다. 저는 외교학과에서 철학과로 바꾸려 시도했지만 생각대로 되지 않았습니다.

　　　　제 하숙 동료 중에 김경수라는 친구가 있습니다. 그는 천재였습니다. 그는 입학시험 때 지각해서 한국사 과목시험을 보지 않았습니다. 그런데도 외교학과에 우수한 성적으로 입학했습니다. 당시 한국사는 50점 만점에 거의 45점 이상을 받았습니다. 그가 만약 45점 이상을 받았다면 분명 역사상 처음으로 서울대 최고득점으로 수석 합격을 했겠지요? 그는 정말 천재라서 모든 시험에 합격했습니다. 신문사도, 외무고시도. 그러나 그는 정치학보다 물리학에 흥미를 보였습니다.

고하리 : 물리학?

최   : 네, "자, 넌 물리학과로 바꿔, 난 철학과로 바꿀테니"라고 술 마시며 이야기했지만, 이것은 허용되지 않았습니다. 그는 어쩔 수 없이(?) 외교관이 되었습니다.(웃음) 그러나 불행하게도 워싱턴 근무 중에 피부암으로 돌연 사망했습니다.

고하리 : 몇 살 정도셨습니까?

최   : 30대. 요절한 천재, 문제의식을 공유한 친구, 지금도 잊을 수 없습니다. 저는 외교학과 4년간 국제정치 이외에도 정치사상사, 윤리학, 논리학, 변증법 등 철학분야의 강의에 깊은 관심이 있었습니다. 그 중에서도 가장 맘에 든 과목은 정치사상사이었습니다. 그러나 외교학과를 졸업했으므로 일단 국제정치를 선택했습니다. 다행히도, 사카모토 선생님이 사상사에 대해 든든한 배경을 가지고 계셨습니다. 제가 제일 처음 읽은 논문은 사카모토 선생님의 「에드몬드 버크(Edmund Burke)의 연구」였습니다. 발군의 논문이었습니다.

사도   : 그렇습니다.

최   : 정말로 정독했습니다. 이것은 국제정치사상사라고 하는 분야의 논문이었습니다. 저는 1976년 중앙대학교 정치외교학과 조교수가 되었습니다만, 저의 관심분야는 중앙대학에

들어갔을 때 이미 선배교수들이 선점하고 있었습니다. 저는 국제정치도, 정치사상도 일본정치도 가르칠 수 없었습니다. 그래서 6년간 중국정치와 비교정치론을 가르쳤습니다. 제가 제일 공부가 부족했던 분야가 비교정치였습니다. 중국에는 관심이 있었습니다만, 그다지 공부하지는 않았습니다. 그러므로 자신이 공부하면서 가르쳐야만 했습니다.

저는 비교정치에 대한 편견이 있었습니다. 비교정치라고 하는 것은 미국의 대외정책, 특히 냉전시대 미국이 국제경찰의 역할을 하기 위해서는 각각의 국가의 정치문화를 알지 않으면 안 되니깐, 지역연구의 연장선으로 비교정치라고 하는 분야가 생겨났다고 생각했기 때문입니다. 제가 정말 하고 싶은 것은 정치사상사이었습니다. 다행히도 1973년 3월 2일부터 고려대학의 대학원에서 정치사상사를 가르치게 되었습니다. 저는 1976년, 한국에서 마르크시즘의 정치사상 강좌를 처음으로 열었습니다. 마르크스가 쓴 책이 8권 정도 있습니다. 그것을 전부 다뤘습니다. 열심히 했습니다. 1976년부터는 중앙대학에서 조교수를 하면서 비상근강사로서 고려대학에서 사상사를 가르치게 되었습니다. 저는 1982년 3월부터 고려대학교 정경대학 정치외교학과 서양정치사상 담당교수로 임명되었습니다. 저의 이력에는 부교수가 없습니다. 중앙대학 조교수였던 저를 고려대학이 최상의 대우인 정교수로 맞아주었습니다.

고하리 : 그렇군요.

최 : 1982년 이래 저는 학부에서 서양정치사상사, 대학원에서는 두 개의 테마를 집중해 나갔습니다. 한 가지는 평화사상으

로 플라톤에서부터 마르크스까지의 서양의 고전에서 평화
아이디어를 끌어내는 것입니다. 두 번째는 중용사상으로 고
대중국의 공맹학과 고대 그리스의 폴리스 철학에 공통되는
중용의 아이디어를 끌어내는 것입니다.

고하리 : 한국으로 귀국한 후에 대해 좀 더 자세하게 듣고 싶습니다
만, 한 가지 듣고 싶은 게 있어요. 혹시 고려대학 대학원에서
비상근으로 가르칠 때에 최초로 마르크시즘을 가르치신 것
입니까?

최　　　: 마르크시즘 정치사상 이외에도 '근현정치이념'이라고 하는
과목을 담당하고, 내셔널리즘, 자유주의도 다뤘습니다.

고하리 : 한국에서요?

최　　　: 네

고하리 :『자본론』같은 것을 당시 읽히는 것은 힘들지 않았습니까?

최　　　: 힘들었습니다. 영어로 된 자본론이 있었습니다. 일본의 자
본론연구는 양도 질도 상당히 레벨이 높습니다.

고하리 : 그렇습니다.

최　　　: 그것을 참조했습니다.

고하리 : 학생들은 영어로?

최　　　: 저도 물론 영어로 합니다만,『자본론』의 여러 가지 레벨의
연구가 있지 않습니까? 저는『자본론』과『변증법』이라든지
오히려 철학적인 접근을 했습니다.

고하리 : 그렇군요. 알겠습니다.

❖ 마루야마 마사오 선생, 사이토 마코도 선생, 후쿠다 칸이치 선생 등

사도 : 동경대시절의 공부입니다만, 사카모토 선생님도 확실히 사
      상도 잘 알고 계십니다만, 후쿠다 칸이치 선생님이 서양정
      치사상사를 담당하고 계셨지요? 후쿠다 선생님 같은 분에
      게도 역시 접촉하셔서?

최 : 물론입니다. 후쿠다 선생님 학부의 강의는 전부 들었습니
     다. 학부의 강의는 정말 훌륭했습니다. 지금도 '강의노트'를
     가지고 있습니다.

사도 : 후쿠다 선생님은 모 선생에 의하면 대강당 연설형 강의를
      하신다고 들었는데요?

최 : 박진감 있는 강의였습니다. 그리고 '사회계약론(Du contrat
     Social)'이라는 후쿠다 선생님의 세미나가 정말 좋았습니다.
     당시 사사키 다케시(佐々木毅) 씨의 프레젠테이션은 발군이었
     어요.

사도 : 당시부터?

최 : 저는 그를 우수한 학자로 봐왔습니다.

사도 : 선생님의 박사논문이 된, 이른바 미국점령의 이야기가 되
      니, 다음 번에는 국제정치라든지 사상이 아닌 역사이야기가
      되네요. 역사의 부분이 크네요. 그렇다면, 오카 요시타츠(岡
      義達) 선생님은 어떠셨습니까?

최 : 네 모두 들었습니다.

사도 : 오카 선생님의 인상은 어떠셨습니까?

최 : 정치과정론 세미나에서 오카 선생님은 일본의 사무라이라

고 하기보다는 영국신사의 품격이셨습니다. 저는 정말 행운
아였습니다. 동경대에서의 6년 반(1966~1972), 하버드에서
1년 반(1979~1981) 약 20인의 세계적인 교수들의 강의를 듣
게 되었습니다.

사도　 : 지금 시대로 생각하면, 선생님이 계시던 시절의 도쿄대 선
생님은 정말 빛나는 시기였지요 … .

최　 : 그렇습니다. 뛰어난 제너럴리스들이었지요. 저는 특히 세
분의 선생님에 대해 한마디 하고 싶습니다. 사카모토 요시
카즈 선생님과 마루야마 마사오(丸山 眞男) 선생님과 사이토
마코토(斎藤 眞) 선생. 특히 상징적으로 말씀드리면 사카모
토 선생님은 지성의 심볼. 지식인은 대체 무엇인가. 지식인
의 역할을 실천해보이셨습니다. 마루야마 선생님은 학자의
심볼. 학자의 엄격함, 학문이란 대체 무엇인가라고 하는 메
시지를 전달해주셨습니다. 그 키 작은 사이토 마코토 선생
님으로부터는 절묘한 인간미를 느꼈습니다. 인간은 대체 무
엇인가 하고. 한마디로 말하면 사카모토 선생님은 지성, 마
루야마 선생님은 학문, 사토 선생님은 인간을 가르쳐 주셨
습니다. 사이토 선생님은 한국에 오시면, 저의 집에 묵으셨
습니다.

　　"자네 집이 편해"라고. 그 동경대 분쟁 속에, 사이토 마코
토 선생님의 역할. 친구인 사카다 미치타(坂田 道太) 씨는 문
부대신, 가토(이치로) 씨는 총장. 그 중간에서의 조정, 절충,
타협의 자세에서, 그분들 독자적인 인간미가 나왔습니다.
특히 사이토 선생님은 술맛을 아시는 분입니다.(웃음)

사도　 : 사이토 선생님과 몇 살 차이 이십니까?

최　　　: 17, 8세 정도입니다. 사카모토 선생님과 15세 정도니깐. 2,3
　　　　세 위지요?

고하리 : 어떤 의미로 사이토 선생님은 조금 독특한 구석이 있으시지
　　　　요?

사도　　: 정말 키 작은 젠틀맨이지요?

최　　　: 지금 두 가지 에피소드가 생각났습니다. 우선, 날짜는 기억
　　　　나지 않습니다만, 저는 사카모토 선생님과 함께 마루야마
　　　　선생님의 자택을 방문해서, 두 분 선생님의 대화를 관찰한
　　　　적이 있습니다. 저의 기억으로는 사카모토 선생님은 내셔널
　　　　리즘을 넘어선 시민사회의 교류와 연대에 대해서 말씀하시
　　　　고, 마루야마 선생님은 내셔널리즘의 존재이유를 리얼하게
　　　　인정하고 계셨습니다. 저는 양쪽 선생님의 주안점의 차이를
　　　　예리하게 간파하고 양쪽 선생님의 의견을 조화시켜 재창조
　　　　한다면 좋겠다고 생각했습니다. 두 번째, 최근 도쿄에서 사
　　　　카모토 선생님의 저작물 출판기념회가 있었습니다. 저는 참
　　　　가하지 못해 다음과 같은 내용의 편지를 보냈습니다. "선생
　　　　님의 「에드몬드 버크의 논문」과 버크의 『프랑스 혁명에 대
　　　　한 성찰』을 또 한 번 읽었습니다. 저는 또 한 사람의 선생님
　　　　을 맞이하게 되었습니다. 그것은 에드몬드 버크입니다. 저
　　　　의 약간의 정치현장의 체험, 저 나름의 연구를 종합적으로
　　　　고려하면, 정치는 성숙하고 현명한 소수가 하는 것이라고
　　　　하는 버크의 지적에 공감하지 않을 수 없습니다. 선생님의
　　　　예리한 버크 비판은 버크의 깊은 통찰과 함께 저의 뇌리에
　　　　각인되어 있습니다. 오늘, 저는 드디어 두 분의 선생님을 만
　　　　났습니다"라고.

사도   : 그렇군요. 동경대에서는 안보투쟁의 시기이기도 하였지요?

최   : 네 , 동경대 정문 앞에서 마루야마 선생님과 사카모토 선생
           님과 저를 포함하여 4,5인의 학생이 야스다 강당의 화재를
           현장에서 보았습니다.

최상용 Oral history

제 4회

일시 : 2009년 11월 10일

개최장소 : 서울시내

녹음시간 : 2시간

〈출석자〉

최상용 (전 주일본대한민국특명전권대사, 고려대학교 명예교수)
고하리 스스무 (시즈오카현립대학 교수)
사도 아키히로 (추쿄대학 교수)

테이프 번역자 유한회사 펜 하우스 미카도 케이코

제 4회

최상용 (전 주일본대한민국특명전권대사, 고려대학교 명예교수)
고하리 스스무 (시즈오카현립대학 교수)
사도 아키히로 (추쿄대학 교수)

❖ 혼고(本鄉)에서의 은사와 동료들

고하리 : 동경대시절의 이야기를 계속하겠습니다만, 사도 선생님부터 질문하시겠습니다.

사도 : 어제, 사카모토 요시카즈 선생님을 중심으로 사카모토 선생님, 마루야마 마사오 선생님, 사이토 마코토 선생님과 선생님이 특히 친했던 세 분, 정말 기라성 같은 세 분이시네요. 훌륭한 선생님의 이야기를 하시고 계십니다만, 지금 봐도 당시의 동경대의 선생님들은 정말 빛나는 별 같은 분들이 계셨습니다. 지금 이야기하고 있는 세 분 이외에도 특별히 기억에 남는 선생님은 어떤 분이 계십니까?

최 : 후쿠다 칸이치 선생님, 이시다 타케시(石田 雄) 선생님, 타니

우치 유즈루(溪内 謙) 선생님, 오카 요시타츠(岡 義達) 선생님, 교고쿠 준이치(京極 純一) 선생님, 시노하라 하지메(篠原 一) 선생님.

사도 : 선생님은 법학부에 계셨던 거지요?

최 : 그렇습니다.

사도 : 혼고캠퍼스에 계셨지만, 코마바캠퍼스에 국제관계학과가 있잖아요? 와타나베 아키오(渡辺昭夫) 선생님이라든지, 당시 는 에토 신키시(衛藤 藩吉) 선생님이라든지, 그 코마바캠퍼스 선생님들과 만나신 적은 없는지요?

최 : 거의 없었습니다.

사도 : 선생님은 엄청난 공부벌레이십니다만, 동경대학에서 철학 중에서 정치철학이라면 법학부이지만, 순수철학은 문학부 의 철학과에 있습니다만, 순수철학에 관심이?

최 : 문학부의 강의를 들을 기회는 없었습니다. 동양정치사상사 는 마루야마 선생님, 서양정치사상사는 후쿠다 선생님이지 요. 학부의 강의, 대학원의 세미나에도 참가했고, 저서는 거 의 읽었습니다.

사도 : 선생님이 혼고캠퍼스에서 연구하실 때 대학원의 연구실 동 기 일본인 연구자들도 여럿 계셨다고 생각합니다.

최 : 그렇습니다. 오오다케 히데오(大嶽 秀夫) 교수, 이가라시(五十 嵐) 교수가 함께였습니다.

사도 : 그럼 오오다케 선생님과 같은 시기였습니까?

최 : 그렇습니다. 사상사의 대학원세미나에서 인상에 남는 분은 사사키 다케시(佐々木毅) 교수와 이이다 다이조(飯田 泰三) 교 수입니다.

사도 : 특히 사사키 선생님입니다만, 이 세 분이 서로 토론한다던지.

최 : 1대1로 토론한 적은, 거의 없습니다. 대체로 세미나의 규모가 작아서 10명 이하의 토론이 있었습니다. 나중에 이야기하겠습니다만, 제가 감옥에 있을 때 응원그룹이 생겼습니다. 지금 호세이대학의 시모토마이 노부오(下斗米 伸夫) 교수가 간사역할을 했지요.

사도 : 선생님보다 조금 젊은 세대지요?

최 : 그렇습니다. 그가 간사를 맡고, 그 그룹에서는 오오다케 선생과 이가라시 선생, 이토 선생은 한국까지 와서 응원해주었습니다. 그후 1997년에는 사사키 교수는 일본정치학회 회장, 저는 한국정치학회 회장이 되었습니다.

사도 : 사사키 선생님은 사제관계로 본다면, 정치사상사이므로 후쿠다 선생님 제자이시지요?

최 : 그렇습니다. 저도 후쿠다 세미나에 들어갔습니다.

사도 : 사카모토 선생님 세미나 외에도, 후쿠다 선생님 세미나도요?

최 : 그렇습니다. 저는 사상사세미나는 거의 들어갔습니다.

사도 : 공부이야기도 여러 가지 하셨겠지만, 그외의 이야기로 넘어가겠습니다. 책상 앞에 나란히 앉아서 공부했던 친한 동료학생 가운데 함께 이야기 나눈 동료 중에서 기억에 남는 분이 있습니까?

최 : 어제 말했듯이, 사사키 타케시 씨는 당시 조교였습니다. 그의 프레젠테이션은 꽤 인상 깊었습니다.

고하리 : 예를 들면 일본의 학원분쟁의 이야기라든지, 또는 한국의 박정희정권이 점차 유신정권이 되는 도중이지 않았나 싶습

니다만, 그런 것을 학생들 간에 토론한 적은 없으셨는지요?

최 　　 : 거의 없었습니다.

고하리 : 그렇습니까? 일본의 학교 데모에 대해서도 안 하셨습니까?

최 　　 : 동경대 분쟁은 현장에서 보았습니다.

❖ 외국인 유학생으로서의 생활과 아시아문화회관

고하리 : 일본학생과 친구들로부터 한국에 대해서 여러 가지 들었다
　　　　 든지 "한국이란, 어떤 국가지?"라든가, 박정희정권의 체제
　　　　 는 어떻다든가 혹은 반대로 선생님이 보실 때, 동경대의 우
　　　　 수한 학생이라도 한국을 매우 오해하고 있다든지 하는 그런
　　　　 경험은 없으셨는지요?

최 　　 : 없습니다.

고하리 : 상대는 선생님을 외국인이라고 의식한 느낌이었습니까? 아
　　　　 니면 그다지 그런 것은 관계없다는 듯한 느낌이었습니까?

최 　　 : 그렇습니다. 거의 없었습니다.

고하리 : 어제 이야기에서, 유학생이라는 개념이 없던 시절이라고 말
　　　　 씀하셨기 때문에 …

최 　　 : 저의 일본 유학시절에 주의해야 할 특기사항은 아시아문화
　　　　 회관(ABK)과의 관계입니다. 이 스텝들과의 교류는 40년이
　　　　 지난 지금도 계속 이어져 오고 있습니다. 호즈미 고이치 선
　　　　 생님, 다이(田井) 선생님, 오기소(小木曽) 이사장, 다나카(田中)
　　　　 교수, 구도(工藤) 씨. 모두와의 우정은 저의 재산입니다. 우리

들 사이에는 어떠한 편견도 없었습니다.

고하리 : 편견을 넘어서서 좀 더 배려를 해주었다든지?

최 : 한국의 국내정서를 포함한 이야기는 아시아문화회관의 스
    텝과는 많이 했습니다. 특히 중국전문의 다나카 교수와의
    토론은 잊을 수 없습니다.

고하리 : 다나카 씨가 그곳에 계셨습니까?

최 : 그렇습니다. 아시아문화회관의 스태프였습니다. 그는 단순
    히 중국인, 조선인에 대한 애정이 아니라 아시아인과의 관
    계를 일본인 자신의 문제로서, 진지하게 다루었습니다.

고하리 : 그렇습니까?

최 : 호즈미 선생님은 저에게 이렇게 이야기하셨습니다. ABK의
    로비에서 복싱시합을 보지요. 예를 들면 일본의 선수와 한
    국, 필리핀 등의 선수와의 시합을 본 유학생은 모두 비 일본
    인 복서를 응원합니다. 그것을 보고 충격을 받은 호즈미 선
    생님은 과거 일본인은 무엇을 했길래?라고 생각하지 않을
    수 없었다고 저에게 몇 번인가 이야기하셨습니다. 호즈미
    고이치 선생님은 어른으로서의 아량을 가진 분이이셨습니
    다. 지금도 「호즈미정신」을 계승하고 있는 ABK의 모든 분
    들은 「아시아의 벗」으로서 활약하고 있다고 말해도 좋겠지
    요.

고하리 : 당시는 선생님을 부를 때 주변 사람들은 '사이 상'이라고 불
    렀습니까? '최상'이라고 불렀습니까? 어느 쪽이 많았습니
    까?

최 : 대부분 '사이'였습니다. '사이·소우류우(최상용)'라고, 아무래
    도 발음상, 부르기 쉬웠기 때문이었겠지요.

고하리 : 그렇군요.

최　　 : 꽤 친근감을 느낀 호칭이었습니다.

　　　　 불편한 것을 예를 들면 호텔체크인을 할 때 영어로 CHOI SANGYONG 이라고 쓰면,「사이」로는 확인되지 않는 경우가 있습니다.

고하리 : 그리고 대학원 시절에, 지금 말씀하신 동료라든지 아시아문화회관이 아닌 일본인의 일반 시민으로부터 한국인이라는 것이 불합리하거나, 불편하신 점은 있었습니까?

최　　 : 일절 없었습니다. 자주 질문 받았습니다만.

고하리 : 그 시절의 사회라면 조금 무엇인가 있었지 않겠나 싶습니다만?

최　　 : 이야기가 조금 다릅니다만, 저는 대사가 되어 가토 코이치(加藤紘一) 씨 부부를 디너에 초대했습니다. 그는 꽤 솔직히 일본인은 여전히 한국인에 대한 편견을 갖고 있다고 말씀해 주었습니다. 결론을 말하자면, "최 대사는 월1회 정도 NHK에 나와서, 일본의 논객이나 다른 국가의 대사와 대담하는 것, 그것만으로도 당신의 역할은 충분하다"라고. 그는 "한국 음식은 맛있고, 갈비가 어떻다는 등 운운하지만, 그렇게 좋은 이미지는 아니다. 한국인은 별로 지적이지 않다는 편견도 있다"라고. 요컨대, 한국은 지성레벨에서도, 음식에서도 그렇게 좋은 이미지는 아니라는 것이다. 제가 텔레비전에 나오면 그런 편견을 바꾸는 역할이 될 것이라고 판단한 것입니다. 그는 지식인으로서의 저를 과대평가한 것이라고 생각합니다만, 그의 메시지는 지금도 선명하게 남아있습니다.

고하리 : 그렇군요.

❖ 마루야마 마사오와 사카모토 요시카즈

사도 : 동경대의 당시 분위기를 보충해서 듣고 싶습니다만, 대학원
생이 되면, 이른바 대학원생 연구실 같은 것에 들어갈 수 있
었지요?

최 : 그렇습니다. 공동연구실이 있습니다.

사도 : 법학부의 대학원생은, 모두 같은 방이었습니까?

최 : 그렇습니다.

사도 : 방이 나뉘어 있지 않고, 그곳에 모여 모두가 여러 가지 공부
를 한다거나 이야기를 한다든지 하셨나요?

최 : 그렇습니다.

사도 : 박사과정에 들어가면 예를 들면, 학회로 치면 일본정치학회
등에 회원가입할 자격이 된다고 생각합니다만, 일본의 학회
에는?

최 : 학생시절에는, 학회에 들어간 적이 없습니다.

사도 : 들어가지 않았습니까?

최 : 법학부 내에도 여러 가지 연구회가 있으니깐 특히 점령체제
연구회(점체연)의 세미나에 몇 번 참가했습니다.

사도 : 어떤 선생님이 계셨습니까?

최 : 학생, 연구자의 리더는 사카모토 선생님이셨습니다.

사도 : 그것은 동경대의 분들 뿐이었습니까? 외부 선생님은?

최 : 외부도 있었습니다.

사도 : 이 연구가 오히려 『점령체제』라는 책이 되지요.

최 : 그렇습니다. 당시는 "점령하의 일본연구 없이는, 일본정치
학의 존재이유는 없다"라는 캐치 프레이즈가 있었습니다.

사도 : 점령체제라고 하면, 문학부의 국사 연구자들과의 교류는 있었습니까?

최 : 거의 없었습니다. 점령체제연구는 사카모토 선생님을 중심으로 이루어졌기 때문에요. 저는 동료 학생보다는 법학부의 선생님들과의 교류가 인상에 남습니다. 화제는 확실히 기억나지 않습니다만, 마루야마 선생님과 사카모토 선생님과의 토론은 저의 경우, 일본의 헤겔과 마르크스의 대담처럼 비춰졌습니다. 그것은 결코 마루야마 선생님이 Hegelian이고, 사카모토 선생님이 Marxian이라는 뜻은 아닙니다. 사카모토 선생님과 함께 마루야마 선생님의 자택을 방문했을 때 3명이서 찍은 사진을 가지고 있습니다만, "그건 역사적인 사진이다. 잘 보관해두게"라고 하셨습니다.

사도 : 이야기를 들어도, 선생님은 상당히 리버럴한 책부터 시작하여, 어제도 오늘도 레몬 아론(Raymond C.F. Aron, 1905-83)의 이름이 나왔습니다만, 보수적인 사람, 말하자면 리얼리스트의 책까지 꽤 많이 읽어오셨습니다만.

최 : 저는 지금까지 도덕성이 높은 좌파와 사려 깊은 우파의 리더를 찾고자 했습니다.

사도 : 그렇다면, 사카모토 선생님은 말하자면 학문, 연구자로서 너무나 훌륭하신 분인 건 맞습니다만 … .

최 : 냉철한 이성과 풍부한 감성을 겸비한 선생님이십니다.

사도 : 의견일치라는 면에서, 선생님과 꽤 다른 부분이 있지 않나 하고 생각합니다만.

최 : 있었습니다. 모순은 아니지만, "지금까지 한국에 있어서 민주주의와 내셔널리즘은 그렇게 모순되지 않았습니다. 정

면으로 민주화운동에 관련된 인간은 대체로 내셔널리스트였다"라고. 그 이야기는 사카모토 선생님께도 하버마스(Habermas, Jürgen)에게도 말한 적이 있습니다. 역사로서 한국의 내셔널리즘을 평가해보면, 그것은 악의 이데올로기가 아니다. 우리들에게 있어서 오히려 정말 리얼하고 상당 기간 이상적인 정치이념이기도 했다. 그 점에서 사카모토 선생님도 이해해주셨습니다.

사도 : 이해해주신 것입니까?

최 : 네. "그렇지, 그렇게 말한다면 자네가 말하는 민족주의는 메이지 초기도 있었지만, 국민주의라고 번역되는 자유주의와 내셔널리즘의 콤비네이션 같네, 그런 운동이네"라고 반응하셨습니다.

사도 : 사카모토 선생님이라고 하면, 시카고대에서 유학하고, 모겐소(Hans Joachim Morgenthau)에 빠지셨지요? 모겐소는 파워·폴리틱스를 주장하는 학자이지요? 그 선생 밑에서 공부하시고서, 국익중심주의의 외교가 아니라, 이념을 보다 중요하게 여기는 것을 주장하셨지요? 무슨 계기가 있었는지 그런 것을 들으신 적은?

최 : 사카모토 선생님은 세 가지 점에서 모겐소를 비판했습니다. 모겐소의 세 개의 키 개념은 국가이익, 국민국가, 권력정치, 정치, 특히 국제정치는 권력정치·파워 폴리틱스이다. 국제정치의 단위는 Nationstate, 국민국가이다. 그리고 그 국민국가가 추구하는 가치는 국가이익이다. 모겐소 이론은 국가이익, 국민국가, 권력정치, 그 세 개의 개념을 조합한 거지요. 우선, 국제정치는 파워의 정치이기도 하며 동시에 이데

올로기의 정치이기도 합니다. 『Politics Among Nations』 이 출판된 것이 아마 1946년일 것입니다.

이데올로기의 역할이 그렇게 눈에 보이지 않는 시기였습니다. 그렇지만 그후 전개된 냉전은 파워의 냉전인 동시에 이데올로기의 냉전이었습니다. 그 이데올로기의 역할에 대한 과소평가가 있지 않았나 싶습니다.

그리고, 국민국가는 좋지만 역사를 볼 때 미래도 항상 국민국가로 가지는 않는다. 다시 변한다는 것입니다. National interest(국가이익)도 여러 문제가 있습니다. 예를 들면, 국가에 따라서는 독재국가도 있지요. National interest라고 말한 경우에도 그 독재정부의 이익에 한하는 가능성도 있습니다. 그 국가의 국민이익과 모순되는 이익도 있을 수 있다고 비판하는 것이지요. 그러므로 항상 권력정치와 국민국가를 묶어서 보기 때문에 모겐소의 이해는 한계가 있다고 비판했습니다.

사도 : 어제부터 들어왔습니다만, 사카모토 선생님은 정말 엄격한 이미지로 느껴집니다만.

최 : 엄격합니다.

사도 : 박사과정 논문지도받으실 때 어떤 느낌이셨나요?

최 : sentence by sentence. 문제의식과 분석력 중심으로 지도해주셨습니다.

사도 : '이 sentence의 의미는 뭔지?'라든지 ….

❖ 미국의 일본 점령정책을 둘러싸고

최　　: 저는 논문을 쓴다는 것은 주관적 문제의식을 객관적 방법
　　　　으로 분석하는 작업이라고 생각합니다. 저의 논리의 진행
　　　　방식은 어떤 면에서는 지적 시뮬레이션이었습니다. 저 개인
　　　　이 쓰지만 원고, 피고, 검사, 변호사 등 여러 입장에서 대상
　　　　을 설명하고, 해석하면서 최종적으로는 최고 재판관의 입장
　　　　에서 결론을 이야기하는 것입니다. 거창하게 말하면 마르크
　　　　스의 당파성, 만하임의 존재피구속성, 그리고 베버의 가치
　　　　자유성을 고려하면서 아슬아슬한 선까지 자신의 관점을 객
　　　　관화하려고 노력했습니다. 저는 상대적으로 미국의 일본점
　　　　령과 비교하면 한국의 미국점령은 실패라고 생각합니다. 그
　　　　실패의 의미는 점령 3년간 일본만큼은 아니라도 일본과 비
　　　　슷한 점령개혁플랜이 당연히 있어야만 했는데, 어떤 준비도
　　　　없었습니다.
　　　　　예를 들면 의회민주주의제도, 자본주의의 정착을 위해서
　　　　도 자작농의 창출을 위해서도 가능하면 빨리 확실한 농지개
　　　　혁을 하지 않으면 안 되었습니다. 맥아더와 같은 보수적인
　　　　군인정치가도 농지개혁을 조속히 1946년에 행했으므로, 그
　　　　런 문제의식은 당연히 있었어야 한다. 그러나 미군정 3년간
　　　　은 무준비, 즉흥의 연속이었습니다.

사도　: 그런 선생님의 문제의식이라든지 테마 설정에 대해서는 사
　　　　카모토 선생님은 어떤 의견이셨습니까?

최　　: 이해하셨습니다. 사카모토 선생님도 고령을 염두에 두셨는
　　　　지, 당시의 논문심사의 결정문이라는 것이 있는데, 그 복사

본을 최근 보내주셨습니다.

그것을 처음으로 읽었습니다만, 상당히 높게 평가되어 있었습니다. '전인미답의 개척자적 업적이다'라고.

사도 : 그것은 엄청난 평가군요.

최 : 60년대, 그러한 문제의식으로 썼던 것. 커밍스(Bruce Cumings) 교수의 연구도 그 이후였으니까요.

사도 : 그렇군요. 선생님은 선생님의 시점에서 미국의 일본 점령정책에 관한 높은 평가가 있었군요. 반면에 점령연구를 하신 분들 중에는 예를 들면, 선생님과는 정반대 연구에 대한 평가라던지 … . 여러 가지 있을 텐데요 … .

최 : '역(逆) 코스'는 세계적 레벨의 냉전이 본격화되었기 때문에 그 대세에 대한 적응현상이었을지도 모릅니다. 그러나 '역코스' 이전에 어느 정도 분명하게 민주개혁을 했지요. 재벌해체라든지, 비군국주의라든지.

사도 : '역 코스'도 말씀하신대로라고 생각합니다만, 그전에 예를 들면 농지개혁은 별도로 하고 재벌해체가 과도했다든지, 노동조합이 과했다든지, 말하자면 우파의 논자로부터는 '점령체제는, 뉴딜정책자들에 의해 지나치지 않았나 하는?' 비판도 나오지 않았는지 생각합니다만, 그 부분에 대해서는 어떠신지요?

최 : 요컨대 미군정 3년간, 일본식민통치의 인적, 물적 유산을 최소한으로 청산해야 했었다는 것입니다. 물적 청산의 핵심은 농지개혁이고, 인적 청산은 반민족행위자의 처리입니다.

고하리 : 지금 선생님이 말씀하신 것은 이승만시대의 반민족행위처벌법이 생기고, 그것이 기능을 했다면, 여기까지 끌려오지

않았다라고 하는?

최   : 그렇습니다.

고하리   : 지금 와서는 어디까지나 상대적이 되어버렸지요.

최   : 그렇습니다.

고하리   : 사회적 혼란, 너무나도 비용이 많이 들었던 갈등요인이었군요.

최   : 그렇습니다. 그 후유증이라고나 할까, 청산하지 않은 채무
            의 유산이 너무나 많습니다.

고하리   : 그렇지만, 초기에 거의 아무것도 하지 않았던 것은 의외네요?

최   : 거의 하지 않았습니다. 오히려 일제 강점기의 유산을 적극
            적으로 재편성했지요.

❖ 일본 지식인의 한국관, 미시마사건, 동경대분쟁

고하리   : 당시의 일본의 지식인사회에서는, 박정희정권의 체제에 대
            해서 비판뿐 아니라 한국과 교류하는 것 자체가 하나의 금
            기 사항처럼 된 것도 있다는 의미군요.

최   : 그렇습니다.

고하리   : 그런 흐름 속에서 최 선생님을 이상하게 취급하는 것은 거
            의 없었습니까? 이를테면 독재정치 국가의 남조선으로부
            터 와있는 유학생이라고 … .

최   : 저는 그런 인상은 받지 않았습니다.

고하리   : 아니, 마루야마 선생님뿐 아니라 이 사람은 남조선으로부터
            온 부유한 사람이다. 그러니까, 틀림없이 박정권의 수혜자

일꺼야라는 그런.

최 : 없었습니다.

고하리 : 당시, 코마바캠퍼스에서 문화인류학을 하고 계신 이토 아비토(伊藤 亜人) 선생님이 한국에서 자주 조사를 하고 계셨습니다. 문화인류학 연구로 완도라든지, 진도에.

최 : 들은 적이 있습니다.

고하리 : 그런데 코마바의 지식인사회의 사이에서는, "왜 그런 독재 국가의 조사를 하는 거야"라고. 비정치적인 연구인데 말이지요.

최 : 그런 사람은, 쇼와 초기의 군국주의는 반대했습니까?

고하리 : 연령적으로는 … .

최 : 그러니까, 한국의 독재에 반대한 사람은, 자국의 태평양전쟁 전의 군국주의에 반대한 사람인가요?

고하리 : 그렇지요. 그런 코마바캠퍼스의 분위기를 들으면, 혼고캠퍼스 쪽에서도 뭔가 그런 시선으로 보는 사람이 있지 않을까 싶습니다만, 그렇지도 않았군요. 화제를 바꿔서, 박사학위를 받으신 건 몇 년입니까?

최 : 1972년 9월이었다고 기억합니다. 저는 서울대의 졸업식도 동경대 졸업식도 갈 수 없었습니다. 분명 동경대학의 졸업식은 73년이었지요. 봄이죠?

고하리 : 그렇습니다.

최 : 그때에 저는 형무소에 있었습니다. 서울대학을 졸업했을 때는 군사훈련 중이었습니다. 저는 대한민국의 청년으로서, 생애에서 이 정도의 도전은 뛰어넘어야 한다고 생각해서 군대에 지원했습니다.

사도   : 선생님은 챌린저이시군요.

최   : 챌린저.(웃음) 육군 군사훈련을 받을 때, 서울대학의 졸업식
          이 있었습니다. 동경대의 졸업식에는 형무소에 있었으니깐
          학사도 박사도 졸업할 때 예를 들면, 가운을 입은 적이 없었
          지요. 릿쿄대학으로부터 명예인문학박사를 받아, 기조연설
          을 했을 때 가운을 입은 것이 처음입니다.

사도   : 또 어학도 일본어가 되지 않은 단계부터 일본에 오셔서 공
          부하신거지요.

최   : 그것도 일종의 도전정신의 표현인지도 모르겠습니다.

고하리 : 그 이야기는 또 다시 듣고 싶습니다.

사도   : 동경대시절의 이야기를 좀. 정말 재미있는 것부터 들려주셨
          으면 합니다만, 사카모토 선생님의 엄격한 지도를 받고, 직
          접 선생님 이외의 책 등에서, 선생님이 당시 특히 깊은 흥미
          를 가지고 읽으신 것은 있으신지요?

최   : 동경대 법학부 정치학과의 선생님들의 저서들은 거의 읽었
          습니다. 지금 후회하는 것은 당시의 일본 현대소설을 읽지
          않았다는 것입니다.

사도   : 3년간이나 박사논문을 쓰고 있으면, 소설은 … .

최   : 예를 들면, 당시 저는 에토준(江藤淳)의 평론은 읽고 싶었습
          니다. 왠지 그가 당시의 일본 젊은이들의 마음을 사로잡고
          있었다는 기분이 들어서요.

사도   : 미일안보·70안보 동경대분쟁에 대해서는 정말 체험을 하
          고 계셨지만, 그 당시 동경대분쟁은 69년입니다만, 70년의
          중대한 일본의 사회적 사건으로서의 미시마 유키오(三島由
          紀夫)의 사건이 있었습니다. 보수파의 우익 작가라고 불리기

도 하지만, 일본을 대표하는 문화인이기도 합니다. 선생님
은 일본에 계셔서 이런 사건을 듣고 어떤 인상을?

최   : 우선 그의 죽는 방법이 저는 이해되지 않았습니다. 솔직히
말해서요. 그가 추구하던 가치는 자살할 정도의 것이었나.
그 정도로 본원적인 메시지가 있는 것인가 하고 의심했습니
다. 지금도 똑같습니다.

사도 : 그런 일본적인 … .

최   : 그의 문학을 읽지 않았기 때문에 일지도 모릅니다.

사도 : 미시마의 일이 공동연구실에서도 화제가 되었습니까?

최   : 별로 그렇지 않았습니다. 야스다 강당의 화재를 현장에서
보았습니다. 제가 받은 인상은 일종의 로망 같은 것이었습
니다. 그들이 추구했던 가치도, 저에게는 그렇게 호소력이
있지 않았습니다. 우리들은 한국에서 죽음을 각오하고 했습
니다. 4.19 혁명도, 유신체제반대도. 죽은 사람이 많은 걸요.
죽었다고 하기 보다는 살해당한 사람이라고 하는 게 … .

사도 : 말하자면 전공투(全共鬪)라고 불리는 사람들이지요. 그것이
야말로 동경대의 연구실에도 침입하고, 마루야마 선생님의
연구실에도 난리가 났었다고 기억합니다만.

최   : 있었습니다. 저는 그 학생들의 데모, 폭동, 별로 평가하지 않
았습니다.

사도 : 동경대의 야스다 강당에 농성했던 학생 중 한 명이, 지금 사
민당의 국회의원이 되어 있습니다만.

최   : 누구입니까?

사도 : 아베토모코(安部知子)라는 분입니다.

최   : 꽤 변했지요?

사도   : 아니, 글쎄.(웃음)

고하리 : 농성했던 사람입니까?

사도   : 그럼, 농성운동 등에서는, 선생님은 역시 비판적으로 보고 계셨습니까?

최   : 그렇다고 생각합니다. 일본을 위해서도, 인류를 위해서도, 이것은 과연 어떤 메시지가 있는 것인가? 별로 와 닿지 않았습니다.

사도   : 위험에 직면하지는 않았습니까? 돌이 많이 날아온다던지?

최   : 그 정도까지는 아니었습니다. 법학부의 정문 앞에 서있으니까, 좀 멀었지요.

사도   : 그때 처음으로 동경대 안에도 경찰이 들어왔지요. 경찰을 들여보내야 할지 들여보내지 말아야 할지에 대해서, 꽤 논란이 있었다고 생각합니다만, 그것을 보시고, 선생님은 어떻게 생각하셨습니까?

최   : 우선 저는 일본의 경찰을 보고 역시 일본은 선진국이라고 생각했습니다. 당시 한국의 경찰을 보면 무서워했습니다만, 일본의 경찰은 무섭기는커녕, 친절한 청년이었습니다.(웃음) 지금의 한국의 경찰도 어느새 그렇게 되어버렸습니다.

사도   : 소동이 일어나는 동안 내내, 캠퍼스에 들여보내지 않는다는 거지요?

최   : 그들의 행동이 일본사회를 위해 남겨둔 것은 무엇입니까? 오히려 보수정치를 강화한 것은 아닙니까?

사도   : 학생이 관련된 운동이라는 것은 위험한 것이라고 하는 이미지를 강렬하게 심어버린 것이겠지요.

❖ 아시아문화회관과 잡지「세계」

고하리 : 그때는 한국의 정보는 어떻게 받아보셨습니까? 어제는 편
　　　　지보다도 아시카가에서 신세지고 있던 최 씨를 통해서 자신
　　　　의 어머니께 메시지를 보내거나 한다고 말씀하셨습니다만,
　　　　한국 뉴스 등을 반대로 입수하는 것은 어떻게 하셨습니까?
　　　　예를 들면, 대사관 사람들로부터?

최　　 : 교류는 거의 없었습니다. 아시아문화회관에 신문이 있었습
　　　　니다.

고하리 : 한국 신문이요?

최　　 : 네, 조금 늦게 오긴 했지만 ….

고하리 : 일본의 신문정보에서도 한국의 학생들에 대한 것이 있었지
　　　　요.

최　　 : 그렇습니다.

고하리 : 그렇다면, 점점 72,3년이 되면서 …

최　　 : 마침 그때도 저는 일본의 정치정세라고 할까, 일본의 실태
　　　　를 알기 위해「요미우리」와「닛케이」가 적당하다고 생각했
　　　　습니다. 그것은, 일본의 실태에 가장 가까웠습니다.

고하리 : 아사히가 아니고요?

최　　 : 아사히는 조금「Newyork times」라든지「르몽드」와 같이
　　　　정부에 비판적으로, 지식인이 좋아하는 신문이었습니다만.
　　　　일본의 실태를 알기 위해서는「아사히」와 동시에「닛케이」
　　　　와「요미우리」를 추천합니다.

사도　 : 맞습니다. 일본의 지식인이 좋아했던 것은「아사히신문」뿐
　　　　만 아니라 잡지 중「세계」가 있습니다.

최　　　：「세계」는 사카모토 선생님과의 인연으로 야스에 료스케(安江良介) 씨도 잘 알고 있습니다. 야스에 씨를 통해서 북의 정보도 많이 들었습니다.

사도　　：그렇군요. 잡지는 읽는다면「세계」를 중심으로 읽었습니까? 나중에「중앙공론」등이 있었습니다만 … .

최　　　：야스에 씨가 이와나미 서점에서 번역 출판된 동서고전을 보내주셨습니다.

고하리 ：학생 때요?

최　　　：그렇습니다.

고하리 ：「중앙공론」이나「문예춘추」등도 어딘가에서 본 적 있습니까?

최　　　：「중앙공론」은 자주 읽었습니다. 돌아가신 사토 세이자부로(佐藤 誠三朗) 씨의 이에(イエ : 집단)연구는「중앙공론」에 게재되었지요.

고하리 ：「세계」의 T·K생 '한국으로부터의 통신'은요?

최　　　：그것도 읽었습니다.

고하리 ：그것을 읽고, 매우 영향을 받고 불안하시지는 않으셨는지요?

최　　　：아닙니다. 저희들은 현장에서 봤으니까요. 저는 잘 썼다고 생각했습니다.

고하리 ：그래도 그쯤에 사회전반이 세계뿐만 아니라 한국의 박정권이 매우 독재를 강력하게 행하는 시류였으므로, 일본에서 볼 때 박정권의 독재에 대해서 어떤 전망을 최 선생님은 가지셨는지요?

최　　　：저 말입니까?

고하리 ：네, 일본에서 본 한국의 박정권에 대한 전망 말입니다. 어떻

게 느끼셨는지요?

최 : 말씀드린 대로 저는 4.19 학생혁명 때 데모에 참가한 거 외에는 집단행동에 참가하지 않았습니다. 개인적으로는 군사독재에 비판적이었지만요. 아시아문화회관에서 함께 생활했던 남베트남 유학생 중에는 유력자의 아들도 있었습니다만, 그 중에서는 북베트남의 호치민을 존경한 학생도 있었습니다.

고하리 : 남베트남의 사람인데, 자신도 유력자의 아들이면서 존경하는 것은 호치민이라고요?

최 : 네, 지금 생각해보면 호치민은 1960년대부터 남북을 가리지 않고 베트남 국민에게 존경받는 지도자였습니다. 그는 지도자의 무소유라는 점에서 하나의 모델로서 평가되는 것 같습니다. 저의 인상으로는 일본의 정치가도, 총리도 포함해서 일반적으로 청렴합니다. 썩은 사람도 가끔은 있지만요.

고하리 : 상대적으로 청렴하다는 의미?

최 : 네 그렇게 생각합니다.

고하리 : 당시 「세계」는 북에 대한 기사를 자주 쓰는 잡지인데요, 야스에 씨와 이야기를 나누고 있을 때, 대화 중에 야스에 씨는 북을 매우 칭찬했습니까? 그렇지 않으면 꽤 신랄하게 이야기합니까?

최 : 야스에 씨의 성격으로 보면, 김일성에게도 꽤 직언했음에 틀림없습니다.

고하리 : 야스에 씨가 김일성 주석과 이야기할 때는, 일본어였을까요? 통역이 있었습니까?

최　　　：듣진 못했습니다만. 통역이 있었겠지요?

고하리 ：그 두 분은 꽤 깊은 이야기를 주고받으신 게 틀림없지요?

최　　　：그 내용은 「세계」에서 김일성 주석 회견기록으로서 공개되
　　　　었지요. 예를 들면 한국전쟁의 기원에 대한 에피소드가 있
　　　　습니다. 한국전쟁이 북한의 전면적인 남침으로 시작한 것
　　　　은 변하지 않는 사실입니다. 야스에 씨가 김일성 주석에게
　　　　"6.25 전쟁을 그 정도로 방대한 규모로 해서 승리하리라 생
　　　　각했습니까?"라고 물어봤다고 합니다. 그것은 전면침략을
　　　　전제한 질문이지요. "김일성은 전쟁이라는 것은, 상대가 있
　　　　는 것이지요"라고 대답했다고 합니다.

최상용 Oral history

제5회

일시 : 2010년 2월 22일

개최장소 : 서울시내

녹음시간 : 2시간

<출석자>

최상용 (전 주일본대한민국특명전권대사, 고려대학교 명예교수)
고하리 스스무 (시즈오카현립대학 교수)
사도 아키히로 (추쿄대학 교수)

테이프 번역자 유한회사 펜 하우스 미카도 케이코

제 5회

최상용 (전 주일본대한민국특명전권대사, 고려대학교 명예교수)
고하리 스스무 (시즈오카현립대학 교수)
사도 아키히로 (추쿄대학 교수)

❖ 귀국 후 의미 불명의 체포와 고문

고하리 : 지난번에는 동경대학의 기억을 말해주셨습니다만, 오늘은
　　　　주로 한국에 귀국한 후의 이야기를 묻겠습니다. 그전에, 일단
　　　　동경대학이 끝나셨네요. 그대로 일본에 남지 않고 귀국하기
　　　　로 결심하신 그 부분에 대해서 특별한 것이 있다면 듣고 싶
　　　　습니다. 아마도 사카모토 요시카즈(坂本義和) 선생님을 비롯
　　　　해서 모두 사이가 좋아서 "좀 더 있는 건 어때?"라고 하는 의
　　　　견도 있을지도 모르고, 혹은 그때 한국의 정세도 확실히 안
　　　　정되지 않았으므로, 그런 부분의 이야기는 어떠신지요?

최　　 : 그 부분을 설명하기 위해서는 김준엽 선생님의 소개를 하지
　　　　않으면 안 됩니다.

고하리 : 고려대학의?

최 : 네 김 선생님의 전공은 중국근대사이고 당시 아시아문제연
구소의 소장이었습니다. 아시아문제연구소는 한국에서 가
장 역사가 오래된 인문사회과학 계통의 연구소입니다. 저는
박사 2년 때 도쿄에서 김 선생님과 만났습니다. 박사를 끝내
고 고려대학에 오라고 하셨습니다. 김 선생님은 미국으로부
터는 김경원이라고 하는 전 주미대사를 불렀습니다.

무로오카: 그후 사회과학원 원장인가가 되신 분이지요?

최 : 네

고하리 : 지금의 일본어로 말하자면, 리쿠르트

최 : 그렇습니다. 김 선생님은 그후 고려대 총장이 되었습니다.
김 총장은 국제 감각이 풍부한 분으로 미국, 일본, 유럽으로
부터 우수한 교수를 초청했습니다. 김경원 박사는 뉴욕대학
의 교수였습니다. 1971년에 고려대 정치외교학과의 교수가
되셨습니다. 저는 1973년 9월 아시아문제연구소의 연구원
이 되었습니다.

고하리 : 그렇군요.

최 : 당시 한국의 정치상황은 꽤 심각했습니다. 유신체제가 시
작한 것은 1972년 10월 17일이었다고 기억합니다. 그 다음
해에 1973년, 한국은 3월부터 학기가 시작합니다. 주말이
아니면 강의는 3월 2일부터 입니다. 1973년 3월 2일은 고
려대학원의 강의가 시작하는 날이었습니다. 강좌명은 〈20
세기 정치이념〉으로 자유주의, 내셔널리즘, 사회주의라고
하는 근대의 이데올로기 일반을 다룬 대학원의 세미나였습
니다. 그날 저는 길거리에서 체포되었습니다. 강의에 가던

도중에.

고하리 : 강의에 가던 도중입니까?

최 : 그렇습니다. 당시 저는 응암동이라는 강북 쪽에 살고 있었습니다만, 집에서 나와 5분도 지나지 않아 노상에서 맞았습니다.

고하리 : 무엇 때문에 맞으셨지요?

최 : 아무런 이유도 없이

고하리 : 도구로 맞으신 것입니까?

최 : 아니요, 손으로 강제로. 그들이 갖고 온 자동차에 끌려 들어갔습니다. 그리고 남산의 KCIA쪽으로 직행한 기억이 있습니다.

고하리 : 귀국하자마자 엄청 극적이네요.

최 : 청천벽력이었습니다.

고하리 : 유신체제가 시작하지 않아서 귀국한 것인데, 만약 시작했다면 어떻습니까?

최 : 시작해도, 저는 그것을 두려워할 이유가 없지요. 귀국은 변하지 않았을 것입니다.

고하리 : 그래도 돌연 체포당한 이유는 무엇인지?

최 : 전혀 알지 못했습니다. 나중에 알게 된 것은 그들이 저뿐 아니라 유럽 특히 독일과 일본의 유학생을 중심으로 한 학생의 북한방문 여부를 조사해왔다고 합니다. 아마 제가 북에 갔다고 생각해서, 혹은 그런 조작을 만들고 싶지 않았나 싶습니다. "몇 번 갔느냐"라고. 지금 생각하면 그전에 서울대 법학부의 최종길 교수가 잡혀서 남산의 KCIA에서 조사받았습니다.

고하리 : 죽었습니까?

최 : 네

고하리 : 고문할 때에는 "너 갔지?"라는 것만을 말하든지, 그렇지 않으면, "그것 말고 아는 것이 있다면 말해"라든지?

최 : 맨 처음에는 "언제, 몇 번 갔다 왔냐?"그것만 물었습니다. "간 적이 없습니다"라고 말하면 고문합니다. 인간은 고문에는 당해낼 수 없으니까. 자신이 언제, 무엇을, 그런 사실이 있다면 고백하지 않을 수 없습니다.

고하리 : 상대편은 뭔가 증거 같은 것을 보여주지는 않았습니까?

최 : 증거라는 게 있을 리가 없잖아요.

고하리 : 입으로 말만하는 것입니까?

최 : 아무것도 없었습니다.

고하리 : 상대편 담당공무원은 여러 명 있었습니까?

최 : 그렇습니다. 4명입니다. 그 고문실이라고 하는 것은, 형무소의 넓이와 유사합니다. 1.14평이라고 들었습니다만, 비슷한 넓이였습니다. 그래서 4명이 서있고 몇 번인가 저는 맨몸으로 앉아서.

고하리 : 선생님이 맨몸이셨던 것입니까?

최 : 그렇습니다.

고하리 : 전부 벗겨지신 것입니까?

최 : 그렇습니다.

고하리 : 구체적인 고문이라고 하면 어떤 물리적인?

최 : 여러 가지가 있었습니다.

고하리 : 사실 선생님의 그 부분이 다른 어딘가에 쓰여 있지 않을까라고 생각 해, 조금 조사했습니다만, 거의 그 부분은 접해 본

적이 없습니다.

최　　　: 고문 내용에 대해서 자세히 쓴 적이 없습니다. 저는 『고문 정치』라고 하는 단편을 쓰고자 생각해 자료를 많이 수집했습니다. 자신의 체험만이 아니라 정치학자로서 정치세계에서 고문의 의미는 무엇인가. 그것은 옛날에도 있었고, 지금도 있고, 미래에도 있겠지요. 그래서 한국의 고문의 특색은 무엇이며, 저 자신의 체험은 어떠했는지 기록으로서 남겨두고 싶다고 생각했습니다.

고하리 : 그것은 그후에도 트라우마가 되었습니까? 정신적으로 그것을 다시 생각해서 괴로워지시거나?

최　　　: 맨 처음 2,3년은 정말 괴로웠습니다.

고하리 : 지금 꿈에 나온다던지 그런 것은요?

최　　　: 지금은 거의 없습니다. 이미 40년도 지났으니까요. 아내도, 역시 직접 관련이 있다고 생각합니다만, 그후 병에 걸렸습니다. 쇼크에 의한 병이었습니다만, 제가 하버드에 갔을 때 하버드 메디칼스쿨에서 1년간 그 치료를 받았습니다. 지금은 꽤 좋아졌습니다만.

고하리 : 40일간

최　　　: 1973년 3월 2일 , 맨 처음 고려대학원의 강의, 개설 강좌명 : 〈20세기 정치이념〉. 그날에 잡혔다는 것은 기록으로 남기고 싶습니다.

❖ 일본의 은사·학우로부터의 지원활동

고하리 : 알겠습니다. 그 내용은 물론 이곳에서 듣지 못했습니다만,
         그후 그 곳으로부터 나오시게 된 것은?

최   : 그 고문사실이 일본 신문에 폭로되었습니다. 국회의 속기록
         에 나와 있습니다. 덴 히데오 씨가 문제를 제기했다고 들었
         습니다.

고하리 : 일본의 국회 속기록이지요?

최   : 네, 동경대의 이가라시 부시(五十嵐武士) 교수, 호세이대학의
         이이다 다이조 교수, 교토대의 오오다케 히데오 교수, 도시
         샤대학의 이토 야히코(伊藤彌彦) 교수들이 응원을 위해 몇 번
         이나 오셨습니다.

고하리 : 실제로 한국에 왔다는 것입니까?

최   : 그렇습니다.

고하리 : 그것은 교도소에?

최   : 교도소에서는 면회 불가했습니다. 당시, 반공법, 국가보안
         법은 상당히 악용되기 쉬운 법이었습니다. 요컨대, 일본유
         학생이 총련계의 동포의 친척과 만나는 것도, 반공법과 국
         가보안법에 걸립니다. 말하자면 총련은 반공법·국가보안법
         상, 반국가단체입니다. 총련의 친척이라도, 반국가단체의
         구성원이 되겠지요. 그들과 만나면 회합죄, 그리고 예를 들
         어 가정교사를 한다든지, 총련의 친척으로부터 무언가의 책
         값이라도 받는다면, 금품수수죄가 됩니다. 그래서 아무리
         고문해도 북에 간 것이 기록으로 보이지 않으니 서울대시절
         부터 지금까지의 자신을 이력서로 쓰게 합니다.

고하리 : 그것은 손으로 쓰신 것입니까?

최 : 그렇습니다. 일본에 갔을 때 누구랑 만났는지 등, 일본체재 7년간의 방대한 「일기」를 쓰게 합니다.

최 : 당시 일본에서는 정무공 최진립의 후계인 저의 친척이 많았습니다. 「민단」에도, 「조총련」에도, 그들이 경주에서는 모두 저의 이웃입니다.
1969년 9월 29일 저의 장남이 일본에서 태어났습니다. 오차노미즈의 하마다병원이었습니다. 당시는 유학생도 보험이 안 되었습니다.

고하리 : 외국인은 안 되었지요.

최 : 그랬었나. 저는 학비로 곤란하지는 않았지만 감사하게도 출산비의 일부를 친척이 지원해주셨습니다. 국가보안법에 따르면 반국가단체의 구성원과 만나, 금품을 수수한 것이 됩니다. 김지하 시인의 변호인이었던 강신옥 씨가 무료변호를 해주셨습니다.

고하리 : 무료였습니까?

최 : 네, 강신옥 변호사도 그후 긴급조치위반으로 체포당했습니다. 그는 「사법살인」, 즉 사법이 인간을 죽인다고 한 유명한 말을 남긴 인권변호사 입니다.

고하리 : 그 사이 가족은 매우 힘드셨지요?

최 : 힘들었습니다.

고하리 : 부인은 일본에서 생활했고, 아이도 데리고 와서 1년도 되지 않아 이런 일이 일어나서.

최 : 괴로웠었지요.

고하리 : 부인의 다른 친척, 선생님의 친척, 그에 따른 불리한 영향을

받으신 적은?

최   : 없습니다.

고하리 : 그런 것은 없었군요.

최   : 재판 시에 증인으로서 참석한 사람이 김준엽 선생님입니다.
           당시 김 선생님은 남북회담의 자문위원이었으므로 반공법
           국가보안법에 걸린 사람에게 증언을 하는 것은 보통은 있을
           수 없습니다. 그러나 김 선생님은 저에게 확신을 가지고 증
           언해주셨습니다.

❖ 염려해주신 미키 다케오 전(前) 수상

최   : 재판과정에 있어서 미키 부총리(당시)도 최상용이라는 연구
           자의 신변을 염려해주셨다고 들었습니다.

고하리 : 미키 씨입니까? 어떤 배경이었습니까?

최   : 저는 학생시절에 우치다켄조(內田建三) 선생님과 어울렸습
           니다. 우치다켄조 선생님은 당시 「공동통신」의 논설위원장
           이었습니다만, 미키 선생님의 브레인으로서 저를 걱정해주
           셨습니다.

고하리 : 알고 있습니다.

최   : 아마 저의 사건을 듣고 우치다 선생님이 미키 씨의 자택에
           가시지 않았겠습니까? 그후 제가 석방되어 우치다켄조 씨
           와 둘이서 총리직 마친 후의 미키 씨 자택에 방문한 적이 있
           습니다.

고하리 : 미키 씨의?

최 : 네

고하리 : 미키 씨는 물론 하토야마(鳩山)파벌이라고 해도 자민당에 한 일유착의 사람이 있는 가운데, 미키 씨는 일단 파벌의 톱이 었는데도 의외네요.

고하리 : 한편 당시는 어떤 교도소에 들어가셨는지 알고 계셨습니까?

무로오카: 서대문입니까?

최 : 그렇습니다.

고하리 : 서대문이라는 곳은 옛날부터 있던 곳이지요?

최 : 그렇습니다. 지금은 공원과 역사박물관이 되었습니다.

고하리 : 전주에도 무엇인가 있지요?

최 : 국내 정치범은 때때로 그곳에 들어갑니다. 저는 서대문형무 소였습니다.

고하리 : 그렇다면, 결국 교도소에 들어갔던 것은 몇 개월이었습니까?

최 : 만 8개월이었습니다. 3월 2일부터 10월 24일까지였던 걸로 기억합니다.

고하리 : 그 8개월은 그런 곳에 있다면 물론 길게 느껴졌겠지만

최 : 반년 정도가 가장 괴롭지 않았나. 반년 지나면, 익숙함의 무 서움이랄까, 인간의 적응력이라고 하는 것은 무섭습니다.

❖ 공부방이 된 형무소에서의 생활

고하리 : 그곳에서 어떤 생활을 하셨습니까? 읽은 것을 읽는다든지?

최   : 그렇습니다. 형무소는 공부방으로서는 최고입니다. 그것밖에는
         되지 않습니다. 그런 좁은 공간에서 자기실현은 독서입니다.

고하리 : 독방입니까?

최   : 독방입니다.

고하리 : 책 등은 가족이 면회올 때 가지고 온다든지, 어떤 책이 허가
         됩니까?

최   : 일단 조사합니다만, 영어책이면 거의 들어옵니다.

고하리 : 일본어 책은?

최   : 일본어 책은 「사회」라고 하는 단어가 있으면 "이건 사회주
         의 책인가?"라고 묻습니다. 사전을 20종류 정도 들여와 그
         것을 전부 읽었습니다. 그것 이외에 문학, 역사, 철학, 예술
         분야의 책이었습니다.

고하리 : 그곳이 공부방이 된 것이군요.

최   : 그렇습니다. 독서 이외는 약 2시간 '제자리 뛰기'운동을 하
         는 것이 저의 일과였습니다. 지금도 그 운동을 계속해서 하
         고 있습니다.

고하리 : 그것은 양다리를 모아서 뛰고 다리를 펼쳤다 오므리고 몇
         번이고 뛰면서 팔을 옆으로 올렸다가 내렸다 하는 운동이지
         요?

최   : 좁은 방에서 혼자 있으니깐 서서 2시간 정도 운동하면, 땀이
         납니다.

고하리 : 그건 해도 되는 겁니까?

최   : 괜찮습니다. 그 1.14평에서는 자유가 있습니다.

고하리 : 그래도, 1.14평이므로 한계를 느낀 경우도 있으시지요?

최   : 1개월도 참치 못한 사람도 있습니다. 우울증에 걸린다든지.

무로오카: 그 기간, 교도소라고 하면 법률적으로는 구치되어 있는 상황이지요?

최　　　: 그렇습니다. 구치소입니다.

무로오카: 아직 징역형과 같이 무리하게 노동시키는 상태는 아닌 것이지요?

최　　　: 네, 형무소 주변에 노동자의 작은 아파트가 있습니다. 노동자가 집에 돌아올 때, 전기를 켤 테지요. 맨 처음 반짝하고 거의 다 전기가 켜질 때까지 대체로 2시간 정도 걸립니다. 그것이 저의 운동시간입니다.

고하리　: 시계가 없습니까?

최　　　: 시계 따위 없습니다.

고하리　: 요컨대, 전부 다 켜면 2시간이라는 것이지요? 그 안에서 다른 사람과 알게 된다든지 하는 것은?

최　　　: 독방이었으므로 타인과 교류는 없습니다.

무로오카: 일본이면 사식이라는 게 있습니다만,

최　　　: 구치소의 식사를 관식이라고 합니다만, 관식을 먹었습니다. 보리밥, 무김치뿐이었으니깐 영양부족이었지요.

고하리　: 그것은 매일 거의 같았지요?

최　　　: 그렇습니다.

고하리　: 선생님이 지금 얘기하시는 구치소에 가신 이야기는 그 정도입니까?

최　　　: 네

❖ 민관식 선생

고하리 : 그렇다면, 73년 11월에 연구소에 또 연구원이 되어 돌아오
　　　　셔서 일본연구실로 가셨습니까? 아니면 조금 지나서였습니
　　　　까?

최　　 : 74년부터 아시아문제연구소의 일본연구실로 돌아갔습니
　　　　다. 이 기회에 저는 개인적으로 한 분의 정치가를 소개하지
　　　　않을 수 없습니다. 민관식 선생님입니다.

고하리 : 개인적으로?

최　　 : 그렇습니다. 민 선생님은 이노키 마사미치(猪木正道) 씨 밑에
　　　　서 교토대에서 박사학위를 받은 분으로 문교부장관, 국회부
　　　　의장, 대한체육회장 등의 경력을 가진 분입니다. 민 선생님
　　　　이 문교부장관 퇴임 후에 아시아정책연구원이라고 하는 연
　　　　구원을 운영하셨습니다. 민 선생님은 이사장이지만, 실제는
　　　　김경원 교수와 제가 했습니다. 서구유럽으로부터 헌팅턴 교
　　　　수, 레몬아론, 일본으로부터는 후쿠다 코존(福田恆存) 씨, 쿠
　　　　사야나 기다이조(草柳 大蔵) 씨를 초청해서 강연회를 열었습
　　　　니다.

고하리 : 그때, 왜 재판을 한번 받은 사람을 바로 추천?

최　　 : 민 선생님의 추천으로 저는 중앙대 교수가 되었습니다.

고하리 : 그래서 중앙대학에 가셨군요? 민관식 선생님은 돌아가셨지
　　　　요?

최　　 : 그렇습니다. 민 선생님은 저의 인생에 있어서 잊을 수 없는
　　　　분입니다. 저는 35년간 신의를 지키고, 돌아가시기 전날까
　　　　지 함께 식사를 하기도 했습니다.

고하리 : 민관식 선생님은 입담이 거치신 분이지요?

최 　　 : 직선적인 분입니다.

고하리 : 농담을 하셔도, 매우 신랄하게?

최 　　 : 몇 번 만나셨습니까?

고하리 : 몇 번인가 만났습니다. 저의 은사는 나카지마 미네오(中嶋 嶺雄)라고 합니다만, 그 선생님과 가까웠습니다.

최 　　 : 맞습니다. 가깝습니다.

고하리 : 이분이 일본에 오시면, 호텔 오쿠라에서 나카지마 선생님 댁까지 제가 모십니다. 한 번 틀리면 "이걸 안내라고 하는가!" 하고 꾸짖으셨습니다.

최 　　 : 민 선생님은 정말 반공주의자였습니다.

고하리 : 한남동 집에 가면, 전시장이 있지요.

최 　　 : 그렇습니다. 저는 Oral history에 민관식 선생님을 기록에 남겨두고 싶습니다.

고하리 : 그때가 민 선생님과 처음 만난 것입니까?

최 　　 : 그렇습니다.

고하리 : 그때 이후로 계속?

최 　　 : 민 선생님께 저를 소개해주신 분은 김경원 박사입니다. 그는 맨 처음부터 정치외교학과 교수로써 들어갔습니다. 저는 본의가 아니게 험한 길을 걸어왔습니다. 김경원 교수는 아마 저에게 동정심을 느끼고 있었겠지요.

고하리 : 그건 나중에 선생님이 대사가 되셨을 때 여쭐 이야기입니다만, 잊어버리기 전에 질문하고 싶은 것입니다. 김대중정권 시절에 대사 발령을 받았을 때 당연히 이런 분들에게 인사한 후에 가는 것입니까?

최   : 발령받기 전에?

고하리   : 발령받고, 지금부터 일본에 갑니다라고 인사하고 갑니까?

최   : 저는 김준엽 총장과 민관식 선생님께는 반드시 신년 인사를
            합니다.

무로오카: 그것은 말하자면 구정 때?

최   : 그렇습니다. 이 두 분은 거의 교류가 없었습니다만, 저의 사
            건으로 꽤 친해지셨습니다.

고하리   : 역시, 그렇군요. 민 선생님 같은 분은, "김대중의 대사는 하지
            마라"고는 하지 않았습니까?

최   : 김 총장과 민 선생님은 제가 주일대사에 내정되었을 때 진
            심으로 반겨주셨습니다.

❖「서울평론」

고하리   : 그렇다면, 고려대학에서 가르치는 것은 3월 2일로 끊겨버리
            고, 돌아 와서 두 개의 연구소에 적을 두고 ⋯ .

최   : 1976년에 중앙대학의 조교수가 되었습니다.

고하리   : 저희들이 조사한 것은 중앙대학에 76년부터 82년까지 계셔
            서.

최   : 그렇습니다. 6년간.

고하리   : 지금 듣고 싶은 것은 중앙대학에 가기까지 약간 길었다고
            생각합니다만 ⋯ .

최   : 73년, 74년, 75년이지요.

고하리 : 그럴 때 한국도 유신체제가 점점 심해지고, 꽤 언론의 자유
        가 규제되었던 시대라고 생각합니다만 … .

최   : 당시도 고려대학에서 강사로서 서양정치사상사를 가르쳤
        습니다.

고하리 : 그것은 전임으로서 강사는 아닙니까?

최   : 비상근강사입니다.

고하리 : 한 번 체포되었던 적이 있기에, 발언이라든지 매우 조심하
        게 되셨지요?

최   : 네. 아무래도.

고하리 : 그러는 동안, 꽤 언론의 자유가 규제되어가는 사회상황을
        보고 어떤 생각이 드셨나요?

최   : 정치학이라고 하면 권력을 다루는 학문입니다. 현장의 권력
        의 실태를 저 나름대로 체험한 것입니다. 1978년에 중앙대
        조교수가 되기 전에 3년간은 고려대학원 강의에 전념하면
        서「서울평론」이라고 하는 잡지에 「냉전연구」시리즈를 게
        재했습니다.

고하리 : 잡지?

최   : 당시 정부기관지였던 서울신문이 발간한「서울평론」이라는
        잡지가 있었습니다. 그「서울평론」의 편집국장 남재희씨의
        요청으로「미군정과 한국 내셔널리즘」이라는 저의 박사논
        문의 요약도 발표했습니다. 그것이 대학생에게 꽤 널리 읽
        혔습니다. 냉전의 비판적인 분석, 말하자면 냉전의 현장에
        서의 냉전의 연구였습니다.

고하리 : 비판적이라고 하는 의미는?

최   : 남재희 씨는 서울대학 법학부시대에 반 이승만의 선두에 섰

던 투사였습니다. 그는 정부기관지의 편집국장이면서, 비판적 지식인의 연구업적을 「서울평론」에 실어주었습니다. 남선생은 저에게 꽤 긴 연재의 기회를 주셨습니다.

고하리 : 그것을 1,2년 하게 되셨습니까?

최　　 : 1년이었던가. 저의 출판기념회의 DVD에 최장집 교수가 저의 박사논문 요약을 읽고 꽤 감명 받았다고 말씀해주셨습니다.

고하리 : 그렇습니까? 들어보겠습니다. 선생님의 출판 및 사실상의 퇴임식의 시기에 맞춘 JP 등도 등장하는 DVD가 있습니다만,

❖ 중앙대학에서의 비교정치, 중국정치 강의

고하리 : 그럼, 76년부터 중앙대학의 이야기를 하고 싶습니다만, 방금 전의 이야기라면, 이런 선생님의 영향이 있어서 중앙대학에 취직할 수 있었다?

최　　 : 네, 1976년입니다.

고하리 : 꽤 기본적인 것입니다만, 어떤 학부에서 어떤 강의를 하고 계셨다든지, 밝히고 싶으신 게 있다고 생각합니다만, 부탁드립니다.

최　　 : 정치학은, 대체로 크게 4가지 분야가 있습니다. 정치사상사, 국제정치, 비교정치 혹은 지역정치 그리고 4번째는 자국정치. 저의 관심분야인 정치사상사, 국제정치, 일본정치, 한국

정치는 이미 선배교수가 담당하고 있었습니다. "자네는 비교정치와 중국정치를 하게"라고 말씀하셔서, 저는 중앙대학에서 주로 비교정치와 중국정치를 가르쳤습니다.

고하리 : 네, 그러셨지요.

최 : 비교정치에 대해서는 저는 맨 처음에는 흥미가 거의 없었지만, 역시 가르치면서 많은 것을 배우게 되었습니다. 저의 전문인 사상사를 설명할 때도 6년간의 비교정치의 연구가 꽤 플러스가 되었습니다.

　　　예를 들면 '이데올로기는 무엇인가'라고 질문 받을 때는, Political belief system라고 대답합니다. 신념체계는 원래 비교정치학의 개념입니다. 다행히도 중국에 대해서도 6년간 전문서적을 꽤 읽었습니다. 정치학연구 반세기 동안에, 정치사상사, 국제정치, 비교정치, 한국정치의 4분야를 일단 섭렵한 셈이지요. 정치라고 하는 종합적인 분석, 종합적인 판단에 대해서 과거의 여러 가지 시행착오가 지금에 와서 꽤 플러스가 되었습니다.

고하리 : 중국정치라고 하는 것은 현대 중국정치입니까?

최 : 학생시절부터 자주 읽은 『실천론 모순론』은 모택동을 설명할 때 1차 자료입니다. 모택동이 그 나름대로 유물론을 중국사상으로 접목시키면서 쓴 단편입니다.

고하리 : 가르칠 때 그것을 읽고, 학생도 『실천론』이라든지 76년에 그런 서적을 읽는 것이 가능했던 것입니까?

최 : 아니요, 그것은 학생에게는 읽히지 않았습니다.

고하리 : 일본에 나와 있는 일본어판을?

최 : 그렇습니다.

고하리 : 선생님은 '공산주의연구' 같은 과목을 담당하고 계셨죠. 중
국정치를 가르치는 중에?

최　　 : 모택동을 설명하기 위해서는 중국에 있어서의 Socialism
과 Nationalism의 결합의 특징을 명확하게 하는 것이 저의
문제의식이었습니다. socialism이라고 하는 것은 자유주
의와 같이 보편주의 이념입니다. 단지, 그것이 어느 특정한
Nation state에 들어가면, 수정되지 않을 수 없습니다. 그러
므로 레닌사상은 러시아의 풍토에서 수정되어 정착한 마르
크시즘이지 않겠습니까? 모택동사상은 중국의 풍토, 중국
의 개성에 매개되어진 마르크시즘입니다. 모택동사상의 특
징은, 그 마르크시즘이 반일, 반제국주의내셔널리즘과 결합
한 것입니다.

무로오카: 당시, 한국에서는 문화혁명을 어떻게 평가했습니까? 혹은
선생님은 어떻게?

최　　 : 문화혁명은 말이죠. 우로부터나 좌로부터도 부정적이었던
것 아닌지요?

무로오카: 당시부터 그렇다는 뜻인지요? 그럼 학생도 그것에 대해서
는 거의 꿈을 품거나, 이상형을 추구하거나 하는 것이 없겠
군요.

최　　 : 당시의 일부 좌파학생은 말하자면 '폭력의 도덕성'이라고
하는 말을 제시해 "싸우기 위해서는 폭력밖에 없다"고 외치
는 청년도 있었습니다.

고하리 : 76년이라고 하는 것도, 4인조가 추방되었던 직후였지요?

최　　 : 그렇습니다.

고하리 : 주은래도 죽고, 모택동도 죽은 시대로 79년에 미국과 중국

이 국교를 수립하지요. 그때 중국어 붐이 일어난 것 같아요. 그런 이유로 관심을 갖고 오는 학생은 있지 않았나요? 그런 것은 없었습니까?

최 : 아, 소수 있었을지도 모릅니다. 저는 중앙대학 6년간 2명의 제자를 얻었습니다. 한 명은 이형철 박사. 그는 고베대, 지금은 방위대학교의 교장이신 이오키베 마코토(五百籏頭 眞) 선생님의 제자가 되었습니다. 그는 저의 중앙대학 시절의 제자로 지금은 일본의 나카사기현립대학 교수입니다. 또 다른 한 명은 맹자의 정치철학으로 박사를 취득했습니다. 부산교육대학 전세영 교수입니다.

고하리 : 중앙대학은 물론 훌륭한 학교입니다만, 연세나 고려와 비교하자면, 경쟁력이 아직 올라가는 도중이었는데 그 중에서
… .

최 : 중앙대학 6년 교수 생활에서 2명의 제자가 정치학교수가 된 것은 저에게 있어서 최대의 수확입니다.

고하리 : 우수한 학생을 픽업해서?

최 : 그렇습니다. 대학교수의 수로 말하자면, 국제정치전문이 많습니다. 국제정치는 이론이 되면 어렵고, 이론 그 자체가 있는지 없는지도 쟁점이 되니까요. 그래도 국제정치는 들어가기 쉽습니다. 지역연구도 포함해서 사상사는 어렵고, 꽤 시장이 좁습니다. 비교정치와 국제정치와 접점이 있으니까 여기저기 둘다 가능합니다. 그 이외에는 한국정치에서 연구원이 되거나 교수가 되는 사람도 있고, 국회의원이 되어 실천세계에 들어가는 사람도 있습니다. 사상사는 상대적으로 연구하는 사람은 적습니다만, 저의 제자는 꽤 많습니다. 사상

사분야의 대학교수는 지금 20명 이상입니다.

고하리 : 선생님은 이전부터 고금동서 특히 『논어』를 자주 읽고 계시지요. 중국전문으로 가르치시는 동안에도, 다시 한 번 『논어』를 연구하셨다고.

최 : 그렇습니다. 『실천론 모순론』도 역시 거기에 음양사상이 나와 있습니다. 그러므로 학생들에게 말합니다. "음양사상은, 변증법의 중국적 표현이다"라고. 서양변증법의 경우는 정·반·합을 상정하지요. 음양의 경우 합을 상정하는 것보다는 음양의 상호작용으로 조화를 추구한다고 할 수 있습니다. 거기에 중용이라는 아이디어가 나온 겁니다. 음극, 양극의 사이에 다양성이 있고 거기에 최적의 균형을 취하는 발상이 있습니다. 그러므로 음양사상을 서양의 변증법사상과 비교하면서 그 원리를 심도 있게 연구하기 위해서는 『맹자』, 『논어』도 반드시 읽어야 합니다.

❖ 일본연구에 있어서의 3가지 관심사

고하리 : 선생님께 이전에 책을 받았는데요. 정다산. 이 사람의 이름이 나왔던 것 같습니다. 그리고 그때에 알고 싶은 것은 선생님은 동경대에 계셨던 분으로 일본통이시니, 일본에 대한 그리움도 있으시리라 생각됩니다마는 … .

최 : 저에게 있어서 일본은 은사와 친구의 나라이자, 학문의 대상이기도 합니다. 학문으로 국한시키자면, 3가지 테마에 관

심이 있습니다. ①일본에 있어서의 서양사상의 수용 ②일본과 한국에 있어서의 미국점령 ③한일외교관계가 그것입니다. ①에 대해서는 나카에 조민, 요시노 사쿠조오, 기타 잇키(北 一輝) 등의 연구가 있고, ②에 대해서는 저의 박사논문 ③에 대해서는 몇 개의 정책연구가 있습니다.

최근 저에겐 2가지 요청이 들어와 있습니다. 하나는 저의 일본론, 두 번째는 대사시절의 체험을 바탕으로 한 회상록입니다. 언제가 이 요청에 응하지 않을 수 없다고 생각한 시점에 이 Oral history가 시작되었습니다.

고하리 : 감사한 이야기입니다만, 선생님, 한국에서 「세계 속의 일본학」과 같은 논문을 쓰고 계시지요?

최　　 : 네

고하리 : 그런 느낌의 외국인의 일본학이라던가, 그 부분의 것은 꽤 연구하고 계신지요?

최　　 : 지금, 호세이대학연구원을 7년간 하고 있습니다. 호세이대학의 일본연구 테마가 「세계 속의 일본연구 현상과 분석」입니다.

고하리 : 우연히 작년, 왕민 교수님께 부탁받아서 한국에 있어서의 일본연구논문을 호세이대학의 책에 실었습니다. 그때의 연구과정에서 선생님의 논문을 보고, 아, 이런 부류의 일본연구를 해석하고 계시구나라고 생각했습니다.

최　　 : 쓴 것은 언제가 누군가가 읽습니다. 무서워서, 좀처럼 쓰기 어렵습니다. (웃음)

고하리 : 그렇군요.

최　　 : 저는 루소의 『Du Contrat sociale(사회계약)』과 나카에 조민

의 『한문번역본(民約譯解)』을 비교해서 쓴 것이 있습니다만,
지금도 나카에 조민 연구자에 의해 읽혀지고 있습니다. 그
것은 제 나름 공을 들여서 쓴 것입니다.

❖ 5년 만에 2번째 동경대 체제

고하리 : 1977년 동경대에 또 가시게 되지요?

최　　 : 그렇습니다.

고하리 : 그것은 중앙대학에 근무하시던 도중으로 2년 정도 가시게
　　　　되네요?

최　　 : 그렇습니다. 일본학술진흥회가 「visiting professor pro-
　　　　gram」에 저를 넣어서 초청했습니다. 그것을 수락한 것은
　　　　동경대 법학부였습니다.

고하리 : 비자는 문제 없으셨나요?

최　　 : 전혀 문제 안 되었습니다.

고하리 : 그렇다면 동경대에 5년 만에 가신 것이지요? 학생으로 갔던
　　　　것을 5년 만에 돌아와 그 사이 여러 가지 일이 있었고 많은
　　　　분들의 지원을 받아서?

최　　 : 감개무량할 따름입니다.

고하리 : 그렇지요?

최　　 : 사카모토 선생님은 공항까지.

고하리 : 당시 하네다에?

최　　 : 그날 밤엔 사카모토 선생님의 자택에서 잤습니다.

고하리 : 사카모토 선생님은 틀림없이 매우 쿨한 선생님으로 알고 있습니다만.

최 : 아니요, 저는 사카모토 선생님의 자택에 셀 수 없을 정도로 방문했습니다.

고하리 : 학생시절에?

최 : 학생시절에도, 그후에도

고하리 : 그래서 동경대 법학부에서 어느 정도 계신 것입니까?

최 : 2개월 정도.

무로오카: 그럼 중앙대학의 수업을 하면서 그 사이에 동경에 간 것입니까?

최 : 그렇지요.

고하리 : 2개월 정도라면, 동경대의 방은 빌릴 수 있었습니까?

최 : 외국인 연구원의 공동 연구실 같은 것이 있었습니다.

고하리 : 당시 학생시절 사이가 좋았던 선생님들과 전부 거기서 만나는게 가능했다고 생각해도 됩니까?

최 : 전부는 아닙니다. 이전에 설명한 마루야마 마사오(丸山眞男) 선생님의 자택 방문이, 바로 그때인지 기억이 가물가물합니다만 …

고하리 : 동경대에서는 2개월간 무엇인가 하려는 주된 목적은 상당히 분명했던 건가요?

최 : 아니요, 단지 정상적으로 여권을 가지고 외국에 나가보는 시도였습니다.

고하리 : 대사로서 일본에 가기 전이라, 비교적 정해진 2개월이랄까 길게 일본에 있었던 것은 이것이 처음이자 마지막이 아닌지요?

최　　　: 그렇습니다.

고하리 : 알겠습니다. 이전에 학생시절에 마루야마 선생님, 사이토 선생님, 사카모토 선생님을 처음으로, 여러 가지 이야기를 했습니다만, 이 2개월간 동경대에서 새롭게 만났다기 보다는 옛날에 만났던 사람과 다시 한 번 만나 이런저런 확인을 하셨다고 할 수 있는 거지요?

최　　　: 그렇습니다.

고하리 : 그것과, 나중에 겪은 사건 후 처음 하는 출국실험이라는 의미도 있네요.

최　　　: 그렇습니다.

고하리 : 그때 아직 유신체제가 계속되고 있어서 동경에서의 발언이나 행동도 꽤 신경 쓰지 않으면 안 되었지요?

최　　　: 그렇습니다. 당시 남북동시가맹을 주장했던 사람이 국가보안법으로 구속되었던 시대였습니다.,

무로오카: 그런 국가로부터 온 사람에 대해서 일본인은 "당신 나라는, 참으로 지독한 나라군요." 처럼 직설적 감상과 같은 말들을 많이 들으셨습니까?

최　　　: 그것은 당연한 의견이지 않습니까? 좌우의 약간 다름은 있을 수 있겠지만.

무로오카: 조금 민감한 질문이 될 수도 있습니다만, 그런 중에 한국의 체제에 대한 비판과 일본인이 가지고 있던 한국인, 조선인에 대한 차별의식 같은 것이 섞여져 있는 듯 한 것을 느끼신 적은 동료들 가운데서 없었습니까?

최　　　: 이전부터 몇 번이고 질문 받습니다만, 저는 편견을 느낀 적이 거의 없습니다.

무로오카: 그래도 분명 그런 심한 편견을 가진 사람으로, 운동이라든 가 우정을 길게 지속하는 것은 어려우니깐 아마 지금 최 선 생님이 말하는 사람들에게는 없었군요.

고하리 : 미국에 79년 국무성, 그리고 1년 후에 또 하버드에 연구하 러 가셨지요? 그럼 다음엔 거기서부터 ?

최　　　: 중앙대학으로부터 하버드에 갔던 때에도 재밌는 에피소드 가 있습니다.

고하리 : 거기서부터 시작하기로 하시지요. 정말 감사드립니다.

최상용 Oral history

제 6회
일시 : 2010년 5월 23일
개최장소 : 서울시내
녹음시간 : 2시간

〈출석자〉

최상용 (전 주일본대한민국특명전권대사, 고려대학교 명예교수)
고하리 스스무 (시즈오카현립대학 교수)
무로오카 데쓰오 (방위연구소 주임연구관)

테이프 번역자 유한회사 펜 하우스 미카도 케이코

제 6회

최상용 (전 주일본대한민국특명전권대사, 고려대학교 명예교수)
고하리 스스무 (시즈오카현립대학 교수)
무로오카 데쓰오 (방위연구소 주임연구관)

❖ 국무성의 「Leader's grant」 프로그램으로 미국 방문

고하리 : 저번에는 일본의 동경대에 다시 한 번 가게 된 이야기를 들
         었습니다. 오늘은 한국에 돌아와서, 중앙대학에서 가르치면
         서 미국으로 건너갔는데, 어떠한 계기로, 어떠한 직업으로
         건너갔는지에 대해 말해주셨으면 좋겠습니다.

최   : 첫 번째는 미국국무성의 초청이었습니다. 그것은 국무성의
         「Leader's GRANT」라는 프로그램이었습니다. 국무성의 판
         단으로 세계 각국의 장래의 리더를 불러서 약 1개월간, 전국
         을 여행하며, 각 분야의 리더를 만날 수 있게 했습니다. 그때
         정치가, 학자 등 50명 정도 만났습니다. 지금도 교류를 이어
         가고 있는데, 모든 것이 제가 신청해서 국무성이 마련해준

사람입니다.

무로오카: 단체여행에서는 없고, 오더메이드에서 해주는 것이군요.

최   : 그렇습니다. 아주 우대를 받았습니다. 통역도 1명 붙여서, 같이 전국을 돌았습니다.

고하리 : 얼마나 돌았습니까?

최   : 1개월 돌았습니다.

고하리 : 미국은 처음이십니까?

최   : 그렇습니다.

고하리 : 국무성은 물론 여러 가지 목적이 있어 다음의 리더를 초대 하는 것이겠지만, 가기 전과 간 후의 미국의 이미지는 어떤 것이며, 어떻게 변했는지 그 정도는 어떠했는지 알려주실 수 있으신가요?

최   : 아마 자연스레 이야기가 나올 것이라고 생각합니다만, 우 선 '왜 나를 초대했는지'가 먼저겠군요. 직접적으로 들은 것 은 아닙니다. 예를 들면, 한국에서는 이 GRANT에서 처음 초대된 사람은 사상가 함석헌 선생이셨습니다. 한국에서 널 리 존경 받고 있는 기독교사상가입니다. 그는 어느 쪽이냐 하면, 미국에 약간 비판적이었던 지식인으로, 민주화운동의 리더였습니다.

고하리 : 그것은 50년대 정도의 이야기입니까. 아니면 60년대?

최   : 아니요, 60년대였다고 생각합니다. 1인 초청 프로그램은 90 년대에 들어와서 없어졌습니다. 지금 일본의 외무성에도, 약 2주간의 프로그램이 있지요.

          그 프로그램에서 저도 한국의 정치가를 많이 추천해왔고, 모두 성공적이었습니다.

성공이라는 의미는, '가길 잘했어' 하는 생각을 말하는 것입니다.

고하리 : 양쪽에 있어서 말인가요?

최 : 그렇습니다. 대게 미국에서 돌아오는 사람을 중심으로 추천을 했지요.

고하리 : 대사시절?

최 : 아니요. 대학교수시절입니다. 벌써 꽤 오래전부터 40년 이상이나 추천하고 있습니다.

고하리 : 그것은 일본 쪽의 프로그램이군요.

최 : 그렇습니다. 그래서 일본에서도 그러한 경험이 있었다고 하는 것입니다.

고하리 : 일본의 외무성의 사람 중에서는, 어떤 사람을 초대해야 하는지 잘 모르는 경우가 많지요.

최 : 맞아요. 나는 직접 현장의 대사에게도 추천한 적이 있고, 외무성의 아시아 국장에게도 직접적으로 추천한 적이 있습니다.

고하리 : 그 당시의 여야당에 관계없이 말입니까?

최 : 그렇습니다.

고하리 : 이것은 지금의 이야기와 조금 다를지도 모릅니다만, 일본의 경우도 간 적이 없기 때문에 계속 일본을 오해하고 있는 사람이 많으니까요.

최 : 맞아요.

고하리 : 미국에서 주로 학자를 소개 받았습니까?

최 : 스카라피노-(Robert A. Scalapino), 라이샤워-(Edwin Oldfather Reischauer), 카티스(Curtis Lee Mayfield), 러셋트(Bruce Martin Russett), 찰머. 죤스, 월츠 등 정치학자, 언론인 기업인, 변호,

사 등 각 지역의 리더들을 만났습니다.

고하리 : 동해안이랑 서해안까지 갔습니까?

최 　 : 그렇습니다. 중부도 갔습니다.

고하리 : 선생님은 왜 선택되었는지 모른다고 하셨지만, 상상을 해보면, 그때에 어떻게 생각하셨습니까?

최 　 : 각국의 리더 초청의 프로그램이라고 생각합니다.
미국의 점령정책을 포함해서 약간 비판적이었다는 것도, 고려한 것인지 복합적으로 생각했는지도 모릅니다. 그것은 전적으로 추측입니다. 함석헌 선생님은 이미 거물급 사상가였기 때문입니다.

고하리 : 그렇군요. 기억하고 계신다면, 그러한 학자들과는, 주로 어떠한 대화의 내용이었는지 알려주실 수 있으신가요?

최 　 : 학자는 대체로 학문적인 이야기였습니다. 찰머 존스 교수는 당시 정치학과의 과장이었기 때문에 교수를 10명 정도 모아서 환영해주었습니다. 그 중에서 케네스 월츠이론은 사카모토 선생님의 세미나에서도 다루었습니다. 그와 만나서 루소사상에 대해서 토론했던 것을 기억하고 있습니다. 루소는 민족주의와 평화의 공존을 이야기합니다. 보통 평화주의자들은, 민족주의가 전쟁의 원인이라는 것을 강조합니다만, 루소의 사상에는 조국애라는 것은 보편적이기 때문에 그것과 국내의 민주개혁에 의한 평화의 촉진은 공존할 수 있다는 생각이 암시되어 있습니다. 월츠 교수는 저의 견해에 대단한 관심을 나타내었습니다.

고하리 : 반대로, 상대방 측에서 질문해 온 적은 없었습니까? 예를 들어, 조선반도정세라든지 한국의 민주화라든지, 그러한 질문

은 어떠했습니까.

최   : 그들은 진작에 알고 있었습니다. 그래서 어려운 질문은 하지 않았습니다.

고하리 : 79년이라면 딱 재한미군의 철수 이야기가 나올 때였군요.

최   : 그러한 구체적인 것은 저에게는 그다지 묻지 않았습니다. 「워싱턴포스트지」의 오바도퍼하고는, 한국의 민주화에 대해 이야기하고, 공감한 기억이 있습니다.

고하리 : 선생님이 사전에 준비하신 것들 중에, 1979년경 미국에서의 경험으로 이야기하고 싶으신 것이 있습니까?

최   : 왜 나를 초대했는지에 대해서 입니다만 덴버의 농장에 갔던 이야기를 하겠습니다.

그곳은 방대한 규모의 넓은 농장이었습니다. 그 농장의 주인은 자신의 농장을 방문한 리스트를 전부 보여주었습니다. 그는 나에게, "당신은 당신 나라의 미래 대통령이 될 것 입니다"라는 '농담'을 했습니다. "그것은, 정말 농담이다. 나는 지금 중앙대학의 교수지만, 이 대학의 총장이 될 가능성이 없다. 총장은커녕 우리 가정에서도 나보다 집사람 쪽이 좀 더 힘이 있다.(웃음) "당신은 코리아를 조금 과소평가 하고 있는 것은 아닌가"라고 말했더니, "아니, 그렇지 않다"라고 말하고, 자신의 집을 방문한 사람으로 총리가 된 사람의 사례를 소개해주었습니다.

고하리 : 재미있군요.

최   : 미국국무성은 여러 가지 종합적으로 생각해서 전 세계에 지미파, 친미파를 넓혀간다는 전략이 아닐까요. 자연스럽게 저도 미국 방문 전보다는 지미랄까, 친근감을 느끼게 되었죠.

고하리 : 알았습니다. 그럼 결과적으로 이 프로그램은, 미국이 성공
했다는 것이군요?

최 : 그렇다고 생각합니다.

무로오카: 통역을 해준 사람은 미국계 한국인입니까?

최 : 그랬습니다.

❖ 하버드대와 워싱턴대에서의 연구생활

고하리 : 선생님의 경우, 일본에 유학해서 일본도 굉장히 자세히 알
고 계시기 때문에, 미국이라는 선진국을 걸으면서, 일본을
생각하거나 하지 않으셨습니까?
　미국과 일본을 비교하거나, 어느 날 일본계 회사를 보거나
하지는 않으셨나요?

최 : 그런 문제는 국무성의 프로그램이 끝나고 나서, 다음의 하
버드의 옌칭의 객원교수 때부터 나타났습니다.

고하리 : 하버드와 이번의 국무성은 어느 정도 시간의 간격이 있었습
니까.

최 : 돌아와서부터 신청해서, 1년 정도였나.

고하리 : 하버드는 다녀오셨습니까?

최 : 네, 1년 반 동안 있었습니다.

고하리 : 오래있었군요.

최 : 하버드의 경우는, 나는 중앙대학교의 교수로서. 옌칭의 디
렉터에게 편지를 썼습니다. 당시 소장의 이름도 모르고 말

입니다. 그 스터디플랜의 내용은, 지금 고하리 교수의 질문과도 연관이 있습니다. 미국이 일본을 약 7년간, 한국은 3년간 점령정책을 했습니다. 나는 그 점령정책에 대한 일본 및 한국의 지식인의 반응을 비교해보려고 했습니다.

　말하자면 미국의 일본 및 한국에 대한 점령정책의 비교 연구였습니다. 하버드의 관계자에게는 매우 흥미로운 테마였나 봅니다.

고하리 : 정말 그렇군요.

최　　 : 옌칭의 소장이 중앙대학의 총장에게, 나에게 알리지 않고 편지를 보낸 듯합니다. "최교수에게 휴직기회를 부여해 주는 것은 가능한가"라고. 당시 중앙대학의 총장은, 하버드에서의 나의 연구를 기쁘게 받아들여 주었습니다. 보통 하바드 옌칭 객원교수는 서울대, 고려대, 연세대학, 이화여자대학의 4개의 대학의 교수가 대상이 되어 있었으니까, 중앙대학 교수로서는 행운이었습니다.

고하리 : 동경대의 박사과정에서 공부하셨다고 하신 것도 당연 편지에 쓰여 있었겠죠?

최　　 : 물론 쓰여 있었습니다. 그것도 플러스가 되었다고 생각합니다.

　그것에는 국무성 「리더즈 GRANT」에서 미국을 방문한 경험도 플러스가 된 것이겠죠,

　하버드대학은 좋은 의미로 정치적인 색채가 강한 대학입니다.

고하리 : 정말 그렇군요. 그것은, 가족분과 함께 간 것이군요.

최　　 : 아니, 제가 먼저 가서 부른 것입니다. 장남은 그곳에서 초등학교를 다니고, 아내는 보스턴에서 성악을 공부했습니다.

고하리 : 그후 다시 워싱턴대학으로 가게된 것인가요?

최 　 : 그렇습니다. 하버드 프로그램이 끝나고 나서, 브루스 커밍
즈 교수가 헨리루스 파운데이션에 연구비를 신청해서, 나를
워싱턴 대학에 불러주었습니다.

고하리 : 그것이, 1년 반이라는 것입니까.

최 　 : 그후 4개월 정도 하와이에 있었습니다. 순환장애로 고통 받
고 있던 아내의 휴양을 위해서.

고하리 : 혹시 미국에서의 생활이라든지, 공부했던 것이라든지, 만났
던 사람의 일로 선생님이 이야기하고 싶은 게 있으신가요?

최 　 : 저에게 있어서 행운은 동경대에서도, 하버드에서도 훌륭
하신 선생님들에게 은혜를 입었던 것입니다. 동경대에서
는 사카모토 선생님, 마루야마 선생님, 후쿠다 선생님, 사이
토 선생님, 이시다 선생님. 하버드대에서도 칼 도이취(Karl
Wolfgang Deutsch), 마이클 월저(Michael Walzer), 죤 롤즈(John
Bordley Rawls) 교수님 등 각 분야 최고의 권위자들이 모여 있
었습니다. 특히 죤 롤즈의 「정의론」 학부강의는 물론 대학
원의 세미나에도 참석했습니다. 당시 죤 롤즈 교수님의 세
미나에서는 오누마 야스아키(大沼 保昭) 동경대 교수님과 함
께였습니다.

고하리 : 오누마 교수님과는 동경대에 다녔을 때는 알고 계셨습니까?

최 　 : 그렇습니다.

고하리 : 그렇다면 그곳에서는 다른 학생과 함께 수업을 듣는 것과
같은 장면이, 결국 있었다는 것이군요.

최 　 : 그렇습니다. 대학원의 경우는 15명 전후이지요.

고하리 : 미국의 경우, 수업은 주로 토론하는 편입니까?

최   : 네, 특히 존 롤즈의 토론은 선명하게 기억하고 있습니다. 『A theory of Justice』를 읽은 적 있습니까? 매우 어려운 책입니다.

고하리 : 읽어 본 적 없습니다.

최   : 저는 중앙대학교 교수시절 롤즈의 『정의론』을 읽었습니다. 정말 어려운 책이었습니다. 모르는 부분을 전부 노트에 메모했습니다. 롤즈 교수는 자신의 저서 『정의론』의 내용에서 불만족스러운 부분을 직접 써서 참가한 학생들에게 나눠주었습니다. 그리고 학생들에게 자유롭게 상상력을 발휘해서 비판해 주도록 요청한 것입니다.

　　　　　내가 메모한 부분과 롤즈 교수가 불만으로 생각했던 부분이 상당 부분 일치한 것에 저는 지적 희열을 느꼈습니다. 대가의 학자적 자세에 다시 감동했습니다.

고하리 : 그렇군요.

최   : 굉장히 의미가 있는 세미나였습니다.

고하리 : 전에 서울대학교에 들어갈 때 말인데요. 영어는 더할 나위 없이 특기였다고 들었습니다만, 일본에서도 아마 영어의 문헌을 많이 읽으셔서, 중앙대학에서도 문헌으로서는 많이 읽으셨다고 생각합니다. 단지, 지금까지의 과정으로 말하자면, 영어로 토론할 기회는 그다지 없었다고 생각되는데요?

최   : 맞습니다. 그다지 없었습니다. 철학적 주제에 대해서 토론하려면, 저의 영어는 너무나도 부족했습니다.

고하리 : 1년 반을 있었으면, 회화능력은 상당히 늘지 않았습니까?

최   : 하버드에는, 흔히 말하는 'expository writing course'라고 하는 것이 있었습니다. 그것은 미국학생을 상대로 영어

공부를 하는 것입니다. 저는 그 코스를 수강하고 저의 거친 (inelegant) 표현을 지적받았습니다.

고하리 : 그렇군요.

최   : 저는 지금도 저의 에세이를 읽고 "There are some in-elegancies in your expression"라는 선생의 지적을 잊을 수 없습니다.

무로오카: 처음에 점령에 대한 대응을 연구한다고 하셨는데, 하버드라는 환경은 자료의 면이라든지 무언가 도움이 되셨습니까?

최   : 되었습니다. 때마침 20년 전후가 되어 외교, 대외관계의 공식자료, 점령시대의 정치고문의 편지 등이 공개되었습니다.

무로오카: 제2차 세계대전 중에, 요컨대 미군이든 미국당국이 조선에 대해서 어떠한 정책을 생각하고 있는지 없는지 등, 내용을 잘 알게 된 것이군요.

최   : 그렇습니다.

무로오카: 아직 그때라면, 1945년 정도에 활약했던 사람이 살아있던 시대였으니까 인터뷰도 가능하지 않았나요?

최   : 인터뷰는 한 적이 없습니다.

무로오카: 인터뷰는 할 수 없었군요.

최   : 네. 커밍스 교수와는 꽤 오래 이야기했지만.

❖ 미국에서 접했던 박정희 대통령 서거 소식

고하리 : 조금 전의 국무성 때와 같지만, 79년에 한국에서 박정희 대통

령이 돌아가셨군요.

최　　　: 79년에 대통령이 돌아가신 날, 저는 미국에 있었습니다.

고하리 : 선생님은 그것을 어떻게 해서 알게 되었습니까.

최　　　: 뉴스에서 알게 되었습니다.

고하리 : 상당히 놀라시지 않으셨나요?

최　　　: 같은 방에서, 김학준 교수와 이종률 전 정무장관과 함께 뉴스를 들었습니다.

고하리 : 그 이 씨는 돌아가셨습니까?

최　　　: 돌아가셨습니다.

고하리 : 방이라고 하는 것은, 댁이 아니라 연구실을 말하시는 건가요?

최　　　: 아니요, 집입니다.

고하리 : 상당히 쇼크를 받으셨겠네요.

최　　　: 저는 정말로 쇼크였습니다.

고하리 : 그래도 어떤 의미에선, 선생님의 경우는 어느 정도 박정희 대통령에게 피해를 본 부분도 있지 않습니까?.

최　　　: 저는 개인적으로는 그다지 증오감은 가지고 있지 않습니다.

고하리 : 그것은 나중에 질문드리겠지만, 돌아가신 시점은 어떻게 알게 되었습니까?

최　　　: 아내로부터 전화가 왔습니다.

고하리 : 한국에서?

최　　　: 네

무로오카: 그 직전에 부산이라든지 마산에 시위가 일어났었지요? 그러한 뉴스도, 미국에 가서 전해져 왔습니까?

최　　　: 물론 전해졌습니다.

고하리 : 그 일에 관해서는, 미국인으로부터 질문은 받지 않으셨습니까?

최 : 에드워드 베이커 박사가 생각납니다. 그는 하버드 연경연구소의 부소장으로, 한국 민주화운동에 매우 공감을 가지고 있었습니다. 저와도 자주 이야기했지만.

무로오카: 그분은, 백인입니까?

최 : 그렇습니다.

고하리 : 미국의 지식인도 상당히 관심을 표했을 때가 아니었나 생각됩니다.

최 : 미국에 있어서 한국은 작은 나라이니까, 그다지 느낀 것은 없습니다. 그러나 박정희 대통령이 사망했을 때에는 큰 이슈가 됐습니다.

고하리 : 미국에 있는 교포나 유학생 등으로 민주화운동을 하고 있는 사람과의 접촉은 없었습니까?

최 : 전 그다지 접촉하지 않았습니다. 당시 우리들 교포는, 재일교포도 재미교포도 모두 정치적인 입장이 분극화되어 있었으니까요.

무로오카: 미국의 한국인사회 속에서도, "유신체제를 인정해도 된다"하는 사람과 "절대로 인정하지 못한다."라는 사람과 격한 대립이 있었다는 것입니까?

최 : 있었지요.

무로오카: 미국에서도 말할 수 없었던 것이 있었습니까?

최 : 말하지 못했다고 하기보다, 말해도 그다지 의미가 없었지요.

고하리 : 저는 1981년에 대학에 바로 들어갔습니다만, 이때 일본은

아시는 대로, 교정에는 광주사건의 일이 많이 써져 있었습니다. 저는 80년의 고등학생 때에 그러한 보도 등을 보아서, 조금 한국에 관심을 가지게 되었는데 미국은 그 정도도 아니라는 말씀입니까?

최　　　: 그렇습니다. 그렇게까지 관심은 없었습니다.

❖ 라이샤워(Edwin Oldfather Reischauer) 교수

무로오카: 그런데 「한국과 일본의 점령정책의 연구」라는 것을 1년 반 동안 논문으로 쓰셨습니까?

최　　　: 객원교수의 경우, 논문 제출은 의무가 아닙니다. 자유롭게 자기의 관심분야를 연구하면 됩니다. 하버드는 방대한 예산을 사용하고 있으니까, 매일 세계적인 철학자, 정치가가 강연합니다. 케임브리지 시라는 곳은 3명이 있으면, 1명은 박사라고 하고, 보스턴 주변에 110개 이상의 대학이 있기 때문에 지적 중심지라고도 할 수 있겠지요.

고하리　: 워싱턴으로 이동하는 것은, 하버드의 기한이 끝났기 때문입니까?

최　　　: 그렇습니다. 워싱턴대학에는 2명의 한국연구학자가 있었습니다. 짐팔레 교수와 브루스 커밍스 교수. 「코리언 스터디」라는 훌륭한 월간지를 내고 있었습니다.

　　　　　미국의 한국전문가는 거의 그 2명에게서 영향을 받고 있습니다.

고하리 : 중앙대학은 하버드대에서의 연구년은 인정한다고 생각합니다만, 워싱턴에 다시 수개월 가는 것에 관해서, 중앙대학은 괜찮았던 것입니까?

최 : 네 자유로운 분위기라 괜찮았습니다.

고하리 : 그럼, 문제는 없었던 건가요?

최 : 그렇습니다. 감사하게도, 당시 중앙대학의 이(李) 총장은 제가 고려대학으로 가는 것을 격려해주었습니다.

고하리 : 고려대학에 가게 되신 것은 81년입니까?

최 : 82년 3월부터 입니다. 고려대학은 '서양정치사상사'라는 과목을 정해서 저를 정교수로서 채용했습니다.

고하리 : 원래부터 가르칠 수 있는 전공과목이군요.

최 : '정치사상사'는, 제가 비상근강사로서 고려대 대학원에서 73년부터 81년까지 가르쳤습니다.

고하리 : 비상근으로서 고려대학에 들어간 것이었습니까?

최 : 그렇습니다. 중앙대학교 조교수이면서, 고려대학의 비상근 강사로서 대학원에서 가르친 것입니다.

고하리 : 그렇다면 고려대학 때의 이야기를 말해주실 수 있나요? 미국의 체류 중일 때, 선생님이 생각하시기에 이야기해두면 좋을 것 같은 에피소드는 없었습니까?

최 : 하버드대학에서 저의 연구실은 라이샤워 교수의 옆이었습니다. 그는 한국에 대해서 약간 비판적이었습니다.

고하리 : 그것은 한국 전체를 말하는 것입니까? 박정권에 대해서?

최 : 박정권에 대해서도 그렇고, 특히 일본과 비교하면서 예를 들면, 타협에 관해서 "일본인은 타협의 의미를 알고 있다. 왜 너희들은 그것을 못 하는가"라고.

그는 전문가로서 조선왕조시대의 당쟁의 역사를 자세히 알고 있었습니다. "왜 유교적 문화를 공유하면서, 그렇게 다른 것인가." 등의 질문이었습니다.

고하리 : 대답은?

최　　: 저의 즉답은 "Compromise is an art to integration", 즉 타협은 통합에의 기술(예술)이었습니다. 말하자면 정치의 본질은 갈등의 조정이니까, 갈등은 과거에도 있었고 지금도 있다. 그리고 앞으로의 미래에도 있을 것이다. 갈등을 최소화하는 것이 정치라고. 가능하면 여러 플러스 요인을 통합해가는 프로세스가 정치가 아닙니까? 정치는 공통항으로서 합의를 만들어가는 과정이므로, 타협의 과정이라고 보아도 좋겠죠. 라이샤워 교수는 "그렇군요"라는 반응이었습니다.

무로오카: 멋진 대화군요.

최　　: 그것 이후 저는 한국과 일본의 정치가를 만날 때 정치는 '가능성의 기술'(비스마르크의 말) 임과 동시에 '통합의 예술'이기도 하다고 계속 말해 왔습니다.

고하리 : 라이샤워 씨와는 연구실이 옆이라 자주 만났겠군요.

최　　: 그렇습니다.

고하리 : 그때 라이샤워 씨는 아마 일본어도 가능했겠군요.

최　　: 맞아요, 영어와 일본어 둘 다 사용했습니다.

고하리 : 이른바 짬뽕으로? (웃음)

최　　: 그 근처에는 『Japan as No1』의 저자의 에즈라 보겔(Ezra Vogel) 교수의 연구실도 있었습니다.

고하리 : 이번에는 귀국하는 단계에서, 고려대학으로 가기로 내정되어 있던 것이군요. 김준엽(金俊燁) 선생이 "고려대로 오십시

오"라고 말한 것이 아닙니까?

최   : 아니요, 고려대학 정치외교학과 교수회의 결정이었습니다.

고하리 : 그렇군요. 그래서 귀국해서 중앙대학과 의논하셨고, 중앙대
         학은 "그러면, 그렇게 하시지요"라고 … . 그래서 가신 것이
         군요. 고려대의 이야기는 또 다음에 듣겠습니다.

❖ 찬반양론이 거센 이승만·박정희·김대중에 대한 평가

고하리 : 그런데, 1973년이라는 시대의 민주화운동 등으로 보여진
         한국정치와 정치가의 평가 같은 것을 여쭤봐도 되겠습니
         까?

최   : 그 경우 정치가는 어떠한 사람을 말하시는 건지요?

고하리 : 음 … 정치학자로서 이 시기의 군사정권의 2명을 의미합니
         다.

최   : 박정희, 전두환, 노태우 3인의 군사정권이군요.

고하리 : 그 이야기를 듣고 나서, 고려대학의 이야기를 듣는 것이 좋
         지 않을까 생각합니다.

최   : 정치가의 평가를 어떻게 해야 할 것인가. 저는 예를 들면, 문
         학가, 예술가의 평가와 정치가의 평가는 다르다고 생각합니
         다. 예를 들어, "나는 다음과 같은 이유로 베토벤을 싫어한
         다"든지, 보통은 있을 수 없는 일이지요. 지금 한국에서 국
         민의 합의로 동상이 세워지고 있는 정치가는 한 명도 없습
         니다. 정치가의 평가는 항상 찬반이 나뉘집니다. 같은 정치

가라도 기준에 따라 평가가 나뉩니다. 저는 이전에 김구와 이승만의 비교를 한 적이 있습니다. 김구는 정치가이기 이전에 독립운동가이므로 대부분의 국민이 존경하고 있습니다. 그러나 직업정치가는 권력투쟁의 과정에서 승리를 하고, 업적을 올리고, 그 평가를 받는 것입니다. 그런 의미에서 정치가의 평가는 찬반양론할 만한 가치를 두고 거기에서 평가가능한 사람을 대상으로 해야 합니다. 저는 찬반양론할 만한 가치가 있는 정치가는 큰 정치가라는 관점에서 평가하고 싶습니다.

그런 관점에서 박정희 대통령을 평가한다면, 역시 산업화를 이룩해낸 정치가입니다. 이것은 부동의 평가이다. 그러니 지금 국민의 60% 이상이 높이 평가하고 있습니다. 인권탄압 등 대통령의 마이너스 요인은 엄중하게 비판되어야 한다고 생각합니다만, 근대화 산업화라고 하는 국가목표를 달성한 업적은 틀림없는 사실입니다. 역사의 무게라는 것은 일종의 역설을 포함하고 있습니다. 예를 들면, 지금 우리들은 외국을 여행하고, 여러 문화유적을 보겠지요. 그 중에는 독재의 산물이 많습니다. 그렇다고 해서 그 유산이 독재를 정당화할 수는 없습니다.

고하리 : 세계유산으로서 인가요?

최　　 : 그렇습니다. 예를 들면 만리장성도, 베르사유 궁전도, 역설적 역사를 말하고 있습니다. 저는 대한민국수립 후 10명 정도의 대통령이 있습니다만, 건국의 이승만, 산업화의 박정희, 민주화의 김대중, 3인은 찬반양론할 만한 큰 정치가가 아닌가 생각합니다.

고하리 : 이승만, 박정희, 김대중.

최 : 네. 여기서 배제된 대통령은 화낼지도 모릅니다만, 굳이 3명
을 상징적으로 고른 것은 3명 모두, 찬반양론이 거세기 때문
입니다. 그래서 박 대통령도 넣는 것이 좋다고 생각합니다.
이승만은, 동서냉전시대의 철저한 현실주의자로서, 대한민
국은, 미국이 주도하는 서측(西側)에 서서 나라를 만들어야
한다고 확신했습니다. 한미동맹은 분단체제의 자연스러운
결과로 보일지 모릅니다만, 당시로서는 매우 자각적으로 대
한민국의 미래 청사진을 생각한 선택이었다고 생각합니다.
그러나 그러한 업적이 3.15 부정선거를 정당화할 수는 없습
니다. 그런 부정선거에 저항해서, 우리들은 4.19 혁명을 일
으킨 것입니다. 주목해야 할 것은, 4.19 혁명의 과정에서도
이승만 개인을 비판한 것은 그다지 없었습니다.

고하리 : 그것은 독재를 비판한다고 하는?

최 : 우선, 부정선거반대. 그리고 독재반대로 가는 것이지만, 일
단 정치가 개인으로서의 이승만에 대한 증오는 그다지 없었
습니다.

❖ 노태우 대통령에 제안

최 : 저는 전두환 씨를 한 번 만났습니다. 그는 보스기질이 있습
니다.

고하리 : 만나셨다는 것은 이야기를 나누셨다는 것입니까?

최　　　: 주일대사에 내정되어 있었기 때문에 인사하러 갔던 것입니다.

무로오카: 연희동의 자택입니까?

최　　　: 그렇습니다. 대사 근무하고 있는 동안 무슨 일이 있으면, 자신이 할 수 있는 것이라면 도와주겠다고. 사실, 지방 참정권 문제 및 그 밖의 일로 저는 일본의 중요 인물을 만날 필요가 있었습니다. 그는 나카소네 야스히로(仲曾根 康弘) 전 총리에게 장문의 편지를 써서 보내주었습니다. 노태우 씨와는 대통령 재직 중 한 번 둘이서 만났습니다.

고하리　: 그때는 어떠한 입장으로?

최　　　: 청와대로 불렀습니다. 지금 생각해보면, 굉장한 대우였지요.

고하리　: 어떤?

최　　　: 식사를 하면서 여러 이야기를 들었습니다.

고하리　: 그것도, 독대였습니까?

최　　　: 독대였습니다.

무로오카: 그럴 때에는, 정말로 비서관도 없습니까?

최　　　: 없었습니다. 처음에는 좌파의 학생운동을 어떻게 해야 하는지에 대한 일로 저에게 의견을 물었습니다. 노 대통령은 좌익을 발본한(뿌리 채 뽑는다)다고 하는 이야기를 했습니다. 저는 "대통령 각하, 좌익을 최소한으로 해야 하는 것이지, 발본하는 것은 불가능합니다. 소수의 좌익은 보수정권을 강화합니다"라는 의견을 내놓았습니다.

고하리　: 그렇군요.

최　　　: 대통령은, "아니, 며칠 전 대학총장들과의 만찬회에서, 모두 걱정을 하면서, "'대통령각하, 좌익학생에게 단호한 조치를 내려주십시오'라는 말을 했다'고 하셨고, 나는 "총장들의 이야기와 나의 이야기를 잘 검토하셔서, 또 다른 사람에게 물어봐 주십시오. 제가 옳다고는 말할 수 없습니다. 저는 정말로 나라의 안정과 젊은 청년학생의 미래를 고려해서 판단한 것입니다"라고 말했으며, 그것에 대해서 노 대통령은 매우 진지하게 경청하셨습니다.

고하리 : 첫 번째로 바로 그러한 이야기를 하신 것이군요.

최   : 대통령의 질문에 제가 대답한 것일 뿐입니다. 그의 이야기도 있었습니다만. 제가 먼저 구체적인 제안을 했습니다. 현직 대통령이 한 명의 젊은 정치학자를 불러서 2시간 동일 대화를 한 것은 이례적이라고 생각합니다.

고하리 : 그렇겠지요.

최   : 여러 이야기들 중에서, "최 교수는 현실정치에 관심이 없는가"라고 물어 보셨습니다.

고하리 : 그렇군요.

최   : "저의 연구나 생각으로는, 지식인의 정치참가는 그다지 성공적인 사례가 없습니다. 만일 있다고 한다면, 미국의 국무장관 정도입니다만, 그는 그 나름의 의미가 있는 것입니다. 국제정치학자로서 자신의 이론을 토대로 해서 세계를 구상하고 있으니까요"라고 말씀드렸을 때, 대통령은 자신도 알고 있다는 얼굴이었습니다. 저는 유럽에서는 프랑스의 앙드레 말로(André Malraux)를 예로 들었습니다. 그는 드골의 친구로 문화부장관이었습니다. "지적 지도자 말로와 정치지도자 드골의 만남은 훌륭합니다" "저는, 실제로 하고 싶은 것

이 한 가지 있습니다"라고 대통령에게 말했더니, "그게 무엇입니까"라고 기다렸다는 듯한 반응을 보였습니다. "이웃나라 일본 제1야당 사회당이 한국을 친선방문하고 싶다고 하는데, 정부는 비자를 주지 않고 있습니다. 이런 행동은 야만스러운 일입니다. 국교정상화를 하고 있는 이웃나라의 제1야당의 한국친선방문을 받아들여야 합니다"라고 하자. 대통령도 "그런가, 그런 일이 있단 말인가"라고 놀라셨습니다.

고하리 : 대통령이 모른다는 것은, 사회당이 오고 싶어한다는 사실 자체를 몰랐다는 것입니까?

최　　 : 아니요. 비자 문제였겠지요.

고하리 : 그러니까, 한국정부가 비자를 발급해주지 않은 그 자체를 몰랐다?

최　　 : 그것은 확인할 수는 없습니다.

무로오카: 그렇다면 대통령보다도 더 낮은 레벨에서, 그것을 막았다는 가능성이 있다는 것이군요.

최　　 : 대통령비서실장, 외무대신, 안기부장, 외교. 안보수석비서관 등 주요인물들은 비자를 내주지 않는 것을 당연시 하고 있었다고 생각합니다.

무로오카: 그렇다면 그것을 대통령에게는 보고하지 않았던 것이군요.

최　　 : 보고할 필요가 없었겠지요. 문제의식이 없다고 말하는 편이 나을지도 모르겠습니다. 저는, "일본사회당이 지금까지 북한에 치우쳐 있으니까 비자가 나오지 않는다면. 내가 평화연구소 소장으로서 일본의 사회당의 지도자를 초대하고, 한국의 여·야당의 견식이 있는 국회의원과 예를 들면, 「동아시아 평화와 일본사회당」 이라는 테마로 토론회를 열겠습니다"라고 대통령을 설득했습니다. 최종적으로 대통령은 ok했습니다. 그러나 성공하기 전의 과정이 매우 어려웠습니다. 저는 대통령과의 구두약속을 확신했습니다. 그때의 사회당위원장은 다나베 마코토(田辺 誠) 씨, 한국 방문희망자는 16명이었습니다. 센고쿠 요시토(仙谷 由人) 의원이 간사였습니다. 동경대법학부의 오누마 교수도 동행했습니다. 일행에는 전국최다득표자로 북해도 출신의 이토 히데코(伊東秀子) 의원도 있었습니다.

고하리 : 여성변호사 출신이지요.

최   : 저는 대통령의 약속에 따라서, 일본사회당의원 한국방문단의 비자수속을 진행했습니다. 그러나 현장의 주일한국대사, 외무대신, 안기부장, 대통령외교부안부수석, 대통령비서실장까지가 비자 발급에 반대했습니다. 저는 조용히 「대통령의 말씀」이라는 칼럼을 준비했습니다. 만약 안 되면 신문에 쓰겠다고. 다행히도, 노태우 대통령은 저와의 약속을 지켜 주었습니다. 1992년 3월 고려대학교 평화연구소 주최 「일본 사회당과 아시아의 평화」 세미나가 성공리에 열리게 되었습니다. 한국으로부터 김대중, 김영삼, 정대철, 이부영 등의 정치가, 학계, 언론계로부터 300명 이상의 여론의 리더들이 모였습니다. 김대중 씨는, 저에게, "도대체 어떻게 된 일이요, 최 교수. 지금 미국에서 돌아오는 정치학자가 이렇게 많은데, 상원위원 한 명 초대할 수 있는 사람이 없으니"라고 말하며 저희 세미나 내용을 높이 평가해 주었습니다.

고하리 : 그렇군요. 그래서 선생님 「대통령의 말씀」이라는 칼럼을 준비해두셨다가, 결국 어딘가에 게재함으로써 실현한 것입니

까?

최　　 : 만약 최종적으로 No였다면.

고하리 : 하지만 5명의 거물이 반대했는데도, 대통령이 결국 승낙해
　　　　주신 것은, 어떠한 연유로 대통령이 결의한 것입니까?

최　　 : 자세히는 모릅니다.

고하리 : 이를테면, 이 5명의 사람들은 결국 마지막에 대통령과 논의
　　　　를 한 건가요?

최　　 : 대통령이 반대자를 설득한 것이겠지요.

고하리 : 그런 것이군요.

최　　 : 아마도 대통령이 제 논지에 최종적으로 찬성한 것이겠지요.
　　　　저의 인상으로는 노태우 대통령은 매우 겸허하고 민주적인
　　　　태도를 가진 사람이었습니다.
　　　　　일본사회당과 대한민국의 최초의 공식적인 만남은 저의
　　　　상상력과 대통령의 결단으로 이루어졌습니다.

고하리 : 하지만, 그때에 「반공법위반」으로 체포된 일도 있고, 게다가
　　　　그때의 일본사회당이 북한일변도였다는 것을 생각한다면
　　　　… .

최　　 : 비서실장이 적극적으로 반대했는데, 그것을 전부 듣고서
　　　　'ok'라고 최종적 판단을 한 것은 대통령 자신이었다고 생각
　　　　합니다.

고하리 : 그것을 말하는 것만으로도, "조금 부작용이 있으면 곤란하
　　　　다"고, 그때 생각지 못하셨습니까?

최　　 : 아니, 저는 무서울 것이 없었습니다.

고하리 : 노태우 씨와는 여러 가지 인연이 있었군요.

최　　 : 그렇습니다. 김영삼 대통령이 전두환과 노태우 2명의 전대

통령을 구속한 것입니다, 부정부패 때문에. 거꾸로 말하면, 노태우 씨에게 그러한 부패만 없었다면, 상당히 높이 평가할 수 있지 않았나 생각합니다. 권위주의로부터 민주화에의 이동기에 있었던 역할 말이지요. 6.29 선언을 포함해서, 그니까 가능한 것입니다. 공산권과의 외교정책. 일본과도 좋았지요.

고하리 : 한국의 미디어를 중심으로, 매우 과소평가되어 있는 인상이 강합니다.

최 : 그렇습니다. 과소평가입니다.

고하리 : YS에 관해서도 그러한 생각을 합니까.

최 : 그렇습니다. 지금의 세계화. 정보화는, YS로부터 시작된 것입니다.

❖ 고려대에 부임하여 '서양정치사상사'를 담당

고하리 : 고려대학에 부임한 1982년으로 이야기를 돌리겠습니다. 선생님은 서울대학을 졸업하시고, 동경대학에서 열심히 공부해서, 한때 고려대학에서도 비상근강사를 하면서 연구에 전념하시고, 그후 중앙대학이었지만 우리는 최 선생하면 고려대학의 이미지가 굉장히 강합니다.

최 : 아, 그렇습니까. 어떠한 의미로?

무로오카: 적어도 제가 선생님의 이름을 알게 되었을 때의 직위가 고려대 교수였으니까.

최　　　: 아, 그렇습니까.

무로오카: 원래부터 고려대 교수라고, 처음에는 생각했습니다.

최　　　: 그것은 직위입니까, 인상입니까.

고하리　: 인상이라기보다도 직위입니다.

최　　　: 그렇지요, 인상은 의외로 고려대 분위기가 아니라는 말을 들은 적이 있습니다.

고하리　: 선생님의 경우, 뭔가 풍모도 약간 서양인 같고, 일본어로 말하면 버터 냄새가 나지요. 단지 최상용이라는 이름에는 반드시 '고려대학 교수'라고 쓰여 있었으니까 그렇다면 고려대학이라는 것은, 선생님이 볼 때 어떤지? 부임해 갔을 때에 완전히 타인의 대학이라는 느낌이었습니까.

최　　　: 아니, 그렇지 않습니다. 첫 번째는 중앙대학의 조교수였던 저를 정교수로서, 두 번째는 정치사상 과목을 정해서 "이 과목을 담당해주게"라고. 세 번째는, 전체 정치외교학과교수의 동의로 초청해준 것은 지금도 신선한 충격으로서 기억하고 있습니다.

고하리　: 원래 82년에 대학에 들어갈 때에도, 비상근강사도 오래 하셨으니까, 본인으로서는 정체성을 느끼는 대학이었다는 것입니까?

최　　　: 저는, 대학의 정체성이라는 것은 그다지 강하지 않습니다. 저는 서울대학 출신이라는 자랑도 그다지 가진 적이 없습니다.

고하리　: 고려대학에서 받아주었고, 원래의 서양정치사상의 과목을 맡게 되어서, 이번에는 중국이 아니어서 기뻤습니까?

최　　　: 기뻤습니다. 자신이 하고 싶은 일, 공부한 것을 가르치기 시작했으니까. 저 혼자였습니다. 당시 사상사 담당의 교수가 혼자밖에 없던 학교는 고려대학뿐이었습니다. 지금은 4명입니다. 우수한 제자, 후배를 넣었으니까요.

고하리 : 어제, 호세이(法政)대학에서 4과목을 담당하고 계셨다는 것을 들었습니다만, 이때 1982년경 선생님은 고려대학에서 몇 과목을 담당하고 계셨습니까?

최 : 고려대는, 시간적으로는 일본과 똑같지만, 대학에서 학부1과목밖에 없습니다. 이것을 두 과목이라고 부르는 것은, 학부 1개, 대학원 1개 합쳐서 두 과목이라는 것입니다.

고하리 : 3시간씩 하는 것입니까?

최 : 네, 그것은 그다지 기능적이지 않다는 점에서 최근 월, 수, 금 등으로 나눴습니다.

고하리 : 그렇군요. 아마 격동의 시기에 미국에 계셔서, 오랜만에 한국의 대학에서 가르치게 된 것이겠군요.

최 : 그렇습니다. 당시 한국의 분위기는 참담했습니다.

고하리 : 만약 괜찮다면, 그것만.

최 : 학생운동의 구분이라고나 할까, 1기 1960년 4.19 혁명시대의 우리들의 학생운동, 제2기라고 하는 군사정권과 동시에 나오기 시작한 학생운동, 지금 말하려는 80년대와는 조금 다르군요. 우리들의 시대는, 좌우의 문제는 그다지 큰 문제이지 않았습니다. 굳이 말한다면 민족주의운동이 중심이었습니다. 게다가 독재반대, 부정선거 반대운동이 결합되어, 민주화운동의 성격을 띠게 되었습니다. 한국의 학생운동의 특징으로서는, 민족주의와 민주주의의 결합현상이 있습니다. 1기와 2기의 상황은 상당히 삼엄했습니다. 당시는 살해

된 사람도 있었고, 죽은 사람도 있었습니다. 역시 죽음을 각오하지 않으면 민주화운동은 할 수 없었습니다.

그런데 3기의 80년대는 그러한 두려움은 없었습니다. 형무소에 들어가도 견딜 수 있었고, 약간은 로맨틱한 분위기도 있었습니다. 치열한 문제의식이 없으면서, 머릿속은 점점 급진적으로 되어갔습니다. 그러한 현상을 저는 강의실에서 비판했습니다. "그들은, 빈속에 독한 양주를 마신 듯한 사람이다"라고. 말하자면, 마르크스주의의 고전은 8개 정도 있습니다만, 『공산당선언』 1권조차 읽지 않는 사람이 갑자기 마르크스주의자가 되고, 학생끼리의 논쟁에서는 가장 급진적인 사람이 리더십을 가지게 됩니다. 그러한 현상을 설명하기 위해, 나는 'self-radicalization'이라는 말을 만들었습니다, 자기 급진화죠.

고하리 : 그렇군요. 그것을 강의실에서 말한 것입니까?

최　　 : 그렇습니다. 저는, 유물사관 강의를 했습니다. 1년간 마르크스주의의 사상을 가르친 것입니다. 300명 정도의 학생이 참가했습니다.

고하리 : 확실히 87년의 대통령직선제에 연결되는 「6.29선언」까지 가는 민주화운동 그 자체는, 아무래도 한국현대인에게 있어서 필요한 것이라고 생각합니다.

최　　 : 그렇습니다.

고하리 : 그것과 급진적인 학생운동은 별개라고 해석해도 괜찮겠습니까?

최　　 : 저는 그들의 주장을 전면적으로는 부정할 수 없습니다. 역사의 움직임을 보자면, 여러 복잡한 흐름이 합류되어 1개의 역사를 바꾸니까 말입니다. 프랑스혁명도 그렇습니다. 단지, 저는 젊은 리더였던 그들의 문제의식을 건설적으로 비판한 것 입니다.

고하리 : 절실함이 느껴지지 않는다는 의미입니까?

최 : 치졸했습니다.

고하리 : 절실함이 없는데, 단지 그냥 급진적이 되고 있다는 말인가요?

최 : 누구라도 반독재 주장은 가능합니다. 그러나 학생은 조금 다르겠지요. '왜 우리들은 반대하는가'라는 것을, 제대로 논리를 세워서 이야기하지 않고, 소위 말하는 마르크스주의, 변증법의 관념을 적당히 짜깁기해서 말하는 것만으로는 부족합니다.

고하리 : 그런 그들의 이론적인 구축이 엉망진창이라는 것을 비판했다는 것입니까?

최 : 맞습니다. 이론도, 성실함도, 치열함도 부족하다. 틀림없이 그런 학생은 학업성적도 최악입니다. 그중에서 몇 명은 100% 결석. 중간시험, 기말시험도 치지 않는 학생 리더도 있었습니다.

고하리 : 그렇다면, 다시 학생운동의 이야기를 들을지도 모르겠지만, 우선 오늘은 여기까지 합시다.

최상용 Oral history

제 7회

일시 : 2010년 6월 26일

개최장소 : 오다큐 호텔 센츄리 서든 타워 회의실 (도쿄)

녹음시간 : 4시간

〈출석자〉

최상용 (전 주일본대한민국특명전권대사, 고려대학교 명예교수)

고하리 스스무 (시즈오카현립대학 교수)

사도 아키히로 (추쿄대학 교수)

무로오카 데쓰오 (방위연구소 주임연구관)

테이프 번역자 유한회사 펜 하우스 미카도 케이코

제 7회

최상용 (전 주일본대한민국특명전권대사, 고려대학교 명예교수)
고하리 스스무 (시즈오카현립대학 교수)
사도 아키히로 (추쿄대학 교수)
무로오카 데쓰오 (방위연구소 주임연구관)

❖ 자기급진화(self-radicalization)의 과정이었던 80년대 의 학생운동

고하리 : 지금까지는 서울에 다녀왔지만, 오늘은 이어서 신주쿠에서
　　　　저(고하리) 외에 사도 선생님과 무로오카 선생님이 최상용
　　　　선생님께 질문하는 형태로 하고자 합니다.
　　　　기억하실 거라고 생각합니다만 전회, 80년대의 고려대학의
　　　　교수로 있었을 때, 한국의 학생운동을 하고 있는 사람에게
　　　　비판적인 눈으로 바라보셨다고요?
최　　 : 일부 학생운동에 관하여 입니다.
고하리 : 예를 들면, 공부도 제대로 하지 않고 "학점을 달라"라고 말
　　　　해 온 학생을 혼냈다는 이야기를 들었습니다. 그때에는 80

년대인 것이 틀림없죠?

최   : 그렇습니다. 저는 1982년 3월부터 '정치사상사' 전임교수가
         되었으니 말이죠.

고하리 : 그때의 한국의 민주화운동은, 1987년의 "6.29(6월 29일) 민
         주화선언" 때에 아주 큰 고비가 있었다고 생각됩니다. 그 사
         건은 비교적 국민으로부터 지지를 받은 학생운동이라고 생
         각됩니다만, 선생님은 6.29 때도 학생의 움직임을 보셨는지
         알고 싶습니다. 또 사회의 전반적인 분위기도 포함해서 말
         이죠.

최   : 네. 80년대의 학생운동의 하나의 특징은 급진적 성격이었습
         니다. 저는 그때에 한국에는 마르크스주의 관련 학술회의에
         파견할 수 있는 연구자는 거의 없지만 급조된 마르크스주의
         자는 상당히 많다고 이야기했습니다. 당시는 학문이라기보
         다는 오히려 운동론이라고 할까, 먼저 이니셔티브를 쥔다는
         분위기가 압도적이었습니다. 저는 당시의 학생운동의 문제
         상황을 자기 급진화(self-radicalization)라는 개념으로 파악했
         었습니다.

고하리 : 6.29 때에도 그다지 변하지 않았습니까?

최   : 6.29 전후가 그랬습니다.

고하리 : 반대로 6.29가 끝나고 학생들은 더욱 과격해지지 않았습니
         까?

최   : 그렇습니다. 말하자면 80년대의 한국의 학생운동은 정말 급
         진적인 프로세스였다고 말할 수 있어요. 왜 급진화 된 것인
         지, 재미있는 연구과제에요.

고하리 : 한국정부는 그때 졸업정원제라는 것을 만들었었지요? 예를

들면, '120명을 입학 시키고 졸업은 100명만 한다'든지, 그 것은 아마 학생운동을 방지하기 위해 전두환정권이 한 것이 라고 생각됩니다만, 그러한 시점에서 보면 '녹화사업'이란 이름 붙이고 학생을 학원 안에서 검거하여 그대로 군대로 보내 버린다든가, 그런 분위기가 있었지요?

최　　　 : 있었습니다.

고하리 : 그런 것은 교수님께서 보자면, 정부가 하고 있는 일은 너무 하다고 비치지 않았습니까?

최　　　 : 모두 그렇게 생각했었습니다. 그런 의미에서는 학생과 교수 들에게 공감하는 것이 있었습니다.

고하리 : 그렇네요.

사도　 : 단순한 비교는 물론, 선생님은 65년부터 일본에 유학을 하 고 동경 대학에서 공부했었는데, 60년대 일본에서도 고도경 제성장이 있었고, 60년대 후반에 학생운동이 굉장히 고조되 고 있었는데. 전공투(全共闘)로 동경대학도 몸살을 앓고 있 었습니다.

　　　　야스다 강당 점령 사건이 1969년인데, 그때도 일본에서의 학생운동이 상당히 급진화한 시대였습니다. 선생님은 옆에 서 눈으로 보셨다고 생각합니다만, 그런 일본의 학생과 선 생님이 한국의 선생으로서 실제로 경험하신 80년대의 한국 학생의 요구내용은 물론 다르다고 생각됩니다만, 운동의 형 태를 비교해 본다든가 혹은 학생의 행동 같은 것에서 느끼 신 것이 있습니까?

최　　　 : 글쎄요. 한국에서는 말하자면 NL계(National Liberation)와 PD 계(People's Democracy)가 있어요. NL은 내셔널리즘의 관점

이 강합니다. 그런 관점에서 북의 주체사상을 긍정적으로 해석하고 있는 그룹입니다. PD그룹이라는 것은 어느 쪽이냐 하면 사회주의와 복지, 유럽적인 면이 있습니다.

일본의 좌파운동과의 관련하여 보자면 PD계열의 학생운동이 일본과 겹치는 부분이 있지 않을까요?

조금 보편적인 의미의 진보와 혁신의 세력이라 하면 PD계통입니다. 일본의 좌파는 내셔널리즘이 아니잖아요? 그런 의미에서 지금의 질문에 대답해 본다면 한국으로 말하자면 NL이 아니라 PD계열의 학생운동과 일본의 운동과는, 이론적으로는 유사점이 있다고 말할 수 있지 않을까요?

고하리 : 사회가 받아들이는 인상은 어떠했습니까? 선생님이 동경대학교에 있었을 때의 일본의 학생운동이라는 것은, 그 시대에는 사회에 받아들여지고 있었나요?

최 　 : 한국에서도 그런 급진적인 운동은 평균적 국민, 시민에게는 그다지 받아들여지지 않았어요. 다만 그들의 운동이 "반독재·권위주의 반대"라는 면에서 공감은 있었겠지요.

고하리 : 이때 고려대학은 한국 안에서 보면 꽤 급진적이었습니까? 그렇다고는 말할 수 없는 건가요?

최 　 : 고려대학은 역시 내셔널리즘이 강하지 않을까요. 물론, 학생운동 안에서도 NL계열과 PD계열이 있어요. 고려대학 전체의 분위기는, 고려대는 민족대학이라는 전통이 있습니다. 그래서 내셔널리즘이 강하지 않을까요.

무로오카: 한국 대학 안에서는 총학생회라는 것이 있었지요

최 　 : 있습니다.

무로오카: 그리고 각 학부 별로 학생회가 있고 꽤 조직이 확고한 인상

입니다만 그 조직이라는 것은 단독의 조직인 것입니까? 일본과 같이 몇 개의 조직이 병렬하여 다투는 것이 아니라 고려대학교 총학생회라는 하나의 조직이 견실하게 있는 것입니까?

최　　　: 그렇습니다.

무로오카: 그 정상을 NL이 차지하느냐 PD가 차지하느냐라는 다툼을 하는 것입니까?

최　　　: 그렇습니다. 어느 때에는 NL, 또 어느 때에는 PD가 차지한 적이 있었습니다.

무로오카: 그 학생회라는 것은 대학 측 혹은 교수 쪽에서 보면 어떤 존재이었습니까?

최　　　: 음. 그다지 커뮤니케이션은 없었어요.

고하리　: 그 시절에 하고 있던 사람이, 지금은 제법 정치가가 되었습니까?

최　　　: 흔히 말하는 386세대에요.

고하리　: 알고 있습니다.

최　　　: 386세대는 지금 40대, 50대에요. 한국의 여·야당의 리더가 꽤 있습니다.

무로오카: 그들은 당시 학생회의 회장에 있었다든지, 그러한 신분이 하나의 관심거리가 되어서 지금 정치활동을 하고 있습니다만 ….

최　　　: 당연 관심거리가 되고 어떤 의미에서는 잠재력으로써 평가되고 있습니다.

무로오카: 조금 전에 선생님은 교수와 그러한 학생은 그다지 관계가 없었다는 이야기이었습니다만, 지금 유명해진 학생운동 출

신의 정치가를 당시 교수와 학생의 관계에서 어느 정도 서로 알고 있었습니까? 그다지 알고 있지 않았나요?

최 　　: 아니요. 회장 수준은 신문에 나오기도 해서 이름과 얼굴을 보면 알 수 있을 정도에요. 지금 그들은 한나라당에도 들어가 있고 민주당에도 들어가 있습니다. 재미있게도 정당정치에 들어가면 유순하게 되요. (웃음)

무로오카: 그럼, 1980년대에 선생님이 직접 그 사람들을 개인적으로 지도하신 적은 별로 없으신가요?

최 　　: 없습니다.

고하리 : 반대로, "나는 80년대의 고려대학교의 총학생회에 있었다" 고 지나고 나서 선생님에게 말해 오는 사람이 있지는 않았습니까? "저는 그때에 고려대학에 있었는데 선생님에게 배웠습니다" 라든지 … .

최 　　: 물론 있지요. 지금 이름은 기억하지 못하지만, 지금의 주한일본대사 무토 마사토시(武藤 正敏) 씨도 저의 강의를 들었습니다.

고하리 : 무토 씨가 대사에 취임하게되어 기뻐하고 있는 것 같네요.

최 　　: 기뻐하죠. 한국전문가이며 온순한 사람이고, 인맥이 굉장히 넓은 대사입니다. 역대 주한일본대사 중에 한국어로 연설도, 높은 레벨의 토론도 가능한 최초의 일본대사입니다. 그리고 한국인의 마음을 파악하는 능력의 면에서는 최적의 대사죠.

고하리 : 그렇네요.

무로오카: 학생운동권 사람들과 교수의 관계에 대해서 한 번 더 확인해보고 싶습니다만, 최상용 교수와 학생운동권의 학생은 그다지 관계가 없었다 해도 다른 교수님과 사제관계라든지 혹

은 친밀히 지도했다든지 당시는 그러한 그룹의 교수도 있었나요?

최   : 저희 정치외교학과에서는 그다지 없었어요.

무로오카: 저희가 밖에서 책만 읽어도 최장집 선생 등이 학생에게 상당히 영향을 주고 있다는 … .

최   : 386을 포함해서 학생이 가장 영향을 받은 정치학자를 말하자면 최장집 교수이겠지요.

무로오카: 예를 들면, 노무현 시대를 거치면서 학생운동 출신의 정치와 NGO에서 활약하고 있는 사람과 지식인의 거리가 가까워진 느낌이 있군요.

최   : 학생운동 출신의 일부 지식인은 학생운동을 지나서 노동운동에 들어가 그 연장선에서 지금 진보정당에 들어가 있거나 혹은 시민단체에서 운동하고 있는 사람도 더러 있어요.

고하리 : 학생운동을 하고 노동운동을 하고 그리고 정치가가 된 사람도 꽤 있지요?

최   : 있습니다.

고하리 : 경기도의 도지사 분

최   : 맞아요. 한나라당의 김문수 씨, 여성으로써 야당의 심상정 씨가 대표적 예입니다.

고하리 : 진보신당이죠?

최   : 정말 심상정 씨는 주목할 만한 여성정치가예요. 그녀는 이론가라고 말해도 되겠지요.

고하리 : 참고로 지금 말한 김 씨와 심상정 씨는, 선생님은 개인적으로도 대화를 나누신 적이 있으십니까?

최   : 심상정 씨는 몇 번인가 만났습니다. 자신들은 국내에서 노

동운동만 해와서 국제정세, 외교정책, 특히 일본에 대해서 알고 싶다는 이유로 몇 번 상담한 적이 있습니다.

무로오카: 1980년대 학생운동의 특색 중 하나로서 미국에 대한 과격한 행동이라는 기억이 있습니다. 예를 들면 1982년이었다고 생각됩니다만, 부산의 미국문화원에 불을 지르거나, 이러한 미국에 대한 사고방식은 1970년대와 80년대에는 꽤 바뀌었습니까? 어떠한 관계가?

최   : 반미적인 자세는 일관되게 하고 있지 않았을까요? 결국은 NL내셔널리즘의 입장에서 보아도 반미이고 PD의 진보적인 관점으로 보아도 미국에게 지나치게 의지한다는 비판은 일관되게 있었습니다. 그 중에 직접 행동주의자의 일부가 미국문화원에 불을 지르기도 했지요. 그런데 학생운동리더 가운데 정치권으로 들어가서 아주 점잖게 행동하는 전형적인 예가 김부겸 씨입니다. 그는 균형이 잡힌 훌륭한 정치가입니다.

무로오카: 광주사건(광주민주화운동)이 학생들의 미국에 대한 의식을 바꾸었다라고 말하는 사람이 많습니다만, 그에 대해서 선생님은?

최   : 하나의 요인이겠지요. 민주화운동의 과정에는 여러 가지 복잡한 요인이 있는데 결과적으로 광주민주화운동이 반미운동의 하나의 전환점이 되었다고 생각합니다.

무로오카: 지금까지, 예를 들어 미국은 6.25 때 우리나라를 도와주었던 상대라고 생각했던 것이 80년대에 와서는 우리나라의 민주화나 통일을 방해하는 상대라는 의식이 학생들과 이야기하고 있으면 제법 느낄 수 있었습니까?

최   : 역사적 사실로는 예를 들면, 한국의 일본에 의한 식민지화를 조약 그외에 다른 방법으로 도와준 나라가 미국입니다. 전문가는 알고 있습니다만, 일반 국민에게는 미국은 상당히 선의의 나라라는 인식이 있습니다. 좌우를 넘어서 말이죠. 많은 한국인은 한국전쟁 후 이 정도의 평화를 가져오게 된 것은 한미동맹과 주한미군의 덕분이라고 생각하고 있습니다.

❖ 고려대학교 평화연구소장과 통일원 자문위원 등의 활동

고하리 : 그러면 학생운동의 관계는 이 정도로 하고 순번대로 말하면 김영삼시대의 이야기가 됩니다만, 이 전 노태우 시대의 이야기로 몇 개의 신문의 칼럼이라든지 대통령에게 전해지지 않은 이야기를 선생님이 칼럼에 쓰시려고 했을 때의 이야기를 하셨지요?

최   : 그것은 역사의 기록으로서 남기고 싶습니다. 일본사회당과 대한민국정부와의 공식적인 관계가 성립되기 전에 제가 고려대학교 평화연구소장으로서 일본사회당국회의원들을 초대한 사실에 대해서 입니다.

고하리 : 네.

최   : 그 속에는 노태우 대통령의 평가도 들어가 있습니다. 노태우 대통령은 상당히 온건한 분이지만 결단력은 있었습니다. 주위 사람이 전부 반대했음에도 불구하고 저와의 약속을 지켜주었습니다. 그것은 용이한 일이 아닙니다.

고하리 : 대통령의 정책결정의 과정으로서 재미있네요.

최　　　: 그렇습니다.

고하리 : 이것은 정확히 고려대학의 평화연구소 시절이죠?

최　　　: 그렇습니다.

고하리 : 어딘가 어느 부분에 넣고 싶습니다만, 어떡하죠? 지금 평화연구소의 일을 이야기해 주실 수 있으신가요?

최　　　: 네. 저는 정치외교학과 교수이면서 학교의 보직이라고 말합니까? 일절 하지 않겠다는 결심으로 임했습니다. 국제대학원장을 총장이 요청했지만 거절했습니다. 그 대신 평화연구소장은 기쁘게 맡았습니다. 저는 평화사상의 연구자로서 그 실천이 되기 때문이죠. 평화연구소의 일로 여러 가지 했습니다.

　　　　 첫 번째는 아까도 말했다시피 「일본사회당과 동아시아의 평화」라는 주제로 한국국회의원과 일본사회당의원과의 토론회를 열었습니다.

　　　　 두 번째는 노벨평화상 심사위원장을 초청한 것입니다. 저는 면식이 없는 분이었지만 고려대학의 평화연구소장으로서 편지를 보냈습니다. "지금 세계적인 레벨에서의 냉전은 붕괴했다. 하지만 그 동서냉전이 남아있는 곳이 바로 한반도이다. 우리는 냉전의 희생자이며, 아직 냉전 중이다. 따라서 진정으로 이 한반도의 평화문제를 해결할 수 있는 인간이야말로 노벨평화상을 받을 만하다고 생각한다. 그 전에 노벨평화상 심사위원장으로서 한번 현장을 시찰해보는 것은 어떠한가?"라고 ….

고하리 : 그러면 평화연구소의 관계는 그 정도로 하고, 아시아문제연

구소는 나중이 좋으십니까?

최　　　：후에 말씀드리겠습니다.

고하리　：그러면 이번에는 김영삼시대. 김영삼정권하에서의 역할이
　　　　라든지 원래 김영삼 씨와 어느 시점에, 대통령이 되기 전부
　　　　터 알고지낸 사이라고 생각합니다만, 이러한 점에 대해서는
　　　　어떠신지요?

최　　　：세미나라든지 공적인 자리에서는 만나는데 둘이서 만난 적
　　　　은 거의 없습니다. 김영삼 시대에는.

고하리　：선생님은 꽤 여러 가지 역할을 하고 계셨지요?

최　　　：아니에요. 「한일포럼」에 참가한 것 이외는 의미있는 역할은
　　　　없었습니다.

고하리　：야마모토 다다시(山本 正) 씨는 다양한 사람과 넓은 관계가 있
　　　　는 분입니다만 처음에 야마모토 씨와 만난 것이 언제입니까?

최　　　：1970년대부터 입니다. 야마모토 선생님의 소개로 셀 수 없
　　　　을 정도의 많은 일본의 여론 지도자들과 교류해 왔습니다.

고하리　：외무부의 정책자문위원이나 통일부의 정책평가위원이라는
　　　　것은 구체적으로 무엇을 합니까? 가끔 자문한다거나 혹은
　　　　정기적 회의가 있습니까?

최　　　：외무부에서는 약 30인 전후의 멤버로 매년 4회 정도의 회의
　　　　가 있었습니다. 통일원에서는 대충 같은 규모로 이슈가 있
　　　　을 때에 장관이 동석하는 회의가 열렸습니다. 저는 통일정
　　　　책평가위원장을 잠시 맡았는데 그때에는 통일부의 정책결
　　　　정에 일정한 조언을 한 것으로 기억합니다.

고하리　：그것을 선생님은 김영삼정권시대부터 해 오신 것입니까?

최　　　：그 전부터이었습니다. 통일 고문도 잠깐 맡았습니다. 통일

고문회의는 대통령이 임명하는 각계의 원로로 구성되어 있습니다. 저는 약 30년간 통일원의 자문위원, 평가위원, 평가위원장, 고문을 맡았습니다.

고하리 : 통일부의 고문은 노무현 시대이지요?

최 　 : 그렇습니다.

고하리 : 그렇다면, 전에 말씀하셨던 자문위원보다도 통일고문이라는 것이 큽니까?

최 　 : 물론 통일고문은 장관출신이라든지 그 이상의 출신으로 통일문제에 견식이나 경험이 있는 원로입니다.

무로오카: 김영삼 대통령 시대는 통일원 장관을 짧은 기간에 많이 교체했는데요. 각 장관의 정책의 차이라든지 느낀 점은 있으십니까?

최 　 : 김일성·김영삼 수뇌회담이 결정되었었죠? 그것이 가장 큰 뉴스이었습니다만 김일성이 사망했기 때문에 운 나쁘게 이루지 못했습니다. 지금도 김영삼 전 대통령은 그것을 안타깝다고 말씀하십니다.

사도 　 : 외무부 쪽의 정책자문위원이라는 것은 아까 30인 정도 모여서

최 　 : 그렇습니다. 전국 각 분야

사도 　 : 자문이라면 예를 들어 대일정책에 대해서의 기준을 정리해 달라든지 그런?

최 　 : 그것도 있습니다. 그러나 거의 형식적 입니다. 간사가 기록하고 있는데 그 장소에서 조금 더 깊이 파고드는 토론을 통해 일정의 결론을 낸다든지 그런 것은 안 합니다.

사도 　 : 그 자문위원은 정책의 의견에 조금 반대의견을 제시하는 분

도 계십니까?

최　　　：그렇습니다. 자유롭게 말합니다.

고하리　：선생님은 일본을 잘 알고계시기 때문에 예를 들어, 다른 분이라든지 혹은 관청의 사람이 과도하게 일본을 대하는 정책을 다룰 때에 "아니, 그건 그렇지 않아요"라든지.

최　　　：저는 주로 통일문제, 일본문제에 발언을 했었습니다.

고하리　：그때에 조금 과격한 반응을 하면 "필요 없다"라든지 그런 말씀을 하십니까?

최　　　：특히 한일문제에 조금 과격하다 싶은 분위기가 있으면 좌장이 저에게 조정을 구하기도 합니다.

무로오카：통일원에서 위원회를 하고 계실 때에 예를 들어, 아까 말씀하셨던 남북수뇌회담 준비하는 것이 큰일이었는지는 모르겠지만 그 이외에 예를 들어 남한에서 쌀을 보냈는데, 북측이 부당한 행동을 짓을 했다든지, 그후 잠수함을 북한이 남한에 보내어 그것이 발견되는 사건이라든지, 몇 가지 남북간에 일들이 있었는데요. 그럴 때에 이런 자문위원회 혹은 정책위원회에서 어떠한 논의가 있었습니까?

최　　　：통일정책에 대해서는 이른바 상호주의원칙과 "퍼주기" 논쟁이 초점이었습니다.

무로오카：네.

최　　　：일본어로는 무엇이라고 하나요?

무로오카：퍼주기는 '무모하게 주다'라고 해야 하나?

최　　　：퍼주기는 안돼. 기브 앤 테이크 이어야 한다. 이것은 보수 쪽의 일관된 반응입니다.

무로오카：보수는 상호주의를 주장하는가요?

최 　　： 그렇습니다. 상호주의입니다. 그것은, 이명박 대통령의 철학이기도 합니다.

　　　　이에 대해 북측으로부터 남측이 무엇을 테이크 할 수 있는가? 기브 앤 테이크가 아니라 기브 기브 앤 테이크라는 시점이 필요하다. 조금 더 길게 역사를 보자면 이것은 일종의 평화 비용이니깐 "평화를 사자"라는 시야를 가지고, 이제부터 일관되게 남북 간에 협력을 하지 않겠는가 하는 반론도 나왔습니다.

　　　　저는 어느 쪽이냐고 하면, 반론 쪽입니다. 기브 앤 테이크는 이론은 훌륭하지만, 현실은 테이크가 없으니까, 우리는 평화라는 것을 테이크 하자. 상대적으로 기브 쪽이 많을지라도, 북의 지하자원의 발굴 등을 중국에 먼저 뺏기지 말고, 더욱 더 적극적으로 대응해야 한다고 생각합니다.

❖ 유식자 회의나 관료와의 접촉에서 본 일본과 한국의 차이

고하리 ： 사도 선생님. 일본에도 이런 것이 있나요?

최 　　： 아, 이전 하토야마 유키오(鳩山 由紀夫) 내각시대에 후텐마 문제에의 대응을 보고 정말 이런 위원회가 필요하지 않을까 하고 생각했습니다.

사도 　： 그렇네요.

최 　　： 중요한 일을 내각 관방장관과 몇 사람의 외무 관료가 결정해버리니까요.

사도 : 임시로 외교쇄신을 위해서 위원회 같은 것을 외무성 윗선에서 유식자로부터 의견을 듣는 유식자회의 같은 것은 있었고, 오부치 게이조 내각에서는 몇 가지 정책항목에서 심의회를 만들어주었었지요. 가장 유명한 것은 예전에 오히라 마사요시(大平 正芳) 내각이 아홉 개의 정책위원회를 만들어 총합 안전보장연구를 한 그룹이라든지, 그런 것을 했던 것이 있었습니다만 일본에 자주 있는 것은 법제심의회가 있어, 예를 들어 지방제도라면 지방제도 쇄신위원회라든지 행정학의 선생님들이 모여서 하는 위원회라는 것은 있습니다, 저는, 그것과는 좀 다르지 않고 생각하면서 지금 이야기를 들었습니다.

최 : 어떠한 의미에서 다릅니까?

사도 : 예를 들어 지금 일본의 심의위원회입니다. 대체로 교육제도라면 문부과학성이 "이러한 제도를 만들고 싶다"라든지, 혹은 행정에서도, 총무성이 "이러한 제도를 해보고 싶다"고 하여 대체로 관청이 만듭니다. 만든 것을 그대로 해버리면 여러 가지 문제가 생기니까 유식자회의에 토의를 붙여 "거기서 나온 답신을 따르고 있습니다"라는 형식을 취하는 경우가 대부분입니다. 그래서 정책의 권위를 높이기 위해 사용되는 것이 일본의 심의회입니다.

최 : 그렇군요. 조금 다르네요.

고하리 : 그렇다면 실질적으로 수정되는 것을 기대하기보다도 절차를 민주주의적으로 … .

사도 : 그렇습니다. 그래서 사무국은 전부 관청의 사람이 들어가 있고 기본적인 서류작성은 전부 관료들이 하고 있습니다.

또, 관료가 말하는 것을 들어줄 것 같은, 이외의 주문을 붙이지 않을 분들에게 위원을 위촉합니다.

고하리 : 지금 말하신 선생님이 관련된 자문위원이라는 것은 그런 절차의 민주주의만이 아니라, 실질적으로 무엇인가 의견을 내라는 것이네요. 상설적으로 하는 것이네요.

최 : 엄밀히 말하자면, 한국도 그런 형식적 측면이 있지 않을까요. 외무당국의 입장에서 보면 "우리는 이러한 전문가의 의견을 들어서 결정한 것이다"라는.

사도 : 한국의, 흔히 말하는 오피니언 리더 분들과 정부를 연결하는 장소로 하고 싶은 그런 것입니까?

최 : 그렇습니다. 실제로, 그러한 30인 전후의 자문위원회에서 나온 발언이 얼마나 플러스가 되었는가 하는 문제도 있습니다. 다만, 자신들이 안을 만들어, 이것을 인정받을 수 있을 것 같은, 그런 것 만은 아니었습니다.

사도 : 일본의 경우, 그러한 위원이 되면 최후의 훈장 순위에 들어가곤 합니다. 그런 위원회의 위원장을 하고 있으면, 순위가 높아집니다.

최 : 일본에서 최고의 훈장은 어떤 것입니까?

사도 : 지금 훈장 제도가 많이 바뀌었습니다. 예전 같으면 훈 1등이라든지 훈 몇등이라는 것이.

최 : 훈 1등은 좋습니까?

사도 : 그럼요. 학자는 아마 훈 1등을 타는 것이 거의 없을 것입니다.

최 : 저는 훈 1등을 받았습니다. 일본에서는 가보 같은 것이네요.

사도 : 그것은 정말 대단한 일이에요.

고하리 : 이것을 써도 되나요? 대사를 끝나고 나서 입니까?

최   : 그렇습니다. 이임하기 전입니다. 천황폐하로부터요.

사도   : 네. 훈 1등은 전부 그렇습니다.

최   : 모든 대사에게 주는 것은 아니라고 합니다.

사도   : 그렇군요.

고하리 : 이임과 동시에 받은 것입니까?

최   : 그때가 아니라, 이임이 결정되고 나서였나?

고하리 : 자문위원회와 관련해서 한 가지만 묻고 싶습니다. 선생님은 한
         국의 공무원과의 연결이 그런대로 있었지요? 외무부의 직원.

최   : 네.

고하리 : 묻고 싶은 것인 두 가지입니다. 하나는 일본의 공무원과도
         많은 관계가 있을 것 같습니다만, 그것과 비교하여 느끼는
         생각나는 것이 있다면, 두 번째로는 통일부와 외무부는 꽤
         이미지가 다른 감이 있습니다. 예를 들면 통일부라는 것은
         북한과 가능한 한 잘 하고 싶은 마음이 있지 않을까라는 생
         각이 듭니다.

최   : 좋은 질문이네요.

고하리 : 그런 점에서 생각하신 것이 있으면 좀 물어보고 싶습니다.

최   : 하나는 저의 경우, 관계가 있던 것은 특히 외무 관료지요. 일
         본도 한국도 정말 우수한 관료들이었습니다. 차이점보다도
         공통점이 많습니다. 그것은 "관료는 그 합리성에 관한 한 주
         인이 없다"라는 유명한 막스 베버의 말이 생각납니다.

         그 합리성에 있어서 일본의 외무 관료의 레벨이 상당히 높
         습니다. 그렇지만 플러스알파가 없습니다. 그 플러스알파를
         제공하는 능력은 학자라고 생각합니다. 권위 있는 학자. 하
         지만 그 플러스알파에 대답할 수 있는 학자가 있는가, 별로

없다는 것을 절실히 느꼈습니다.

고하리 : 그렇군요.

최 : 저는 학문적으로는 '일본 전문가'라고 자칭하지 않습니다. 저는 일본에 있어서 서양사상의 수용과 미국 점령정책, 이러한 분야는 꽤 깊이 파고드는 연구를 했습니다만 35년간 서양정치철학을 가르쳐왔습니다. 따라서 '일본 이해자'가 좋을 듯합니다.

관료는 각 분야의 권위를 찾아나서야 합니다. 권위라는 것은 어느 나라에서나 적습니다. 학자는 자기 분야에서 우수한 관료라도 할 수 없는 영역을 개척하지 않으면 안 됩니다. 그렇지 않으면 학자는 정보를 가지고 있는 관료나 저널리스트에 무시당하기 쉽습니다.

고하리 : 통일부와 외무부의 색깔의 문제입니다.

최 : 그렇습니다. 다릅니다. 외무 관료는 통일 관료보다 자신이 우수하다고 생각하고 있습니다. 관료합리성의 면에는 그럴지도 모릅니다.

저는 한국의 통일부는 실제로 통일준비부의 일을 해야 한다고 20년 전부터 주장하고 있습니다. 통일은 언젠가는 옵니다. 언제, 어떠한 형태로 올지 모릅니다. 빨리 와도 이상하지 않고, 의외로 오래 걸릴지도 모릅니다. 만전의 준비는 가능하지 않습니다. 이제부터 한국 통일부는 베트남을 교훈으로 삼고 독일의 경험을 살리면서 면밀히 준비하지 않으면 안 됩니다. 그런 의미에서 통일부는 그 존재이유가 높고, 통일부의 관료는 고도의 정치적 판단력이 필요합니다.

고하리 : 통일부 사람들은 열심히 공부하고 있습니까? 북조선을 꽤

세밀하게 알고 있는 듯 합니다만, 어떻습니까?

최　　 : 정보 면에서는 국가정보원에 상당히 의존하고 있겠지요.

무로오카: 이것은 꽤 예민한 질문일지도 모르겠지만, 외무부, 통일부, 이외에 실제는 안전부 혹은 국정원의 관료의 힘이 클 것이라고 생각됩니다. 저희는 어떠한 식으로 이해하면 좋습니까?

최　　 : 저도 정확하게는 모릅니다. 다행히라고 해야 할까 국가안보협의회 같은 것이 한국에는 있습니다. 일본에는 없는 제도입니다. 통일부장관, 외무통상부장관, 국가정보원장이 그 멤버입니다.

　　　　그리고 대통령 제하에 이 세 조직이 삼위일체가 되어 토의를 합니다만, 사려 깊은 결론을 내어 그것을 일관되게 실천하는 것이 바로 대통령의 리더십입니다,

무로오카: 그런 논의 중에, 특히 북조선에 대한 정책에서는 국방부는 관여해 옵니까?

최　　 : 물론 국방부도 들어오지요.

무로오카: 통일부가 북한과의 관계를 적극적으로 추진하고자 하는 것에 대해서 국방부나 안전부는 조금 보수적이라고 생각하시나요?

최　　 : 국가의 안전보장의 문제이기에 정치적으로는 보수적인 색체가 강합니다.

❖ 김영삼정권에 대한 평가

고하리 : 그러면, 김영삼정권에의 평가로 가도 좋을 듯 합니다만 어
떠십니까?

김영삼정권이라고 하면, 문민정권이라고. 물론, 노태우 씨
의 경우도 국민의 직접선거니까 군사정권은 아니지만 군인
출신 대통령이라는 점도 있어서 문민정권이라는 것을 상당
히 김영삼 씨는 강조했습니다만, 이 정권 전반에 대해서 5년
간 보아오신 평가에 대해서 자유롭게 이야기해 주었으면 합
니다.

최　　 : 지금 야당의 민주당에서도, 김대중, 노무현 시대를 10년 민
주화라고 합니다. 어떻든 김영삼시대를 넣지 않습니다. 그
것은 왜 그렇다고 생각하십니까?

고하리 : 민주당 쪽에서 보자면 결국 YS 씨는 삼당 합동에 가담했다
는 것이 첫 번째이지 않을까 싶고, 두 번째로는 흔히 말하는
정권교체가 되었다고는 하지만 김영삼정권이라는 것은 같
은 정부의 타자가 아니었나. 아마 그러한 뉘앙스로 말하는
것이 아닐까 생각합니다.

최　　 : 한국 민주화운동에 있어서 김대중과 동시에 김영삼의 존재
는 컸습니다. 민주화라는 큰 카테고리에서, 그 자신의 정치
관. 그 정권의 역할을 당당히 평가해야 한다고 저는 개인적
으로는 생각합니다. 김영삼 대통령 자신은 문민정부 최대의
업적을 부정척결이라고 주장합니다.

고하리 : 척결이요.

최　　 : 일본어에는 척결이라는 말이 있습니까?

사도 : 척결이라는 말은 고전문장에서 잘 쓰입니다.

무로오카 : '도려내다'라는 의미이지요.

최 : 김영삼 대통령은 부정척결 문제에 대해 의연한 태도를 취하고 있었습니다. 그 결심의 최초의 결과가 두 명의 전직 대통령의 구속입니다. 이것은 보통 생각할 수 없는 것입니다. 두 번째로는 공무원의 재산등록이에요. 이 제도를 실시하면, 공무원이 긴장감을 잃지 않습니다. 이미 이 제도는 정착되어 있습니다.

그리고 금융실명제, 일본에서는 그린 카드인가요? 이것도 두 명의 대통령 구속, 재산등록과 관련이 있습니다. 재산등록과 금융실명제 이 두 개의 제도는 한국사회의 투명화에 상당히 기여하지 않았나 생각합니다.

운 나쁘게도 김일성과의 정상회담은 김일성의 죽음으로 실현되지 못했습니다. 김영삼 대통령에게 있어서 가장 아픈 것은 마지막 금융정책의 실패이겠지요.

사도 : 한국의 대통령제라는 것은 임기 5년간 입니다 마는 그 5년간의 마지막에는 상당히 정치적으로 한계가 있거나 아슬아슬한 점이 있었다는 것인가요?

최 : 그건 상당히 보편적인 현상이지 않나요? 대통령의 평가라면 자질문제가 나오는데 정치적 리더의 조건으로서 한 가지 예를 들자면, 'Augenmass' 일본어에는 목측(目測)이라고 번역되어 있습니다. 'Augenmass'는 통찰력까지는 가지 않고 직관력이라고도 말할 수 없습니다. 안목이라든지 감이라든지. 25세로 국회의원이 되어, 긴 세월 현장에서 단련된 정치가의 감각은 발군이었습니다.

❖ 북한을 어떻게 보는가

무로오카: 선생님은 그때 북조선은 어떻게 되는 것인지, 위기감이라든
　　　　지 느끼셨습니까?

최　　　: 저는 김영삼시대부터 지금까지 북한의 미래에 대해서 그다
　　　　지 전망이 바뀌지 않았습니다만 직접 방문하고 나서 더 확
　　　　인되었습니다. 북한은 언제 망할지 모르는 나라입니다. 북
　　　　과 남의 문제는 인간의 문제가 아니라 체제의 문제입니다.
　　　　체제 선택의 문제입니다.

　　　　　그러니 저는 정치철학자로서 사회주의사상 그 자체의 메
　　　　시지는 앞으로도 있을지 모르겠지만, 체제로써의 공산주의
　　　　는 이미 전면적으로 파산했으며, 북한도 예외는 아니라고
　　　　생각합니다. 따라서 제가 통일준비를 해야 한다고 한 것은,
　　　　그러한 전략적 전망을 토대로 이야기했던 것이었습니다.

고하리　: 실제로 선생님이 북한을 방문했을 때의 이야기는 뒤에서 전
　　　　개될 것이라고 생각되어 나중에 묻겠습니다만, 물론 말씀하
　　　　셔도 괜찮습니다.

최　　　: 그때 이야기하겠지마는, 아시아 삼국 중국, 베트남, 북한은
　　　　정도의 차가 있으나, 사회주의체제와 시장경제가 공존하고
　　　　있는 나라입니다. 이것은 정말로 연구할 가치가 있습니다.
　　　　지금 최고의 성공사례가 중국이지요. 베트남도 그 방향으로
　　　　나아가고 있습니다. 저는 북한을 방문했을 때, 김영남 위원
　　　　장에게 그런 이야기를 했습니다. "아시아 공산주의는, 모두
　　　　자기개혁을 훌륭하게 하고 있지 않습니까? 동유럽은 철저하
　　　　게 변하였고 소련은 내부파산 했습니다"라고. "우리의 근대

사를 보십시오. 남보다 북쪽이 더 빨리 근대화에 들어갔습니다. 기독교도 남보다 빨리 들어왔었고, 남한 이상으로 문호가 개방되었습니다. 그리고 베트남, 중화인민 공화국에 비하면 문맹률도 북한은 선진국 수준입니다. 왜 안 됩니까?"라고 말했죠.

사도 : 지금 하신 이야기와는 조금 다릅니다만, 북조선의 핵 문제에 관련하여 일본에서는 92년, 93년, 94년 북조선의 동향은 상당히 선정적으로 보도되었던 것이 있었습니다만, 조금 전 여쭈었던 80년대의 학생운동에서, 선생님이 접한 학생들의 북조선관에 대한 변화가 있었는지, 있었다면 어떠한 것인지?

최 : 그렇군요. 70년까지는 학생 일부에서 북한의 평가는 상당히 높았습니다. 반드시 좌익이 아니더라도 군사경제면에서도 북측이 좋았으니까요. 70년대에 들어서 서서히 변하고 90년대에 들어가서는, 이미 경제적으로는 상대가 되지 않는다고 생각하지 않았습니까. 일부 NL계 내셔널리스트는 북의 핵무장에 대해서 "아니야, 언제가 통일이 되면 통일한국의 소유가 된다"라고 보았던 사람도 일부 있었어요.

그래서 핵에 대한 긴장감이라는 것은 학생에게는 별로 없었습니다. 핵사용은 웬만해서는 못 하겠지 생각한 것이 아닐까, 그렇게 간단하게 사용하지 못 하리라고 생각하던 분위기가 아닐까요?

고하리 : 김영남과 만났을 때에 '북은 프라이드가 높다'는 표현을 썼었는데 지금 예를 들면 이명박 정권에서는 별로 그런 것은 생각하지 않는 듯한 발언을 않나 생각할 때가 있습니다.

실제로 같은 민족이면서 북측의 사람들의 프라이드는 왜 이렇게 높은 것인지, 그러한 감각은 언어표현에서 느끼는 것입니까?

최　　　 : 프라이드라는 것이 대체 무엇입니까?

고하리 : 프라이드라고나 할까 자존심이라고 해야 할까

최　　　 : 프라이드는 언어의 참다운 의미에서 자존심이라고 말할 수 없지 않을 까요? 대체로 개인적 인간관계에서도 열등감이 진한 사람이 그러한 자존심을 나타냅니다.

❖ 역대 대통령의 평가

고하리 : 대통령 개인에 국한하지 않고, 김영삼시대의 평가를 들었으니 거의 알 것 같은데요. 무엇인가 이 시대를 통해서 화제가 될 만한 것은 없습니까? 예를 들어 이 시대에 일본에 학회가 있었다든지, 혹시 왔다 갔다 하시었나요?

최　　　 : 김영삼정권은 마무리가 좋지 않았지요. 단기 대외채무 급조로 인하여, IMF로 긴급융자요청을 했으니까요. 그래서 김영삼 대통령의 업적을 평가하기 위해서는, 어느 정도 자각적으로 용기를 갖지 않으면 안 됩니다. 지금 국민에게 여론조사를 하면 박정희, 김대중 이외의 대통령들은 정말 평가가 낮습니다.

고하리 : 그렇군요. 그것도 조금.

최　　　 : 그래서 저는 팩트를 가지고 이야기했을 뿐입니다. 기록이니깐.

고하리 : 너무나 극단적이라고 할까, "물에 빠진 개는 패지 말라." 중국의 속담이 있습니다만, 한국에는 대통령의 평가의 경우 너무 심하게 하고 있는 듯한 느낌이 들었습니다. 한번. '물에 빠진 대통령'은 철저하게 두들겨 패도 괜찮다고. 그러한 요소가 많이 있지 않나 생각합니다.

최 : 있네요. 정치가는 어떻게 평가하는지, 그 평가의 기준은, 무엇인지라는 테마로 꽤 진지하게 토론해 볼 필요성이 있습니다. 여하튼 전후 반세기가 지난 분단국가이면서, 산업화, 민주화를 같이 이루고 있는 분단국이지요. 역시 정치 리더십의 결과입니다. 그 정치 리더십의 담당자인 대통령의 공적인 동상 하나 없는 나라입니다.

　　저는 학생에게 "치열한 찬반양론을 할 만한 가치가 있는 정치가는 평가해야 한다. 아티스트 평가와는 다르다"라고 학교의 강의에서도 말하고 있습니다. 그런 의미에서 상징적으로 말하자면, 언젠가는 건국의 이승만, 산업화의 박정희, 민주화의 김대중을 상대적으로 높게 평가하여, 당당히 동상을 세울 날이 올 것이라고 생각합니다.

고하리 : 일본에서 있었던 여론조사 (2010년 5월 실시)에서 '한국인 하면 가장 먼저 누가 떠오릅니까? 한 명만 예를 들어주세요'라는 질문에 현직의 대통령 '이명박 대통령'을 들었던 일본인이 2%밖에 없었다는 것에 정말 놀랐습니다.

무로오카: 그건 어디의?

고하리 : 「아사히신문」의 여론조사입니다.

최 : 이명박 대통령이 2%?

고하리 : 네. 반올림해서 2%에요. 전체적으로는. 현재 일본인이 한국

을 보는 시선은 정치가 아니라는 거지요. 정말 사회, 문화 쪽으로 향해 있는데, 나쁘진 않다고 생각됩니다.

최　　　: 동감입니다.

고하리　: 반대로 이 대통령의 이름이 나오지 않았다는 것은 이 대통령 개인의 문제도 있을 수도 있겠지만 …

최　　　: 20대 대상의 여론조사에서는 일본인이 가장 친근감을 느끼고 있는 나라는 한국이라는 조사도 있었다고 해요. 이것은 굉장한 변화입니다.

고하리　: 이것이 내각의 여론조사 (2009년 10월)에 따르면 미국, 한국, ASEAN, 중국 순서 라고 합니다.

최　　　: 미국 다음에 한국?

고하리　: 그렇습니다. 내각의 조사에서요. 세대차도 들어가 있겠지요. 이것을 세대로 보자면, 50대가 60여%로 가장 높습니다. 한국에 대해서요. 최 대사님이 오셨을 때는 50대가 가장 낮았었습니다. 그러면 이 자료를 전달하도록 하겠습니다.

❖ 스탠포드대학에서의 연구와 한국평화학회 회장

고하리　: 이번에는 학회입니다. 아까는 고려대학교에서의 연구소 활동에 대해서 들어봤습니다만, 선생님의 이력서를 보면 한국정치학회나 한국평화학회 회장이라는 것을 90년대 말경부터 라고. 그리고 스탠퍼드대도 94년에 다녀오셨네요. 이것은 짧게?

최　　　: 짧지만 저의『평화의 정치사상』의 탈고를 위해서 … .

고하리　: 알겠습니다.

최　　　: 저의 학위 논문은『미군정하 한국의 내셔널리즘』입니다. 학위논문이라는 것은 운전면허 같은 것이라고 생각합니다. 이것은 자료가 주어지면 독자적으로 연구하는 능력이 있다는 증명이며, 독자적 연구능력이 있다는 인정이라고 생각합니다. 학위취득 후, 저의 연구 테마는 평화사상이었습니다. 내셔널리즘은 저에게 있어서 대학시절 이후 하나의 행동원리 같은 것이었습니다. 구미의 선진국에서는 내셔널리즘이라고 하면 마이너스의 상징입니다. 하지만, 지금도 독립을 목표하는 내셔널리즘, 통일을 목표하는 내셔널리즘은 세계가 이해해줄 수 있을 것이라고 생각됩니다. 근대사의 경험으로 보자면, 내셔널리즘이 전쟁의 주된 원인이었습니다만, 저는 평화와 모순되지 않은 열린 내셔널리즘은 가능하다고 생각합니다. 저의 평화연구는 서양의 고전에서 평화의 아이디어를 발굴하여, 그것을 정치학적으로 재검토하는 것입니다. 이것은 상당히 시간이 걸리는 무척 힘든 일입니다.

　　　　 플라톤에서 마르크스의 고전까지를 대상으로 했습니다만, 초점은 정치체제와 평화의 상관관계입니다. 1997년『평화의 정치사상』한국어판, 2000년 영어판『A political philosophy of peace』가 출판되었습니다. 전 UN 사무총장 코피 아난 씨와 전 독일 대통령 바이첵커 씨로부터도 코멘트를 받았습니다. 저서의 마지막 장에는「미국의 민주평화 이론」을 수록했습니다. 정치학자로서 미국을 보고, 미국의 미래를 생각해 보는 것은 미국 전문가가 아니더라도 기본이라고 생각합니다. 특히 일본과 한국의 경우는 동맹관계의 나라이기에 그것이 미군정 연구와도 관련되어 있습니다. 저는 정치사상사의 관점에서 보면, 미국의 정치이론, 특히 외교정책의 이념은 과연 무엇인가? 한마디로 말하자면, 민주적 평화이념이라고 생각했습니다. "어떤 정치체제가 민주적이면 민주적일수록 더 평화적이다"는 가설. 그리고 과거 180년간 선진민주국가 간에 전쟁은 없었다는 것은 경험적 사실입니다. 이 두 가지의 가설에 의하여 구성된 이론이요 이념입니다. 그것이 실제로, 미국의 외교정책의 이데올로기입니다. 클린턴 대통령은 연설에서 민주주의적 평화란 말을 썼습니다. 부시 대통령도 민주주의는 평화로 이어진다고 말했습니다. 인류의 역사에 있어서 하나의 정치원리를 이처럼 많은 나라가 채용하고 있는 역사가 없었습니다. 210개국 중에서 3분의 2정도가 민주주의 체제를 채용하고 있습니다. 나머지 3분의 1 국가 중에서도 누가 봐도 민주국가가 아닌데 "우리나라는 민주국이다"라고 합니다. 그 이유는 민주주의는 실체든 상징이든, 이미 인류가 추구하는 보편적 정치이념이기 때문입니다. 프란시스 후쿠야마(Francis Yoshihiro Fukuyama) 씨의 저서 『The End of History and the Last Man』이란 책은 역사의 종말이 아니라 이념적 역사의 끝을 말합니다. 민주주의 이외의 이념적 선택지는 없다는 것입니다. 민주화가 확산되어 지구상에 민주주의 국가가 많으면 많을수록 상대적으로 평화롭다는 민주평화사상을, 저는 이념적으로 찬성합니다.

저의 관심은 미국의 민주평화사상의 철학적 근원을 찾는

것이었습니다. 그 문제의식을 진행하는 과정에서 미국의 일부에서는 그 뿌리를 칸트에게 구했습니다. 말할 것도 없이 『영구 평화론』에서 평화의 조건으로 공화제를 제안했기 때문입니다. 나는 칸트를 출발점으로 보는 가설을 의심하기 시작했습니다. 먼저 칸트가 존경한 루소의 평화사상을 보면 국내의 민주개혁이 평화의 기본입니다. 이것은 민주평화사상과 흡사한 발상입니다.

다음으로 제러미 벤담(Jeremy Bentham)의 『보편적 평화론』입니다. 벤담이야말로 의회 민주주의에 적합한 인간이면서, 국제정치에 있어서 여론의 중요성을 인정한 최초의 사상가입니다. 그리고 공리주의의 입장에서 식민지 정책을 반대하며 힘의 정치를 비판하고 평화를 추구했습니다.

재미있는 것은, 벤담은 민주주의와 평화를 주장하면서도 민주주의 체제와 평화의 내적 관련에 대해서는 언급하지 않습니다. 민주주의와 평화에 대한 연구관심은 칸트 이상의 것이 있습니다. 다음에는 에라스무스에 주목하고자 합니다. 그는 르네상스를 대표하는 사상가로 칸트보다 200년이나 앞선 평화사상가입니다. 에라스무스의 『평화의 호소』는 민주평화론의 고전이라고 말할 수 있습니다. 이 책은 영어가 아니라 네덜란드어로 쓰여 있습니다. 저는 일본의 난학(蘭學) 덕분에 그 책의 일본어 번역본을 읽었습니다. 그는 정전(正戰)의 관념을 부정하고 통상이 평화에 도움이 된다고 하여, 현대의 경제평화론의 선구자가 되었습니다. 민주평화론과의 관련에서 가장 중요한 관점은 평화에 유효한 정치체제로서 혼합체제를 제기한 것입니다. 이 혼합체제는 아리스토텔레스 혼합체제의 연장선상에 있습니다. 아리스토텔레스의 polity는 지금의 언어로 하면, 다수합법정치체제입니다. 왕 한 명의 소수의 귀족뿐만이 아니라 가능하면 다수의 사람이 참가하는 합법적인 체제가 Polity입니다. 그것이 지금의 민주주의의 원형이 되었다고 말할 수 있습니다. 그러한 체제는 stable, peaceful, durable라고 말하고 있습니다. 아리스토텔레스의 Polity는 플라톤의 혼합 체제를 계승한 것입니다. 이렇게 되면, 민주평화사상의 철학적 근본은 칸트가 아니라, 칸트 이전의 루소, 벤담, 에라스무스 등 … 오랜 서양정치철학사의 연장선에서 재해석, 재정의가 필요합니다.

고하리 : 에라스무스의 평화사상?

최   : 정확하게는 미노와 사부로(箕輪 三郎) 번역의 『평화의 호소』입니다. 1961년 이와나미 서점에서 출판되었습니다. 이 인터뷰에서 확실하게 기록으로 남기고 싶은 것은, 미국의 민주평화론 연구자의 그 어느 누구도 주목하지 않는 에라스무스의 『평화의 호소』라는 저서의 존재이유입니다. 저는 미국의 민주평화론에 대해서 단순한 경험적 연구의 천박함을 비판하면서, 결과적으로는 민주평화론의 철학적 근거를 보강해, 정당화하는 일을 했습니다. 바로 그 관점에서 저는 부시정권의 이라크 전쟁을 비판한 것입니다. 데모크라시를, 무력을 사용하여 강요하는 것이 이라크 전쟁이지요. 결과적으로는 무력사용에 의한 데모크라틱 글로벌리제이션은 민주평화론에 반합니다. 예일대학의 러세트(Bruce Martin Russett) 교수의 『Grasping the Democratic Peace』를 읽어보셨습니

까? 그의 책을 주의 깊게 읽으면, 십자군적 개입은 적절하지 못하다는 것입니다. 저는 거기에서 아이디어를 얻어 '십자군 민주주의'라는 말을 만들었습니다. 십자군적인 데모크라시는 데모크라시가 아닙니다.

고하리 : 그렇군요.

최 : 그래서 말인데요. 다행히 네오콘의 리더 일부에서 그러한 반성이 나왔습니다. Charles Krauthammer를 알고계십니까? 그는 네오콘의 최고의 이론가 중 한 명입니다. 그는, 미국은 데모크라틱 리얼리즘을 지향해야 한다고, 이것은 데모크라틱 글로벌리제이션은 안 된다는 말이에요. 데모크라틱 리얼리즘은 무엇인가? 민주주의는 보편주의적인 이념인데, 각국은 각각 전통이 있고, 개성이 있습니다. 그것에 뿌리를 내린 민주주의가 데모크라틱 리얼리즘입니다. 이러한 시야에서 평화의 정치사상을 썼습니다. 조금 긴 설명을 해서 죄송합니다.

고하리 : 고맙습니다.
이런 쪽의 이야기는 예전부터 생각해 왔던 것을 계속 쌓아와서 스탠퍼드 체류 시절에?

최 : 20년입니다. 플라톤에서 현대까지의 고전을 다시 읽는데 시간이 걸리잖아요?

고하리 : 한국평화학회라는 학회 자체는 선생님께서 만드신 것입니까?

최 : 그렇습니다. 창립했습니다.

고하리 : 1998년에 회장이 된 것이군요? 일본에서는 어떻습니까?

최 : 일본도 긴 전통이 있습니다.

사도　: 일본에서도 평화학회라는 것이 있습니다만, 어느 쪽이냐고
　　　　말하면, 혁신계의 선생님이 모여서 학회로 되었습니다.

최　　: 평화에는 안보에 대한 안티테제라는 이미지가 있습니다. 안
　　　　보는 질서, 현상유지. 평화연구는 비판적인 연구라는 색채가
　　　　있습니다.

사도　: 쌓아온 구상을 정리하실 때에, 한국 안에서, 즉 서울에서 계
　　　　속 있어서는 정리할 시간이 없다는 결론에 스탠퍼드대학에
　　　　서 정리를?

최　　: 그렇습니다. 이미 원고는 정리되어 있었습니다. 평화사상
　　　　의 분야에서는, 미국에서는 마이켈 도일(Michael W. Doyle) 교
　　　　수, 유럽에서는 쟈닌 샹퇴르 교수가 대가입니다. 도일 교수
　　　　는 프리스턴대학의 국제정치이론 교수, 샹퇴르 교수는 소르
　　　　본 대학의 정치철학 교수입니다. 저는 이 두 분을 서울에 초
　　　　청하여 평화사상 대 토론회를 하려고 계획하고 있었습니다
　　　　만, 실현할 수 없었습니다. 샹퇴르 교수는 암으로 수술을 받
　　　　고, 저는 일본대사로 내정되었기 때문에. 알고 계시듯이 사
　　　　카모토(坂本義和) 선생은 세계평화학회의 회장으로 평화연
　　　　구의 대가입니다. 사카모토 선생은 영어의 원고를 읽고, 유
　　　　익한 코멘트를 주셨습니다. 사카모토 선생과 샹퇴르 교수는
　　　　의미 깊은 추천문을 보내주셨습니다.

　　　　　평화와 함께 집중해온 테마는 중용입니다. 『평화의 정치
　　　　사상』은 스탠퍼드대학에서 정리하였지만, 『중용의 정치사
　　　　상』은 호세이대학에서 탈고하려고 합니다. 중용과 평화와
　　　　는 상호규정관계에 있습니다. 절대주의, 근본주의 같은 극
　　　　단론에서는 평화는 생기지 않고, 전쟁은 중용의 일탈의 극

단적인 표현입니다. 중용과 평화는 민주주의의 조건이기도 합니다. 동서양의 고전에서 중용사상을 끌어내어, 그 공통점을 탐구한 결과가 저의 '중용의 정치사상'이 될 것 같습니다. 『논어』, 『맹자』, 『중용』, 『대학』, 플라톤의 『국가』『법률』, 아리스토텔레스의 『정치학』『니코마코스 논리학』 등이 분석 대상입니다.

고하리 : 그렇군요.

최 : 단순하게 교양을 위해서 반복해서 읽는 것은 고통입니다. 재미없습니다. 그렇지요? 지금 그 수업은 법정대학 대학원에서 하고 있습니다.

고하리 : 학생들은 무슨 언어로?

최 : 처음에는 10명 정도 모였습니다만 원문을 읽으려고 했더니 다 도망가 버렸습니다. (웃음) 인터뷰가 평화사상에 대한 것이라 조금 길어졌습니다.

고하리 : 상당히 좋은데요. 중요한 문제의식 및 말씀하신 테마에서 선생님의 대표작에 대해서 이야기해 주셨습니다. 정치학회와 평화학회라면 꽤 다르지 않습니까?

최 : 그렇습니다. 먼저 규모가 큰 것은 정치학회의 회장. 당시 한국에서는 정치학회의 회장은 회원이 직접투표로 선출했습니다. 역시 선거는 선거지요. 선거가 되면, 대학교수도 한 명의 유권자입니다. 저는 일부에서는 일본유학생이라는 이미지가 있습니다. 그런 이미지만으로는 정치학회에서 회장이 되기 어렵습니다. 소수파이기 때문이죠. 한국정치학회의 회원은 세계에서 미국 다음으로 두 번째로 많습니다. 미국유학생이 절대다수입니다. 고맙게도, 한국의 정치학자는 저를 단

순히 일본유학생으로 판단한 것이 아니라, 정치학회의 대표로서 인정해 주었습니다. 그 해는 IPSA라는 세계정치학회를 주최했습니다.

사도   : IPSA의 학회 때에, 한국을 대표하여 스피치를 하는 역할이 있었지요?

최   : 그렇습니다. 「민주주의 체제와 평화」라는 테마로 기조연설을 했습니다. 세계의 각 지역에서 2,000명의 정치학자, 일본에서는 일본정치학회 회장 사사키 다케시 교수를 비롯하여, 약 100명의 일본정치학자, 하토야마 유키오 전 총리, 센코쿠 요시토 전 관방장관도 참석해 주셨습니다. 정치학의 올림픽이라고도 불리고 있습니다.

고하리 : IPSA는 몇 년에 한 번 한국에 돌아옵니까?

최   : 아시아에서는 처음이었습니다. 그후 일본에서도 했습니다.

사도   : 했습니다.

최   : 와타나베 히로시(渡辺浩) 회장 때였습니다.

사도   : 그렇습니다. 후쿠오카에서

고하리 : 그렇다면, 힘든 시기에 회장을 하셨던 것이네요.

최   : 1997년은 IPSA와 동시에, 한국대통령 선거의 해였습니다. 한 가지 에피소드를 소개하자면 대통령 선거 1개월 전인 걸로 기억하고 있습니다만, 이회창, 김대중 양 대통령후보께서 스피치나 면담의 요청이 있었지만, 저는 정중히 거절했습니다. 개인적으로 만나고 싶었지만 정치학회의 회장으로서는 특정의 대통령 후보와 만나는 것은 적절하지 못하다고 생각했기 때문입니다.

고하리 : 그러면, 선생님. 여러 가지 생각하신 것이 있으실 것 같습니

다만 오늘 말씀하신 이야기를 다시 한 번 생각하시면서, 일본의 학자와의 교류나 풍토가 꽤 다르다고 생각됩니다. 대학도 그렇고, 학회도 그렇겠고요. 거기서 한국의 지식인의 입장에서 보자면 한일학회이든 학교이든. 이 전 법정 대학 이야기도 하셨지 않았습니까? 그러한 이야기라도 괜찮습니다만, 다음에는 이야기 해 주셨으면 합니다.

최   : 일본의 경우 정치학에도 역사 쪽이 강합니다. 제일 먼저 사료를 정성들여 분석하여 논문을 쓰는 그러한 훈련은 일본이 세계 최고가 아닐까요, 그에 비하면 이론 및 방법론은 별로 중시되지 않다고나 할까.

최상용 Oral history

제 8회

일시 : 2010년 10월 29일

개최장소 : 오다큐 호텔 센츄리 서든 타워 회의실 (도쿄)

녹음시간 : 4시간

〈출석자〉

최상용 (전 주일본대한민국특명전권대사, 고려대학교 명예교수)

고하리 스스무 (시즈오카현립대학 교수)

사도 아키히로 (추쿄대학 교수)

무로오카 데쓰오 (방위연구소 주임연구관)

다카야스 유이치 (다이토분카대학 준교수)

테이프 번역자 유한회사 펜 하우스 미카도 케이코

제 8회

최상용 (전 주일본대한민국특명전권대사, 고려대학교 명예교수)
고하리 스스무 (시즈오카현립대학 교수)
사도 아키히로 (추쿄대학 교수)
무로오카 데쓰오 (방위연구소 주임연구관)
다카야스 유이치 (다이토분카대학 준교수)

❖ 한일공동연구 프로젝트의 한국 측 좌장으로서

고하리 : 저번에는 김영삼 대통령시대의 이야기를 들을 수 있었고 그
정권의 평가도 들었던 것을 기억하고 계실 거라고 생각합니
다만, 오늘은 다시 YS 정권에 관해서 말하지 못한 것이 있다
면 들어보겠습니다. 아직 YS 시대에서 듣지 못한 것은 거기
에 적혀있습니다만, 한일공동연구포럼이 김영삼, 무라야마
양 수뇌의 합의로 발족된 것이고, 이 포럼을 선생님이 주도
적으로 하셨지요.

최 : 예. 초기 멤버였습니다.

고하리 : 그 중에서도 최장집 교수가 그것을 꽤 높이 평가하고 계십
니다. 그 이야기라든가 그리고 또 하나, 선생님이 일본의 잡

지「외교포럼」에서 95년에 쓰신 글 가운데 지적교류가 중요하다고 하셨습니다. 특히 한일포럼에 관해서 이야기하고 계시기 때문에, 한일포럼이나 YS 시대에 지적 교류에 대해 생각하시는 것이 있다면 듣고 싶습니다만 무엇이 제일 하기 쉬운 이야기인지요?

최 : 일단, 한일공동연구부터 시작합시다.

고하리 : 그렇게 하지요. 부탁드립니다.

최 : 한일관계의 역사를 보면, 아무래도 양국이 힘을 합쳐 공동 작업을 한 역사가 별로 없었습니다. 그래서 일단 우리 연구자, 학자들의 공동연구를 해보자는 발상으로, 오코노기 마사오(小此木 政夫) 교수도 대찬성했습니다.

고하리 : 그것은 오코노기 선생이 일본 측의 창구이고, 일본 측에서 결정한 겁니까?

최 : 재정적으로는 한일 문화교류기금에서 나왔으니까요.

고하리 : 일본 측이 한일문화교류기금이고, 한국 측의 창구가 있다고 생각합니까?

최 : 그렇습니다. 아시아문제연구소장으로서 제가 한국 측의 좌장이 되었습니다.

고하리 : 고려대학의 아시아문제연구소 말이지요.

최 : 그렇습니다.

고하리 : 그것이 양방의 창구라고 생각해도 좋군요.

최 : 그렇습니다. 저의 인상으로는 한국도 일본도 공동연구에는 별로 익숙하지 않습니다. 오리엔테이션도 다르고 학문관, 세계관, 가치관의 차이에 있어서 꽤나 어렵지만 일단 해보자고, 그래서 오코노기 교수와는 이런저런 이야기를 했습니

다. 약 십 년 동안이었지요.

고하리 : 1996년에 시작했지요.

최 : 정식으론 9년이나 10년의 프로젝트로 했습니다. 연 70인 이상의 양국 학자가 참가했습니다.

고하리 : 제가 알기로는 35명씩 정해놓은 것이었지요.

최 : 저는 처음, 이것은 한국에서 일본 전문가라던가 일본에서 한국 전문가만의 집단이 아니고 가능하다면 한국의 학회, 일본의 학회의 중심인물이랄까 실력이 있는 연구자의 집단으로 하고 싶습니다. 정치, 국제정치, 경제, 사회, 문화 등 굉장히 폭넓은 분야였습니다. 모두들 어떤 평가를 할지 모르겠지만 일본 측도 쟁쟁한 학자가 참가했습니다만, 한국의 경우는 각 분야의 대표성이 있는 학자들이었습니다. 공동연구를 진행하는 과정에서 오코노기 교수와 저의 사이에 의견 대립은 한 번도 없었습니다. 그 점에서 저는 지금도 오코노기 교수에게 감사하고 있습니다. 저는 일본을 조금 이해하고 있고, 오코노기 씨는 한국을 정확히 알고 있으니 합의를 얻는 것이 용이했다고 생각합니다. 서로 지혜를 모아 잘해냈구나 하는 느낌도 듭니다. 한국에서는 공동연구의 질적 가치도 높게 평가되고 있습니다. 한일관계를 연구하고 강의하는 학자들이 공동연구의 성과를 많이 참고하고 있습니다. 그런 점에서 이 공동연구는 양과 질에서 역사에 남을 업적이 될 것입니다.

고하리 : 좀 묻고 싶은 것이 있습니다. 일본 측은 한일문화교류기금이라는 외무성에 가까운 재단법인이 창구로 되어 있었습니다. 그건 익히 아는 사실입니다만, 고려대학의 아시아문제

연구소가 한국의 창구로 인정받은 배경은 어디에 있는 것일까요. 그것은 단순히 다른 한일문화교류기금의 카운터 파트너가 되어 줄 수 있는 기관이 없었던 것인지, 아니면 정부 측도 고려대의 아시아문제연구소의 연구를 평가하고 있었기 때문인지, 아니면 김영삼 대통령 측 중심의 사람들이 최상용 교수와 어떤 형태로 연결되어 있어서, 이 사람에게 맡기면 좋다는 인간관계의 결과인지. 이 가운데 아무것도 아닐지도 모르지만 어떻게 생각하는 것이 좋을까요?

최　　　: 그렇게 말씀하시면, 정확하게는 모르겠습니다. 지금도 그렇지만 당시 한국의 고려대학 아시아문제연구소는 사회과학분야연구소 중에서는 제일 긴 역사를 가진, 연구업적 측면에서도 국내외에서 높은 평가를 받고 있었습니다. 오코노기 교수의 판단도 그랬었을 것이라고 생각합니다. 무엇보다도 오코노기 교수와 나 사이에 학문적으로나 인간적으로 신뢰관계가 있었기 때문에 출발할 수 있었던 공동연구였습니다.

고하리　: 원래부터 오코노기 선생과는?

최　　　: 전부터 알고 있었습니다.

고하리　: 그것은 도쿄 시절부터입니까?

최　　　: 아닙니다, 오코노기 교수가 한국에 유학할 때부터가 아닐까요? 그후 한일포럼도 같이 했고 정말 오랜 사이지요.

고하리　: 나중에 선생님은 김대중정권이 되서부터 사실상 한일관계의 정책을 만들 때 브레인역할을 하는 분이십니다만, 김영삼시대도 역시 한일관계에 대해서 정권 측으로부터 무언가 상의하러 온다든가 하는 것도 있었나요?

최　　　: 개인적으로 논의에 응한 적은 몇 번 있었지만 공식적으로는 참가한 적은 없습니다. 한일포럼 이외에는.

고하리 : 그렇군요. 공식적으로 뭔가 의견서를 제시한 것은 아니고요?

최 : 없었습니다.

고하리 : 개인적으로 정부와 관계는 없었다는 거군요.

최 : 그렇습니다.

고하리 : 한국 측은 사람을 모으는 것이 꽤 힘들었을 것 같은데요. 어떤 학자를 부를지에 대해서도 ….

최 : 제가 이 프로젝트의 내용을 설명하면서 "참가해주시지 않으시겠어요?"라고 말해서 "노"라고 말한 사람은 한 명도 없었습니다.

고하리 : 예를 들면 고려대학의 색채가 너무 강한 것 아닌가. 그런 이야기는 없었나요?

최 : 그런 이야기를 들은 적은 한 번도 없었습니다. 오히려 고려대학 내부에서는 몸은 고려대학에 와 있지만 마음은 서울대학에 있는 것 아닌가 하는 사람이 약간 있었죠. (웃음)

고하리 : 최 선생님의 경우 그런 요소가 있는 것이군요. 서울대학의 냄새가 좀 있다는.

최 : 고려대에서 그런 이야기를 들은 경우가 있습니다, 그건 전혀 사실이 아닙니다,
저는 고려대학에서 34년간 (강사 9년, 교수 25년) 정치사상사를 가르친 시대가 제 생애 제일 행복했습니다.

고하리 : 35명을 보면 지금까지 일본과 별로 관계가 없었던 사람도 조금 있군요.

최 : 그렇습니다.

고하리 : 예를 들면 최장집 교수 같은 경우는 어떻습니까. 굉장히 진
보적인 학자이고 한일관계에 대해서도 굉장히 엄격하게 바
라보고 있는 것이 아닌가 하는 인상을 받는 사람입니다만.

최　　 : 그런 의미에서는 제 나름대로의 기준은 있었습니다. 나는,
재팬파운데이션 (일본국제교류기금)이라던가 한일문화교류기
금 쪽에 학자와 정치가의 방일을 많이 추천하였습니다. 그
안에는 미국에서 귀국한 유학생이라든가 지금까지 일본에
대해서 별로 관심을 갖지 않았던 사람 중에서 영향력 있는,
장래성 있는 사람, 또 평소 일본에 대해 굉장히 비판적인 발
언을 해 왔던 사람을 의도적으로 골라서, 물론 그 안에서도
인격과 학문 둘 다 우수한 사람을 추천한 겁니다. 그런 의미
에서 최장집 교수의 경우는 그의 업적이 일본에 전해져서
좋지 않을까 하고 생각한 겁니다. 예를 들면 일본사상사의
전문가 와타나베 히로시 교수도 공동연구에 참가했습니다.
일본정치사상사는 중국, 조선과의 연결점이 분명히 있으니
까, 와타나베 교수의 연구가 한국학회에 소개되면 학문적으
로 굉장히 의미가 있는 것이 아닌가 하고 생각했습니다. 나
는 한국의 사회과학자로서 일본을 모른다는 것은 부끄러운
일이라고 생각했었기 때문에 후배 학자들에게 "이런 기회에
일본에 좀 관심을 갖고 공부해라"고 말하고 싶었습니다.

고하리 : 그때 한국학회의 풍토는 점점 미국에서 돌아오는 사람이 많
아져서.

최　　 : 그렇습니다.

고하리 : 점점 더 그렇게 되어가고 있지요. 그 주변의 풍토와 일본의
학회는 분명 그렇지는 않으니까요.

최　　　: 그렇습니다. 하지만 나는 한국에서는 미국에서 귀국하는 학
　　　　　자와의 관계가 좀 더 깊습니다. 어쩌다가 저는 서울대학 외
　　　　　교학과 출신이고 동대법학부에서는 국제정치학으로 박사
　　　　　학위를 받은 거지요. 한국의 2,000명의 정치학회 회원 중에
　　　　　서 약 70퍼센트의 멤버가 국제정치학회와 겹쳐있습니다. 그
　　　　　러니까 국제정치학자로서 학문적으로 충분히 교류하고 있
　　　　　습니다. 또 학교의 현장에서는 서양정치사상사를 전공해서
　　　　　의외로 교류의 폭이 넓었을지도 모릅니다. 그리고 서양정치
　　　　　사상은 어떻게 해서든 영어만으로는 안 되고 프랑스어, 독
　　　　　일어 책을 읽지 않을 수는 없으니 유럽에서 돌아온 유학생
　　　　　과 교류할 수 있었지요 그런 의미에서는 비교적 편견으로부
　　　　　터 자유로웠지요.

고하리 : 편견이라는 점에서 보면 이 공동연구 자체에 대해서 한국 내
　　　　　에서 알레르기라던가 잡음이라든가 하는 것은 없었나요.

최　　　: 전혀 없었습니다. 저도 신기하게 생각하고 있습니다. 처음
　　　　　엔 약간 힘든 분위기에서 출발했습니다만 일년, 이년, 삼년
　　　　　계속되니 이 공동연구에 들어오고 싶다는 사람이 많이 늘었
　　　　　습니다.

고하리 : 9년간이라면 꽤 깁니다만.

최　　　: 길지요.

고하리 : 그 35명은 바뀌지 않고 9년간 계속 한 건가요?

최　　　: 아뇨.

고하리 : 1기 2기 같은 것인가요?

최　　　: 그런 식으로 계산하면 연 150명 이상 참가했다고 생각합니다.

고하리 : 처음엔 35명이었지요.

최 　　 : 그렇습니다.

고하리 : 그것은 처음 2년간에 제1기로 하였던 것인가요.

최 　　 : 21권의 책이 나왔었지요. 한국어, 일본어로 학회에서는 지
　　　　 금도 많이 읽혀지고 있습니다.

고하리 : 사도 선생, 두 나라간의 공동연구를 일본에서 합니까? 다른
　　　　 곳에서 하고 있는 곳은 있습니까?

사도 　 : 일미(日米)·일영(日英) 연구라는 것은 있습니다.

최 　　 : 공동연구는?

사도 　 : 있습니다. 일미연구에서 제일 유명한 것은 카와구치코(河口
　　　　 湖) 회의라는 일미전쟁개시원인연구라는 것이 있어서 이것
　　　　 은 4권 출간되어 있습니다. 마츠모토 시게하루(松本重治) 씨
　　　　 가 앞장서서 한 것과 그리고 영국에서는 이안 니슈 (Ian Hill
　　　　 Nish) 씨가 앞장서서 한 연구와 일영외교사연구라는 것이 있
　　　　 는데, 이 연구도 4권 정도 있습니다. 그리고 일독(日獨)공동
　　　　 연구도 있습니다.

고하리 : 그것은 일단 처음 시작은 정부가 해야 한다는 그런 합의에
　　　　 기인해서 하고 있는 건가요?

사도 　 : 역시 아카데미즘이라고 생각합니다.

고하리 : 이것은 정부 차원에서 아카데미즘 쪽으로 제시한 것입니다
　　　　 이런 걸 해 주세요라고.

최 　　 : 네. 제가 연구자들에게 참가를 요청할 때는 "이 연구는 한일
　　　　 정부 차원의 협정으로 결정되었으니 하자"라든가 그런 말은
　　　　 별로 하지 않았습니다. 그러니까 참가한 사람은 모두 그런
　　　　 의식은 별로 없지 않았나.

사도 　 : 오코노기 선생이 선생의 카운터 파트너로서 일본 측의 대표

랄까 창구가 되었다는 겁니다만, 일본 측에서 참가하는 연구자에 대해서는 개인의 이름은 제외하고 이런 분들이 참가해주셨으면 좋겠다는 주문은 있었습니까.

최 : 저는 별로 주문은 하지 않았습니다만, 와타나베 교수만은 강력하게 추천했던 기억이 있습니다. 오코노기 교수가 굉장히 넓은 교류를 하고 계시니까 모두를 맡겼습니다만 와타나베 교수와의 교류는 별로 없지 않나 하는 생각에 이야기해 본 결과 대찬성이었습니다.

사도 : 동경대법학부의 일본정치사상사의 선생이군요.

최 : 예. 탁월한 학자입니다

고하리 : 선생님의 호세이대학 연구실에 갔을 때에 책이 있더군요.

최 : 그래요 『일본정치사상사』입니다. 지금 호세이대학의 사상사 담당교수의 수준이 굉장히 높습니다. 일본정치사상사의 와타나베 교수와 서양정치사상사의 스기타(杉田) 교수가 중심축입니다

사도 : 스기타 선생님은 차기 일본정치학회의 이사장입니다.

최 : 그렇습니다.

고하리 : 가끔 이야기하기도 하십니까?

최 : 당연하죠.

사도 : 이 연구 자체는 한국의 경우에는 한국정부의 목소리도 들어가 있었다는 것인데요, 일본 측으로서는 외무성이 관여하는 건가요. 한일문화교류기금이 스폰서가 되었다는 것입니다만.

최 : 관여했다는 의식은 없다고 생각합니다.

사도 : 지원사격 정도의 역할 형태로 외무성은 조금은 관여했다고 생각했습니다만.

고하리 : 그러네요.

최 : 아뇨 전혀 느낄 수 없었습니다. 아무래도 학자들은 정부관계의 연구는 별로 하고 싶어 하지 않지요.

사도 : 아까 말씀드린 것처럼 일미에서도 … .

최 : 한국의 경우에도 각 분야의 대표적인 학자가 공동연구에 참가했습니다. 예를 들면 박영철 교수는 미국에서 돌아온 대표적인 경제학자입니다 저는 박 교수에게 "한국을 대표할 수 있는 경제학자가 일본의 경제를 모르는 건 이상하지 않은가"라고 말하고 참가를 권했습니다.

사도 : 이만큼 장기간, 게다가 이만큼 많은 연 150명 정도의 연구자가 참가한 공동연구라는 것은 그렇게 많진 않다고 생각합니다만.

최 : 없었고, 지금도 없습니다. 장래에도 꽤 어렵지 않을까요.

사도 : 그렇다고 생각합니다. 이걸 시작하는 데도 최종 종착지라고 해야 할지, 성과라고 해야 할지, 그냥 성과라고 하지요. 결과적으로 21권의 공동연구의 성과가 나와 있습니다만, 처음에 선생님이 구상하여 사람을 모았을 때에 이런 결과를 내고 싶다든가, 이런 형태로 결과를 남기고 싶다는 것이 있었다면 어디까지 구상하고 계셨던 건가요?

최 : 우리들의 공동연구는 민주주의와 시장경제라는 체제의 공유, 그 의식의 공유 공감의 확산에 기여할 수 있다는 확신이 있습니다. 최상용의 이름으로 쓰여 있는 서문은 말하자면 창간사 같은 것입니다.

고하리 : 그것은 권별로 다른 것이 아니고 전부 같은 것입니까?

최 : 문제의식의 기본선은 같습니다.

고하리 : 같습니까. 저도 몇 권쯤 갖고 있으니 일단 보겠습니다.

최 : 한일양국의 연구자들이 공통의 관심사에 대해서 공동연구를 하면 그 학문적 시너지 효과는 굉장히 크다고 생각하는데, 그 문제의식은 오코노기 교수가 저 이상으로 강했고요. 오코노기 교수와 저의 우정이 공동연구의 하나의 스타팅 포인트가 되었을지도 모릅니다.

고하리 : 오코노기 씨는 한일관계에 있어서 무조건 만나봐야 할 인물이니까 물론 오코노기 선생의 이야기도 여기서 써 주시면 그것은 기록이 되겠네요. 그렇다면 처음 어디서 만났는지는 기억하고 계시나요.

최 : 분명「삼호」라는 일본요리점이라고 기억합니다. 저는 김대중 대통령에게도 한국정치전문가로서의 오코노기 선생의 존재이유에 대해 이야기한 적이 있습니다.

고하리 : 그런 관계라는 의미군요.

최 : 그러니까 사교적인 관계가 아닌 그 이상의 것입니다

사도 : 실질적인 본질적인 관계라는 것이군요.

최 : 그렇습니다.

고하리 : 과연, 과연.

최 : 오코노기 교수와는 이 공동연구와 한일포럼에서 본격적으로 함께 했습니다.

❖ 한국정치학회 회장으로서 주최한 세계정치학회에 하토야마를 초대

고하리 : 최장집 씨로 도중에 바뀌었다고 말하셨는데 대표가 바뀌었
          다는 이야기입니까?

최   : 주일대사로 임명받은 다음 제가 아시아문제연구소장으로
          최장집 교수를 추천했습니다.

고하리 : 아시아문제연구소의 소장이라는 건 선생은 몇 년까지 하신
          건가요?

최   : 1994년부터 1999년까지 약 6년이었습니다.

고하리 : 제가 한국의 일본대사관에 근무하고 있을 때가 바로 95년
          말에서 97년 초입니다. 96년인가 97년에 선생은 하토야마
          씨를 초청한 거네요. 아시아문제연구소로서 일본 측과 심포
          지엄을 해서 거기에 센고쿠 요시토(仙谷 由人) 씨도 분명히
          초청했습니다.

최   : 그렇습니다. 1997년은 제게 있어서 의미가 깊은 해였습니
          다. 저는 한국정치학회의 회장으로서, 또 고려대 아세아문
          제연구소 소장겸임으로서 세계정치학회(ISPA: International
          Political Science Association)를 개최하고 르카(Le Cas) 회장과
          공동의장으로서 기조연설을 하고 그 대회의 아시아 관련 패
          널에 하토야마 의원, 센고쿠 의원, 두 의원을 초대했습니다.
          일본에서도 사사키 다케시(佐々木毅) 일본정치학회 이사장
          을 비롯한 약 백 명의 정치학자가 참가했습니다.

사도   : 초청했을 때는 하토야마 씨, 센고쿠 씨와 언제나 같이 초대
          했나요?

최   : 아니요 센고쿠 씨 한 명만 초청할 때도 있습니다.

고하리 : 생각납니다. 롯데호텔에서 청중은 거의 한국인이었습니다. 한일관계의 심포지엄이었는데, 거기에 하토야마 씨를 초청하신 거지요.

최   : 당시 저는 하토야마 씨를 유력한 대통령 후보였던 이회창 씨에게 소개했습니다.

고하리 : 두 분 모두다 앞으로 지도자가 될 것 같으니까 만나게 하는 것이 좋겠다는 이미지로?

최   : 당연 그런 면도 고려한 소개였습니다.

고하리 : 그건 하토야마 씨 쪽에서 "이번 대통령 후보가 될 것 같은 사람을 소개해 주게." 같은 느낌으로 부탁받은 건가요?

최   : 아닙니다. 제가 소개한 겁니다.

고하리 : 이 의원과는 원래부터 아는 사이셨나요?

최   : 그렇습니다.

고하리 : 아니면 고려대학의 아시아문제연구소 소장을 하고나서부터는 아닌가요.

최   : 아닙니다. 이회창 씨와는 개인적으로 교류가 있었습니다.

고하리 : 선생님이 전 대사가 아니라 정치학자로서 봤을 때 이회창 씨 같은 정치가를 평가해주시면 재밌겠다고 생각합니다만.

최   : 이회창 씨에 대해서 한국에서의 일반적인 인상은 '대나무처럼 올곧은 사람'입니다. 비타협적인 원칙의 사람이라는 의미입니다. 저는 처음 만나서 '대법원의 판사'라는 인상을 받았습니다. 합리성과 지적 탁월성의 면에서는 우월합니다만 대중성과 서민의식을 몸에 익히는 것이 가능할지 반신반의였습니다. 하토야마 씨도 이회창 씨에게 호감을 가지면서도

"과연 이 사람이 당선할 수 있을까?" 하고 생각했던 것 같습니다. 결과는 낙선이었지만요.

❖ 정치와 정치학 – 가까운 한국과 먼 일본

고하리 : 과연. 다음은 한일포럼의 이야기입니다만.

최　　 : 한일공동연구를 계속해서 이어간 후에 한일포럼으로 넘어갑시다.

고하리 : 그렇게 하죠. 그럼 한일의 풍토의 차이라고나 할까.

최　　 : 이것은 굉장히 큰 문제지요. 일본과 한국은 서양의 학문을 받아들인다는 공통의 역사를 가지고 있으면서도 특히 학문과 정치의 관계에서는 양국에 큰 차이가 있습니다. 무엇보다도 문사정치와 무사정치라는 기본 패턴의 차이를 느낍니다, 한국에서는 문사정치는 이미 천 년 이상의 역사를 가지고 있습니다. 조선왕조의 오백 년은 철저한 문사정치로 학문과 정치의 거리가 너무 가깝다고나 할까, 그런 문화지요.

고하리 : 한국이 그렇다는 거군요.

최　　 : 그렇습니다. 어쨌든 사서, 즉 『논어』, 『맹자』, 『중용』, 『대학』을 읽은 20대 전후의 젊은이가 과거에 패스하면 그후 정치가, 관료가 됩니다. 학문과 정치의 연속성이라는 역사가 굉장히 길었다는 겁니다. 그것에 비하면 일본은 무사정치의 전통이랄까, 적어도 과거제도를 채택하지 않았지요. 최근엔 꽤 변했지만 아무래도 학문과 정치, 특히 사회과학 · 정치학과 정치와의 거리가 한국에 비하면 멀죠. 너무 멀다고 해도 무방하지요. 일본의 경우는 어떤 학자가 인문사회과학을 자신의 전공으로 정한 경우 짧아도 20년 길게는 70년까지도 자신의 전문분야에 전심할 수 있죠. 예를 들면 1명의 연구원이 60년 70년이나 하나의 테마에 집중해서 이끌어낸 연구성과가 도서관에서 사장되고 있다는 생각을 해보세요. 이것이 일본의 지적잠재력이니 영어로 번역하면 일본의 학문의 성과가 전 세계에 전해진다고 생각합니다. 특히 경제 분야에서 마르크스의 연구, 제국주의의 연구, 막스 베버의 연구의 양은 광대하고 질도 높다고 평가받고 있습니다. 사상사 분야의 플라톤, 아리스토텔레스, 공자, 맹자의 연구도 서양에 별로 알려지지 않았죠. 메이지유신 이래 일본의 인문사회과학적 연구의 축적에 비하면 한국은 부족하다고 생각합니다.

고하리 : 부족하다는 것은 예를 들면 영어로 번역해서 좀 더 발신해야 할 것이 아직 적다는 의미입니까?

최 : 그렇게 말해도 상관없지요. 이렇게 일본인의 연구업적의 영역(英譯)은 적지만 일본인에 의한 서양사고전의 일본어 번역은 훌륭합니다. 학문적 개념은 물론 한자로 번역되있는 대부분의 고급용어는 메이지 이래의 일본의 지식인의 노력의 산물이라고 말해도 좋겠지요. 일본지식인에 의한 서양고전의 번역 특히 한자로 표현하는 많은 학술개념은 지금은 일본, 중국, 한국의 공유재산이 되어 있습니다만, 의외로 중국과 한국에서 정당한 평가가 이루어지지 않는다고 생각합니다. 한국의 사회과학의 경우는 거의 미국에서 유학한 연구

자가 주류이므로 그 문제의식마저 없습니다. 일본은 어떻습니까?

사도　：최근은 꽤 늘었습니다.

최　：그러나 그것은 일본에서 미국을 중심으로 한 서양사를 학습한 것이겠죠. 미국에서 귀국한 유학생 그 자체는 적지 않습니까.

사도　：늘었습니다.

고하리　：학부에서?

사도　：그렇습니다. 그래도 한국에 비하면 전혀.

최　：그 차이는 무엇을 의미하는가. 최근 한국에서도 "미국 유학의 연구자가 미국판 이론을 직수입해서 한국의 실태를 해명하려는 것은 이상한 것이 아닌가"라는 문제의식이 깊어지고 있습니다. 그러나 엄밀한 학문적 훈련 없이 토착의 문제의식으로만 공부한 사람들은 방법론이라든가 이론이 좀 약하거든요. 자신의 실력을 온 세계의 학자가 듣고 이해할 만한 언어개념을 사용해서 설명하는 것은 연구자의 기본 요건이라고 할 수 있습니다. 특히 인문사회과학의 경우는 언어개념이 중요하죠. 다만 자연과학의 분야에선 토착의 연구자 중에서도 우월한 연구자가 나오기 시작했습니다. 일본은 노벨과학상이 그것을 말하고 있지만 한국에서도 그 싹이 보이고 있습니다. 제가 일본의 학자, 한국의 학자에게 말하고 싶은 것은 특히 제 분야의 사상사에 대한 것입니다. 지금까지 정치사상사는 서양사상사라는 공식으로 이해되었습니다. 아무런 반성도 없이 말이지요. 서양사상사에서는 유럽과 미국에서. 플라톤에서 마르크스까지 일종의 시스템이 있는 겁니다. 동양의 사상사에는 그런 시스템은 없습니다. 일본정치사상사, 중국정치사상사, 인도사상사, 한국정치사상사는 있지만 그것을 합쳐 동양사사상이라고 말하는 체계를 저희들은 가지고 있지 않습니다. 저는 동양이란 애매한 용어를 쓰지 않고 한중일의 사상사 분야의 학자가 공동으로 유교정치사상사를 체계적으로 연구하는 것은 가능하지 않을까 생각합니다. 그 경우 한국과 일본의 정치사상사 연구 쪽이 상대적으로 유리합니다. 유리하다는 것은 한일의 경우 예를 들어, 동양정치사상사연구자의 경우도 서양정치사상사의 높은 수준의 교양을 갖고 있기 때문입니다. 저는 평소 서양정치사상사 전문 서양인연구자에 대해서 적어도 저희 동양인의 연구자가 갖고 있는 서양사상의 지식 이상으로 동양사상에 대한 견식을 가져주었으면 좋겠다는 주장을 해왔습니다 예를 들면 13억의 중국에 나타난 정치현상은 사상사연구의 훌륭한 연구대상이 되겠지요. 비 서양국가에서 가장 먼저 근대국가를 수립한 일본, 그 일본이 큰 전환에 직면하고 있죠. 그리고 개발도상국 중에 처음으로 산업화의 기적을 이루고, 아시아에서 최초로 민주화를 쟁취한 한국은 통일을 목적으로 하고 있습니다. 한·중·일 삼국은 각자 인류역사에 있어서 독자의 모델을 제시하고 있습니다. 나는 서양의 정치사상사연구자들에게 학문의 대상으로서 아시아 (한·중·일)에 주목했으면 하는 것입니다.

고하리 : 과연.

최　　 : 동양과 서양에 대해서의 균형 잡힌 지식, 이것은 언제나 내가 주장하는 테마입니다. 그 지식과 교양을 공유하고 있는 국민은 일본인과 한국인이라고 생각합니다. 그런 의미에서 일억이천만의 일본국민과 오천만의 한국인 국민의 교양의 레벨, 그 레벨에 대한 강조는 1998년 김대중 대통령의 일본에서의 국회연설의 후반에 들어있습니다

고하리 : 네, 그러네요.

최 : 제 의견이 반영되어 있습니다.

사도 : 선생은 그야말로 서양정치사상사의 대가시고, 그리고 동양정치사상사는 그야말로 한국의 옛날 유교사상가도 연구하고 계시므로, 그런 시점을 가지고 그런 문제제기를 합니다만, 서양의 학자는 별개로 지금 일본의 학자를 보시는데, 어떤가요.

최 : 그러네요. 확실히 탁월한 제너럴리스트가 없어졌네요.

사도 : 네. 그건 대단히 큰 문제라고 생각합니다.

최 : 매우 세분화 되었지요. 예를 들면 경제학이 되면 수학 없이는 첨단의 경제학의 이론이 나오지 않는 세대네요. 정치학마저 그것에 가까워지고 있죠. 정치학의 수학화는 할 수 없지만, 저는 언젠가 의미 있는 도전이 나올 것이라고 생각합니다. 또 한 번 새로운 제너럴리스트에 대한 요청이 나오지 않을까 하는 생각을 합니다 .

사도 : 저는 동경도립대학의 대학원 출신입니다만, 돌아가신 마스미 준노스케(升味 準之輔) 선생의 만년에 "선생님, 지금의 일본의 정치학회를 어떻게 생각하시나요?"라고 여쭌 적이 있습니다만 그야말로 선생님과 똑같은 말씀을 하셔서 "음 … 지금의 정치학은 수학이지"라고 말씀하셨습니다. 사상도 역사도 공부하지 않으면 정치학은 끝났다고. 일본의 대학에서 정치를 가르치는 강좌 중에서 사상과 역사가 지금 점점 사

라지고 있습니다.

최　　　：그래도 일본은 역사연구의 긴 전통이 있잖아요. 사상사도 역사입니다. 단지 제너럴리스트의 전형이라고도 할 수 있는 정치철학자는 적지요. 수량화, 계량화라는 것은 정치현상을 연구하는 하나의 방법으로서 의미있지만, 수학적 진리와 정치현상에 대한 실천적 지혜와는 그 본질이 다르다고 생각합니다.

고하리　：마스미 선생이 수학이라고 말씀하신 것은 마이너스의 사상, 역사가 되어 남은 것이 그것뿐이다, 그런 뜻인가요?

사도　　：그것만 하고 있다는 거죠.

고하리　：예를 들면. 통계적인.

사도　　：그렇습니다. 선생의 문사정치와 무사정치라는 카테고리는 재밌네요.

고하리　：일본의 무사정치도 주자학의 영향은 규범으로서 받아들이고 있습니다만.

최　　　：주자학을 수용하는 수혈이 다르잖아요. 조선왕조는 중국 이상으로 주자학을 정치 이데올로기로 한 공동체였습니다. 정치만이 아닌 일상생활까지 주자학적 가치가 지배했죠. 또, 과거제도가 있어서 학문과 정치 지식인과 정치의 거리가 가까웠다는 것은 전에 설명한 그대로입니다.

고하리　：지금 물어보면 한국의 경우 폴리페서(Polifessor)라는 말이 있지요.

최　　　：있습니다. 대단히 부정적인 의미입니다. 폴리페서라는 것은 대학교수로서 현실정치에 참가하는 교수연구자들의 총칭입니다.

고하리 : 그렇지요 그러니까 제도적으로 생각해도 일본이라면 대학 교원인 그대로 선거에 입후보하는 것도 할 수 있는 건가요.

사도 : 입후보는 할 수 있어요.

고하리 : 복직할 수 있나요?

사도 : 대학규정에 따라 다르지만요.

고하리 : 규정상 입후보하면 그걸로 실직하는 경우도 많지 않을까 하는 생각을 합니다만.

사도 : 예를 들면 실제로 현직을 4년간 하면 실직입니다.

고하리 : 아니, 입후보 자체로.

사도 : 보통 그렇게 해요.

고하리 : 한국의 경우는 그렇지 않지요.

최 : 현재 한국에는 2,000명 이상의 정치학연구자가 있습니다만, 예를 들면, 장관, 국회의원 그외 타행정직에 참가하고 있는 사람은 대단히 한정되어 있습니다.

사도 : 그렇지요.

최 : 서구유럽의 경우, 프랑스의 드골 시대의 A.Marlaux, 영국 노동당정권에서의 H.Laski. A.Giddens' 미국의 H.Kissinger 등은 우리의 기억에 남아있습니다

고하리 : 과연.

최 : 특히 정치학은 경험과학이며 실천학이니까 학문과 현실의 사이에 어느 정도의 긴장감을 갖지 않을 수 없습니다. 그런 의미에서 베버의 문제의식은 뛰어나다고 생각합니다. 정치 리얼리즘에 투철한 학자였습니다. 그는 살아있는 정치의 현장에서 자란 인간이면서도, 현실정치와 일정한 거리를 두고, 냉엄하게 정치사회현상을 판단하려 했습니다. 한

사람의 정치학자로서 나는 지금도 그의 『직업으로서의 학
문』과 『직업으로서의 정치』의 이른바 성찰적 균형(reflective
equilibrium)을 추구해 나가고 싶습니다.

❖ 한일포럼과 야마모토 타다시 씨의 추억

최　　　 : 한일포럼의 이야기를 합시다.

고하리 : 선생은 첫 회부터 관여하셨던 거군요.

최　　　 : 그렇습니다.

고하리 : 일본국제교류센터의 야마모토 이사장이 애초에 한일포럼
　　　　 을 오랫동안 하고 있습니다. 야마모토 이사장은 국제교류의
　　　　 주요인물이지요.

최　　　 : 한일포럼에 있어서 야마모토 이사장의 존재는 대단히 큽니
　　　　 다.

고하리 : 70년대의 이야기를 듣고 싶은데요.

최　　　 : 저는 1972년 9월부터 고려대 아시아문제연구소의 연구원
　　　　 으로서 한국에서의 연구생활을 시작했습니다. 그후 일본연
　　　　 구실장, 연구소장이 되었습니다. 1975년부터 아시아문제연
　　　　 구소의 김준엽 선생과 일본국제교류센터의 야마모토 타다
　　　　 시 이사장과의 사이에 한일 지적교류프로그램이 성사되었
　　　　 습니다. 한국 측에서는 한배호 교수, 한승주 교수, 오택섭 교
　　　　 수 등이 참가하였고 저도 멤버였습니다. 일본 측에서는 카
　　　　 토 코이치 의원이 중심 멤버였습니다. 당시 공식용어는 영

어로 시작했습니다.

고하리 : 일본 측과?

최 : 그래서 이후 야마모토 선생과의 교류가 시작된 겁니다. 그 후 다양한 오피니언 리더와의 모임에 강사나 토론자로서 나를 초대하여 주었습니다. 예를 들면, 당시 회의에는 미국에서는 에즈라 보겔(Ezra Vogel) 교수라던가 제럴드 커티스(Gerald L. Curtis) 교수 등 영국에서는 로날드 도어(Dr. DORE, Ronald P.) 교수가 참가했습니다. 일본에서는 학회, 언론계, 관료계, 정치계에서 쟁쟁한 논객이 모였습니다.

고하리 : 그렇군요.

최 : 일본에서 학회 이외 저의 인맥의 상당한 부분은 야마모토 이사장의 추천에 의한 것이었습니다.

고하리 : 야마모토 이사장의 존재는 컸던 겁니까?

최 : 한마디로 말하자면 야마모토 이사장은 국제교류라는 천직에 잘 어울리는 분입니다

고하리 : 야마모토 선생에 의하면 지적교류포럼을 70년대에 열었을 때는, 이야기 나누는 것을 서로 꺼렸다는 의미군요.

최 : 그렇습니다. 처음엔 공통어로서 영어를 썼습니다.

고하리 : 본심을 별로 이야기하지 못했다고 말하셨습니다.

최 : 동시 통역사를 쓰고 나서는 본심도 명분도 말할 수 있게 되었습니다.

고하리 : 지금은, 그런 회의가 되면 꽤 다들 본심을 말해서 싸움이 될 정도의 일도 생기긴 합니다만, 그런 것과 비교하면 진전된 대화네요.

최 : 싸움이 안 되는 본심, 그것이 성숙한 단계겠죠.

고하리 : 지금은 점점 싸움이 되지 않는 방향으로 되어가고 있습니다. 서로 말해도, 그것 때문에 무언가가 … .

사도 : 말하고 싶은 것을 말하는 거지만, 그걸로 싸움이 되지는 않는다.

최 : 그건 바람직한 일입니다. 합리적인 의견의 불일치(reasonable disagreement)이지요.

고하리 : 점점 그렇게 되어가고 있습니다. 사실 이것은 1995년의 「외교포럼」에 최 선생님이 쓰셨습니다만, 사도 선생은 「외교포럼」의 편집부에 계셨습니다.

사도 : 1998년의 3월까지 「외교포럼」의 편집부에 있었습니다.

고하리 : 이걸 읽어보면 몇 가지의 역사인식이라던가 시장경제라든가의 이념이 쓰여 있습니다만, 지적·인적교류의 중요성을 따로 써 놓으셨습니다. 이것은 그때 별로 말씀하지 않았던 이야기였으니까, 좀 흥미롭다고 생각했습니다만.

최 : 그것은 1970년대의 야마모토 이사장, 김준엽 소장 중심의 한일지적교류, 한일포럼, 나하고 오코노기 교수가 좌장을 역임한 한일공동연구 등을 염두에 두고 쓴 것입니다. 국민·시민레벨의 교류 이전에, 오피니언 리더 중심의 교류가 필요하다고 생각했기 때문입니다.

고하리 : 야마모토 씨를 보면 대단히 미국의 영향을 받은 분이라는 이미지가 있습니다만, 한국인으로서 보면 어떻습니까? 아시아 냄새는 별로 나지 않죠?

최 : 저는 지금도 그렇게 생각합니다만, 한국판 야마모토 선생의 존재를 희망하고 있습니다.

❖ 김대중정권 발족 직후부터 대일정책에 관여

고하리 : 1997년 12월의 선거에 당선해서 1998년 2월에 발족한 김
　　　　대중정권의 이야기를 하려 합니다.

최　　　: 한일관계에 있어서 획기적인 모멘트는 1998년 김대중 대통
　　　　령이 국빈으로서 일본을 방문한 것입니다

고하리 : 그것이 10월이니까. 여러 가지 선생님에 관한 내용을 조금
　　　　조사해 가면, 4월의 단계에서 「요미우리신문」에 이런저런
　　　　것을 쓰셨잖아요?

최　　　: 그렇습니까?「요미우리신문」?

고하리 : 1998년 4월 21일 날짜로. 2월에 발족한 1개월 반 후에 「한
　　　　일신관계구축의 절호의 기회」라는 타이틀로 이미 쓰셨지
　　　　요. 이것을 보면 김대중정권의 발족은 한일관계의 상당히
　　　　좋은 기회가 되는구나. 대단히 도덕적인 우수성을 가지고
　　　　있는 정권이었다는 내용과 ⋯.

최　　　: 4월 시점에서 김대중정권의 대일정책에 대한 제 나름대로
　　　　의 전망이었고 판단이었을지도 모릅니다.

고하리 : 그리고 일본에 대해서 어느 쪽이냐 하면 과거가 아니라 미래
　　　　지향적인 것을 소중히 생각하고 있는 사람이라든가 IMF에
　　　　서 일본의 지도자에게 도움을 받았다든가, 또는 반년 후 10
　　　　월에 진행된 대중문화의 회합에 대해서도 결의를 다지고 있
　　　　다고 쓰여 있습니다. 4월의 단계에서 이것을 읽으면 정권발
　　　　족 직후부터 선생님이 빨리 한일관계의 브레인으로서 김대
　　　　중정권에서 논의가 있었던 게 아닌가 하는 상상이 됩니다만,
　　　　그 부분은 어떻게 생각하면 좋을까요? 국빈방문 전에 ⋯.

최　　 ： 정책제안과의 관련에서 처음으로 김대중 대통령을 만난 날
　　　　짜는 정확이 기억하고 있지 않습니다만, 1998년 10월 김대
　　　　중 대통령의 국빈방문 전 두 번에 걸쳐 청와대 비서관들과
　　　　의 회의에 참석했습니다.

고하리 ： 저쪽에서 말해왔군요

최　　 ： 청와대로부터의 연락입니다

고하리 ： 일대일로 만나는 것은 없다는?

최　　 ： 관련분야의 수석비서관 전문가와의 동석이었습니다. 김대
　　　　중 대통령은 참가자들의 의견을 경청하고 가끔은 질문도 합
　　　　니다만, 자신의 판단, 찬반의사표시의 표정은 보이지 않습
　　　　니다. 국빈방문 시 오부치 일본총리와의 「한일파트너십 선
　　　　언」의 내용의 핵심은 일본대중문화의 한국시장개방과 무라
　　　　야마 담화를 구체화했던 역사조항이었습니다. "문화교류라
　　　　는 것은, 과거·현재·미래를 잇는 상호학습의 과정입니다. 우
　　　　리도 한때 문화전수자의 입장에 있었던 적도 있지 않습니
　　　　까? 지금 애니메이션, 만화에서 우수하면 배우면 되지 않겠
　　　　습니까?"라고 호소하였습니다. 「한일파트너십 선언」의 역
　　　　사조항은 한마디로 말하자면, 무라야마 담화의 구체화, 문
　　　　서화입니다. 무라야마 담화는 일본의 현상에서 기대할 수
　　　　있는 양질의 역사관입니다만, 애매한 표현을 명료하게 하
　　　　여, 일본의 한국에 대한 「통절(痛切)한 반성과 사죄」를 한일
　　　　양수뇌가 확인하였습니다.

고하리 ： 지금 선생님이 말씀하셨던 사고방식이란, 4월의 단계에서
　　　　상당부분 말씀하셨고, 어느 정도의 것이 기대 가능한 지에
　　　　대해서 말하자면, 이렇게 말씀하셨습니다. "따라서 한국인

이 일본에 현실적으로 기대할 수 있는 것은, 일본의 역대 수상들에게 최소한, 호소가와(細川), 무라야마(村山) 내각의 역사인식의 수준만이라도, 확고하게 유지하기 바라는 정도이다"라고.

최　　　: 그렇습니다.

고하리 : 4월경에 말씀하고 계시네요.

최　　　: 당시 평균적으로 한국국민은 호소가와, 무라야마 두 총리의 역사발언에 대해서 호감을 가지고 있었습니다.

고하리 : 그리고 나서 이 부분, "김대중 대통령은 대중문화교류 문제에서, 한국에서 큰 부담이 되는 것을 감수하면서도, 개방의 방침을 굳혔다"고 쓰셨습니다. 굳혔다고 하셨습니다. 그러니, 혹시 이전에 … .

최　　　: 그 전일지도 모릅니다.

고하리 : 일본의 보도 베이스에서 조사해보면, 일본의 대중문화에 대해서 개방의 의지를 가졌다고 하는 보도는 전혀 없습니다. 그렇기 때문에 이것이 최초로 말한 것이 됩니다.

최　　　: 저와 청와대 참모진과의 공감에서 나온 표현입니다.

고하리 : 그렇다면, 정권이 발족했던 것이 2월 25일이며, 아직 두 달이 안 된거군요. 두 달도 지나지 않았는데도 불구하고 그러한 논의가 행해졌다고 하는 것은, 일본관계의 우선순위는, 반드시 낮은 것은 아니라고 봐도 되나요?

최　　　: 당연하지요, 김대중 대통령에게 있어서, 한일관계는 굉장히 우선순위가 높았습니다.

고하리 : 그렇다면, 일본정부와의 사이에서 일본의 대중문화가 거래라고나 할까, 거래의 대상이 되지 않았다는 이미지를 갖게

되는군요. 방문 전에 여러 가지로 사안을 조절할 때에, "한국 측의 선물은 이것입니다"라든지, 선물이든 무엇이든, 이전부터 굳어져 있었던 것인가요?

최 : 일본대중문화의 한국시장개방의 결정은 김대중 대통령의 용단이었다고 생각합니다.

고하리 : 「파트너십 선언」으로 가기 전에 – 한일관계 이외의 일로, 특별히 대통령에 대해서 영향력을 주었구나라고 생각할 만한 어드바이스 사항은 없었습니까?

최 : 있지만, 그것은 절대 입 밖으로 내면 안 되는 것입니다.

고하리 : 그렇다면, 다른 사람의 구체적인 이름은 말씀하지 않으셔도 됩니다만, 함께 의견을 물을 때에, 대통령이 앉고서, 여러 명의 참가자들이 있다고 생각합니다만, 그것은 대부분 대학선생님입니까?

최 : 대학교수는 저 혼자였습니다.

고하리 : 나머지는 어떤 분야의 전문가였습니까?

최 : 관련부서의 차관과 청와대의 수석비서관뿐이었습니다.

고하리 : 그렇다면, 의견을 말한다고 하는 것은,"지금 내용은, 최상용 씨의 의견대로다"라든지, "당신의 의견과 다릅니다"란 의미 예를 들면, "청와대의 스텝에 대하여 "그건 찬성하지 못한다"라는 의미입니까?

최 : 각자 5분 전후의 의견교환이 있었습니다.

고하리 : 제삼자의 학자라던가 선생이 있는 것이 아닙니까?

최 : 저 혼자입니다. 두 번 다.

고하리 : 과연. 싸우면서 의견을 나누게 한다든가 그런 것은 아닌가요?

최 : 그게 아니고, 제 의견에 그들 비서관은 어떻게 생각하는 지

입니다. 그것에는 물론 나에게 반대한 수석비서관도 있었습니다.

고하리 : 그렇다면, 정말로 전문가로서의 최 선생님을 불러서 그것만을 위해 30분 정도의 시간을 썼다는 거군요.

최 : 30분 이상. 국회연설문 때는 2시간 정도 걸렸습니다.

고하리 : 역시, 일본의 신문은 의외로 청와대가 전부 체크한다는 것 같아서 최근도 「동경신문」의 기자가 작은 칼럼을 썼더니, 바로 이명박 대통령의 측근으로부터 전화가 걸려 와서 그건 좋은 기사였다며 칭찬받았다는 이야기를 들은 적이 있습니다만, 이것도 청와대가 읽지 않았을 리가 없어요.

최 : 아아. 읽었겠지요.

고하리 : 여기까지 써 놓고도 별다른 일이 없었던 건가요?

최 : 없습니다.

고하리 : 그렇다고 하면 국회연설은 또 다음에 여쭙지만, 그 사이에 선생님 자신이든, 주변이든 "최상용 교수는 지금의 정권과 가깝다"라는 이미지가 만들어져가는 걸까요.

최 : 제 쪽에서는 아무도 말한 적 없습니다.

고하리 : 대통령을 만나지 않아도 청와대의 스텝이라든지 의견을 가끔 말하거나 하는?

최 : 여러 번 의견 교환했습니다.

고하리 : 그렇습니다만, 대통령과 만날 때만이 의견을 말할 수 있는 자리인지, 아니면 다른 경로로 무언가 의견을 물어보거나 하는 건가요. 청와대 쪽으로 정책에 영향을 줄 수 있는 의견을 말할 기회가 있었는지 어떤지요. 대통령과 직접 만나는 이외의 방법으로.

최   : 대통령과 직접 만나는 이외에는 임동원 수석비서관과 논의
       했습니다.

고하리 : IMF로부터 자원을 받고 있는 대단히 힘든 상황이었지요. 시
       대적으로.

최   : 그렇습니다.

❖ 「파트너십 선언」의 초안 작성에 참가

고하리 : 그럼, 국빈방문이 결정된 후의 이야기를 할까요. 대통령의
       국빈방문이 결정되어서 아마 방금 선생님이 말씀하신 대로,
       대통령이 최 교수님에게 의견을 물어보라 말했는지 아닌지,
       그즈음 접견한 후의 생각나는 범위에서 어떤 프로세스로,
       무엇보다 먼저, 어느 부분을 관여해 달라고 했는지 예를 들
       면, 국회연설이라던가 천황회견의 이야기라던가 그것뿐인
       지. 아니면 방일 전체 대해서 세세한 부분까지 이런저런 논
       의를 제안 받았는지 어떤지에 관한 이야기는 어떠신지요?

최   : 포인트는 한일의 새로운 「파트너십 선언」과 국회연설 두 개
       입니다.

고하리 : 역시. 그럼 어느 쪽 이야기부터 먼저 할까요.

최   : 「파트너십 선언」부터 이야기하죠. 이 선언은 역사조항과 문
       화교류조항이 주된 내용입니다. 역사조항은 무라야마 담화
       에서의 「아시아제국에게 준 고통」이라는 표현을 「일본이
       한국에」라는 국명을 넣어서 문서화, 구체화한 것입니다. 다

음은 문화조항에서 일본의 대중문화의 한국시장에의 개방
을 확실히 넣었습니다.

❖ 「기적은 기적적으로 일어나지 않는다」를 대통령 국회연설에 넣다

고하리 : 그럼, 국회연설의 이야기를 하겠습니다. 이것은 꽤 긴 문장. 궁중만찬회의 문장도.

최　　 : 일단 질문이 있으면 질문에 대답하는 형식으로.

고하리 : 저는 사실 이 연설문이 정말 좋습니다. 김대중 씨에 대해서 비판적인 이야기도 저는 많이 쓰고 있지만요. 단지 이 국회연설은 좋아합니다. 예를 들면 전후의 일본을 굉장히 평가하고 있거든요.

최　　 : 그러네요. 특히 비핵평화노선.

고하리 : 평화노선을 관철한 점. 그리고 개발도상국원조, 의회제민주주의 그리고 경제건설에 대해서도 "일본국민의 피와 땀"이라는 표현까지 있기 때문에, 이렇게까지 쓰여있다는 것은 지금까지는 없었던 일이라는 느낌이므로 이런저런 곳에서 소개를 하고 있습니다만 「아사히신문」(1998년10월10일부)의 보도를 보면 특별수행으로서 방일해서 연설문 작성에 관여한 이야기가 나와 있습니다. 예를 들면 (대통령이) "일본국민의 감정을 다치지 않게 하기 위해 진정으로 노력을 했다"든지, IMF에서 원조를 받은 것에 대해서 (힘들 때의 친구가 진정한

친구)라는 말을 하거나, 그리고 "천황"이라는 표현을 넣었다든지, 지금까지는 "일왕"이었습니다만. 이러한 문장이 어떻게 완성되게 되었는지 경위 설명을.

최   : 국회연설은 기본적으로는 김대중 대통령의 구술입니다. 그래서 일본의 장점을 솔직하게 인정하고 평가하고 있습니다.

고하리 : 대통령이요?

최   : 국회연설 중에서 제가 숙고해서 쓴 것이 "기적은 기적적으로 일어나지 않는다"라는 문장이었습니다.

사도   : 있습니다.

최   : 이것은 「아사히신문」(1998년 10월 9일부) 일면 톱에 나와 있습니다.

고하리 : 아사히 말이죠.

사도   : 상당히 좋은 말이네요.

최   : 저는 연설현장에 있었어요. 중의원·참의원 합쳐서 620명 전후의 의원이 참석했습니다. 눈물을 보인 의원도 몇 명인가 있었습니다. 정말 클래식 공연에서의 조용함 그 자체라는 분위기였어요.

고하리 : NHK 방송을 비디오녹화했습니다. 이례적입니다. 일본국회가 꽉 찼었지요.

최   : 그 장소에서 저는 한국의 민주화를 간결하게 표현하고 싶었습니다.

고하리 : 이 "기적" 말이지요.

최   : 저는 처음엔 영어로 생각했습니다. "Miracle doesn't happen miraculously" 이 경우 '기적적으로'를 의미하는 miraculously 라는 부사를 필수로 넣지 않으면 안 된다. 최

초 번역관이 a miracle just doesn't occur 라고 번역했지
만 그 문장은 제 영어 표현으로 miraculously 라고 했습니
다. 그 다음 아침 저는 이것을 보고 정말 감동했습니다. 「아
사히신문」에 「정치가의 말」이라는 칼럼도 나왔지요.

고하리 : 그것은 선생님께 전에 들어서 「아사히신문」을 복사해 놓았
습니다.

최　　 : 있나요?

고하리 : "국회연설에서 「기적은 기적적으로 일어나지 않는다」라는
말을 들었을 때는 여기에 정치가가 있다. 정치가의 언어가
있다고 생각했다"라고 「아사히신문」의 기자가 써 놓았습니
다.

최　　 : 그것도 이 문장을 인용해주었군요

사도　 : 「정치가의 언어」로?

최　　 : 사실은 이 문장은 국회의원연설문이 인쇄된 다음 아슬아슬
한 순간에 저의 요청으로 들어간 것입니다. 당시 임동원 수
석비서관의 협력이 없었으면 실현할 수 없었지요.

고하리 : 그분은 육사출신이지만 온후한 분이네요. 노태우 시대도 열
심이었고

최　　 : 그렇지요. 온건 그 자체입니다

고하리 : 원래부터 아는 사이셨나요?

최　　 : 그렇습니다.

고하리 : 임동원 씨도 대일개선에 적극적이었나요?

최　　 : 그는 굉장히 합리적인 분입니다.

고하리 : 대중문화도?

최　　 : 예.

고하리 : 대통령이 말씀하신 내용을 정리해서 말하려고 생각합니다만.

최 : 산업화를 나타내는 상징은 '한강의 기적'이지요 '민주화의 기적'의 상징으로서 김대중 대통령의 존재감을 나타낸 겁니다.

사도 : 정리해서 다시 읽어보면 굉장히 격조 높네요. 와우! … 이렇게 훌륭한 연설이었나 싶을 정도로.

고하리 : 제가 보기에는, 이 연설문에는 한국의 매스컴이 쓰고 있는 일본에 대한 이야기와 반대되는 것이 많이 쓰여 있어요.

최 : 그렇겠죠.

고하리 : 예를 들면 "그러나 제2차 대전 후 일본은 변했습니다"라든가. "일본국민은 땀과 눈물을 바쳐서 평화와 민주주의의 발전과 … ."

최 : 민주주의는 땀과 눈물의 산물이니까요.

고하리 : "아시아 각국의 국민에게 무한한 가능성과 희망찬 정부를 보인 것입니다"라든가 이것은 한국의 매스컴이 쓰지 않는 이야기입니다 그 다음은 더 그런 것이 "발전도상국에 대한 세계최대의 원조를 국제적으로는 충실히 수행하고 있습니다"라든가. 이 표현은 '하지 않았다' 고 쓰는 것이 한국의 매스컴인데요.

최 : 그래도 한국의 매스컴도 사실을 쓰면 그렇게 간단하겐 반대할 수 없습니다. 쓰인 것이 사실이라면.

사도 : 단지 읽고 감동할 문장이지만 일본인으로서 보면 상당히 감사한 연설이지요.

최 : 아니, 사실입니다. 그러니까 그런 상호간의 인정. 저는 외교는 상호인정의 실천이라고 생각합니다. 이 상호인정이라는 것은 헤겔의 말입니다.

사도 : 한국 안에서는 보수적인 분도 계셔서 "왜 일본에게 그렇게까지 말하나" 하는 분도 계시지 않을까요?

최 : 그건 물론 각오하고 썼습니다. 그 평판이 미국까지 전해져서 맨스필드 상원의원이 영어로 번역한 것을 보고 싶다고 해서 보냈습니다.

고하리 : 사도 선생의 질문의 연속입니다만, 청와대의 사무적 차원에서 "국내정치적으로 여기까지 일본을 끌어올려주면 문제가 되지 않을까" 하는 목소리는 없었나요?

최 : 없었지요.

고하리 : 대통령 본인도 그걸로 됐다는?

최 : 대통령도 그렇게 생각하니까.

고하리 : 그렇겠지만, 그걸 일본국회에서 말하고, 그 내용이 한국에도 들어가서.

최 : 그건 이미 각오하고 있었습니다. 대중문화의 개방은 여론조사로는 반대가 70% 이상이었어요. 그건 무서운 일이에요. 그 다음 총선거라도 있었으면 떨어졌을지도 모릅니다.

고하리 : 어떤 의미로는 꽤 전략적으로 쓴 부분도 있습니까?

최 : 전략적이라고 한다면, 사실(fact)과 성실(sincerity)을 토대로 한 전략이라고 말할 수 있습니다.

고하리 : 이 반응 말입니다만, 이 반응에 관해서 아베신조만 굉장히 부정적인 코멘트를 했었죠.

최 : 그렇습니까.

고하리 : "역사인식문제에 관련해서 사백 년 이전의 도요토미 히데요시의 조선출병까지 언급하는 것엔 놀랐다. 그럼, 원구(元寇)에서 선병(先兵)이 된 건 누구인가 하는 논쟁이 된다. 국가로

서의 반성과 청산은 한일기본조약으로 종료했다"고 아베가 발언했다고 「아사히신문」에 실려 있습니다. 그것 이외는 저도 별로 들어본 적이 없습니다. 한국국내에서 비판이 들린 적은 없습니까?

최　　　: 없습니다.

고하리　: 한나라당 측에서 반발도 없었나요

최　　　: 없었습니다.

❖ 특별수행원으로서 본 김대중

사도　　: 선생님은 이 연설을 실질적으로 쓰셔서 특별수행원으로서 방일도 같이 하셨는데.

고하리　: 특별수행원이라는 것은 방일 중 거의 계속 따라가는 거죠.

최　　　: 그렇습니다. 매일 하는 회의에도 만찬회에도.

고하리　: 특별수행원으로서 이 기사를 읽으면 "천황"이라는 호칭에 관해서 대통령의 결단이라고 하시는데. 대통령 자신도 그렇게 생각하고 있었나요?

최　　　: 그렇다고 생각합니다.

사도　　: 그렇습니까. 역시.

최　　　: 그만큼 중요한 일을 같이 하면서도 인간적인 친밀감은 별로 느끼지 못했어요. 와인도 못 마시고 로망이 없어. 로망은 김종필 씨는 너무 많죠. 김대중 씨는 별로 없고요. 그쪽에서는 있다고 말할지도 모르지만요,

고하리 : 김대중 씨와 같이 공동작업을 길게 한 것은 이것이 처음이라고 생각합니다만 그 전반적인 인상이랄까 꽤 합리적이라고 생각하면?

최   : 그렇습니다.

고하리 : 그리고, 어떨까요. 예를 들면 괜한 곳에서 화낸다거나.

최   : 화난 것을 본 적이 없습니다.

고하리 : 오히려 측근이 너무 신경을 쓴다던가.

최   : 저의 인상으로는 좋은 의미로 너무나도 정치적인 인간. 정치가입니다.

고하리 : 기록에 의하면 오사카에서 문화인과 만났을 때는 시간이 없으니 일본어로 전부 했다고 들었는데 … .

최   : 격조 높은 일본어입니다.

고하리 : 다른 곳에서는 어떻습니까. 일본어를 사용하십니까?

최   : 쓰지 않았습니다.

고하리 : 그때만 입니까?

최   : 네. 그때뿐입니다.

고하리 : 천황폐하와 말씀을 나누고 있을 때도, 물론 통역을 거쳐서 했습니까?

최   : 물론이죠. 공식이니까요

고하리 : 그럼 오사카의 문화인들과 만남은?

최   : 그렇습니다.

고하리 : 그 소리는 들은 적 없으니까 모르지만요.

사도   : 그때의 오사카의 문화인이라는 건 어떤 사람들이었습니까?

고하리 : 다도 하는 사람이라던가요.

최   : 꽤 많은 문화인과 만났습니다.

사도 : 전통문화의 관계가 많았습니까?

고하리 : 최 선생도 참가하셨습니까?

최 : 물론입니다.

고하리 : 기억하는 범위에서는 어떤?

최 : 저는 내용은 별로 기억하고 있지 않습니다.

고하리 : 그때 처음 일본어를?

최 : 휴식하고 있는 기분이었으니까요. 그날의 저녁식사였나, 모두 모여서 한잔 했어요.

고하리 : 그건 수행원들 이야기입니까.

최 : 그렇습니다.

고하리 : 아니, 한국 측만이 마시고 식사를 했다는 얘긴가요.

최 : 예.

고하리 : 서울에 돌아와서인가요?

최 : 돌아오기 직전입니다.

고하리 : 일본에서?

최 : 예. 대통령은 시종일관 웃는 얼굴이었어요. 원래는 잘 웃지 않는데 상당히 유쾌해보였습니다. 회의가 끝날 쯤에 "최 교수도 한마디"라고 말씀하셨습니다. "일본의 정치가의 부적절한 발언, 망언은 과거에도 있었고 지금도 있고 장래에도 있을 겁니다. 그러나 정치가 개인이나, 일본인이 자신의 역사관으로 말하는 것을 일희일비 하지 말아 주세요. 그것은 지금부터 하지 않을 거라는 걸 국민에게 공개적으로 말해 주세요"라고. "예를 들면 총리대신, 외무대신, 문부대신이 평균적인 한국국민이 분노할 수 있는 언동을 보인 경우, 단호한 반응을 하지 않으면 안 됩니다만, 그것 이외는 무시하

　　　　　　는 게 좋습니다. 한국은 그렇게 작은 정부가 아닙니다"라고
　　　　　　요. 그 이야기는 분명히 기억하고 있습니다.
고하리 : 저도 기억하고 있습니다. "책임이 있는 당국자가 말했다면
　　　　　　저는 용서하지 않겠습니다만, 다른 … "이라고 김대중 씨는
　　　　　　말하셨지요.
최　　　 : 들었어요? 그대로 말했군요.
고하리 : 아까 김대중 씨가 격조 높은 일본어로 오사카에서 말했다고
　　　　　　하셨는데 일본어를 들은 것은 그때가 처음이 아닌가요.
최　　　 : 처음입니다.
고하리 : 생각보다 굉장히 잘한다고 느끼셨나요? 아닌가요?
최　　　 : 비교하면 김종필 씨의 일본어가 운문적이라면 김대중 씨의
　　　　　　일본어는 산문적이지요.
고하리 : 전두환 정권 때에 일본의 텔레비전 취재로 일본어로 이야기
　　　　　　했더니, 그걸 당시 정권이 굉장히 비난했어요. 해외에 가서
　　　　　　일본어로 얘기했다고. 그 이후 꽤 신경을 써서 공식적인 자
　　　　　　리에서는 일본어를 말하지 않는다고 들었거든요.
최　　　 : 그런 일도 있었지만 저는 전부터 청중이 일본인이라면 서투
　　　　　　른 일본어라도 그 편이 메시지 전달성이 있다고 생각합니
　　　　　　다.
고하리 : 이건 대사가 된 후의 이야기를 꺼냅니다만, 일본기자클럽의
　　　　　　회합에서도 전부 일본어로 하시지요?
최　　　 : 그렇습니다.
고하리 : 일본어로 독특한 뉘앙스가 있는 언어를 쓰고 있습니다. 다
　　　　　　나카 마키코(田中真紀子) 대신을 가리켜 '눈물이 글썽글썽하
　　　　　　다'라고 말하고 계십니다만, 이런 건 일본어로 말하지 않으

면 의미가 없어요.

최　　　: 그렇습니다.

고하리 : 이건, 대사시대의 이야기입니다만, 그래서 방일하고 돌아와
　　　　 서 그 반응은 전반적으로는 양국 다 좋았습니까?

최　　　: 좋았습니다.

고하리 : 이건 예상대로입니까 아니면 좀 더 무언가가?

최　　　: 예상 이상이었습니다.

고하리 : 대중문화개방으로 금방 일본영화가 10월에 「카게무샤(影武
　　　　 者)」와 「HANABI-1」가.

❖ 김대중정권에서 일본대사 취임을 타진받다

최　　　: 저는 최고 리더로서의 정치가의 결정은 이런 것이다 하
　　　　 고 생각했습니다. 한번 고민하고 또 고민하면 그 진의는
　　　　 전해지는구나라고. 무엇하나 가볍게 생각해 본 적은 없어
　　　　 요. 문화교류도 역사문제도 전부. 역시 기본철학은 mutual
　　　　 recognition, 상호인정이라는.

고하리 : 그렇다면, 지금까지 별로 직접적인 정치라던가 정권에 관여
　　　　 하지 않은 최 선생이지만, 이번 일로 지금 말한 것처럼 "정
　　　　 치란 건 이런 거구나"라는 부분에서, 정권의 정책결정에 직
　　　　 접적으로 관여하는 것에 대해서 재미있다던가, 의의를 느낀
　　　　 다든가 그런 느낌이 되지 않으셨나요.

최　　　: 막스 베버가 말하는 학문과 정치에 대한 자세에 저는 깊이

영향을 받았습니다. 학문과 정치, 이론과 실천에 대한 성찰적 균형을 유지하는 것은 정치학도의 운명일지도 모릅니다.

고하리 : "일본대사가 되어 주세요"라고. 어떤 느낌으로 타진이 있는 건가요?

최 : 11월 초순이었다고 생각합니다. 내정 약 2개월 전 타진이 있었습니다.

고하리 : 1999년쯤이 됩니까?

최 : 그렇습니다.

고하리 : 그렇다면 공식적으로는 2개월 정도 전에 외교통상부장관에게서 타진이 있었다고 하는 거군요.

최 : 예 그렇습니다.

고하리 : 전화로 오나요?

최 : 전화로요, 대통령으로부터 일본대사로의 요청이 있으므로, 저의 의견을 물어본 겁니다.

고하리 : 마음의 준비는 하고 계셨나요?

최 : 준비랄까 매스컴 보도로 3,4인의 대사후보 중에 들어있었으니까. 그 정도로 놀라진 않았습니다.

고하리 : 수락하셨는데 수락에 관해서 조건을 내걸거나 하셨습니까? 예를 들면 부임하는 것이 2000년의 3월이기 때문에 "2월에 학기가 끝난 후부터"라든가, 여러 가지 사무적인 내용을.

최 : 외교통상부 장관은 대통령의 명령을 받고 저의 의사를 타진한 것이기 때문에 극비에 부칠 것을 약속하고 받아들였습니다.

고하리 : 학교에서는 대사가 되는 것을 환영했습니까?

최 : 환영받았습니다.

고하리 : "고려대학은 민족대학이니까 일본대사 따위는 되지 마라"
        는 이야기는?

최   : 그런 소릴 … .(웃음) 고려대학의 명예라고.

고하리 : 그럼, 오늘은 대사 자리를 수락했다는 초입부분만 하고, 다
        음 회에 다시 하겠습니다.

최상용 Oral history

제 9회

일시 : 2010년 12월 22일

개최장소 : 오다큐 호텔 센츄리 서든 타워 회의실 (도쿄)

녹음시간 : 4시간

〈출석자〉

최상용 (전 주일본대한민국특명전권대사, 고려대학교 명예교수)

고하리 스스무 (시즈오카현립대학 교수)

사도 아키히로 (추쿄대학 교수)

무로오카 데쓰오 (방위연구소 주임연구관)

다카야스 유이치 (다이토문화대학 준교수)

테이프 번역자 유한회사 펜 하우스 미카도 케이코

제 9회

최상용 (전 주일본대한민국특명전권대사, 고려대학교 명예교수)
고하리 스스무 (시즈오카현립대학 교수)
사도 아키히로 (추쿄대학 교수)
무로오카 데쓰오 (방위연구소 주임연구관)
다카야스 유이치 (다이토문화대학 준교수)

❖ 대사부임 전(前) 준비

고하리 : 전회는 김대중 대통령으로부터 "대사가 되어주세요"라는 오퍼가 오기 전까지 들었습니다.

오늘은 대사시대에 본격적으로 들어가고 싶습니다만 이전에 이야기하던 중, 1998년에 수행으로 찾아오셔서, 반응 등도 좀 여기에 싣고 싶은데, 덧붙여 말씀하시고 싶으신 것은 없습니까?

최　　 : 아뇨, 그 정도면 됐습니다.

고하리 : 오늘은, 대사시대의 이야기를 차례로 이야기해 보고 싶지만, 그중에서 중요인물이 많이 있지만, 그 사람을 어떤 식으로 보셨는지. 예를 들면 야마자키 타쿠(山崎拓) 씨 등 일본의

정치가와의 만남 이야기와 동시에, 그 사람과의 에피소드나 인물평가 등도 듣고 싶은 부분이 있습니다만, 어떻게 할까요?

최 　 : '일본에서 만났던 정치가, 지식인들과 그 평가'라는 카테고리로 말하는 편이 좋다고 생각합니다.

고하리 : 이것은 기재할지 말지는 별개로 하고, 「아사히신문」의 자료를 넘겨드릴까 생각했습니다만,

센고쿠 씨의 이야기가, 상당히 빠른 단계로 나오고 있어요. 센고쿠 요시토(仙石 由人) 씨의 말도 좀 들어봐야 한다고 생각하고 있습니다만, 그건 언제쯤부터 듣는 편이 좋습니까?

최 　 : 첫 대면 때의 이야기는 전에도 다뤘던 것처럼 일본사회당의 한국 방문 때입니다.

고하리 : 그러네요. 1998년 11월 18일 「아사히신문」에서 센고쿠 씨를 소개하는 기사 중에서, "한국의 친구, 최상용 고려대교수의 다음의 말이 마음에 든다." "리더는 주는 사람(giver)이라야 한다"라는 이야기가 나오고 있습니다만.

최 　 : 그 이야기는, 이미 첫 만남 때부터 몇 번이나 말했습니다. "A leader is a giver" 이것은, 딱히 일본 친구 정치가뿐만 아닙니다. 한국의 정치가에게도 말해 왔던 것입니다.

고하리 : 이러한 기사가 나오면 바로 누군가가 알려줍니까? 그건, 몰랐었습니까?

최 　 : 저는 몰랐습니다. 스스로 확인해 본 적 없고, 센고쿠 씨가 저에게 말한 적도 없습니다. 이것은, 1980년으로 거슬러 올라갑니다. 제가 하버드대학에 있었을 때 입니다. 라이샤워 교수는 자주 리더십 얘기를 하면서, 그것에 관해 나의 의견을

묻곤 했습니다.

　　제가 하나의 문장으로 대답한 것이 "A leader is giver"였습니다. 그후 저는 국내외의 정치가에게 이 영문의 문장을 좌우명으로 주었습니다. 특히 타협에 한해서 말하자면, 제가 30대에 한국의 국방대학원에서 〈정치 권력론〉을 강의한 적이 있습니다. 학생은 한국군 엘리트로, 그중에는 장군도 있었습니다. 당시의 제자 중에서, 단도직입으로 "선생님, 타협은 무엇입니까?"라고 질문 한 군인이 있었습니다. 그는 타협하는 군인이었던 것 같습니다. 하지만 그는 지조가 없다고 비판당하는 경우도 있었던 것 같습니다. 한국은 오랜 문사정치의 영향 때문에 명분이 우선으로, 타협이란 부정적으로 받아드릴 가능성이 있습니다. 그 군인학생에게 대한 저의 대답이 '타협은 통합의 기술'이었습니다. 타협은 인간적으로도 정치적으로도 매우 성숙한 사람이 아니면 상당히 하기 어렵습니다. 경쟁자에게 관용(tolerance)도 필요하고, 자신을 양보하는 감성도 필요하기 때문에. 그는 매우 기뻐하며, "아아, 역시 선생님에게 묻길 잘했습니다. 타협은 좋은 의미이군요. 나는 타협 능력이 있어서, 정치적으로도 능력이 있구나"라며, 자기 만족하는 듯했습니다. 그런 에피소드가 있습니다. 그 연장선상으로 미국에 가서 같은 정의를 내린 겁니다.

고하리 : 초기에도 "구동존이(求同存異)"를 들려주어서, 한일관계를 이것으로 볼 수 있다고 말씀하셨습니다.

　　그렇다면, 상당히 세세한 부분부터 묻게 되어서 죄송합니다만, 대사의 임명을 받아서 부임하기 직전의 이야기입니다만, 「한일신문」(2000년2월27일부) 의 「사람」이라는 칼럼을 보면 "부임은 사모님 아드님과 같이"라고 나와 있습니다.

최　　：아들은 나중에 합류했습니다.

고하리　：그렇군요. 사모님은 대학에서 근무하고 있기 때문에, 그 주변은 좀 어떻게 해야 할지 망설이지 않으셨습니까?

최　　：Protocol상 대부분 함께 옵니다. 얼마 되지 않아 집사람은 학교 강의 때문에 돌아갔습니다. 학기 중은 저 혼자 되어버립니다.

고하리　：주일대사로서는, 첫 민간인이네요.

최　　：그렇습니다.

고하리　：이 주변은, 한국 안에서 반응은 어땠습니까?

최　　：지금까지 주한일국대사는 대부분 60대 이상이었습니다. 박정희 대통령의 측근이었던 이후락 씨가 저보다 젊은 50대였으나. 저는 57세였습니다. 저의 후임 조세형 대사는 70대의 당 총재대행이었고, 그런 거물이 온 이후에 저 같은 일개 서생이 일본대사로 간 것은 하나의 화제가 됐을지도 모릅니다. 그후 들은 이야기입니다만, 김대중 대통령의 측근의 측근도 모르는 인사였다고 합니다. 저는 3,4인의 일본대사 후보자 중에는 들어가 있었습니다, 설마 김대중 대통령이 저를 지명할 줄은 예측 못했었습니다.

고하리　：지명할 줄 몰랐다고 하는 것은, 지금까지 걸어온 길이 좀 다르다는 것인지, 출신지가 전라도가 아니라든지 그런 측면입니까?

최　　：말하자면 지연도, 학연도, 혈연도, 거기다 정치적으로도 연이 없었습니다.

고하리 : 일본에서는, 현재의 주중국대사가 민간출신자입니다.

최 : 처음이네요.

고하리 : 최상용 선생님이 일본대사로 결정된 후, 한국의 외교통상부로부터 사전에 여러 가지 이야기가 있었습니까? 외교의례라든가, 대사로서의 역할에 관해서의 요령이라 하면 이상합니다.

최 : 일본대사 14인 중에서, 반 이상이 이미 정치특명대사니까요. 외무당국자도 별로 놀랄 일은 아니라고 생각합니다.

고하리 : 그것은 일본과 다른 점이네요.

최 : 미국에서는 일부 민간인 특임대사가 있습니다.

고하리 : 한국에서 보면, 주일대사와 주미대사 같은 의미네요

최 : 그렇습니다. 커리어가 적습니다. 최근, 중국도 그렇지 않습니까? 미국, 일본, 중국은 특히 그렇습니다. 일본의 관례에서 보자면, 놀랄지도 모르겠네요.

무로오카: 그러한 사전의 외교통상부에 대한 설명을 한국에서는 뭐라고 합니까? 일본에서는 lecture라고 말합니다만. 대사내정자에게 대한 설명을 일본에서는 lecture라고 말합니다.

최 : 대사내정자에게 대한 교육 프로그램이라고 생각합니다.

무로오카: 그건, 최대사 내정자만 부르는 것 입니까? 아니면 다른 내정자도 함께?

최 : 함께였습니다. 그 교육을 받는 사이에 오부치 게이조(小渕恵三) 총리로부터 전화가 왔습니다.

고하리 : 교육을 받고 있는 낮에 걸려온 것이었습니까? 2시에 일본총리로부터 전화가 있으므로 받으시겠습니까?"라고. 총리의 메시지는 매우 명쾌했습니다. "오부치입니다. 축하드립니다. 언제 부임하십니까? 빨리 만납시다"라고. 틀림없이 '국

제부치폰(buchi phone)'이었습니다.

고하리 : 98년 때에도, 오부치 씨와 만나고 계셨던 것이네요.

최 : 그렇습니다.

고하리 : 언제 가장 처음 만나게 된 것 입니까?

최 : 오부치 총리가 고려대학에서 기조연설을 했을 때, 저는 사
회자였습니다. 연설이 드라마틱하진 않았지만 고려대학의
학생들의 반응이 좋았습니다. 당일 저녁식사 때 "감사합니
다. 그 정도로 박수를 받은 것은 처음입니다" 라고.

고하리 : 오부치 씨가 미리 전화한 목적은 무엇보다 안면을 트려고
사전에 제대로 전화로 인사해 두고 싶었다는 거네요. 구체
적인 이야기가 있었던 것은 아니었군요.

최 : 인사 정도였습니다. 당시, 외무대신은 고노 요헤이(河野洋平)
씨 아닙니까?

무로오카: 지금 말씀하신 교육은 대통령으로부터 2월15일에 임명장
을 받은 뒤 대사에 대한 그런 교육이 시작됩니까?

최 : 네, 이후 입니다

무로오카: 그럼, 정말로 부임까지 짧은 시간에, 여러 가지 일을 공부하
지 않으면 안 되겠군요.

최 : 그다지 내용은 … .

무로오카: 장소는 외교안보연구원에서 합니까?

최 : 그렇습니다.

무로오카: 강사가 된 사람은, 외교통상부로 말하면 어떤 등급, 어떤 분
이 되셨습니까?

최 : 노련한 외교관 출신이지요.

무로오카: 그럼, 은퇴한 사람이었습니까?

최　　　 : 은퇴한 사람도 있습니다만, 외무차관출신의 현역대사도 있었습니다.

무로오카: 당시라면, 반기문 씨 입니까?

최　　　 : 저 외에는 함께 UN대사 내정자로 있었던 선준영 외무차관이었던 것으로 기억하고 있습니다.

무로오카: 그렇다고 한다면, 일반적인 대사인 외교관으로서 소양교육을 받는 이외에, "실은 우리나라의 대일외교에는, 이러한 기본적인 방침이 있습니다"라든가.

최　　　 : 특정한 나라에 대한 교육은 없었습니다.

무로오카: 대일외교의 계속성이라는 점은?

최　　　 : 한마디로 말하자면. 넓은 의미로 프로토콜. 그것은 필요한 면도 있어서, 특히 민간인의 경우, 우리들은 이론적으로도 알고 있기 때문에, 금방 이해할 수 있지만 예를 들면, 군인, CEO출신이 대사가 된 경우는 그 교육은 필수라고 생각합니다.

무로오카: 조금 전 질문의 반복 같아서 죄송합니다만 "대일외교의 기본방침은 이렇기 때문에 잘 부탁합니다"라는 설명은, 어느 분이 해주시는 겁니까?

최　　　 : 아무도 안합니다.

무로오카: 그렇습니까.

고하리　 : 예를 들면 "현재의 현안사항은, 이러한 것이 있습니다. 외국인 참정권이 … "라고 하는 것은?

최　　　 : 현안문제에 관한 정보는 담당국장으로부터 브리핑을 받는 것이 관례입니다.

고하리　 : 그것은 가기 전에 서울에서?

최　　　：그렇습니다.

무로오카：그렇다면, 그것은 아주국장입니까?

최　　　：그렇습니다.

무로오카：당시는 어느 분이었는지, 기억 하십니까?

최　　　：음 … 어느 분 이었더라.

무로오카：요컨대 과장도 아니고, 차관도 아니고, 국장이 가르친 것이군요.

최　　　：대부분 국장입니다.

무로오카：그 브리핑자료라는 것은 상당히 두꺼웠습니까?

최　　　：그렇지 않습니다. 저는 1998년, 김대중 대통령 국빈방문시부터 관여하고 있었기 때문에 특별히 보고할 필요는 없다고 생각했을지도 모릅니다.

무로오카：그때 외교통상부 측은 자신들의 방침을 어떻게든 최 차기대사에게 인지시키려고 하는 느낌이었습니까?

최　　　：아뇨, 그렇지 않습니다.

무로오카：하지만, "이것 이상의 일을 말씀드리면 곤란합니다"라든가, 일본이었다면 다분히 그런 일이 상당히 많다고 생각합니다.

고하리　：일본이라면, 다분히 그것을 하고 있다고 생각합니다.

최　　　：현안이라는 것이 있겠죠. 현안에 전부 쓰여져 있습니다.

무로오카：그렇군요.

최　　　：그것을 나중에 읽으시겠네요. 그 다음에, 대부분 3월에 모든 대사를 모아서 회의를 합니다.

무로오카：공관장회의.

최　　　：맞아요.

고하리　：부임한 후군요.

최　　　 : 맞아요.

고하리 : 그렇다면, 현재의 무로오카 선생님의 말씀에 이어서, 전임
　　　　자인 김석규 대사와의 인수인계는 진행하시나요?

최　　　 : 하지 않습니다. 이론적으로는 한나라의 대사, 두 명이 동시
　　　　에 있어선 곤란합니다. 부임대사가 귀국하고 나서 신임대사
　　　　의 일이 시작됩니다.

고하리 : 부임국에서는 있을 수 없다는 것인가요?

최　　　 : 맞아요.

고하리 : 그 사람이 돌아왔을 때, 꼭 서울에서 인수인계를 하는 것도
　　　　아닙니까?

최　　　 : 딱히 그런 것은 없습니다.

고하리 : 자주 대사 등이 바뀔 때, 인수인계 비슷한 것도.

최　　　 : 없습니다.

무로오카: 그럼, 전임 대사로부터 전화가 와서, "최 대사, 이러한 일에
　　　　관해 아무쪼록 주의하길 바란다"라든가. "부탁한다"라든가.

최　　　 : 일절 없었습니다.

고하리 : 일본의 대사는 어떤지, 아십니까?

사도　　 : 일본의 대사는 몇 명에게 물어봤습니다만, 그런 이야기는
　　　　없었습니다.

무로오카: 그렇다면 외교의 일관성이라는 점으로 말하면, 서울에 계실
　　　　때에 아주국장이라든가, 혹은 상황에 따라서는 일본 과장
　　　　등에게 말을 걸어서, 현지에 가면 수석공사를 시작으로, 여
　　　　러 가지 강의가 있는 것이군요.

최　　　 : 그렇습니다. 말씀하신대로 입니다. 그러니까, 수석공사는
　　　　연속성이 있었습니다.

❖ 주일대사관의 인적 구성과 부임 전의 요인인사

사도 　　 : 한국의 일본대사관은, 공사는 몇 명계십니까?

최 　　　 : 정무 하나 , 정무 둘, 경제, 홍보, 문화 5명입니다.

고하리 : 홍보와 문화는 별도입니까?

최 　　　 : 별도입니다.

고하리 : 서울의 일본대사관이라 하면, 총괄공사라는 것이 따로 있습
　　　　 니다만.

최 　　　 : 없어요.

무로오카: 때로는 특명전권공사가 있습니다.

최 　　　 : 주한일국대사관 공사의 경우, 대부분 다른 나라의 대사경험
　　　　 자입니다. 특명전권공사라는 타이틀은 없습니다.

사도 　　 : 대사급의 사람이 공사로 온다라는 말이네요.

최 　　　 : 그렇습니다. 예를 들면 미얀마 대사가 주한일국대사관에 공
　　　　 사로 오는 것입니다.

사도 　　 : 일본의 경우는, 특명전권공사 라는 것은 4,5명이 있습니다만.

최 　　　 : 일본대사의 경우 '특명전권'의 의미를 실감합니다. 재임 중
　　　　 천황폐하, 총리, 각료, 중참양원의장, 재계, 언론계의 고위층
　　　　 리더를 만날 수 있습니다. 대사의 활동범위라는 면에서 보
　　　　 면 미, 중, 러시아 등과 다른 대사와는 비교할 수 없습니다.

고하리 : 상대국에 갔을 때, 그 상대국에서 고위직 인사들을 만날 수
　　　　 있는 것이 일본대사라는 것입니까?

무로오카: 일본의 대사는, 그 정도로 정치적인 역할이 크다는 거네요.

최 　　　 : 그렇다고 말할 수 있습니다.

사도 　　 : 계시는 동안 정치적인 문제가 잔뜩 있어서, 지금부터 말씀

드리려 합니다만, 주변적인 일을 먼저 물어 두겠습니다. 예를 들면, 일본의 대사와의 비교 문제인데요, 일본의 경우에는 대사에 임명된 분이, 먼저 부임되기 전에 함께 갈 요리사를 찾는다던가, 그런 일을 하게 됩니다.

즉, 대사관에서 식사 등을 대접하는 것이 매우 중요시되기 때문에.

최 : 그렇습니다.

사도 : 어떤 요리사를 데려 가느냐가 상당히 중요시되기 때문입니다.

최 : 그건 중요합니다.

사도 : 일본의 대사가 된 사람은, 대부분 여러분, 곳곳의 인연을 통해서 요리사를 찾게 됩니다만, 선생님의 경우는, 대사로 정해지셨을 때 이러한 일은?

최 : 저는, 선임대사 시대부터의 요리사가 한 명 있고, 제가 부임할 때 한 명 데려왔기 때문에, 두 명입니다. 그렇게 전문적인 요리사라고는 할 수 없습니다.

고하리 : 그 두 명 체제로 요리사가 있었단 말씀이네요.

최 : 그렇습니다.

고하리 : 애초에 도쿄에 남아 있던 사람과, 선생님이 … .

최 : 두 명. 두 명이 기본으로 좀 더 큰 모임의 경우는 공사의 부인 등 모두 거들어서 도와주었습니다. 100명, 200명 모임도 있지요.

무로오카: 그 요리사분들은, 전문은 한국요리입니까? 양식도 합니까?

최 : 모두 합니다만, 일단 한국요리를 잘하는 사람이 한 명은 있어야.

사도　　: 일본의 경우에는, 요리사를 데려올 때 공적인 비용으로는 내지 않고, 대사가 자신의 급료를 지불하거나 하는 경우가 있습니다만.

최　　　: 그렇습니까. 그런 것은 하지 않습니다. 대사의 월급은, 그다지 많지 않습니다. (웃음) 저희는 부부함께 교수이기 때문에, 수입으로 말하자면 오히려 낮았습니다.

고하리　: 대사시대 쪽이 낮다?

최　　　: 그렇습니다. 집사람은 저를 위해 휴직했기 때문에, 월급이 없어졌습니다.

사도　　: 대사관으로서 환영회라든가, 파티라든가, 여러 가지 회합이 열렸을 거라 생각했습니다만, 예를 들면 일본에서는 특히 최근 문제가 되었던 것이 손님에게 맞춰 어떤 요리를 내올까, 어떤 술을 내올까, 그런 일도 대사가 중심이 되어서 하거나 또는 그런 일에 특히 자세한 공사가 오고 가거나 하는 일이 있습니다. 그런 상대에게 맞춘 접대 방향은, 대사는 어느 정도 관여하게 된 겁니까?

최　　　: 집사람이 있을 때는 집사람이 일단 리더가 되어서 진두지휘 했습니다. 예를 들면 고이즈미 준이치로(小泉 純一郎) 씨가 현직 총리로서 오셨을 때는, 총리가 선호하는 요리를 물어본 적이 있습니다.

　　　　　아무튼 상대국의 현직 총리대신이었으니까요. 김치를 싫어한다는 것을 거기서 확인했습니다.

무로오카: 그렇다면, 냄새가 나지 않는 절임을 준비한 것입니까?

최　　　: 그게 아니라, 어떤 의미로는 매우 정직한 분으로, 묻지도 않았는데 "김치가 싫다, 물론 일본의 절임도 먹지 않아요"라고 말씀하셨습니다. 확실히, 그날 저녁은 김치를 내놓지 않았습니다.

사도 : 역시 사모님의 역할이 상당히 중요했단 거네요.

최 : 큽니다. 특히 집사람은 연주, 자선콘서트를 자주 했기 때문에, 매우 인기가 있었습니다. 저의 외교활동에 플러스였습니다.

고하리 : 장애자들의 시설에 가서, 사모님이 거기에서 연주하시고 계시군요. 그럴 때에, 자선활동을 하는 것입니까?

최 : 자선활동은 몇 번이나 했습니다. 이것은 기록에 남아 좋을지도 모릅니다만, 나카무라 히로코(中村 紘子) 씨 부부가 주최하는 파티가 있어요. 주요인사들이 많습니다. 재계, 정계, 그 회원의 조건이, 부부 중에 한명은 연주가라야 합니다. 전문이 아니라도 말이죠. 매년 수차례 정도 실내콘서트가 있었는데, 그것도 매우 긍정적인 영향을 주었습니다. 고(故)하시모토 류타로 부부도 반드시 참가했습니다. 하시모토 씨의 경우, 사모님이 피아노를 연주했기 때문에 저도 집사람 덕분에 멤버가 되었습니다.

무로오카: 장소는, 어떤 곳 이었습니까?

최 : 나카무라 씨 자택입니다.

무로오카: 그렇게나 넓습니까?

최 : 작은 연주회를 할 수 있을 정도의. 저는 나카무라 히로코 씨에게 음악에 조예가 깊은 두 명의 한국인을 소개했습니다. 고 아시아나그룹 회장 박성용 씨와 한국의 전직 총리 김종필 씨입니다. 특히 김총리는 나카무라 히로코 씨의 열렬한 팬입니다.

고하리 : 그림만이 아닙니까.

최　　 : 음악도. 그의 아코디언연주는 수준급입니다. 김 총리는 시
　　　　 심(詩心)있는 정치가라고 말하죠. 그 이후 나카무라 히로코
　　　　 씨의 연주회가 있으면 뛰어갔습니다.

고하리 : 그렇게나 좋아하는구나.

최　　 : 그렇습니다. 한때, 나카무라 히로코 씨가「베토벤의 소나타」
　　　　 전곡을 연주했습니다. 저와 두 명 초대받아, 피아노소나타의
　　　　 진수를 즐긴 8시간은 지금도 잊을 수 없습니다.

고하리 : 일본으로 착임하는 직전입니다만, 그렇다면 대사직 중에서
　　　　 도 상당히 일본대사의 위치가 높다는 것은, 부임할 때 한국
　　　　 국내의 곳곳에 인사를 가지 않으면 안 된다고 생각합니다
　　　　 만, 이전의 이야기에선 역대 대통령에게는 전부 인사하셨다
　　　　 고 말씀했었는데, 그렇지요.

최　　 : 노태우 씨는 병으로

고하리 : 이후 어떤 곳으로 가시게 되었습니까?

무로오카: 최규하 씨는 가시지 않으셨습니까?

최　　 : 병중이었습니다. 김영삼 대통령과 전두환 대통령, 두 분이
　　　　 었습니다.

고하리 : 두 분은 물론 환영하는 듯한 말을 하셨을 것이라 생각합니
　　　　 다만,

최　　 : 네. 특히 김영삼 대통령은 매우 기쁘게 맞아 주었습니다.

무로오카: 역대 외교통상부장관에게는 가지 않습니까?

최　　 : 아니요.

무로오카: 그렇다면, 대사에 내정되고 나서 청와대로부터 무엇인가,
　　　　 들은 것은 없습니까?

최　　 : 딱히 없습니다.

무로오카: 제 생각 같아서는, 김대중 대통령의 여러 가지 의지가, 예를
들면 외교안보수석을 통해서 대사에게 전한다고 생각했습
니다만, 그러한 것은 없습니까?

최   : 그런 것은 없습니다.

고하리 : 국회의원이라든지, 한일의원연맹의 소속의원이라든지. JP
씨에게는 가셨던가요.

최   : JP 씨와는 대사부임 후에 수차례 만났습니다.

무로오카: 일본의 감각으로 말하면, 유력한 국회의원에게는 사전에 방
문해야 한다는 것이 있는 것 같습니다만.

최   : 전직 대통령 이외에 공식적으로 만났던 국회의원은 거의 없
습니다.

고하리 : 구태여 가지 않아도 되는 것이군요.

최   : 일본을 방문한 국회의원이 많았습니다만, 제가 직접 공항영
접한 적은 거의 없었습니다.

고하리 : 그것은, 여당이든 야당이든?

최   : 그렇습니다.

무로오카: 그렇다면, 공항에 요인이 도착했을 때는 대부분 대리인이?

최   : 공사.

무로오카: 공사에게 가라고.

최   : 대사가 네 시간이나 써서 가는 것은, 합리적이지 않다고 생
각했습니다. 일부 정치가는 조금 불만이지 않았을까.

무로오카: 그렇다면, 나리타까지는 가지 않았다 하더라도, 그 분이 예
를 들면 호텔 뉴오타니에 도착하면, 그곳으로 인사하러 가
는지.

최   : 공식방문의 경우는 면담을 하거나.

무로오카: 밤?

최   : 네. 저는 원칙으로, 우리나라의 손님과는 외식합니다. 관저에
          서 저녁식사하는 것은 문자 그대로 외교이기 때문에, 선별하
          지 않으면 안 됩니다. "당신의 대사시절, 정말로 관저에 한 번
          가보고 싶었지"라는 친구도 있습니다. 2년 동안의 저녁식사
          기록을 보면 바로 어떤 사람이 등장했는지, 전부 명부가 있
          습니다. 그건 외교활동을 평가하는 주요한 자료입니다.

고하리 : 그것은 기록해서 받은 명부입니까? 방명록 같은 것입니까?

최   : 참가자의 수와 이름입니다.

고하리 : 본국에 보고하는 것 입니까?

최   : 그렇습니다. 하시모토 총리부부도 처음 관저를 방문하셨습
          니다. 대사관 앞의 미나미 아자부 거리를 46년간이나 지나
          다녔다고 합니다.

고하리 : 요컨대 하시모토 총리로서도 한국대사의 관저에 갔던 것이
          처음이라는 의미네요.

최   : 그렇게 말씀하셨습니다. 사카모토 요시카즈(坂本 義和) 동경
          대 명예교수, 도이 타카코(土井 多賀子) 중의원의장, 노벨문학
          상수상자 오에 겐자부로(大江 健三朗) 씨도 처음으로 한국대
          사관저 저녁식사에 초대했습니다.

❖ 외교의 기본은 "국익"과 "국민감정".

고하리 : 일본으로 부임하기 전에 부임 때의 일입니다만, 그밖에 예

를 들면 서울에 있는 일본인의 특파원들과는?

최   : 환영해주었습니다.

고하리 : 기록에 따르면, 대사는 3월 28일 부임하기로 했지만 서울의
          일본인특파원과 3월21일에 만나셨습니다. 거기서 인터뷰
          한 내용이라든지, 기억하지 못하고 계실지도 모릅니다만 월
          드컵, 지방 참정권, 천황방한의 세 가지를 거론하셨던 것 같
          습니다, 이 세 가지는 부임 전부터 줄곧 생각하고 계셨던 것
          입니까?

최   : 그렇습니다. 당시 외교통상부, 언론에서의 일반적인 우선순
          위는 그랬었습니다.

고하리 : 그렇군요.

최   : 그런 가운데에서도 월드컵은 언제나 머릿속에 있었습니다.
          1,300년의 역사에서, 일본과 한국이 공동으로 작업한 것은
          그다지 없어요. 월드컵공동주최는 세계를 향한 한일공동작
          업이었으니까요. 이것은 성공시켜야만 한다고 생각했습니
          다. 특히 저는 한일공동연구 경험도 있었기 때문에 그 연장
          선의 의미도 있었습니다. 공동연구의 경우는 한정된 학자들
          만의 작업이었습니다만, 국민레벨에서 실감할 수 있는 공동
          작업으로는 월드컵이 최고였지요.
          　또, 저는 월드컵 전에 와세다, 게이오, 고려, 연세의 혼성팀
          으로 축구경기 개최를 제안했습니다.

고하리 : 그와 관련된 질문입니다만, 혼성팀은 나카소네 히로부미(中
          曾根 弘文) 문부대신이 그 이야기를 한 것 같습니다만,

최   : 그렇습니다.

고하리 : 그때 이야기가 무엇인가 있었다면,

최   : 나카소네 대신은 저의 아이디어에 대찬성하시고. 정성껏 협력해 주었습니다.

고하리 : 나카소네 문부대신은 원래부터 알고 계셨습니까?

최   : 그렇습니다.

고하리 : 이분은, 어떤 분입니까?

최   : 보기 드문 신사입니다.

고하리 : 일본에서 말하자면, "행동력이 부족하다"라는 인상이 있습니다만.

무로오카: 당시, 김대중 대통령의 외교안보정책의 오른팔로 불려졌던 임동원 수석비서관과 부임 전에 만나셨다거나, 전화 등으로 협의한 적이 있습니까?

최   : 임동원 수석과는 이미 1998년 이후 함께 작업을 했기 때문에.

무로오카: 몇 번이나 확인해서 죄송합니다만, 부임에 앞장선 최 대사님의 이야기를 하셨다는 것은, 당시의 아주국장이라든가, 일본과장, 외무차관 … . 외교통상부의 장관과도 협의하셨나요?

최   : 모두, 개인적으로 교류가 있던 분들이었습니다만, 부임 전에 업무로 면담한 적은 없습니다.

무로오카: 그렇군요.

최   : 외무대신의 경우는, 대사 내정 2개월 전에 전화로 대통령의 의지를 저에게 전달해주었습니다.

무로오카: 그 전화를 걸어 온 외교통상부장관은?

최   : 홍순영 장관이었습니다.

무로오카: 홍순영 씨. 그럼, 그만두기 직전이었네요. 그는 그뒤 그만두었기 때문에.

최   : 그렇습니다.

무로오카: 그밖에 일본과 관계있는 관청으로서는, 예를 들면 국가정보
         원이라든가, 산업자원부라든가.

최   : 일절 없었습니다.

무로오카: 그런 곳으로부터 접촉도 없습니까?

최   : 없습니다.

무로오카: 그렇습니까. 일본의 상식으로 생각하면, 예를 들면 한일관
         계라고 하면 경제관계도 크기 때문에, 당연히 산업자원부
         같은 곳에서도 최 대사에게 무엇인가 좀 영향을 주려고 노
         력을 하지 않을까라고 생각했습니다만, 그런 것도 없군요,
         사전에는.

최   : 전혀 없었습니다.

무로오카: 알겠습니다.

고하리 : 주변 얘기는 이 정도로 하고, '학자로서'의 말씀을 듣고 싶습
         니다만,

최   : 정치학자로서 자신이 유학한 나라의 대사가 되는 것은 이론
         적으로나 실천적으로도 연속성이 있다고 생각했습니다. 저
         의 전문분야인 평화사상 연구가 실제 외교활동에도 도움이
         됐습니다. 외교는 어느 의미에서는 평화사상의 실천이니까
         요. 서울대학교 외교학과에서 배운 것입니다만, 외교는 국
         민감정과 국익의 상호인정이 기본입니다. 「외교포럼」(1995
         년11월 호)에서도 그러한 취지의 논문을 쓴 것이 있습니다.

사도   : 「외교포럼」입니까?

최   : 그렇습니다. 제 외교활동은 1.정부 2.오피니언 리더 3.일반
         국민, 이 세 가지 레벨을 항상 염두해 두었습니다. 제1 레벨,

즉 정부레벨의 공식적인 교류에 있어서는 국가이익의 상호
존중을 언제나 염두에 두고 행동하지 않으면 안 됩니다. 제
2의 오피니언 리더 레벨로, 제가 선택한 것이 강연외교였습
니다. 백 회 이상의 강연, 정말 전국을 돌았습니다. 경제적으
로도 비용이 적은 public diplomacy 입니다. 제3의 레벨은,
민주국가 간의 외교이기에, 그 나라의 평균적인 국민의 마
인드에 가까워지는 것입니다.

고하리 : 국익의 상호존중, opinion leader에의 호소, 국민의 마인드,
이 세 가지를 언제나 의식하려고. 부임하기 전부터 생각하
셨던 것입니까?

최   : 그렇습니다. 서울대 외교학과 졸업생의 기본교양이라 말할
수 있지요.

고하리 : 그것도 사전에 묻지 않으면 안 되겠습니다만, 일단 관할로
말하면, 물론 도쿄의 한국대사관은 일본 전국입니다만, 강
연은 상당한 부분 지방으로 가니까, 총영사관과 아자부의
대사관과의 관계는, 어떤 느낌이었습니까?

최   : 총영사관은 독자성을 가지고 있으면서도, 동경대사관과 긴
밀히 협조하고 있습니다. 일 년에 한 번 대사관에서 총영사
회의가 있습니다.

고하리 : 예를 들면, 대사가 히로시마에서 강연할 경우에, 그곳을 관
할하고 있는 히로시마의 총영사가, 당시 히로시마에 있는지
아닌지 모릅니다만 그 점은 문제가 되지 않지요.

최   : 상호보완관계로 있었다고 말 할 수 있습니다 오사카는 뉴욕
과 함께 총영사의 랭크가 상당히 높습니다.

무로오카: 대사경험자?

최　　　：그렇습니다, 대사급이나 대사경험자입니다.

고하리　：그것은, 직업외교관이 반드시 하는?

최　　　：직업외교관, 국정원 출신이 대부분입니다만, 민간인도 있습니다. 제 개인적 의견입니다만, 오사카와 뉴욕같이 주요한 지역에는 외교관 출신 대사급을 보내는 것이 정상이라 생각합니다.

❖ 신임장 봉정식에서 천황폐하와의 이야기

고하리　：착임해서 도쿄에서 최초로 무엇을 했습니까?

최　　　：신임장 봉정식입니다. 그것 없이는 공식적 외교활동은 불가능합니다.

고하리　：움직일 수 없다?

최　　　：각 신문사 표경방문 정도이죠.

고하리　：신임장 봉정식은, 실제 착임하고 나서 어느 정도 기간에?

최　　　：황실의 스케줄, 신임대사의 숫자에 따라 다르지만, 대부분 한 달 전후 걸리겠죠.

고하리　：신임장은 그 시기에 온 여러 나라의 대사와 함께 제출합니까?

최　　　：함께는 아니고.

고하리　：그때 이야기로, 무엇인가 있습니까?

최　　　：있습니다. 저는 일본어로 했습니다만, 대부분 통역입니다. 대부분 결정된 대답밖에 없습니다. 한 명의 대신이 증인으로 섭니다. 천황, 대신, 저 삼각형이 되어있습니다. 제 경우,

천황으로부터 사적인 질문이 날아왔습니다. "대사는, 일본에 몇 번 오셨나요"라고, 보통은, 그런 질문은 하지 않는 듯합니다. 저는 "셀 수 없습니다"라고, 대답했습니다. 그러자, 천황으로부터, "그럼, 홋카이도부터 오키나와까지 가보셨습니까?" 제가 "아니요, 유감스럽게도 오키나와는 아직 입니다"라고 대답하자, 천황으로부터 "부디, 오키나와에도 가보시기 바랍니다"라는 순서였습니다. 저는 천황의 말에서 일종의 역사의 무게를 느꼈습니다. 그후 한 번 천황부부와 집사람과 저 넷이서, 20분 정도 만난 적이 있습니다. 거기서, 예의 칸무(桓武)천황의 생모이야기가 나왔습니다. 그해 12월 생신날, 천황이 그것을 공공연하게 확인한 것입니다.

무로오카: 서있던 일본 측의 국무대신은, 꼭 외무대신이 아니라도 상관없던 것이로군요.

최　　　: 그렇습니다.

무로오카: 그때는, 아마도 통상산업대신이 계셨던 것이 아닌지.

최　　　: 그렇게 기억하고 있습니다.

무로오카: 대화는, 폐하와 최 대사가 일대일로, 그 대신은 전혀 개입해오지 않습니까?

최　　　: 물론, 일정 거리가 있습니다. 3미터 정도.

무로오카: 세 명은 줄곧 그동안, 선 채로 있었습니까?

최　　　: 그렇습니다. 신임장을 봉정해서, 간단한 Q&A 후, 돌아오는 것입니다.

무로오카: 그 신임장 봉정식에는 자동차를 타고 가셨습니까?

최　　　: 마차였습니다. 길가에 섰던 일본인은 모두 박수를 보내주었습니다.

무로오카: 사모님과 함께 타셔서.

최　　　: 아닙니다. 저 혼자였습니다. 집사람은 오지 않았습니다.

무로오카: 그렇구나.

고하리　: 그 다음 주요한 곳은, 착임하면 수상관저에도 경의를 표하십니까?

최　　　: 그렇습니다.

고하리　: 그때는 모리 요시로(森 喜朗) 씨?

최　　　: 그랬습니다.

고하리　: 착임했을 때는, 오부치 씨였습니까?

최　　　: 아니요, 오부치 총리는 신임장 봉정식 전후에 입원해 계시지 않았습니까.

사도　　: 딱 그쯤이네요. 3월부터, 쓰러진 … .

최　　　: 저는, 돌아가셔서 장례식에 참석했습니다. 장례식에는 클린턴 미국 대통령도 참석했고, 저는 김대중 대통령과 함께 참석했습니다. 장례식에서 나카무라 히로코 씨가 연주했던 쇼팽의 「녹턴」을 지금도 잊을 수 없습니다.

❖ 신문사, 관청, 단체 등 관계부처에 착임 인사

고하리　: 큰 신문사에 인사하러 가시게 되셨네요.

최　　　: 특히 아사히신문의 사장과의 첫 대화가 신선한 기억으로 남아 있습니다.

무로오카: 하코시마 신이치(箱島 信一) 사장입니까

최　　　: 네. 20분 정도 예정이었는데, 이야기가 너무 재밌어서 40분을 넘겼습니다.

고하리 : 4월 14일에.

최　　　: 거기서도, 우연히 리더십 화제가 나왔습니다. 리더십의 어려움에 대한 공감이라고 할까요. 역시 예나 지금이나, 리더는 냉혹함이 필요합니다. 그것이야말로 시오노 나나미(塩野七生) 씨가 말하는, 우아한 냉혹, 즉 마키아벨리가 말한 덕성(virtue)의 자질에 관해 설명했습니다. "아, 그렇구나, 그와 비슷한 일본어로, 선마(善魔)라는 말이 있었나"라는 하코시마 사장의 반응이었습니다. 사장은 그후 저에게 전화로, "리더십의 이야기를 좀 더 듣고 싶어, 사무소를 방문하겠습니다"라고. 제가 "아닙니다. 뭐, 어딘가에서 한잔 마시면서, 좀 더 이야기하죠"라고 말해 정중히 사양했습니다. 하지만 사장은 진심 그 자체로 비서실장을 저의 사무소까지 보내, 어쩔 수 없이 제 나름의 리더십론을 전개한 적이 있습니다.

고하리 : 후에, 신문사는 어디로 가셨습니까?

최　　　: 주요 신문사는, 전부.

사도　 : 전국지는, 모두?

최　　　: 그렇습니다. 「산케이신문」의 하자마 시게아키(羽佐間 重彰) 회장과의 인연도 그때부터입니다.

고하리 : 모두 사장이 나오는 것이네요.

최　　　: 그렇습니다.

고하리 : 「요미우리」는 사장이 나왔습니까, 회장입니까?

최　　　: 회장이었습니다. 「요미우리」의 와타나베 쓰네오(渡辺 恒雄) 회장은, 그 이후 김종필 전 총리와 함께 두 번 만났습니다.

고하리 : '나베츠네'의 인상은 어떠셨어요, 군은 "역사를 모른다"라든
　　　　지.(웃음)

고하리 : 한국이나 정국의 문제를 말하는 겁니까?

최 　　 : 이야기했습니다. 와타나베 회장은, "야스쿠니 문제는 일본
　　　　의 문제이다"라고 명언했습니다.

고하리 : 정국에 관해서는?

최 　　 : 네. 와타나베 회장은, 매우 독특한 의견입니다. 나카소네 전
　　　　총리대신과 좀 달랐습니다. 결론은 같지만 설명의 방법이.
　　　　저는 나카소네 총리대신과도 수차례 만났습니다만, 두 사
　　　　람, 정계의 나카소네 전 총리, 언론계의 와타나베 회장은 일
　　　　본의 보수의 대들보라 할 수 있겠죠.

고하리 : 굉장히 가깝게 보입니다만.

최 　　 : 물론. 그 안에서 김종필 전 총리가 있으면, 삼총사가 되어버
　　　　립니다. 최근, 나카소네 전 총리대신은 김종필 전 총리의 자
　　　　택을 방문했습니다.

고하리 : 나카소네 씨는 12월 5일에 서울에 있었던 천황생신날 일본
　　　　대사 주최 파티에 출석했습니다. 그때에 "천황이 있기 때문
　　　　에 일본국민은 단결해 왔던 것이다"라는 발언을 했다고 합
　　　　니다.

최 　　 : 그렇습니까.

고하리 : 한순간, 일부 한국인이 놀란 듯했지만, 역시 나카소네 씨이
　　　　기에 모두 납득했다고 들었습니다.

최 　　 : 당당히 말했군요.

사도 　 : 천황생신 파티라는 것은, 천황생신에 하는 것 아닙니까?

고하리 : 좀 전에 했겠네요.

무로오카: 그런데 대사로서 도쿄에 착임 후, 인사로 각 성청에는 전부 가시는 겁니까?

최　　　: 전부는 아닙니다.

무로오카: 이후, 예를 들면 문부성, 방위성은.

최　　　: 특히 관방장관, 외무대신은 반드시 표경방문합니다.

무로오카: 경제산업성은 어떻습니까.

최　　　: 업무가 있으면.

고하리　: 착임 인사라는 의미로 말하면, 외무성뿐입니까

최　　　: 처음에는요.

고하리　: 문부과학성에는 가지 않아요?

최　　　: 교과서문제가 있기 때문에 방문빈도는 많은 편입니다.

사도　　: 문제가 있을 때에 가시는 겁니까?

최　　　: 그렇습니다. 문부대신과는 논쟁하면서 나중엔 친구가 됩니다. 예를 들면 마치무라(町村) 대신.

사도　　: 일본의 그 밖의 외교단, 예를 들면 미국대사 등은 착임되고 나서 바로 만나십니까?

최　　　: 미국, 중국, 러시아 순입니다. 특히 폴리 미국대사는 고령이기에, 표경방문(表敬訪問)했습니다. 그때 미 대사의 비서가 성김이었습니다. 현재의 주한미국대사.

다카야스: 통화위기의 혼란으로부터 회복한 전후였다고 생각합니다만, 경제계에 인사를 하러 간 적은 있었습니까?

최　　　: 있었습니다. 경단련의 회장을 중심으로.

고하리　: 그 밖의 분야는 있습니까.

최　　　: 학계의 대표로서는 동경대 총장과 대담을 했습니다. 이마이 다카시(今井 敬) 경단련회장과도 신년대담했습니다. 그는 신

일철의 회장이었습니다.

사도 : 이마이 씨이군요.

최 : 이마이 회장과의 사이에도 재밌는 에피소드가 있습니다. 그의 풍모와 품격을 보면, 저는 신일본제철(新日鉄)의 "철(鐵)"보다는 철학의 "철(哲)"을 떠올렸습니다. "사실은 철인(鐵人)인데, 인상은 철인(哲人)"이었습니다. 뭐, 이것은 외교관의 유머입니다만.

다카야스: 은행협회라든지, 금융계에서는?

최 : 금융계는 없었습니다. 경제계에서 가장 가깝게 교류한 분은 오쿠다(奧田 敬) 경단련 회장과 후지무라(藤村 正哉) 한일경제협회 회장이었습니다.

사도 : 경단련의 회장이면서 도요타의 회장이라는 것이지요.

최 : 네, 맞아요. 한때 오쿠다 회장은 자가용 비행기를 이용해서, 제주도에 2시간 정도 체제한 적이 있었습니다. 그것도 점심식사를 겸해서요. 그 점심식사에, "부디 최상용 대사를 만나고 싶다"라는 오쿠다 회장의 초대를 받아서 함께 한 적이 있습니다.

고하리 : 몇 개의 인터뷰에서 "IMF 경제위기 때에 일본으로부터 지원을 받았기 때문에, 그러한 것도 감사해야만 한다"라는 발언을 결국 하게되셨습니다만.

최 : 당연하지 않겠습니까.

고하리 : 그런 이야기는 경제계와의 사이에서는 나오고 있었네요.

최 : 그렇습니다. 가장 괴로울 때에 도와줬습니다.

고하리 : 최상용 선생님의 지금까지의 걸어온 길로, 정치라든지 문화라는 것은 비교적 매우 접근하기 쉬운 느낌이 듭니다만, 경

제라고 한다면 조금 분야가 다를까 하는 느낌이 듭니다.

최　　　: 그렇습니다. 경제는 먼저 경제 합리주의로 묶으면 되지요.
　　　　　하지만 경제도, 경우에 따라서는 역시 정치판단이 필요하다
　　　　　고 생각합니다.

고하리 : 그러네요. 경제인과 만나거나 할 때에, 한국 측에 강한 요망
　　　　　을 말하기도 합니까?

최　　　: 아닙니다.

❖ 남북수뇌회담 발표와 주일대사관원의 역할분담

고하리 : 4월에 들어서면서 대사로 부임하고 약 2주 후에 남북수뇌
　　　　　회담의 결정이 있었습니다. 회담 그 자체는 6월이지만, 갑자
　　　　　기 이런 큰 뉴스가 착임하자마자 날아 들어와, 여러 가지 생
　　　　　각이 있거나 혹은 일본으로부터도 여러 가지 질문을 받게
　　　　　되었으리라고, 그리고 그 주변의 이야기를 들어보고 싶습니
　　　　　다만.

최　　　: 남북수뇌회담의 뉴스는 대사로서도, 정치학자로서도 저에
　　　　　게는 신선한 충격이었습니다. 우선 현대사에 있어서, 한국
　　　　　은 스스로 자신의 정치적 운명을 결정한 일이 없었습니다.
　　　　　식민지도, 분할점령도 그리고 한국전쟁도 외압의 결과였었
　　　　　고, 다음에 세계레벨의 냉전이 붕괴됐음에도 불구하고 한반
　　　　　도는 아직까지도 냉전의 외딴섬으로 남아있습니다. 그 두
　　　　　가지 면에서 남북정상회담은, 민족이 스스로의 힘으로 문제

를 평화적으로 해결하는 스타팅 포인트이기 때문입니다.

고하리 : 이 일에 관해서 일본의 외무성에서는 고노 씨와 이야기했다고 되어 있는데, 어디에서 이야기를 하셨습니까?

최 : 외무성입니다.

고하리 : 이 일로 불러서 갔습니까? 아니면?

최 : 표경방문(表敬訪問)이었습니다.

고하리 : 표경방문 때?

최 : 뉴스발표 후의 방문이었으니까

무로오카: 예를 들면 "우리는 남북정상회담을 하게 되었다고. 이어서 대사, 일본국의 외무대신 등 당국에 대해서, 이런저런 식으로 설명해" 같은 전보는 오지 않습니까?

최 : 지시라고 하기보다 정상적 외교활동입니다.

무로오카: 이것 또한 일본의 상식으로 생각하면, 그런 일이 있기 전, 대부분의 경우는 그 당시 또는 그 이후에라도 "이 일에 관해서 상대국이 묻게 되면 이런 식으로 대답해" 라는 질문은 무조건 명령이라고 해야 할까요, 응답요령이라고 해야 할까요?

최 : 기본훈령은 있다고 해도, 그것을 실현하는 방법이나 요령은 외교의 기본이기 때문에 현지의 판단이 중요합니다.

다카야스: 자주 상정문답집 같은 것이 내려와서, "물어보면, 이렇게 대답해"라는 것이.

최 : 일절 없었습니다.

무로오카: 그것은 남북수뇌회담에 한해서 없었던 것 입니까.

최 : 전부.

무로오카: 그럼, 한국의 외교, 특히 최 대사가 있는 동안 외교는, 서울은 미나미 아자부를 컨트롤하려는 느낌은 그다지 없었다는

거네요.

최　　　: 전혀 없었습니다.

무로오카: 그것은 다른 대사의 경우도 그렇다고 생각합니까.

최　　　: 예를 들면 현안문제에 큰 쟁점이 있는 경우, 외무부와 청와
　　　　　대의 기본방침을 대사로서 확인하는 일은 있습니다.

다카야스: 반대로 대사가 "이런 것을 물을 것 같다"라고 스스로 상정해
　　　　　서 그것을 관원에게 여러 가지 정보를 수집토록 하여, 자기
　　　　　나름의 답변을 만들어서 설명하려간 일은 있었습니까.

최　　　: 이야기 내용은, 대체로 공사, 참사관의 레벨로 정리됩니다.

다카야스: 예를 들면 외교라면 외교, 경제라면 경제, 여러 가지 이슈가
　　　　　있다고 생각합니다만, 그것을 담당참사관이 정리해서?

최　　　: 그렇습니다.

다카야스: 각 성으로부터 오거나 예를 들면, 경제관계의 관청으로부터
　　　　　온 참사관 분들이 여러 가지 루트를 통하여 정보를 모아서,
　　　　　그것을 대사에 설명하는 흐름입니까?

최　　　: 그렇습니다.

사도　　: 한국대사관의 경우에 5명의 공사가 계셔서, 또 그 아래에도
　　　　　참사관이 계신다고 생각합니다만, 예를 들면 총괄 필두공사
　　　　　가 있고, 그리고 국정원으로부터 온 공사가 계실 것이라고
　　　　　생각합니다만 예를 들면, "반드시 이 관청으로부터 한 명 들
　　　　　어가"라는 것이 있는 것 입니까?

최　　　: 그렇습니다.

고하리　: 커리어와 비커리어라는 것은, 일본어로 말하는 관료의 커리
　　　　　어와 논 커리어라는 의미입니까.

최　　　: 커리어는 직업외교관, 그것 이외의 파견관은 비커리어라고

합니다.

고하리 : 일본에서 말하는 커리어와 논 커리어라는 것은 채용형태의
　　　　차이입니다.

무로오카: 외교통상부에서도 7급으로 채용된 사람들이 있습니다. 그
　　　　사람들과 5급부터 채용된 사람들의 관계는 어떻습니까?

최　　　: 구분방법이 일본과 다릅니다.

무로오카: 다음, 도쿄라든지 오사카라든지 일본에서 채용된 사람들과
　　　　본국에서 온 사람들과의 다른 점은 어떻습니까?

최　　　: 그것은 분야와 일의 내용이 다르기 때문에.

무로오카: 대사의 눈으로 볼 때, 현지채용이라면 일본에서 채용된 사
　　　　람들도, 대사의 관할하에 있는 것이죠.

최　　　: 그렇습니다.

무로오카: 예를 들면, 대사의 곁에서 의전(儀典)을 거드는 사람들이라
　　　　든지.

최　　　: 언어의 문제가 있으므로, 재일동포 중에서 한국어를 할 수
　　　　있는 사람을 고르는 경우도 있습니다.

다카야스: 외교통상부 출신자로 당연히 전문분야를 가지고 있다고 생
　　　　각합니다만, 일본에 오는 외교통상부사람들은 역시 일본어
　　　　를 전문으로 한 분이?

최　　　: 그렇습니다, 일본 스쿨이라고 말합니다.

다카야스: 전원, 일본 스쿨입니까?

최　　　: 대부분은 그렇습니다. 중국, 일본 등 북동아시아 근무경험
　　　　자가 많습니다.

무로오카: 동북아시아국에서 일본과(課)와 중국과(課), 몇몇의 몽골인
　　　　들이 있는 듯한.

최　　：그렇습니다.

무로오카: 대사관 안에서 외교통상부 이외의 사람들과의 관계입니다
만, 외교통상부에서 말하는 예를 들면, 통일부에서 온 사람
은 통일관계 일을 하는데, 이 사람들의 예산은 외교통상부
가 가지고 있습니까. 아니면 통일부입니까.

최　　：통일부가 아닐까요.

다카야스: (일본의 경우) 저 때는 외무성으로 떠났기 때문에, 예산은 외
무성에서 나오고 있었습니다.

무로오카: 예를 들면 통일관이라면 통일관, 법무관이라면 법무관은,
오로지 자신의 부모 곁이라고 할까, 자신의 생가를 위해 일
을 합니까.

최　　：어떻게 대답하면 좋을까요. "생가" 일인 동시에 제 각각 활
동이 나라의 외교활동에 수렴되는 것입니다. 수렴된 종합
적 판단은 대사의 역할입니다. 이 같이 외무부를 포함한 정
부 각 부서로부터 파견된 고급두뇌를 어떻게 활용할까는 바
로 리더십의 문제입니다. 특히 저 같은 정치특임대사의 경
우, 평균 2,3년 임기 중에서, 국민적 이익을 최대화하기 위
해서 필요한 대사의 역량과 덕목은 무언가를 자문할 수밖에
없습니다. 첫 번째로 저는 부하를 신뢰하는 동시에 책임을
부담시켰습니다. 또 사안의 성격상 참사관이나 공사의 레벨
을 뛰어넘는 일은 제가 책임을 지고 추진했습니다. 주일대
사관으로 파견된 외교관은 각 부서에서도 가장 유능한 인재
여서, 국내로 돌아오면 승진 기회가 보장된 사람들입니다.
두 번째로 대사는 도덕성과 품격 면에서 부하로부터 인정받
을 수 있도록 접촉해야만 합니다. 대사의 리더십과 부하의

충성심은 이쪽에서 바라는 것이 아닌 자연히 주어지는 것으로, 무엇보다 충성심은 조직구성원의 배려에서부터 나오는 것이라고 생각합니다. 하나의 에피소드를 소개하지요. 대통령이 주재국을 방문할 때, 대사에게 직접 격려금을 부여하는 경우가 있습니다. 저는 국민의 세금인 그 돈을 저 이외의 전(全)직원, 즉 수석공사부터 관저 요리담당자까지 완전 평등하게 배분한 적이 있습니다. 전(全)직원 화합의 작은 체험이기도 합니다.

다카야스: 재외공관은 크게 두 가지로 나누어진다고 생각합니다. 첫 번째는 외무성의 커리어입니다. 외무성에서 온 사람이 기본적으로는 정보를 전부 쥐고 있어, 타(他)부처에서 온 사람에게는 거의 정보를 흘리지 않아 그 양쪽이 완전히 나뉘어져 있는 경우, 그리고 반대로 외무성사람이 타(他)부처에서 온 사람을 능숙히 쓰지 않으면 돌아가지 않기 때문에 정보를 전부 공유해서, 어느 정도 신뢰관계를 갖고 일을 하고 있는 경우 그 둘로 나뉘어져 있다고 생각합니다만, 일본의 한국대사관은 선생님께서 보시기에 어느 쪽의 범주에 속한다고 생각하십니까.

최　　: 양쪽 혼합형이라고 할 수 있겠죠.

다카야스: 한가지는, 외무성에서 온 외교관 쪽이 매우 힘을 갖고 있는 경우와 또 한 가지는, 외무성에서 온 사람이 전부 자신의 일을 하지 못하는 것으로 타(他)부처에서 온 사람을 아주 신뢰하고 있는 경우입니다. 정보를 전부 밝히고, 각 부처의 사람을 능숙하게 써서 일을 하는 것으로 크게 두 가지로 분류하는 인상을 갖고 있습니다. 당연히, 그런 중간도 있다고 생각

합니다만.

최　　 : 어느 쪽이냐고 말하면 양쪽의 균형입니다. 중용은 저의 철학이기 때문입니다.

사도　 : 좀 기초적인 것입니다만, 한국은 일본에 주재무관을 두고 있습니까.

최　　 : 있습니다.

사도　 : 이 주재무관은 대사에게 여러 가지 일을 보고합니까?

최　　 : 합니다.

사도　 : 그것은 정기적으로 보고를 하고 있습니까?

최　　 : 공사회의에 참석해서 보고합니다.

사도　 : 공사의 신분으로 되어 있습니까.

최　　 : 호칭은 무관입니다.

무로오카: 계급으로 치면 그렇군요.

사도　 : 공사급(級) 이라는 거네요.

최　　 : 매우 유능한 분이 옵니다.

무로오카: 수뇌는 준장이네요.

최　　 : 그렇습니다.

무로오카: 그럴 때에, 타(他)부처의 사람들이 대사라든지 외교통상부의 사람에게 무엇인가 정보를 감추고 있어서 매우 곤란했었다라든가, 혹은 그 사람들이 제멋대로 일본정부와의 사이에서 어떤 타협 등을 해서 곤란했었다라든가, 그런 경험은 없습니까.

최　　 : 없습니다.

무로오카: 통상관계라도 예를 들면, 크게 나누면 상공부계통의 관청과 농림수산부계통의 관청에서는 크게 이해(利害)가 대립하겠

네요.

최　　　: 대립이 있으면 조정하는 것이 대사의 역할입니다.

무로오카: 무엇인가 그것 때문에 곤란했던 적은 없었습니까.

최　　　: 곤란할 정도는 아닙니다.

❖ 대사로서의 집무 스타일과 지방 참정권 문제

무로오카: 대사의 집무 스타일에 관해서 묻고 싶습니다만, 어떤 리더
　　　　는 예를 들면 일일이 전보를 전부 하나부터 백까지 손을 대
　　　　지 않으면 마음이 내키지 않는 타입도 있고, 주된 것에 관심
　　　　을 집중시켜 그 이외는 누군가 대리인에게 맡기는 타입과
　　　　극단적으로 말하면 두 가지가 있다고 생각합니다만, 대사는
　　　　어느 쪽입니까.

최　　　: 외교의 기본은 구동존이(求同存異), 즉 중용입니다. 저는 "세
　　　　세한 것은 당신이 잘 알고 있을 터이지만, 이 문제에 수반된
　　　　외교적 국가이익이라는 관점의 의미를 언제나 염두해 두고
　　　　있어"라고 부하에게 말합니다.

무로오카: 대사관 안에서 관방국장 같은 역할은 총괄공사에게 맡기는
　　　　것입니까.

최　　　: 그렇습니다.

사도　　: 외교통상부 이외의 분들도 근무하고 있고, 무관도 있는데
　　　　이분들의 보고도 반드시 대사관, 다시 말하면 대사명으로
　　　　하는 것입니까.

최   : 무관은 국방장관에게 보고합니다.

사도   : 대사관을 통해서가 아니라, 직접?

최   : 저의 명의로 보내는 경우도 있고, 독자적으로 보내는 경우
         도 있습니다.

다카야스: 정식 보고는 당연히 공전(公電) 같은 형식이 되기 때문에, 전
         부 대사명으로?

최   : 그렇습니다.

다카야스: 그것과 별개로 자질구레한 것은 전부, 파견된 외교관이 자
         신의 원래 관청과 다이렉트로 보고 한다는 것입니까.

최   : 그렇습니다.

무로오카: 한국의 경우는 모릅니다만, 보통의 경우는 주재무관은 독자
         의 전보망을 가지고 직접 본국의 국방성에 치는 루트를 갖
         고 있는 거네요.

다카야스: 일본의 대사관만큼은 무관도 다른 관청 예를 들면, 경제산
         업성이라든가 재무성에서 온 사람도 전부 동일하게, 공전은
         대사가 도쿄의 대신 앞으로 보냅니다. 한국의 경우는 무관
         만큼은 별개로, 무관이 국방장관에게 보내는 공전이 존재하
         는 겁니까.

최   : 존재한다고 생각합니다. 특히 국방부는 여러 가지 정보가
         있기 때문에.

고하리   : 좀 기구적인 이야기에 우리들은 관심이 있기 때문에, 시계
         열(時系列)로 말하지 않고 정말 죄송합니다만, 고노 요헤이
         씨 와의 의리입니다만, 김대중 대통령과 사이가 좋은 것으
         로 유명하지요.

최   : 그렇습니다.

고하리 : 이분의 이미지는, 지금 말한 대로 상호 존중하는 일본 측 사람이라는 이미지 이외 예를 들어 가토 유이치(加藤紘一) 씨와의 일화를 대사께서 말씀하셨는데, 고노 씨는 어땠습니까?

최 : 그렇게 빈번한 교류는 아니지만, 언제 만나도 편안함을 느끼고 믿을 수 있는 분입니다.

고하리 : 그리고, 이시하라 신타로(石原慎太郎) 도지사의 제 삼국사람 발언이 있었습니다. 이에 대해서, 불쾌감을 표명하셨다는 일이 있었는데, 그때 일을 기억하고 계십니까?

최 : 네. 기억합니다.

고하리 : 도청에는 예방한 적이 없습니까?

최 : 있습니다. 확실히 기억하고 있지는 않지만, 이시하라 지사가 처음 한국을 방문했을 때, 제가 통역했습니다. 분명히 1975년 즈음이라고 생각합니다. 『태양의 계절』로 상당히 유명해 진 직후가 아니었나.

사도 : 이미 국회의원이었다고 생각합니다.

최 : 그렇습니까.

사도 : 그것이 첫 만남이군요.

고하리 : 그건 대사로서 만났을 때는 일대일로 얘기합니까?

최 : 아니, 다른 나라의 대사가, 네다섯 명 있었다고 생각합니다.

고하리 : 그래서 대사로 계실 때의 하나의 문제, 영주외국인 참정권 문제입니다. 이에 대해서도 묻지 않으면 안 되는 것이 있습니다. 이 문제는 대사 부임 전부터, 인터뷰 같은 데서 '추진하고 싶다'는 입장을 밝히시고, 2000년에 들어가자, 이미 대사 부임하기 전에, 자유당과 공명당이 법안을 제출해서, 대사가 부임하신 7월에는 이미 한 번 공명당과 자유당에서 분

열한 보수당이 나온 상황이었습니다. 기억하고 계실지 어떨지, 저도 2000년 9월에 한일 포럼에 참가했을 때에, "자네, 잠시 오게나." 하셔서 방에 따라갔습니다.

최　　　 : 네네. 어딘가 지방이었지요.

고하리 : 네, 후쿠시마 현의 시라카와입니다. 그때 "지방 참정권 문제'로, 조금 어렵다'는 표현으로, 상당히 고민하시고, "어떻게 생각합니까?" 하고 물어보셨습니다.

최　　　 : 재일동포의 최우선 과제니까요.

고하리 : 그것에 대해 지금 이야기할 수 있는 것은?

최　　　 : 지방 참정권이라고 하면 잊을 수 없는 사람이 공명당의 간사장이었던 후유시바 데쓰조 씨입니다. 사람도 정당도 상황에 따라 바뀝니다만, 후유시바 씨는 일관되게 지지해 주었습니다.

고하리 : 참정권 이야기, 조금 전에 부임하기 전에도 이건 아주 힘들지 않을까 생각하셨다고.

최　　　 : 역사에 가정은 무의미할지 모르지만, 저는 오부치 총리가 살아있었다면, 지방 참정권도 꽤나 진도가 나가지 않았을까 생각합니다. 김대중 · 오부치 파트너십 공동선언은 신선한 출발이었으니까요.

고하리 : 이때 노나카 히로무(野中広務) 씨와 이 일로 얘기했습니까?

최　　　 : 했습니다. 노나카 씨는 개인적으로는 이해를 보여주었지만, 당 내 사정은 어렵다고 … .

고하리 : 자유당의 노다 타케시(野田毅) 씨도 교류가 있었지요.

최　　　 : 있었습니다. 상당히 합리적이고 무게 있는 정치가였습니다.

고하리 : 자유당이랄까 보수당이라고 하는 것은, 그 때도 찬성했습니까?

최　　　 : 분명히 말하진 않았습니다.

고하리 : 공식적으로는, 공명당과 공동으로 제출했어도.

최 : 그렇습니다.

사도 : 이 문제로 제일 많이 만났다고 할까, 중심이 된 것은 역시 공명당 사람들입니까?

최 : 공명당은 일관되게 지지하고 있었으니까.

사도 : 대사로서는 반대하는 분에게 접촉해서 설득하면.

최 : 그렇습니다.

무로오카: 참정권을 희망하고 있는 것은, 재일동포의 희망이라는 이야기가 있었는데, 한국민단을 통해서 그런 의지가 전해왔다는 그런 구도입니까?

최 : 그렇습니다.

무로오카: 이야기에서 벗어날지도 모르지만, 재일사회와의 관계에서 보면, 오로지 민단 혹은 민단계의 상공회 사람들과의 교류입니까?

최 : 공식적인 집회 이외엔 참가하지 않습니다. 다만, 어떤 형태로 공식 장소에서 총련의 리더와도 만나거나 했습니다.

무로오카: 그런 때에는, 무언가 구체적으로 재일사회로서의 요청이 그런 루트에서도 들어온다는 것입니까?

최 : 없습니다.

무로오카: 그곳은, 약간 의례적인?

최 : 반세기 이상 싸워온 민단과 총련의 영수가 만나고 나서 잠시 부드러운 분위기였습니다.

고하리 : 지방 참정권을 보고 있으면, 민족단체는 상당히 열심히 하고 있지만, 일반 재한일국인이라든지 보통 사람은 그렇게 생각한 것만큼 절실함이 없지 않은가 하는 이미지를 가집니다만.

최 　　　: 보통 사람은 생업에 바쁘니까 그렇겠지요.

고하리 : 이 일이 꽤나 길게, 생각한 것 보다 쉽게 되지 않았던 것은 어느 정도 예측했다는 이야기였는데, 신문의 기사 등에 의하면 여러 고비가 있었다는 것 같습니다.

최 　　　: 오부치 총리는 이 문제에 어떻게 대처했을까. 저는 확실히 모르지만.

고하리 : 오부치 씨는 자공연립 초기 때 약속에 들어가 있었던 게 아니었나요.

사도 　 : 들어가 있었는데, 기억에 없네요.

고하리 : 다만, 김대중 씨와 만났을 때는 물론 그 약속을 하고 있었지요.

최 　　　: 오부치 총리는 언행일치를 실현하려는 것으로 보였지요.

고하리 : 지금은 재일의 입장에서 말했는데, 본국에서 '이 문제를 중시해라'는 분위기는 있었습니까?

최 　　　: 현안문제로선 우선순위 1위입니다.

고하리 : 하지만, 청와대 쪽이라든지.

최 　　　: 제 판단으로도, 지방 참정권은 우선순위가 높다고 생각했습니다.

❖ 김영삼 전 대통령을 위한 배려와 재일교포사회의 교류

고하리 : 김대중정권 아래에서, 김영삼 전 대통령이 일본에 왔을 때에 돌봐 드렸다고.

최 　　　: 당연하지 않습니까. 김영삼 대통령의 아버님이 입원했을

때에도 저는 문병하러 갔습니다. 90세 가까운 아버님이었습니다. 공식으로 보고는 하지 않았지만.

고하리 : 본국에는.

최 : 네. 특별히 외교사안도 아니었으니까, 저는 보고하지 않았지만 김영삼 대통령 부부를 관저에 초대한 것이 조선일보에 나왔습니다. 그 중에서 "최 대사가 청와대의 지시를 받아서 … "라는 표현이 있었는데, 그것은 사실과 다릅니다. 지시도 아무것도 없이 완전히 제 판단이었습니다.

고하리 : 날짜를 기억하고 계십니까? 김영삼 대통령을 관저에 초대했다고 하는 것은? 부임하고 몇 년째입니까?

최 : 2001년 이었던가?

고하리 : 상당히 관계가 나쁠 때군요.

최 : 그렇습니다.

고하리 : 민단 오사카 신년회에 JP 씨와 참가했다는 기록이 있습니다. 이런 때에 일본 공산당 의원도 나왔다는 것 같습니다만.

최 : 제가 특별수행원으로 김대중 대통령과 함께 일본에 왔을 때, 어느 만찬회에서 제 옆에 후하 테쓰조(不破哲三) 씨가 앉아 있었습니다.
그 이후로 최근까지도 일본 공산당 중앙본부에서 서적이 서울의 자택에 왔습니다. 반공법위반 … .(웃음)

고하리 : 그렇군요. 최 선생님이 보기에 후하 씨는 어땠습니까? 보통 분이라는 인상이었습니까?

최 : 제 유학시절 한때 자민당을 연구하기 위해서는 공산당의 『적기』를 읽는 편이 좋다는, 그런 시절도 있었습니다. 후와 씨는 단련된 엘리트 정치가의 인상이었습니다.

고하리 : 「요미우리신문」에 「시대의 증언」이라는 후와 씨의 회고록
         이 계속 실려 있습니다. 그것 꽤나 재밌습니다.

최　　 : 그렇지요.

무로오카: 재일이야기를 물어도 괜찮습니까? 재일민단 분들도, 상당
         히 세대가 교체되었다고 생각하는데 예를 들어, 단장을 하
         고 있는 분은 한국어를 제1언어로 합니까?

최　　 : 제 부임 중의 민단회장의 한국어는 의견교환에 전혀 문제가
         없었습니다.

무로오카: 대사 등과 말할 때는 일본어 쪽이 많습니까?

최　　 : 상대에 따라 다릅니다.

무로오카: 그런 일본에서 태어나 자란 사람들이 중심이 되어 가면, 어
         떻습니까? 한국 대사관에 대한 혹은 본국에 대한 기대도 변
         할 가능성이 있다, 그런 변화를 느끼셨습니까?

최　　 : 재일동포의 생활을 위해서 공적 사항 예를 들어, 참정권과
         은행 만들기에는 최선을 다했습니다.

고하리 : 그것은 일본 국내의 은행입니까?

최　　 : 그렇습니다.

고하리 : 불량채권처리를 위한 상은(商銀) 이야기입니까?

최　　 : 그것도 포함해서. 그 은행은 정말 만들어드리고 싶었지만,
         성공하지 못해 아쉽습니다.

무로오카: 흔히 말하는 특별영주권을 가진 재일교포 이외에, 아마 대
         사시절부터, 뉴커머(new comer)라고 불리는 사람들이 늘었
         습니다. 그후로 물론 삼성·재팬이라든지 대기업의 주재원
         들, 유학생도 있다고 생각합니다. 일본에 있는 한국인은 몇
         개의 분류가 있는데, 각각과의 교류는? 삼성·재팬이라든

지 대기업의 사람들은 … .

최　　：있습니다. 뉴커머(new comer)의 회의도 있고, 대기업의 도쿄 지사장과의 집회에도 몇 번인가 참가했습니다.

사도　：십 년 전과 지금은 중국의 크기가 전혀 달라서, 당연하다고 생각하지만 선생님이 이야기를 하실 때엔 중국에 대해서는 아직 의식하고 있는 사람은 그다지 없었다는 이야기입니까?

최　　：그렇습니다.

고하리 ：확실히 2000년과 2009년 사이에 재일중국인의 수가 여섯 배나.

사도　：꽤나 다릅니다.

고하리 ：아시는 대로 2008년부터 중국 국적의 인구가 한국·조선 국적 인구를 앞질렀습니다.

최　　：참정권은, 그들도 대상이 되는 것입니다.

사도　：그렇습니다.

최　　：그럼, 점점 어려워지겠군요.

사도　：민주당이 말하는 것은, 물론 중국인도 포함되는데, 그러니 까 한층 반대가 강한 것입니다.

고하리 ：특별영주권뿐이 아닙니다. 그러니까, 오사카의 하시모토(토 오루) 지사는 지방 참정권에 부정적이었지만, '특별영주권자 만 인정해라'는 주장을 하고 있습니다.

　　　　그러니까, 저는 지금 코멘트하자면 이 문제를 둘러싸고 일 본 안에서, 오히려 재일교포에 대해서 부정적인 흐름이 되 어, 조금 좋지 않았다는 인상을 가지고 있지요.

최　　：그렇게 느낍니다.

고하리 ：히로시마에 갔는데, 이건 어떤 배경에서 간 것입니까?

최   : 몇 번이나 갔습니다. 그곳에서 평화문제에 조예가 깊은 시
         장을 만났습니다.

고하리 : 아키바 타다토시(秋葉忠利) 씨입니까?

최   : 그렇습니다. 훌륭한 학자 시장. 그 덕분에 시의회의 허가를
         얻어서, 평화공원에 제 이름으로 '평화의 나무'를 심었습니
         다. 그 나무는 지금 크게 자랐으리라 생각합니다. 저는 평화
         사상의 연구자로서, 그곳에서 기조강연을 했습니다.

고하리 : 한국에서는, 그다지 히로시마에 대한 일은 알고 있지 않지요.

최   : 의외로요. 저는 히로시마 강연에서도, 두 가지를 강조했습
         니다. 첫 번째는 일본이 역사상 처음으로 피폭을 겪은 나라
         인 것. 두 번째는 일본은 핵을 만드는 기술, 능력이 충분히
         있지만 지금 핵을 가지고 있지 않을 정도로 도덕적인 우월
         성을 가지고 있으니까 그것을 정치력으로 전환해주었으면
         한다는 것입니다. 히로시마는 피폭국가 · 비핵대국으로서
         일본을 상징하는 역사의 현장이라고 생각합니다.

고하리 : 그러면 이 다음은 교과서문제. 지금 결론만 선취했는데, 과
         정이 아마 대사시절에 제일 어려웠다고 생각하는데.

최   : 그렇습니다.

최상용 Oral history

제 10회
일시 : 2011년 5월 28일
개최장소 : 오다큐 호텔 센츄리 서든 타워 회의실(도쿄)
녹음시간 : 4시간

〈출석자〉

최상용 (전 주일본대한민국특명전권대사, 고려대학교 명예교수)
고하리 스스무 (시즈오카현립대학 교수)
사도 아키히로 (추쿄대학 교수)
무로오카 데쓰오 (방위연구소 주임연구관)
다카야스 유이치 (다이토분카대학 준교수)

테이프 번역자 유한회사 펜 하우스 미카도 케이코

최상용 (전 주일본대한민국특명전권대사, 고려대학교 명예교수)
고하리 스스무 (시즈오카현립대학 교수)
사도 아키히로 (추쿄대학 교수)
무로오카 데쓰오 (방위연구소 주임연구관)
다카야스 유이치 (다이토문화대학 준교수)

❖ 교과서문제를 둘러싸고

고하리 : 2000년 3월에 대사로 부임했습니다만, 2000년의 이야기는
　　　　대강 들었습니다. 당시에 모리정권이었다고 생각합니다.

최　　 : 처음에는 오부치 케이조(小渕恵三) 총리

고하리 : 네, 그 뒤엔 모리정권이 되어서.

최　　 : 그 다음은 고이즈미 준이치로(小泉純一郎) 총리.

고하리 : 그러네요. 고이즈미 씨가 2001년 4월 26일부터지만, 오늘
　　　　은 모리정권의 후반 정도부터 얘기를 들어보고 싶습니다.
　　　　한일관계에서 약간 무거운 이야기입니다만, 교과서문제가
　　　　상당히 많이 나옵니다. 흐름으로 말하자면, 일본에서의 검
　　　　정 시기가 오고, 한국 측에서 몇 번인가 문제점을 지적하고,

한국 국내에서도 '상당히 강경한 조치를 취해라'는 분위기에서, 대사가 일시 귀국하게 되고, 일본에 상당히 늦게 돌아오는 사태가 있었습니다. 애당초 대사는 그때에 교과서문제를 어떻게 봤는지 하는 것과 그때의 대응으로 고생한 점 등을 물어보고 싶습니다.

최　　：당시의 문부대신은 마치무라 노부타카(町村信孝) 씨였나요.

고하리：2001년 1월부터 중앙성청 재편으로, 문부대신이 문부과학대신이 됩니다. 마치무라 씨는 마지막 문부대신으로 동시에 최초의 문부과학대신입니다. 교과서문제는 주로 2001년 4월에 취임한 토오야마 케이코 씨 때입니다. 그때까지는 마치무라 씨와도 이런저런 왕래가 있었다고 생각합니다. 대사는 토오야마 씨와도 왕래를 하고 있어서, 고이즈미 정권이 발족하고 아직 1개월도 지나지 않았을 즈음의 문제이지만 … .

최　　：그렇죠. 교과서문제와 한국어를 외국어군에 넣는 문제에 관해서는 모리 총리와 마치무라 대신의 협력이 불가결했습니다. 그것은 이번 기록에 남기고 싶습니다.

고하리：네. 4월 20일 시점에서는 마치무라 문과상이었습니다.

최　　：그렇습니다. 마치무라 씨와는 교과서문제에 대해서 의견을 교환하는 사이에 우정도 깊어졌습니다.

고하리：모리정권의 마지막 문부대신이 마치무라 씨이고, 외무대신이 고노 요헤이(河野洋平) 씨였습니다. 고노 씨는 1995년에도 외무대신이었습니다. 이때에도 고노 씨였습니다.

최　　：저는 교과서문제 특히 역사문제에 대해서는 두 가지 견해를 갖고 있었습니다. 하나는 우선 역사적 사실의 확인입니다.

팩트. 사실(事實) 혹은 사실(史實)이라고 해도 좋겠지요. 팩트 파인딩입니다. 두 번째는 그 사실의 해석 문제입니다. 인터 프리테이션. 이 두 가지가 중요하다고 생각합니다.

　　정부 레벨의 회의에서는, 항상 '양국은 역사 인식을 공유 해야 한다. 과거를 직시하고, 미래를 지향해야 한다'라고 하 는 틀에 박힌 말이지만 그 내용은 애매합니다. 저는 그 내용 을 사실의 인식과 해석으로 나누어 설득했습니다. 우선 후 자부터 말하면, 저는 개인적으로 해석의 다름에 대해서는 서로 이해해야 한다고 생각했습니다. 같은 나라 사람이라 도, 같은 전공의 학자라도 해석은 다를 수 있습니다. 하지만 확인된 팩트는 서로 인정해야 한다. 지워버리거나, 없애거 나 해서는 안 된다는 입장이었습니다.

고하리 : 일본의 문과성 당국과 이야기할 때도, 그런 이야기를 하면 서 대응했죠.

최　　 : 당국에도 민간에도, 저는 그런 입장으로 대답했습니다. 후 지산케이 그룹의 당시 하자마 시게아키(羽佐間重彰) 회장도 만났습니다. 예를 들어, 문제된 교과서에는 "한일 합병을 받 아들이는 목소리도 있었다"라는 표현이 있었습니다. 한국에 서는 그 부분이 큰 쟁점이었습니다. 하자마 회장은 "그것은 사실이다"라고 주장했습니다. 그는 누구보다도 한일 우호를 바라는 분입니다. 저는 일부의 조선인이 한일합병을 지지한 사실을 인정하고, 한국의 교과서에서는 그들을 매국노라고 쓰여있다는 것을 설명하고, 한일 우호를 위해 일본의 교과 서에 한국에서 매국노라고 불리는 사람의 의견을 싣는 것은 적절하지 않다고 설득했습니다.

고하리 : 이 문제는 일본 국내의 어떤 사람과 주로 접촉했습니까?

최　　 : 정계, 학계, 언론계의 전문가들과 의견을 교환했습니다.

고하리 : 그러면 당국과 교과서 대본인 후쇼샤의 톱이라 할 수 있는 하자마 씨와 만나고, 집필한 그룹들과도 접촉은 있었습니까?

최　　 : 저는 만나지 않았습니다.

사도　 : 이 교과서문제는 80년대에 처음 일어났고, 긴 경위가 있지만, 이 시기도 이 문제가 뒤얽혀있었지만 일본과 한국 사이의 결정적인 균열로 되지 않았던 것은, 대사가 계셔서 주의 깊게 처리한 것이 컸던 것으로 생각합니다.

최　　 : 저도 그렇게 생각합니다.

사도　 : 90년대 어느 시기부터 일본 안에서 내셔널리즘적인 분위기가 꽤 거세졌다고 하는 것이 배경에 있습니다만, 지금 대사가 말씀하신 교과서에 대해서는, 일본에서 이 교과서의 개정을 지시하는 사람들 사이에는, '내정간섭은 아닌가' 하는 반발이 꽤나 있었던 것입니다.

최　　 : 적어도 저에 대해서는 그런 비판은 없었습니다.

사도　 : 아뇨, 대사에게가 아니라 '한국이나 중국이 일본의 교과서 문제에 대해서 수정을 말하는 것은, 내정간섭이 아닌가' 하는 반발이 하나 있었다는 것과 그리고 한국이나 중국의 교과서 제작방법과 일본의 교과서 제작방법이 일본은 국정교과서가 아니라서, '그런데도 수정하라면 곤란하지 않은가' 든지, 조금 전에 대사께서 말씀하신 사실관계의 확인 문제도 포함해서 여러 가지 논의가 있었던 것입니다. 그런 일본의 상황을 대사만큼 잘 알고 있었던 분은 없어서, 일본과 여러 가지 교섭하면서, 일본의 상황을 한국의 정부에도 전하신다는 역할을 했다고 생각합니다만.

최   : 상호인정이라는 입장에 서서 한국국민의 목소리를 일본국민에게 최대한 전하도록 노력했습니다.

사도 : 그러니까, 일본 측에서 일어나고 있는 '이것은, 내정간섭이 아닌가'든지, '교과서 작성 시스템이 다르니까, 수정하라고 해도 정부로서는 할 수 없다'라는 논의에 대해서는, 한국 내에는 어떤 설명을 하셨던 건가요?

최   : 그건, 특히 마치무라 대신을 만났을 때의 이야기입니다. 마치무라 대신은 설명능력이 발군이어서 상당히 명쾌하게 설명해주었습니다. 문부성은 교과서의 저자에게 이래라 저래라 할 수는 없다는 것이지요. 그래서 저는 고민한 나머지 '판단책임'이라는 말이 떠올랐습니다. 그것은 결국 대신도 국장도 문부성의 실무자도 모든 교과서의 저자에게 간섭할 수 없다는 것이니까요. 저는 그것을 인정하지 않을 수 없었습니다. "그건 압니다. 그러나 교과서로서 적절하다는 종합적 판단은 문부성이 하는 것이죠. 저는 그 판단책임을 묻는 겁니다"라고 말한 것입니다. 상대의 실무적인 입장을 받아들이고 난 후의 반응이었습니다.

　실제로 문부성의 판단으로 교과서의 내용을 양해한다든지, 여러 가지가 있었겠지요. 그러니까 종합적 또는 진정한 의미의 정치판단의 주체는 문부성이 아닙니까. 한마디로 말하면, '문부성이 종합적인 판단을 하려고 한다면 어느 정도의 개선이 가능하지 않은가' 하는 추궁이었습니다.

고하리 : 마치무라 씨를 몇 번 정도 만났는지, 기억하십니까?

최　　　: 공식적으로는 두 번 정도 만나고, 부부모임에도 불러주었습니다.

고하리 : 보도에서 알아보면, 전부 실려 있는 것은 아니지만, 한 번은 나와 있지요. 만나서 마치무라 씨가 "재수정은 곤란합니다"라는 말을 해서.

최　　　: 그래요

고하리 : 그건 대사께서 한국에 한 번 귀국하고 나서 돌아온 후입니다만, 그 전에도 만나거나 하셨습니까?

최　　　: 정확하게 기억하고 있지 않습니다.

무로오카: 그런 경우엔 대신과 대사는 일대일로 만납니까?

최　　　: 공사 한 명이 배석합니다.

무로오카: 일본 측에서는 사무를 보는 분이 있습니까?

최　　　: 한 명 있었던 것 같습니다.

무로오카: 그렇게 많은 사람이 참여하는 회의는 아니군요.

최　　　: 그렇습니다. 신문기자도 없었습니다.

고하리 : 없었습니다.

최　　　: 문부성 쪽에서도, 그렇게 참여시키려고 하지 않았을지도 모릅니다.

고하리 : 그건, 일단 통역을 둡니까? 아니면?

최　　　: 일본어로 했습니다.

무로오카: 마치무라 대신과 교과서문제로 제일 처음 만났을 때는 한국 대사관 측에서 신청했습니까? 일본 측에서 '조금 이야기를 듣고 싶습니다'라는 의사표시가 있었습니까?

최　　　: 한국 측이었다고 생각합니다.

무로오카: 대신 등을 만나러 가면, 생각보다 뒤 시간이 끊기는 경우가

많다고 생각하는데, 기억하시기로 한 번에 몇 분 정도 만나셨나요? 아니면 끝나는 시간을 정하지 않고, 이야기하고 싶은 만큼 이야기하셨나요?

최 : 그렇습니다. 이야기할 수 있었습니다. 저는 말하고 싶은 것은 전부 말했습니다.

무로오카: 30분이던, 한 시간이던.

최 : 제 인상으로는 상당히 호의적이었고, 사무적으로 시간을 보면서 하는 분위기는 아니었습니다. 마치무라 씨는 정말 들어보자는 자세였습니다.

사도 : 이 문제에는 주로 마치무라 문부과학대신이?

최 : 제일 기억에 남아있습니다. 그후 마치무라 대신과 모리 총리와 제가 얘기해서, 한국어를 대학 센터시험의 외국어 군에 넣었습니다. 그것은 기본적으로는 모리 총리의 작품입니다.

사도 : 모리 총리요?

최 : 그렇습니다.

사도 : 모리 총리는, 일본어로 말하자면, '문교족(文教族)'으로 문부과학행정에도 상당히 영향력 있는 사람입니다만, 이 교과서문제에서는 모리 총리의 인상에 남을 발언은 없었습니까?

최 : 모리 총리는 제 외교활동에 상당히 협력적이었습니다.

고하리 : 모리 총리는 교과서문제에서는 특별이 움직인 적이 없다는 건가요?

최 : 교과서문제에 한에서는 구체적으로 확인할 수 없지만, 할 수 있는 것은 한 게 아닐까요.

사도 : 후지산케이 그룹의 회장과 만나셨다고 하는 것은?

최 : 처음에는 히라누마 경제산업대신의 소개로 만났습니다.

사도   : 그 뒤에는 대사께서 직접 접촉하셔서?

최   : 네. 저는 한국에 그다지 호의적이지 않은 보수적인 거물 정
       치가와도 만났습니다. 예를 들어 무라카미(村上正邦) 참의원
       의원 같은 분도.

고하리 : 자민당 참의원의원 회장이었던 무라카미 씨.

최   : 저는, 그가 주최하는 어느 보수의원 그룹의 미팅에서 연설
       한 적이 있습니다. 무라카미 씨는 제 주장에 상당히 흥미를
       보이고, "보기 드문 대사군" 하는 이야기를 했습니다. 그곳
       에서도 역사문제에 대한 제 견해를 설명했습니다.

고하리 : 그건 교과서문제와는 조금 다른 시기에 이야기하신건가요?

최   : 그의 경우는 지방 참정권 쪽에 관심이 있었습니다. 그는 맹
       렬히 반대했었으니까.

사도   : 교과서문제가 있던 때는 모리 내각의 말기인데, 모리 내각
       의 말기는 지지율이 상당히 낮아서, 정권의 안정성이 상당
       이 낮고, 지금 내각보다도 더 나쁘지 않았나 생각합니다. 교
       섭상대라기보다 카운터파트로서, 일본의 정권이 상당히 불
       안정해서라는 것은 정치력, 실현가능성을 끝까지 지켜보는
       것이 상당히 어려운 내각이었다고 생각하지만, 교섭을 하는
       데 있어서, 그 점은 어떠셨습니까? 조금 말씀하시기 어려운
       부분도 있을지도 모릅니다만, 불안정한 약체인 내각이라는
       것은.

최   : 역사문제에 대해서는, 저는 대사로서 최선을 다했다고 생각
       합니다. 상대가 어느 정권이든 최선을 다할 수밖에 없었습
       니다. 한국어를 대학입시 외국어에 넣은 것은 모리 총리가
       정말 주도권을 갖고 했다고 생각합니다. 마치무라 씨와 같

은 파입니까?

사도 : 같은 파입니다.

최 : 모리 총리가 저에게 직접 말했습니다. "이것은 내 공적이다" 하고. 이것은 일본에서 봐도 총리에게 좋은 업적입니까?

사도 : 좋지 않을까요.

최 : 모리 총리는 기뻐서, 저에게 직접 말했으니까요. "대통령에 게도 그 뜻을 전해 주십시오"하고. 저는 즉시 전했습니다.

무로오카 : 본국에 전하실 때에는 전보의 형태로 전하십니까? 아니면 전화를 하는 경우도 있습니까?

최 : 긴급한 때에는 전화를 하지만, 이 경우엔 전보였습니다.

고하리 : 한국어를 센터시험에 넣는 문제에서는 대통령은 어떤 반응 을?

최 : 대통령은 일일이 반응하지 않습니다.

고하리 : 하지만, 분위기는 모르십니까?

최 : 물론 기뻐하셨습니다. 하지만 저는, 그것은 일본정부로서 상당히 어려운 결정이었다고 생각합니다. 영·독·불어, 그 뒤 에 간신히 중국어가 아시아의 대표적인 언어로 들어갔지만. 스페인어, 러시아어, 이탈리아어가 들어가지 않았는데 한국 어, 그것도 명칭이 조선어가 아니라.

고하리 : 그것은 일본 측에서 보면, 교과서문제와 반대급부적인 의미 가 있었다고 생각해도 괜찮습니까?

최 : 말하기 거북하지만, 저는 그런 느낌도 있었습니다.

❖ '일시귀국'을 둘러싸고

고하리 : 그 이야기입니다만, 4월 9일에 일시귀국하셨습니다. 여기에
서 공식적인 입장을 말씀하실지 어떨지, 그 판단은 맡깁니
다만, 그것은 스스로의 판단으로 귀국하는 것을 정하신 겁
니까? 아니면 본국 정부에서?

최 : 정부에서. 공식적으로는 외교협의를 위해서 입니다. 소환은
상당히 힘겨운 결정이었습니다. 외교사를 읽어보면 소환 -
국교단절 - 전쟁으로 이어진 예가 적지 않습니다. 소환이라
는 말은 공식적으로 피했습니다.

무로오카: 꼭 4월 9일 하루의 일정을 알려주십시오. 보도 베이스에서
는 아침에 일본 외무차관을 만나러 가서, 그후에 본국에서
'한국으로 돌아오십시오'라는 훈령을 받았다. 밤에 그 일이
세간에 발표되었다는 흐름이었습니까?

최 : 그렇게 생각합니다.

무로오카: 오전 중에 외무성의 사무차관을 만났을 때의 안건도, 역시
교과서문제?

최 : 카와시마 외무차관은 제 공식적인 카운터 파트너이지만, 제
재임 중에 상당히 친절하고 호의적으로 대우해주었습니다.

고하리 : 한국에 정통한 사람이지요.

최 : 개인적으로도 상당히 친한 분입니다.

무로오카: 외무성에서 돌아오셔서, '본국에 돌아오십시오' 하는 통지
가 와 있었을 때의 기분이라든지, 혹시 기억하고 계시면 가
르쳐 주실 수 있으신가요?

최 : 특별히 없습니다. 지금 갑자기 생각이 나는데요, 오부치 총

리와 저는 교류가 길지는 않지만, 상당히 극적이었습니다.
국제 부치폰도 받았고, 마음으로 상당히 환대받았습니다.
오키나와에서 정상회담이 있었습니다.

고하리 : 정상회담.

최 : 오까나와 정상회담에 김대중 대통령을 부르고 싶다고. 이것
은, 레귤러 멤버는 아니지만, 오부치 총리는 '김대중 대통령
을 위한 라운드 테이블을 만들고 싶다'라는 의견을 저에게
보내주었습니다. 이것은 사망하기 전 저와의 마지막 커뮤니
케이션이었습니다. 그것을 전해주신 것은 카와시마 차관입
니다.

고하리 : 이미 모리정권이 되었지만요.

최 : 실현되지 않았지만, 오부치 총리의 메시지는 "당신의 대통
령은 상당히 논리적으로 토의를 이끌 수 있는 능력이 있으
니까 좋은 기회가 되겠다"는 취지였습니다. 조금 더 1년 반
이라도 오부치 정권이 계속했으면, 좀 더 다른 전개가 있었
을지도 모르겠습니다. 정말 아쉽습니다.

고하리 : 그럼, 카와시마 씨가 기본적으로 관련된 것이군요.

최 : 1998년 한일 파트너십 선언의 주역은 오부치 총리와 김대중
대통령입니다. 또 제가 대사로 부임하고 처음 접한 일이었습
니다. 실현은 되지 않았지만, 기록으로 남겨두고 싶습니다.

고하리 : 그렇군요 교과서문제입니다만, 그때의 카와사마 차관과 만
나고 돌아오니, '귀국하십시오'라는 훈령이 나와 있었는데,
그 전날까지는 귀국 같은 것은 상상할 수 없었던 상황이었
습니까?

최 : 그러나 제 직감으로, 국내에서 너무나 심각한 상황이었고,

이미 국회 일부에서는 대사소환 이야기가 나와서, 일시귀국은 있을 수 있다고 생각했습니다.

다카야스: 그것은, 훈령이라는 형태로 '돌아오도록'이라는 이야기가 온 것입니까? 아니면, 예를 들어 외교통상부의 장관으로부터 전화를 받고?

최　　　: 전화는 아니었습니다.

다카야스: 훈령에는 '소환'이라는 문장은 쓰여 있었습니까?

최　　　: 소환이 아닙니다.

다카야스: 그렇지 않으면 '이런 회의가 있어서, 일시귀국하십시오'라고?

최　　　: 네. 대사가 가끔 협의를 위해 일시 귀국하지요, 그런 형태였습니다.

다카야스: 그런 가벼운 형태로. 가볍다고 하면 이상한가요?

최　　　: 네. 외교협의, 디플로매틱 콘설테이션.

다카야스: 그 문자로 온 것이군요.

최　　　: 그러나 일부의 신문에서는 "대사소환"이라고 보도했습니다.

고하리　: 그렇지요. 그런 때에는 혼자 돌아가십니까? 가족도 함께 데리고?

최　　　: 혼자이지요.

무로오카: 서울에 돌아가셨다고, 신문 같은 것을 보면 나와 있습니까?

고하리　: 10일에 가서, 19일에 돌아오셨습니다. 10일간인데, 우선 한국은 정계가 심각한 상황. 그것은 일본에 대해서도, 대사에게도 어려운 상황이 있었다고 생각하는데, 귀국하신 후 주로 어떤 회의에 참가하셨습니까?

최　　　: 우선, 외무장관과 이야기. 보고를 겸해서 의견교환. 한국의 문교부가 주최하고 있는 대책회의에 참가. 그리고 국회에서의 설명 등이었습니다.

무로오카: 당시의 외교통상부 장관은, 한승수 씨었습니다만, 만나셔서 어떤 이야기를 하셨습니까?

최　　: "대사가 한국 국내의 심각한 사정을 일본 당국에 정확히 전하지 않은 것 같다"고 한 장관이 말했습니다. 저는 정직하게 말하면, 한 장관의 사실에 반한 발언에 불쾌했습니다.

고하리　: 아아, 최 대사와 일대일로 한 것이 아니라?

최　　: 신문기자의 앞이었습니다.

고하리　: 신문기자가 아직 있는 단계에서.

최　　: 저는 "그렇지 않습니다" 하고, 확실히 말하려고 했지만, 국민 앞에서 대사와 장관이 싸우는 것을 보이고 싶지 않았습니다.

고하리　: 한승수 씨와 말이지요.

최　　: 당시는, 여기저기 데모를 하고 있어서, 한 장관도 그 선에서 대통령에게 보고했겠지요.

고하리　: 일본의 교과서 시스템에 관해서, 한국의 일반시민이 이해할 수 없다는 것은 어느 정도 이해합니다만.

최　　: 한 장관도 아시아 국장에게 보고를 받고 있었을 겁니다.

고하리　: 검정제도 하에서 쉽게 개입할 수 있는 것도 아니지요.

사도　: 아시아국은, 일본의 시스템 제도는 알고 있으니까요.

최　　: 아시아 국장은 잘 알고 있습니다. 그래서 아시아 국장의 보고를 정말 진지하게 듣고 정책에 반영하면, 대일외교에서 큰 실패는 피할 수 있다고 생각합니다.

사도　: 교과서문제를 담당하고 제일 고생하고 있는 사람들은, 외교통상부 안에서는 아시아국의 사람들이군요.

최 : 그렇습니다.

고하리 : 상황을 듣고보니, 당시 외상은 의외로 중요하네요.

최 : 중요하지요.

고하리 : 거기서 우선 정치가인지, 관료출신자인지에 따라 다르고, 일본에 정통한지 그렇지 않은지에 따라서도 다릅니다. 예를 들어, 공로명 씨처럼 계속 직업외교관으로 동시에 일본을 알고 있는 사람이 거기에 있는 경우는 또 조금 다른 반응을?

최 : 그럴지도 모릅니다. 외교관에게 있어 최고의 미덕은 사려 (prudence)이지요.

무로오카: 과연.

최 : 그래서 제 감상을 담아 말하면, 정치판단의 중요함을 절실히 느낍니다. 모든 순간, 모든 단계에요.

무로오카: 그렇게 하면 이 문제에 대해서는 대통령, 청와대, 외교통상부 장관이 주된 플레이어고, 나머진 국회 정도네요. 국무총리는 그렇게 관계는 없었나요?

최 : 직접 관여하지 않습니다.

고하리 : 「일본역사왜곡대책반」이라는 것이 만들어지거나 했다, 그 것은 문교부와 관계있는 것이지요?

최 : 그렇습니다. 외교통상부 이상으로 강경합니다.

사도 : 이건, 어디에 만들어졌습니까? 문교부에 설치된 것입니까?

최 : 그렇습니다. 역사문제이니까.

무로오카: 관료들이 모였습니까? 학자도 넣어서?

최 : 대부분 전문 연구자였습니다.

고하리 : 그 회합에서, 대사의 역할은 어떤? 일본의 상황을 설명하는

것입니까?

최 　　: 일본의 상황설명과 제 나름의 대책에 대한 의견입니다.

고하리 : 그곳에서 역으로 책망 받은 적은 있습니까?

최 　　: 아뇨, 제 이야기를 들은 사람에게는 책망 받은 적이 없습니다.

고하리 : 하지만, 조금 불규칙적인 발언을 하는 사람도 있는 법입니다만.

최 　　: 보통 그런 분위기 안에서는, 강경론자가 우세하지만 전문분야인 학자가 많아서 상식 외의 발언은 없었습니다.

사도 　: 결국 이 문제는 고도의 정치 문제이지만, 한국 측에서는 어디가 제일 중심이 되어서 이 문제를 정리한다고 말합니까? 마무리되는 것입니까?

최 　　: 종합적인 판단주체는 외교통상부입니다. 교과서 자체에 대한 판단은, 조금 전에 말한 대책반에서 그것을 받아서 외무장관이 판단해야 하는 것이지요.

사도 　: 대통령의 기본방침은 알려진 것입니까?

최 　　: 대통령의 기본방침은 한일 파트너십의 원칙입니다.

사도 　: 교과서문제의 대응이라든지?

최 　　: 그것은 일일이 말하지 않지요.

사도 　: 구체적으로 이런 현상이 되있다. 쟁점에 대해서 대통령은 '이런 방침으로 처리하고 싶다'는 의향이라든지는?

최 　　: 다지 말하지 않습니다.

무로오카: 대사의 눈으로 보신 한국의 국회의원 중에서, 상당히 강경한 사람부터 온건한 사람까지 이 문제에 대해서 차이가 있습니까?

최 　　: 당연합니다.

무로오카: 어떤 분이 강경파의 대표고, 어떤 분이 온건파의 대표입니까?

최 　 　: 조용하고 그다지 말하지 않는 리스너들은 대체로 온건파입 니다. 그러나 '이렇게 해야 한다'라고 말하는 사람은 대체로 강경파입니다.

무로오카: 그건 한나라당이라든지 … .

최 　 　: 여야당은 관계없습니다. 일본문제, 역사문제는 그 사람의 역사관이라든지 평소 자신의 주장을 그 자리에서 내놓는 것 이지요.

고하리 : 교과서문제에서 후쇼샤를 상대로 재판을 한다, 민주당의 한 승희라는 사람이 있지요. 이 사람은 조금 강경한 사람입니 까?

최 　 　: 법률가이니까, 법률로 이런 문제제기도 괜찮지 않을까 하고 생각했을지도 모릅니다.

고하리 : 법률가 출신입니까?

최 　 　: 유능한 변호사입니다.

고하리 : 국회의원 앞에서도 이야기를 설명하는 경우가 있었습니까?

최 　 　: 있습니다. 외무위원회에 보고합니다. 외교통상부 장관과 함 께 나갔습니다.

고하리 : 그때에 조금 전에 말씀하신 것처럼?

최 　 　: 조금 전 외교통상부 장관이 말한 것을 제 나름대로 반론했 습니다. 그건 장관으로서의 설명책임을 요구한 것입니다.

고하리 : 그때에 대사를 공격하는 의원은 없었습니까?

최 　 　: 한 명도 없었습니다.

고하리 : 대사는 일본에 대해서는 '문제교과서를 적절하다고 판단한 일본정부가 문제다' 하는 것을 몇 번인가 총리에게 발언하

셨지요.

최　　　: 이 이상 한국국민의 강한 의지를 일본당국에게 알린 표현은 지금까지 없었지요.

고하리 : 판단책임이 있다는 것이지요.

최　　　: 합리적 설득 방법으로 이 이상 강력한 표현은 찾을 수 없었습니다.

고하리 : 그저, 그 교과서를 저도 읽어는 보았지만 예를 들어, 한국의 병합 부분에서도 전반적으로 그렇게 극단적으로 쓰여 있는 것도 아니라고 느꼈습니다. 예를 들어 '우리 민족'이라는 말을 쓰고 있는 것도 아니고, 저는 한국의 국민이 '이렇게 읽으니 정말 나쁘다' 하고 능동적으로 생각하는 것이 아니라, 무드적으로 '아니, 아직 일본이 … .' 하고.

최　　　: 어느 나라에서나 일반 시민은 자신들의 의견을 심정적으로 표현하기 쉽습니다.

고하리 : 그런 측면이 강하시다 생각하시는군요.

최　　　: 평균적인 한국인의 관심의 초점은 독도입니다. 독도문제가 있는 한, 아무리 좋은 시대라도 언제 상황이 뒤바뀔지 모릅니다. 한국인에게 독도문제는 역사문제와 뗄 수 없으니까요.

고하리 : 대사께선 대사를 그만두고 「공동통신」에서 '다케시마의 문제를 현상유지밖에 없다'고 계속 쓰고 계셨습니다.

최　　　: 그 이상으로 실현가능한 방법이 없으니까요. 현제 상황에서 바랄 수 있는 최선의 정책은 평화적 현상유지입니다.

고하리 : 하지만, 그것을 한국에서 발언하면, 비판이 상당히 있겠지요.

최　　　: 한국국민은 현상유지 하는 정책에는 박수를 보내지 않습니다. 하지만 그 이외에 유력한 대안은 찾을 수 없습니다.

고하리 : 일본에서는 어떤가요? 예를 들어, 현상유지라는 것은 일본의 우익에서 보면, '한국의 실효지배를 그대로 계속한다'라고 파악하겠지요.

최　　 : 그럼 일본의 우익은 현상유지 이외의 어떤 대안을 생각하고 있나요?

고하리 : 적어도 「공동통신」에서 연재하는 칼럼을 쓰고 있을 때, 이것에 대한 비판의 편지라든지는 받은 적이 없지요.

최　　 : 받은 적이 없습니다. 의외로 지방에서 호감을 가진 편지를 많이 받았습니다. 3년이나 써서 50여 군데의 지방 신문에 보내기 때문에, 지방에 가면 "아, 그 사람이 아닌가요"라고 들은 적도 있습니다.

사도　 : 「공동통신」이어서, 지방지에 계속 전송되었으니까요.

최　　 : 네. 역사문제를 쓴 제 칼럼이 대학입시 시험문제가 되었습니다.

고하리 : 그렇군요. 이건 대사를 그만두고 나서 조금 뒤니까요. 교과서문제로 돌아갑니다만, 교과서문제라는 것은 다케시마의 기술과 관계없이도, 다케시마를 다루고 있는 그룹이라든지, 몇 개의 현안을 포함해 문제시하는 사람들이 있어서 파생한다는 것이지요.

최　　 : 그렇습니다.

사도　 : 2001년에 교과서문제가 일어났을 때, 일본의 보수파 사람들의 주장에 예를 들어, 한국 측에서 "이 교과서의 여기가 틀리지 않은가. 수정해야 한다"라는 것이 몇 군데인가 열거하여, 독도라든지 한국 병합의 문제뿐만 아니라 과거의 문제에도 거슬러 올라가서 … .

최   : 네. 25군데 정도 있었습니다.

사도   : '지금의 역사연구에서 보면 이상하다'는 반발도 있겠지만, 그런 한국 측의 의견을 내는 파는, 어느 쪽이? 독도문제면, 거기까지는 가지 않을 느낌이 드는데요.

최   : 그 중에서도 한일 병합의 문제와 일본의 신라복속(服屬)이라는 표현이 핵심입니다.

무로오카: 신라가 조공했었다는 것 같은 표현입니까?

최   : 한국인에게 복속이라는 표현은 식민지 같은 이미지로 받아들일 수 있습니다. 나는 신라의 복속 부분과 한일 병합 부분이, 지금 후쇼샤에서 나온 책에 있는지 어떤지를 확인하고 싶습니다.

고하리 : 그것은 확인해보겠습니다. 권오기 씨가 아사히의 와카미야 요시부미(若宮啓文) 씨와 대화한 '한국과 일본국'(아사히신문사) 안에서 … .

최   : 언제 나온 책?

고하리 : 2004년 11월 발간입니다. 그 책 안에서 『새로운 역사교과서』를 읽었습니다. 특별히 반발을 느낄 수 없었습니다. '한국도 사실은 일본의 교과서를 비난할 수 있는 처지가 아니다'고, 한국교과서의 민족주의적인 면을 비판하고 쓴 것이지만, 저도 그런 느낌이 듭니다만.

최   : 역사문제에 대한 한국인의 태도에는 다음과 같은 세 가지관점이 포함되어있다고 생각됩니다. ①정부레벨에서는 1995년 무라야마 회담, 1998년 한일 파트너십 선언에서 '통절한 반성'이 있었음에도 불구하고, 평균적인 한국국민은 반성의 진정성을 그렇게 신뢰하는 것 같지 않습니다. ②일본의

사정을 잘 알고 있는 국민 사이에선 30% 전후의 일본국민은 역사문제에 대한 한국의 입장을 호의적으로 이해하고 있다고 기대하고 있습니다. 마지막으로 ③한국의 지적, 정치적 리더와 뜻있는 한국국민은, 일본이 외국으로 처음 인식한 나라가 조선이란 것, 조선왕조시대까지는 조선이 일본에 대해서 문화전수자였다는 것을 알고 있으니까, 36년간 일제강점기의 온갖 굴욕을 간단히 잊을 수 없다는 것입니다. 이런 배경이 있기 때문에 지금도 한국에서는, 한국과 일본은 독일과 프랑스의 화해처럼은 불가능한가 하고 묻는 사람이 많습니다. 그에 대한 제 대답은 신중한 비관론입니다. 역사문제, 특히 독도문제는 냉엄한 현실을 직시하고 현 상황에서 바랄 수 있는 최선의 방법이 없는 한 평화적 현상유지가 현실적인 최선의 방법입니다. 권오기 씨의 '한국의 교과서 민족주의적 … .'은 조금 더 분석적으로 이해할 필요가 있습니다. 같은 'nationalism'의 번역어, 민족주의지만 그 지향하는 목표 가치가 정반대입니다. 일본의 전쟁 전의 민족주의는 제국주의, 식민지주의(colonialism)이고, 한국의 민족주의는 반제, 반식민지 민족주의(anti-colonialism)이며, 그 지향과 목표는 독립과 통일입니다.

무로오카: 일시 귀국하셨을 때엔, 비서관이 함께 돌아갑니까 아니면 완전히 혼자서?

최　　　: 혼자입니다.

무로오카: 그럼, 만약 무언가 본국에서 친서를 받았다고 하면, 혼자 그 것을 받아서 가방에 넣어서 가져옵니까?

최　　　: 그렇습니다.

고하리 : 다시 일본에 돌아가라는 판단은 어디에서 내립니까?

최 　 : 그것은 청와대라고 생각합니다.

고하리 : 보도에 의하면, 사실은 더 빨리 「황진이」 공연 직전에 돌아가실 것 같았지만, 연장되었다고 쓰여 있었습니다.

최 　 : 타이밍은 신중하게 정합니다.

고하리 : 그후에 마치무라 문과대신을 만났을 때의 이야기 내용은, 조금 전에 말한 대로 판단책임에 대한 이야기를 한 번 더 말했다고 생각합니다만.

최 　 : 네. 그것은 문부성에 대한 저의 기대입니다.

❖ 센터시험 외국어에 '한국어' 도입.

무로오카: 그 전에 고노 외무대신을 만나셨을 때의 내용에 대해서는 그다지 기억이 없으십니까?

최 　 : 고노 대신과 저는 만나면 정말 우호 그 자체였습니다. 서로의 입장을 잘 알고 있으니까 그야말로 화기애애했습니다. 저와 대통령과의 관계도 고노 대신은 잘 알고 있을 터입니다. "대사가 잘 생각해서 보고해주세요" 하고, 그런 분위기였습니다.

고하리 : 마치무라 씨는 그 대답으로 이런 발언을 했다고 합니다. "의견이 제시된 단계에서, 대응을 검토해본다. 재수정의 어려움을 전제로 해서, 교과서 이외의 분야로 무엇이 가능한가를 검토하고 싶다"고.

최　　 : 그럼 센터입시에서 한국어를 넣는 문제를 고려 대상에 넣고 나서 한 발언일지도 모릅니다.

고하리 : 센터입시말이지요. 신문보도 (「아사히신문」 2001년 3월 9일자) 에서 확인했는데, 문과성은 2001년 3월 8일, 2002년 1월 실시한 대학입시 센터시험에 한국어를 도입하는 것이 정식으로 결정되었다고 발언했습니다. 그날 모리 총리가 김종필 전 총리와의 회담에서 전했다고 합니다.

최　　 : 당초 '그럼, 조선어라면 어떨까'라는 대답이 있었어요. 처음엔 아찔했습니다. 그래서, 조선어를 한국어로 요청한 것입니다.

고하리 : 명칭을 조선어가 아니라, 한국어로 해주었으면 한다고.

최　　 : 네, '지금 조선어로 검토하고 있다' 하고 하니까, 저는 '조선어는, 평균적인 일본인에게 익숙하다. 그것이, 문화적인 컨셉이라는 것은 이해할 수 있지만, 조선이라고 하면 아무래도 한국국민에겐 긍정적으로 들리지 않는다. 옛날 조선왕조 혹은 식민지 시대, 조선인과 조선 관련의 말은 그렇게 밝지 않다'라고. '결국 통일됩니다. 그것은, 한국 중심의 통일이 된다고 저는 확신하고 있습니다'라고 했더니 마치무라 대신은 그것에 공감했습니다. '그럼, 미래를 선취하여 이 기회에 조선어를 한국어로 하면 어떤가요' 하고.

고하리 : 대사 쪽에서 '센터입시에 넣어 주십시오'라고 말한 것입니까? 그것은 말하지 않았나요?

최　　 : 지금 그것을 말하고 있는 것입니다.

고하리 : 그것을 말해온 겁니까?

최　　 : 마치무라 대신에게 바로 그것을 요청한 것입니다.

사도   : 모리 씨의 영향력은 컸다고 생각합니다. 실제로 대사와 약
         속하고 실현하기까지의 사이에 그 나름의 시간은 걸렸다는
         것이군요.

최   : 저는 자신이 있었습니다.

사도   : 빼는 것은 그렇다 치더라도 넣는다는 것은 상당히 … .

최   : 현재 들어가 있죠.

고하리 : 들어가 있습니다.

최   : 저로서는, 이것은 하나의 업적입니다.

고하리 : 교과서문제를 둘러싸고, 이곳의 대사, 특파원들에 대해서
         조금 아쉬운 점이 있지 않으셨나요.

최   : 비교적 나쁜 기사는 없었습니다. 오히려. 지금 저를 포함해
         서 당시의 특파원의 모임이 있습니다. 1년에 4회 정도 모임
         이 있습니다.

고하리 : 서울에서?

최   : 그렇습니다.

고하리 : 그리고 고이즈미 총리로 바뀌어버리는데, 고이즈미 씨에 대
         해서 개별적인 이야기는 잠시 접어두고, 뒤에 또 자세하게 듣
         고 싶지만, 그 사이에 다나카 마키코 외상을 5월에 만나거나,
         토오야마 문부과학대신을 만나거나 그리고 야마자키 타쿠 씨
         를 만나는 등, 여러 가지 있었는데, 이런저런 사이에 6월이 지
         나자, 교과서문제는 그다지 나오지 않게 되었습니다.

최   : 그렇습니다.

고하리 : 끝내는 방법이라는 것은 어떤 느낌으로 마무리하는 것입니
         까. 대사가 보기에 이걸로 마무리되었다고 생각하십니까.

최   : 태풍 같은 것입니다.

고하리 : 그뒤 일본에 돌아오고 나서 본국에선 어땠습니까. 한국 외
무장관을 비롯해서 여러 요구가 있었습니까.

최　　 : 한국에서도 진정되었지요. 교과서 검증 전후, 논란은 대체
로 1개월 정도가 아닐까.

고하리 : 반대로, 우익 등이 대사관에 가두선전 차를 보내어 '내정간
섭 하지 마' 하고 항의하거나 등, 그런 것은 기억에 없습니까.

최　　 : 몇 명인가 작은 규모의 데모는 몇 번이나 있었지요.

고하리 : 교과서문제에서는 … .

최　　 : 그다지 없었습니다.

고하리 : 다른 문제에서도 그다지 없습니까.

최　　 : 없습니다. 예를 들어 강연도 빈번히 있었지만, 몇백 명의 청
중이 있으면 반드시 몇 명은 말합니다. 그런 반발은 없었습
니다.

고하리 : 교과서문제에서, 무언가 신경 쓰이는 점이라든지 있습니까?

무로오카: 일본 내에서, 후쇼샤의 교과서를 부정적으로 생각하는 사람
들에게서, '꼭 연대합시다' 하는 이야기는 있었습니까?

최　　 : 없었습니다.

무로오카: '한국대사관, 힘내세요. 응원합니다'든지, 그런 것도 없습니
까?

최　　 : 없습니다.

무로오카: 그런 사람들이 주최하는 강연회에 초대받는다든지.

최　　 : 저는 말하자면 강연외교를 했습니다. 그것은 내정간섭도 되
지 않고, 열린 자세이기도 하고.

무로오카: 교과서문제에서 일본과 한국의 관계가 부드러울 때, 일본
안에서도, 예를 들어 바라고 있던 강연을 취소라든가, 그런

움직임은 없었습니까?

최   : 없었습니다. 이백내지 천 명 규모의 강연이 많았습니다. 노
        나카 히로무(野中広務) 씨는 간사장 현직 시절에 제 강연을
        제일 앞에서 들어주었습니다.

사도   : 모리 내각에서 고이즈미 내각으로 바뀌고, 마치무라(町村)
        외무대신이 토오야마 문부과학대신에 이어 바뀌었는데, 정
        권의 교대가 이 문제에 관여하는 일본정부의 대응으로 바뀌
        었다든지, 그런 인상은 없습니까?

최   : 없습니다. 제가 보기에, 오부치 총리, 모리 총리, 고이즈미
        총리, 세 명 다 일관되게 호의적이었습니다.

고하리 : 물론 대사에게 그리고 한국에겐 그럴지도 모르지만, 정권이
        바뀌는 것에 의해, 교과서문제에 국면전개를 노리기 위해,
        갑자기 어느 부분을 받아들였다던가, 그런 정책의 계속성과
        는 다른 측면을 느끼지 못했습니까?

최   : 못 느꼈습니다.

사도   : 대사로서는, 이 문제에 가장 정면으로 교섭했고, 제일 열심
        히 대응한 것은 모리 내각이고, 마치무라 문부과학대신이
        고, 그 뒤는 확실히 말해서, 그다지 인상에 남지 않았다는?

최   : 그렇습니다.

고하리 : 교과서문제가 끝날 무렵 5월 26일 니가타에서 이렇게 말했
        습니다.「니가타 포럼」이라는 곳에 나가서, 이것도 아마「니
        가타 일보」(新潟日報) 주최라고 생각합니다만, "역사사실은
        있는 그대로 전해야 한다. 이번에 문제가 된 교과서는 사실
        에 거짓이 있다고 생각한다. 일본의 양식을 믿고, 극복할 수
        있다고 …"라고.

최　　　 : 그대로입니다.

고하리 : 다음 해 월드컵이 있었는데, 이 문제를 '정말 괜찮은가' 하는 목소리가 일본 국내에서 있었는데, 대사는 걱정하지 않았나요?

최　　　 : 저는 상당히 기대했고, 대성공이었다고 생각합니다.

고하리 : 교과서문제가 있어도요?

최　　　 : 물론. 저는 학자시절에 한일공동연구를 해서 성공한 경험을 가지고 있어서, 이번은 국가레벨에서 해도 되지 않을까라고 생각했습니다. 제가 서양정치사상사를 전공해서인지도 모르지만, '서양인에게 한일공동으로 아시아의 메시지를 보여주고 싶다'고 생각했습니다.

고하리 : 공동작업을 하는 것은 중요하지만, 한 적이 없음으로, 교과서문제까지 겹쳐, 고작 일 년 후의 월드컵 개최에 비관적이지 않았습니까.

최　　　 : 월드컵은 세계를 향한, 한일공동의 약속이니까 태풍이 불어도 극복할 수 있다고 생각했습니다.

고하리 : 그러고 보니, 결과적으로 보면 태풍이었지만 ⋯ .

최　　　 : 언제나 그렇습니다.

고하리 : 처음부터 태풍 정도라고 생각하셨습니까?

최　　　 : 그런 여유가 없으면 견딜 수 없었습니다.

고하리 : 이 건은 대사재임 중에 제일 고생한 안건이라고 생각했습니까?

최　　　 : 그렇습니다.

고하리 : 이 안건으로 본국과의 사이에서 하기 껄끄러운 일이 되어 버렸다든지, 그런 기분은 들지 않았습니까?

최　　　：본국이든, 일본이든, 합리적으로 얘기하면, 어떤 난관도 극복할 수 있다고 믿고 있습니다.

사도　：이것도 대답하시기 껄끄러우실 지도 모르지만, 대사 개인의 생각과 나라를 대표하는 대사로서 정부를 대신해 발표해야 하는 경우와 다른 경우가 어떻게든 생길 거라고 생각합니다. 대사로서는 나라를 대표하는 입장이어서, 그것을 우선해야 하는 상황이 되지 않을까 생각합니다. 그런 딜레마라든지, 괴로움이라든지는?

최　　　：저는 국가의 이익과 자신의 의견에 큰 충돌이 있으면, 그 일은 할 수 없다고 생각합니다. 물론 완전히 똑같지는 않습니다. 그 중복된 합의라고 할까, 거기에 겹치는 부분을 국익 중심으로 정책화해서 설명하면, 일관성을 유지할 수 있지 않을까요. 그 스타일을 간파한 후나바시 요이치 전 아사히신문 주필은 '최상용 대사의 개성외교'(「아사히신문사(朝日新聞)」 2002년 2월 14일)라고 의미를 붙여주었습니다.

고하리 ：지금 사도 선생님의 질문처럼 예를 들어, 일본 측에는 교과서문제로 이런 시스템이 있고, 일본사람이 말하는 것도 정론이고, 다른 나라 사람이 봐도 일리 있는 것이군요.

최　　　：그렇습니다.

고하리 ：그것은, 대사가 가장 잘 알고 있겠지만, 그렇다고 해서 그것을 한국에 돌아가서 '일본의 시스템이라든지, 일본이 말하고 있는 것도 일리 있다'라고 말하는 것은 좀처럼 말하기 힘들지요.

최　　　：아니, 말했습니다. 우선 상대 나라의 최우선의 이익 주장을 인정하지 않으면 외교는 성립하지 않습니다. 그 주장이 사실에 바탕을 두면 더욱 그렇습니다.

고하리 : 그것은 한국 외상에게 말한 것입니까?

최　　　: 물론입니다.

고하리 : 국회의원에게도?

최　　　: 저는 개인관계에 있어서나 국가관계에 있어서도 상호인정 (mutual recognition)이라는 말을 좋아합니다. 상호인정이 평화이고, 그 파괴가 부부사이에 있으면 이혼이고, 국가 간에 있으면 전쟁이 됩니다.

고하리 : 그럼 3시 정각이네요. 조금 휴식하지요.

❖ 고이즈미 총리와 「언력(言力)」

고하리 : 교과서문제는 우선 끝내두고, 그 사이에 정권이 바뀐 고이즈미정권 및 고이즈미 수상 개인에 대해서 듣고 싶습니다. 4월 26일에 고이즈미정권이 시작하고, 5월 2일에 대사가 다나카(마키코) 외상과 만났을 때에, 교과서에 대해서 '무라야마 담화에 반하고 있는 것이 아닌가'라는 이야기를 한 것 외에, 신문에 정말 크게 게재된 것은, "(고이즈미 씨와)올해 3월에 만났을 때엔, 개혁에 강한 의지를 가진 사람이라는 인상을 받았습니다.""헨진(變人)"보다 개혁의 "가쿠진(革人)"이 좋다"라고 말한 기사입니다. 「시즈오카 신문(靜岡新聞)」(2001년 5월 3일)에는, '고이즈미 수상은 "革人", 한국 주일대사가 명명'이라는 표제가 붙은 기사가 나왔습니다.

최　　　 : 총리가 된 것이 4월이었지요.

고하리 : 4월 말인데, 우선 3월의 이야기는 어떤 것이었는지 묻고 싶은 것이 하나, 나머지는 총리대신이 바뀌면 대사로서 만날 기회가 있는지 어떤지. 총리가 되어 처음 만난 것은 언젠지, 그 부분을 우선 듣고 싶습니다.

최　　　 : 저는 「한국일보」의 특집 프로그램에서 일본을 움직이는 리더 중 한 명으로 고이즈미 의원과 인터뷰한 적이 있습니다. 그 내용은 제 『중용의 정치』에 들어가 있습니다.

고하리 : 그 책은 받았습니다.

최　　　 : 첫 대면이 그때였습니다. 그 다음은, 그 해 3월이었습니다. 바로 총재선거 전이라고 생각합니다.

고하리 : 그렇군요. 총재선거가 끝나고?

최　　　 : 총재선거 전입니다.

고하리 : 그때에 "혁인(革人)"이라는 인상을 가진 것인가요?

최　　　 : 네.

고하리 : 고이즈미 씨는 일대일로 만났습니까?

최　　　 : 그렇습니다. 제가, 중의원의원회관을 방문했습니다.

고하리 : 그것은 어떤 입장이었습니까. 대사로서?

최　　　 : 그렇습니다.

고하리 : 총재선에 나오는 사람들에게 인사하러 갔습니까?

최　　　 : 조금 전에 말했듯이, 예의 프로그램에서 한 번 만난 이후 만나지 않았으니까, '대사로서 한 번 만나고 싶다'라고. 물론 저는 총재선거도 고려했지만요.

고하리 : 차세대 리더가 될 것 같은 사람의 인터뷰를 한 기사가 있어서, 그게 훨씬 전에?

최   : 훨씬 전입니다.

고하리 : 네. 그게 첫 번째고 이번에 대사가 되어서 총재선에 나가기 전에 잠시 만나러 갔습니까.

최   : 그렇습니다. 상당히 기쁘게 만나주었습니다. 50분 정도 만났다고 생각합니다만, 지금 기억하고 있는 것은 세 가지입니다. 첫 번째는 오페라 이야기, 여러 장르의 음악 이야기를 했습니다. 두 번째 화제는 예의 그 "혁인(革人)" 이야기.

고하리 : 본인에게 말했는지 어떤지는 모르지만요.

최   : 그 자리에서 본인에게 확실히 말했다고 생각합니다. '한국에서는, 괴짜(變人)는 나쁜 의미입니다'라고.

고하리 : 일본에서도 그렇습니다.

최   : 일본에서도 그렇지만, 한국에서는 그것을 긍정적인 의미로 바꿀 수 없습니다. '"변혁(變革)"의 "변(變)" 대신에 "혁(革)"을 뽑아서, 혁인(革人)은 어떻습니까' 하고, 말했습니다. '아아, 과연'이라고 말하면서, '괴짜(變人)도 괜찮습니다' 하고, 다시 말했습니다.(웃음) 세번째로 저는 '고이즈미 내각 탄생의 가능성은 높다고 생각합니다'라고 말했습니다. '엣, 아뇨아뇨' 하고, 그는 손을 저었습니다. 총리가 되어서 또 둘이서 만났는데, 아마 처음 외국 대사와의 면담이었다고 생각합니다.

고하리 : 그것은, 총리가 되고 나서?

최   : 총리가 되고 나서 바로.

고하리 : 6월 27일에 만났습니다.

최   : 텔레비전에서 상당히 크게 나왔습니다. 그야말로 파안대소라고 할까, '아아, 선견지명이 있었다'라는 뜻으로.

고하리 : 과연.

최　　　 : 제가 고이즈미 총리 탄생을 말하지 않았나라는 모습을 보인
　　　　　 것, 총리는 '선견지명이 있었다' 는 이야기를. 그것은 사진에
　　　　　 도 나와 있습니다.

고하리 : 기록에 의하면, 6월 27일에는 교과서문제로, 우에다(쿠니히
　　　　　 코) 아시아국장도 동석하고 있었다는 이야기입니다.

최　　　 : 그렇습니다. 처음엔 교과서 이야기를 해도, 사진을 찍을 때
　　　　　 는 웃게되지요. 그 웃음이, 특히 3월의 면담할 때의 '고이즈
　　　　　 미 총리 탄생 발언' 뒤의 연장선이어서.

고하리 : 그렇지요.

최　　　 : 그 다음 내용은 공식적인 이야기였습니다.

고하리 : 총리대신이 되고나서, 시간도 분단위로 써야 하는 공식적인
　　　　　 발언의 자리였겠군요.

최　　　 : 네, 그렇습니다.

고하리 : 그즈음 몇 번인가 만난 것 같은데요.

최　　　 : 그 중에 한일관계를 상당히 긍정적인 신호로, '1965년의 한
　　　　　 일국교정상화 시점에서는 1년에 일만 전후의 사람이 왕래할
　　　　　 뿐이었지만, 지금은 하루에 일만을 넘고 있습니다. 한일관계
　　　　　 는 1일 일만의 시대가 되었습니다' 하고. 고이즈미 총리는 그
　　　　　 뒤에도, '1일 1만의 시대다' 라는 말을 자주 사용했습니다.

고하리 : 그것은 대사가 말했다는 것이지요.

최　　　 : 그렇습니다.

고하리 : 대사가 '1965년은 1년에 일만 명이었지만 … .'

최　　　 : 그렇습니다. '지금의 한일관계는 하루 일만 명의 시대다'라
　　　　　 고. 당시로서는 메시지성이 강한 표현이었습니다.

고하리 : 고이즈미 씨는 그것을 퇴임 때도 말했습니다.

최　　 : 그렇겠죠.

사도　 : 고이즈미 씨는, 천금의 가치가 있는 말을 대사에게 배운 것
　　　　이군요.

최　　 : 저는 정치학자로서, 정치적 자원으로서 가장 중요한 것은
　　　　언어라고 생각합니다. 정치가 개인이 가져야 할 불가결의
　　　　자원이라고 생각합니다. 예나 지금이나, 서양이나 동양이
　　　　나. 하물며 지금 시대는, 언어의 자원이 더 중요하지 않습니
　　　　까. 그런 의미에서, 고이즈미 총리는 훌륭한 자원을 가진 정
　　　　치가라고 생각합니다.

　　　　　그와 관련해서, 제가 항상 말할 때 고려하는 것은, 셰익스
　　　　피어의 말입니다. "간결성은 표현의 정수이다"라고. 고이즈
　　　　미 총리는 간결성에 철저합니다. 저보고 말하라면, 고이즈
　　　　미 총리는 "언력(言力)으로 권력을 쥔 남자"입니다. 고이즈미
　　　　총리를 "혁인", "언력으로 권력을 쥔 남자"라고 표현한 그 지
　　　　적소유권은 제게 있습니다(웃음).

사도　 : 이건, 최 대사께서 말씀하신 말이라는 것을 잘 인용하면 사
　　　　용해도 됩니까?

최　　 : 그러시죠. 고금동서를 막론하고, 정치의 자원은 경제력·군
　　　　사력·상징력입니다. 간단히 표현하면 돈과 칼 그리고 말입
　　　　니다. 현대 사회에서는 돈과 칼은 정치 시스템이 해결할 수
　　　　있습니다. 나머지는 말입니다. 정치지도자는 말을 사용해서
　　　　정치를 합니다. 어떤 의미에서는 정치는 말과 타이밍의 조
　　　　합입니다. 그런데 이렇게 말의 힘이 중요한데, 일본·중국·
　　　　한국의 사전에는 '재력'은 있지만 '언력'은 없습니다. 그것은
　　　　사상사적인 의미가 깊은 연구 테마입니다. 제 판단으로는

유교와 관련이 있다고 생각합니다.

고하리 : 과연. 흥미로운 지적이군요.

최 : 유교에서는 "교언영색 선이인", 교활한 말에 대한 경고는 『논어』에 3번 나옵니다. 다언, 실언, 허언을 향한 적의가 있습니다. 『논어』에는 공자 스스로 "교언을 증오한다"라고 말합니다. 교언보다 눌언에 호의적입니다. 이것은 서양과 동양의 학문방법론의 차이와 관련이 있다고 생각합니다. 소크라테스의 사상은 말로 시작합니다. 대화 없이 진리의 탐구는 할 수 없습니다. 서양은 언어의 교류, 커뮤니케이션을 통해서 모르는 진리를 탐구하는 방법론입니다.

유교는, 성인군자·지적 슈퍼맨들이 바른 진리의 길을 정하고, 소인과 백성은 그것을 학습하는 것입니다. 이것은 우열의 문제가 아니라 학문의 방법의 차이입니다. 그런 사상사적 · 문화적인 배경이 있어서, 언력의 중요함이랄까 존재감이 그다지 없지 않았나 하고, 추측합니다. 저는 언력의 중요함을 항상 생각하고 있어서, 한중일 삼국의 사전에 '언력'이라는 말의 존재를 확인하고 싶었습니다.

무로오카: 일본의 국어사전을 조사하지 않은 건가요.

최 : 저는, 한국의 국문학자, 일본의 국문학자에게 '언력'이라는 말을, 사전에 넣도록 권고했습니다.

고하리 : 과연, 일본에선, 원 프레이즈·폴리틱스라든가 말하지요. 원 프레이즈로, 뭐든지.

최 : 간결한 설명은 있지만, 단어로서의 '언력'이라는 말이 없습니다.

고하리 : "혁인"이라고 말한 것은, 일본의 신문에서 꽤나 크게 나왔습

니다.

최　　　: 그렇습니까. 저는 몰랐습니다.

고하리 : 대사에게도 드렸습니다만, 이런 표제에도 나오는 것이군요.

최　　　: 호호오, 어떤 신문?

고하리 : 이것은 「공동통신」이 배포해서, 「시즈오카신문」이 게재한 것입니다. 어떤 의미에서는 고이즈미 씨를 치켜세운 것이지만.

최　　　: "헨진"보다는 이 표현이 좋지 않습니까.

고하리 : 교과서문제인 시기에, 일본의 총리대신을 치켜세우듯이 해서 특별히 문제는 없었습니까.

최　　　: 저는, 그런 것은 일절 생각한 적이 없습니다.

고하리 : 아니, 한국의 미디어가 이상하게 보도할 가능성이 있는데요.

최　　　: 저는 그렇게는 생각하지 않았습니다.

고하리 : 부담은 전혀 없었다는 것입니까.

최　　　: 그렇습니다.

무로오카: 그와 관련해서 조금 여쭤보면, 대사관 안에서, 일본의 신문에 관련해서' 이런 것이 실려 있습니다'라는 브리핑은, 부하에게서 받을 수 있지요. '한국의 신문에 이런 것이 실려 있습니다'라는 것도, 매일 보고가 있습니까.

최　　　: 중요한 것은 홍보담당인 공사가 있으니까.

무로오카: 이건 지방의 신문이어서, 조금 놓쳤을지도 모르겠네요.

고하리 : 그렇네요. 「교도통신」의 배포라는 것은, 도쿄라면 끝머리(端末)를 넣지 않으면 모르니까.

무로오카: 그 중에서는 최 대사에게 비판적인, 최 대사가 보면 재밌지 않은 기사도 있다고 생각하는데, 그런 것도 부하는 정직하

게 '이런 기사가 올라와 있습니다' 하고 보고합니까?

최　　　: 물론, 한국에서는 고위직은 일 년마다 재산의 이동 내용을 보고토록 돼있습니다. 그 결과, 제가 재산 증가 1위라고 보도되었습니다. 꽤나 대서특필이었지요. 수석 공사가 깜짝 놀라서, 걱정스러운 얼굴로 기사를 보여주었습니다. 사실은 산 속에 제가 살고 있던 집이 있었습니다. 아내의 전문이 성악이어서, 아파트에선 시끄러워서 연습할 수 없습니다. 그래서 산 속에 집을 마련했습니다.

무로오카: 서울의 교외입니까.

최　　　: 서울 강남구 자곡동이라는 곳입니다. 제가 대사부임과 동시에 그 집을 어느 가수에게 빌려주고, 보증금을 받은 것입니다.

무로오카: 한국에서 말하는 전세입니까,

최　　　: 일본어로 하면?

무로오카: 맡은 돈일까요.

최　　　: 일본 돈으로 이천오백만 엔 상당의 전세였습니다. 저는 그 전세를 은행에 정기예금해서 이자를 받고 있어서, 수익이라고 보고한 것이 문제의 발단이었습니다. 제 실수로 부채를 수입에 넣은 것이지요. 신문사가 기사를 고쳐 준 해프닝이었습니다.

무로오카: 재산을 늘린 고급관료라는 것으로, 신문에 나갔군요.

최　　　: 그렇습니다. 제가 항의도 하지 않았는데, 확실히 「조선일보」였다고 생각하는데, 사실을 알아보고 정정해주었습니다.

무로오카: 그럼, 대사의 듣기 싫은 이야기도, 전부 보고했다는 것이네요.

최　　　: 그렇습니다.

❖ 고이즈미 정치와 '탈이념'

고하리 : 고이즈미 씨의 경우, 총재선 때부터 '야스쿠니 신사에 참배
　　　　한다'는 것을 명확히 말했습니다. 정말 그 3월에 만나러 가
　　　　서, 고이즈미정권이 발족한 후에 '야스쿠니 참배를 하게 되
　　　　면, 다시 한일관계가 나빠지지 않겠습니까'라든지, 혹은 반
　　　　대로 고이즈미정권 쪽에서, 정부에 가까운 사람이 이 문제
　　　　로 무언가 의견을 구했다든가, 그런 적은 없었습니까?

최　　　 : 없었습니다.

고하리 : 걱정은 어땠습니까?

최　　　 : 3월에 만났을 때도, 한국 신문에는 실리지 않았습니다.

고하리 : 그렇지요. 모르지요.

사도　　 : 고이즈미 씨가 자민당 총재선거에서 하시모토 류타로(橋本
　　　　龍太郎) 전 총리를 이기고, 극적으로 승리를 쟁취했는데, 아
　　　　마 2001년 1월 단계에선, 총리대신이 될 거라고 생각한 사
　　　　람은 거의 없었다고 생각합니다.

최　　　 : 그렇습니다.

사도　　 : 고이즈미 씨는 극적으로 붐이 일어나서, 총리대신이 된 사
　　　　람이지요. 그때까지 외교에 대한 경험도 없고, YKK라고 말
　　　　하는, 가토 코이치(加藤紘一) 씨라든지, 야마자키 타쿠(山崎
　　　　拓) 씨와의 관계가 있었지만, 국내 정치적으로 말하면, 그때
　　　　까지도 총재선거에 출마하기는 했지만, 대외적으로는 그다
　　　　지 주목받지 않았던 사람이라고 생각합니다. 90년대에 선생
　　　　님은 조금 전에 말씀하신 것처럼 차세대 리더의 한 사람으
　　　　로 인터뷰 하신 적이 있다고 생각하는데, 실질적으로 정말

이 사람이 일본의 총리대신 같은 리더가 되겠다고 생각한 사람은 일본의 정치인 중에서도 그다지 없었다고 생각합니다. 그런 사람이 급속도로 성장하여, 총리대신의 자리가 엄청 가까워졌을 때에는 예를 들어, 한국으로서 이후의 대일관계, 대일외교를 생각할 때에는, 고이즈미 준이치로는 어떤 사람이고, 어떤 생각을 하고, 이때까지 어떤 행동을 해 왔는지를 포함에서 상당히 조사한 것이 아닌가 생각합니다.

최　　：물론.

고하리 ：고이즈미 씨처럼 갑자기 등장한 사람은, 총재선이 가까워지고 나서 주목받게 되는 것입니까?

최　　：제가 처음 만난 고이즈미 씨는 일본을 움직이는 지도자 열 명 중의 한사람이었습니다. YKK의 3명과 지금도 교류하고 있습니다. 특히 가토 코이치 씨와는 1975년부터의 지인입니다. 털어놓고 말하면, 세 명 중에서 극적으로 대중의 마음을 잡는 리더는 고이즈미 씨라고 생각합니다.

사도　：일본 정계 안에서는 YKK라고 말했을 때, 야마자키·가토·고이즈미인데, 가토 코이치 씨는 젊어서부터 주목받은 리더이고, 반드시 언젠가는 총리대신이 될 거라고 생각되었습니다. 야마자키 씨는, 모르지만 찬스를 노리고 있다고. 고이즈미 씨는, 가토·야마자키와 같이 있어서 주목받는다는 평가였다고 생각하는데, 세 명 중에선 독특한 개성을 보여주었다는 것인가요.

최　　：세 명의 비교 연구는, 이 안에는 쓸 수 없겠지요.(웃음)

사도　：나중에 넣지 않아도 좋으니까.

최　　：저는 역사상 지성과 권력을 결합시킨 모델로 로마공화정시

대의 키케로, 한국에서는 조선왕조의 설계자인 정도전을 생
각하고 있는데, 가토 씨는 지적 향기가 있는 정치가여서, 일
본의 총리대신이 되어 주었으면 했습니다. 저는 야마자키
타쿠 씨도 매력적인 거물 정치가라고 생각합니다.

고하리 : 최 선생님 개인의 판단이라고 생각합니다만 ….

최　　: 그렇습니다.

고하리 : 정권이 바뀔 때에 예를 들어, 오부치 씨에서 모리 씨로 바뀐
시기라든지, 모리 씨에서 고이즈미 씨로 바뀐 시기라든지,
정권이 바뀔 때, '이번 총리는 어떤 사람인가'라고 할 때에,
모리 씨는 전부터 이름이 꽤나 나왔었다고 생각합니다. 지
금 사도 선생님이 말씀하신 대로, 고이즈미 씨의 경우는 한
국정부 자신도 그다지 정보가 없었다고 생각합니다.

최　　: 없었습니다. 깜짝 놀랐겠지요.

고하리 : 그래서 국가레벨에서 알아본다든지, 그런 지시는 내려오지
않나요?

최　　: 지시라고 하기보다, 일상적인 현지 분석의 결과를 보고합니다.

고하리 : 그런 것입니까. 자주 정권이 바뀌면, 특히 청와대 측이 신경
쓰지 않겠어요?

최　　: 물론.

고하리 : 한일관계는 어떻게 되는지. 아마, 여러 예측은 담당 정치공
사라든지 한다고 생각하는데, 고이즈미 씨야말로 더 정보가
필요하다든지, 그런 일은 없었나요?

최　　: 저는, 그즈음 고이즈미 씨가 총리가 된다는 확신은 없었지
만, 이 사람은 언젠가 총리가 될 것이라는 예감은 있었습니
다. 그래서 고이즈미 정권 탄생이라는 말을 본인 앞에서 말

한 것입니다.

고하리 : 그 예측은, 청와대에는 알리지 않습니까?

최 : 아니. 예측이 틀리면 큰일인걸요.(웃음)

사도 : 그저, 총재선거가 시작됐을 땐, 어차피 국회의원표가 있어서 하시모토 씨가 되겠지 했지만, 압도적인 지방표로 고이즈미 씨가 이겨서.

최 : 저는 개인적으로는 하시모토 총리부부와도 교류가 있고, 호의를 가지고 있지만, 당시는 아무래도 하시모토의 시대가 아닌 것 같은 느낌이었습니다.

사도 : 어느 시기부터, 고이즈미 씨가 총재선거에서 이길 것 같다는 예감, 역시 조금 전의 고이즈미 씨에 대한 정보라든지, 평가라든지, 이후의 한일관계에서 고이즈미 씨가 어떤 행동을 할지에 대해서 예측은 정리되어 있었습니까?

최 : 그렇습니다.

사도 : 대사관이 중심이 되어 레포트를 만들어서, 본국에 보낸다는?

최 : 가끔 그렇습니다. 고이즈미 총리는, 특히 김대중 대통령에 대한 평가가 상당히 좋았습니다. 고이즈미 총리의 김대중 대통령 관련 스피치를 조사해보세요. '파란만장'이라는 말이 자주 나옵니다. 제가 김대중 대통령의 파란만장한 역사를 설명하면, '아아, 글자 그대로 파란만장한 인생이었군' 하는 감동이 넘치는 표정을 보였습니다.

사도 : 제일 상징적으로 나타내는 말을 잘 사용하는 것이, 상당히 능숙한 사람이지요.

최 : 그렇습니다. 고이즈미 총리는 말의 효용과 비용에 대해서

훌륭한 직관력을 가졌다고 생각합니다.

사도 : 고이즈미 내각이 되어서, 개개의 문제에서 어떻게 대응했는
지도 중요하지만, 일본정치 연구에 있어서 고이즈미 내각은,
그때까지의 자민당 정치와 상당히 수법이 다릅니다. 예를 들
어, 조각 방법도 파벌 단위로는 하지 않는다든지, 다양하게
다른 것이 나오는데, 그것은 외국인의 눈으로 보면, 이때까지
의 일본정치와 흐름이 바뀌었다든지, 큰 변화로 생각되었다
든지. 고이즈미 내각의 등장 자체를 어떻게 보셨나요?

최 : 저는 지금도 '일본은 보수적, 너무나 보수적인 나라'라는 말
을 자주 사용합니다. 니체의 수사학 "인간적, 너무 인간적"
이라는 표현을 생각하겠죠. 일본은 보수적, 너무나 보수적
인 나라입니다. 세계의 역사에서도 천년 이상 하나의 왕조
가 연속해서 유지해온 나라는 일본 이외에 그다지 찾을 수
없습니다. 그 의미에서 일본에서 보수세력이 정권을 잡는
것은 그리 놀랄만한 일이 아닙니다.

저는 나카소네 총리와 고이즈미 총리를 보수 정치가로 주
목합니다만, 두사람은 스타일도 이미지도 다릅니다. 나카소
네 총리는 보수 본류를 대표하고 있지만, 고이즈미 총리는
탈이념적인 색채가 보입니다. 이데올로기에 구애되지 않습
니다. 그는 탈냉전시대의 보수정치가라고 말할 수 있습니다.
예를 들어, 다나카 슈세이 씨 같은 리버럴과도 잘 어울리죠.

고하리 : 고이즈미 씨의 탈이념은 몇 군데에서 맞는구나 하고 생각합
니다. 예를 들어, 2001년 9월에 서대문형무소에 갔었지요.
그런 곳에서도, 굉장히 참신한 얘기를 했습니다. 그런 한편,
야스쿠니 신사참배를 고집하는 것은 어떤 의미에선 이념적

인 냄새도 나지만요.

최　　　：어느 쪽인가 하면, 물론 우익입니다.

고하리 ：그렇지요.

최　　　：말하자면 신념우익과 다른 유연성이 있는 것처럼 보입니다.

사도　　：고이즈미 씨는, 옛날 자위대가 제일 처음으로 나갔을 때라
　　　　든지, 반대했었지요.

최　　　：가토 씨와의 교류도 있었고.

사도　　：네. 그래서 어느 쪽인가 하면, 일본의 정계 안에서는, 보수파
　　　　가 아니라고 알려진 사람이었지만, 그게 총리 대신이 될 때
　　　　에, 야스쿠니 신사문제에는 상당히 부담을 느꼈다. 그것은,
　　　　유족회의 지원을 받았다든지, 아마 고이즈미 씨 특유의 댄
　　　　디즘이라든지, 여러 가지가 그의 계산 안에 있었다고 생각
　　　　합니다. 이념이라는 것은 조금 다르지 않은가 하는 느낌이
　　　　있습니다.

고하리 ：그러네요.

최　　　：탈이데올로기라고 말하는 편이 좋을지도 모르겠네요. 탈이
　　　　데올로기＝비보수파가 아니니까요.

사도　　：고이즈미 내각은 결과적으로 5년 반이나 계속했지만, 처음
　　　　고이즈미 내각이 성립했을 때에는 그때까지의 모리 내각이
　　　　국민의 지지가 상당히 내려가서 불안정해져서, 그 혼란 속
　　　　에서 등장한 내각이었지만, 그 당시는 '이것은 일본의 정치
　　　　에 잠시 안정을 가져다준다'라는 평가를 받은 것인가요.

최　　　：저는 일본의 보수정치의 안정이라는 의미에서 평가했습니다.

사도　　：앞서 말한 것입니다만, 고이즈미 내각 때에 파벌에 사로잡
　　　　히지 않고 조각을 하는 것으로, 화제가 된 것은 다나카 마키

코 외무대신이었는데, 다나카 씨의 평가를 우선 듣고 싶습니다.

최   : 외교라고 하는 것은 의외로 무미건조한 일로 말하자면, 의전(protocole)이 대부분을 차지합니다. 그런 의미에서는 외무대신으로서의 다나카 씨의 언행은 '파격'이라는 인상을 받았습니다. 저는 개인적으로는 상당히 친근감을 느꼈지만. 지금 돌아보면, 제 대사부임 중 예를 들어, 일본 총리의 한국 방문 같은 주요 외교행사에 대해서는, 외무성과의 채널 이외에 주로 후쿠다 관방장관과의 협력이 유효했습니다.

사도   : 후쿠다 씨와의 교제는 그때까지 어느 정도?

최   : 대사부임하고 나서입니다. 정말 신사입니다. 후쿠다 씨는 동양의 군자와 서양의 신사의 양면을 가진 분입니다.

사도   : 고이즈미 내각에서 관방장관이 되기 전에?

최   : 대사로서 후쿠다 관방장관에게 경의를 표하는 방문이었습니다.

사도   : 고이즈미 내각 때, 고이즈미 씨의 수석비서관이었던 이지마 이사오(飯島勳) 씨라는 분이 충고를 하거나 상당히 역할을 해주었다고 하는데, 이지마 씨에 대해서는 어떻게 보셨나요.

최   : 교류는 없었지만, 서로 아는 관계였습니다.

사도   : 이지마 씨에게 접촉 받은 적은?

최   : 없습니다.

❖ 북쪽 바다의 꽁치문제와 '채택률 0.039%'

무로오카: 고이즈미 씨가 정권을 잡은 후에 관심사항 중 하나는 야스쿠니 문제였습니까?

최 : 일본 어느 정권에서도, 한국 정부와는 세 가지의 문제, 즉 교과서, 독도, 야스쿠니가 있습니다. 이 세 가지 문제에 대해서는 제 나름의 대응 방법이 있었습니다. 독도는 평화적 현상 유지, 교과서는 사실에 근거해서 일본 당국에 설명한다. 야스쿠니 문제는 기본적으로 일본의 문제로, 이미 일본에 대답이 나와 있다는 입장이었습니다.

다카야스: 정치 이외로 한국 어선에 의한 북쪽 바다의 꽁치문제라든지.

최 : 있었습니다.

다카야스: 있다면, 그렇게 큰 이슈는 아니었습니까?

최 : 주 일본한국대사관은 어떤 의미에서는 작은 정부입니다. 20개 이상의 부서에서 국장 수준의 전문가가 와 있으니까, 우선 전문가가 일본당국과 접촉을 합니다. 최종적으로 정치적인 판단이 필요한 때엔, 제가 관련부서의 대신을 만나거나 합니다.

고하리 : 꽁치문제는, 일본에서는 꽤나 대서특필되어서, 지방지(「시즈오카신문」 2001년 8월 2일)에서도 일면 '북쪽 꽁치 한러에 정식 항의' 등 대서특필했습니다. 이때 타케베 츠토무(武部勤) 농림대신이라든지 카와시마 외무차관과 상당히 접촉했지요.

최 : 구제역 당시에 다케베 대신을 만났습니다.

사도 : 있었습니다, 처음은 바로 수습되었지요.

최 : 당시 타케베 대신이 "부디 텔레비전이라든가 미디어에 나가

서 구제역을 걱정하지 않도록 말해 주었으면 한다"고 해서, 제가 "와규는 먹을 수 있습니다"는 것을 홍보한 적이 있습니다.

고하리 : 과연.

최 : 일본국민이 보면, 대신이 말하는 것 보다 외국 대사가 말하는 편이 효과가 있다고 들었습니다. "와규는 먹을 수 있습니다. 저는 거의 매일 먹고 있습니다", 신문에 대서특필 되었습니다. 불고기의 반은 우리 동포가 하고 있으니까.

고하리 : 아까 꽁치문제는, 교과서문제와는 반대로, 일본 측에서 한국 측에 항의한 문제지요, 북쪽 4섬과의 관계로. 대사로 취임하고 나서, 일본 측에서 크게 항의 받은 것은 아마도 이것이 처음이라고 생각하는데, 하지만 이걸로 그렇게 고민한 것은 아닙니까?

최 : 아니, 고민이라고 하면, 매일 고민했으니까. 어느 정도의 둔감함이 없으면, 대사라는 일은 할 수 없습니다.(웃음)

고하리 : 과연.

무로오카: 이 삼마문제로 오히려 한국 국내에서 '왜 일본이 한국의 어업문제에 부당하게 개입하는가'와 같은, 본국에서의 압력은 없었습니까?

최 : 그런 경우엔 조사해서 보고합니다.

무로오카: 한국의 주무부서는, 당시의 해양수산부입니까?

최 : 그렇습니다.

무로오카: 거기에서 파견되어 온 주재관이 있고.

최 : 있습니다.

무로오카: 그 사람이 한결같이 했습니까?

최 　　 : 실무는요. 어느 정도 결정하면 제가 담당 대신을 만나는 것
　　　　 입니다.

무로오카: 타케베 대신이 대사에게 직접 무언가 말할 때엔, 농림수산
　　　　 성 본부에 불러서 대신실에서 전합니까?

고하리 : '철회거부를 대사에게 전달'이라는 것은 직접 하는 것입니
　　　　 까. 외무성 경유로 가는 가능성은 있습니까?

최 　　 : 공식으로 하는 경우 보통은 외무성 경유입니다.

고하리 : 이것으로 전보는 상당히 교환했다고 생각합니다.

최 　　 : 그렇습니다.

무로오카: 그럼, 이것은 아까의 교과서문제 정도로 큰 문제는 아니었
　　　　 습니까?

최 　　 : 그것은 협상에 의한 해결이 가능했습니다.

무로오카: 또 청와대 쪽에서도, 교과서문제 때처럼 큰 관심도 없었습
　　　　 니까?

최 　　 : 관심은 있습니다.

무로오카: 있지만, 비교하자면.

최 　　 : 역시 교과서문제는 국민의 관심이 강하니까.

사도 　 : 북쪽 4섬 주변은 확실히 상당히 좋은 어장이어서, 어업종사
　　　　 자가 관심을 가지는 것은 당연하다고 하면 당연하다고 생각
　　　　 하지만 예를 들어, 극히 최근에도 쿠나시리토(国後島)에 한
　　　　 국 의원이 갔지요. 한국의 일부 정치가라고는 생각하지만,
　　　　 북쪽 4섬의 문제와 다케시마 · 독도문제를 연계해서 생각하
　　　　 는 사람들이 있다는 것인가요?

최 　　 : 지금 한국에서는 독도의 실효지배를 강하게 하자는 움직임
　　　　 이 있습니다.

고하리 : 꽁치문제는, 이 정도로 괜찮을까요. 교과서문제는, 친서 교환이 있었던 모양인데, 그 일을 기억하고 있습니까? 김대중 대통령의 고이즈미 씨에의 친서를 가지고 가거나, 최종적으로는 7월에 일본 측이, 특히 수정요구가 크게는 벗어나지 않은 것이라 하여, 문부성의 사무차관에게 대사가 가서. 협의를 했는데, 그때의 일로 무언가 이야기하고 싶으신 것은 없으신가요?

최 : 공식적으로, 한국 측의 입장을 문서로 전했습니다.

고하리 : 그렇군요. 후쿠다 관방장관에게도, 그후에 무언가 전했다고 생각합니다.

최 : 그렇다고 생각합니다. 한국에서 대규모의 항의데모가 있어서, 또 한국의 전문가들이 집중적으로 논의를 해서, 그것을 정리해서 전하는 것은 당연합니다.

고하리 : 결과적으로 최근에 오구라 키조 씨의 『하이브리드화 하는 일본』(NTT출판, 2010년)에도 대사의 말이 나오듯, 채택률이 상당히 낮았었죠. 그런 것이 전해지는 과정엔 어떤 것을?

최 : 걱정하고 있던 교과서 채택률은 0.039%였습니다. 저는 그것을 보고, 일본국민에게 합리적으로 설명하면 극복할 수 없는 것은 없다고, 일본국민에게 어느 정도 신뢰를 갖게 되었습니다.

고하리 : 0.039%였으니까요.

최 : 선진민주국가 일본에서, 지방의 교육위원외가 자발적으로 고른 결과니까, 저는 당시로서는 0% 이상으로 의미가 있었다고 생각합니다.

고하리 : 일본인의 판단으로는.

최　　　: 그렇습니다.

고하리　: 오구라 씨의 책에 인용되고 있는 것은, 최 대사가 '0%로는, 신뢰할 수 없다. 0%가 아닌 것으로, 일본이 민주주의 사회인 것을 보였고, 0.039%인 것으로, 일본인의 양심을 보여주었다'는 부분이지요.

❖ 고이즈미 총리의 야스쿠니 참배와 다나카 외상의 9·11 대책

고하리　: 야스쿠니 참배 이야기인데, 어느 여론조사에서 53%가 '반대'로 나온 것도 대사는 잘 알고 있지만, 고이즈미 씨는 이해 2001년 8월 15일을 피해서 8월 14일에 참배했습니다.

최　　　: 고이즈미 총리의 한국 방문도 있었습니다.

고하리　: 그것은 9월입니다.

최　　　: 저도 동행했습니다.

고하리　: 그렇습니다. 8월 14일에 야스쿠니 참배했는데, 8월 15일에 하면 문제라고 하여. 특히 중국과의 문맥에서, '중국은, 8월 15일이 아니면 화내지 않는다'고 했으니까. 대사에게는 그런 논의가 없었습니까? 8월 15일이 아니라 14일에 참배한다고.

최　　　: 없었습니다.

고하리　: 총리가 야스쿠니 참배에 간다고 하는 사전통고는 없었습니까?

최　　：제가 알고 있는 한에서는, 사전통고는 없었습니다.

고하리　：가버린다는 것에 대해서 그 날이 가까워지면 또 한일관계가 복잡해지지 않을까 하는 걱정이라든지.

최　　：그건, 있었습니다.

사도　：고하리 선생님의 질문에도 있었지만, 이 야스쿠니 문제 등은 중국의 반대도 강하게 있었지만, 같이 반대하는 사이라고 할까, 중국과의 외교적인 연대는 생각해보거나 하지 않았습니까?

최　　：그건 없습니다.

고하리　：그때 대사는 항의로는 꽤나 강한 어조로 말했지요.

최　　：총리의 야스쿠니 신사 참배 후의 제 반응입니까?

고하리　：8월 14일의 신문기사(「아사히신문」)를 그대로 읽어보겠습니다. '고이즈미 수상의 야스쿠니 신사 참배에, 한국의 최상용 주일대사는 14일 오전, 외무성을 방문해, 노가미 사무차관에게 "모든 기회를 통해 참배 중지를 요청해왔다. 실로 유감이다"라고 말했다. 최 대사는 수상이 담화 중에 과거의 침략에 반성을 보인 것에 일정의 이해를 표명했지만, "담화와 모순되게 전쟁범죄자를 제사지내는 야스쿠니에 참배한 것에 대단히 실망하고 있다. 한일 사이에서는 교과서문제도 미해결이고, 양국 관계의 영향을 우려하지 않을 수 없다"고 말했다. 구체적인 대항조치의 언급은 없었다. 노가미 차관은, 수상이 15일을 피해 참배한 것에 대해서 "국내에 다양한 논의가 있고, 비판이 있는 가운데, 수상이 상당히 큰 정치적 결단을 했다는 것이다"라고 설명하고, 이해를 구했다'라고.

최　　：말한 대로입니다.

고하리 : 그렇군요.

최　　　: 이 정도 말해도, 한 장관이 본국의 사정이 전해지지 않았다고 생각한 것입니다.

무로오카: 이럴 때는, '만약 고이즈미 총리가 야스쿠니에 참배하면, 반드시 항의하러 가도록'라는 훈령이 본국에서 옵니까?

최　　　: 때로는 훈령, 때로는 현지의 판단으로.

무로오카: 이제 대사의 판단으로, 상식 범위에서 하라는 것입니까?

최　　　: 사태가 악화하면, 단계적으로 대응 수위가 높아집니다.

무로오카: 그리고, 항의의 의지를 상당히 강하게 밝히기 위해서, 예를 들어, 차관실에 가서도 악수도 안한다는 경우도 있습니까?

최　　　: 악수는 악수, 항의는 항의입니다.

무로오카: 대사는, 악수는 했다?

최　　　: 당연합니다.

고하리 : 야스쿠니 시기에, 아까 말한 교과서 채택률이 점점 발표되는 것과 겹쳤습니다.

최　　　: 그렇군요.

고하리 : 예를 들어 그 채택률이 낮아지면 지방지에서도 '한일수복의 실마리도. 외무성에 기대감'(「시즈오카신문」 2001년 8월 17일)라는 표제가 나온 시기입니다만. 그것을 받고, 이번 9월에 고이즈미 씨가 처음 한국을 방문해서 서대문형무소에서 그 이야기를 듣고 싶습니다.

최　　　: 질문에 대답하는 형식으로 할까요.

무로오카: 우선, 애당초 야스쿠니 신사 등에서 한일관계가 악화된 후에, 총리의 한국 방문을 실현시키기까지는 상당한 노력이 있었습니까?

최   : 이것은 주로, 후쿠다 관방장관과 협의를 했습니다.

무로오카: 후쿠다 관방장관과 최 대사의.

최   : 네.

사도   : 방한의 생각은 언제부터 있던 것입니까?

최   : 그 시점은 정확히 모릅니다.

무로오카: 그렇군요. 이 프로젝트는 8월 14일 야스쿠니 참배보다 전에 시작된 것입니까?

최   : 전부터라고 생각합니다.

무로오카: 하지만, 야스쿠니에 갔다는 것으로, '이 프로젝트는 취소하는 것이 좋지 않을까' 하는 이야기는 없었습니까?

최   : 그건 없습니다.

사도   : 한국의 미디어에서도 항의의 표시로 그것을 인식한 것입니까?

최   : 물론 반대 데모는 있었습니다.

고하리 : 한국의 미디어는 조금 심술궂은 보도수법을 사용했지만 예를 들어, 고이즈미 총리의 서대문에서의 '사죄' 회담(2001년 10월 15일)에서 '일본의 식민지 지배에 의해 한국의 국민에게 거대한 손해와 고통을 주었다'라는 핵심적인 부분보다도 '역사를 돌아보면서 서로 반성하고, 두 번 다시 고난의 역사를 되풀이하지 않도록 협력해야 한다' 하고, 고이즈미 씨가 말한 '서로 반성'이라는 부분을 일부러 크게 보도했습니다.

최   : 그렇습니다.

고하리 : 그것을 또, '왜 서로인가. 일본이 반성하면 되지'라고 하여, 상대방의 말꼬리를 무는 식이었지요.

최   : 어느 기자가, 고이즈미 총리는 '김치를 싫어한다'는 보도를

했지요. 저는, 고이즈미 총리는 일본의 달무지도 포함해서, 말하자면 절임류를 체질상 먹지 못한다고 기자에게 설명했습니다.

고하리 : 그것은 방한 중에 대사가 한국의 미디어에 설명한 것입니까?

최 　 : 방한 중에 일부의 신문에서 그런 보도가 나왔습니다. 그 관련의 기자가 '정말입니까'라고 물어서 대답한 것입니다.

고하리 : 조금 전의 '서로 반성'이라는 부분도, 한국의 외교통상부는 '그건 별로 그런 의미가 아니다'라고, 일본 측의 입장을 설명해 준 것입니다. 하지만 「조선일보」가 '어느 나라의 외교부인가'(2001년 10월 17일 사설) 하고, 썼습니다.

최 　 : 아시는 대로 한일 간의 역사문제에 엄중한 태도는, 한국 국내의 신문이 거의 일치합니다. 「조선일보」도 예외는 아닙니다.

고하리 : 특히 김대중정권과 사이가 나빴다는 것도 있어서, 김대중정권의 대일정책에 대해서, 그런 측면으로 비판하고 있는 듯한 모습이 있었습니다.

최 　 : 하지만 「조선일보」는 제 외교활동에 대한 비판은 없었습니다.

고하리 : 그저 전반적으로는, 고이즈미 씨의 방한이라는 것은 성공했다고 생각해도 괜찮은 것입니까?

최 　 : 성공이라고 할까, 별 문제없었습니다. 그렇게 강한 태풍 직후였는데도.

고하리 : 그런 때는 계속 함께 행동하십니까?

최 　 : 그렇습니다.

고하리 : 비행기는 다릅니까?

최 　 : 다릅니다.

고하리 : 2001년 9월 11일에, 미국에서 9·11테러가 있던 시기인데 그것과의 관련에서, 사실은 다나카 외상과 만나서 여러 이야기를 했는데 예를 들어, 동시다발 테러에 관해서 자위대가 대미지원책을 할 때에, 다나카 마키코 씨가 최 대사에게 10월 3일에, '국군주의의 부활 같은 것이 아니라 어디까지나 테러 대책이다. 국제사회와 협력하면서, 테러와의 전쟁에 전력으로 싸우고 싶다. 한국과도 연락을 하고 싶다'라고 말한 것 같은데, 그런 것은 기억에 있습니까?

최   : 외무대신의 발언은 중요한 보고사항입니다.

무로오카: 특히 이 문제에 대해서는 본국에서, '일본과 이런 협력을 해라'든지 혹은 '일본이 어떤 대미협력을 하고 있는지에 대해서, 중점적으로 조사해라'든지, 9·11에 관련해서 한국정부의 방침은 무엇이 있었나요?

최   : 지시라고 하기보다 일상적 외교활동입니다.

무로오카: 아마 한국도 당시 이 문제로 미국에 어떤 협력을 하면 좋을지 하는 것으로, 상당히 고민했다고 생각합니다. 일본도 고민했지만 그와 관련해서 무엇이 있었습니까?

최   : 특별한 훈령은 없었습니다.

다카야스: 대사 자신은 정치학자로서 그 사건 자체는 어떤 식으로 보셨나요?

최   : 9·11은 국제 테러의 전형적인 사건입니다. 틀림없는 반인도적인 사건이라고 생각합니다. 역시 『문명의 충돌』의 저자의 나라, 미국이네요. 이 사건의 기초에는 문명의 충돌이 있는가 하고 생각했습니다.

사도   : 그 당시 일본에서도, 외국에 있는 미군관계시설이 테러 당

할지도 모른다는 위험성이 있어서, 일본정부도 당혹했지만, 한국도 물론 재한미군기지가 있는데, 그런 문제가 일어날지도 모른다는 걱정은 있었습니까?

최   : 있었습니다.

다카야스: 확실히, 넘버·투인 공사 쪽이 국가정보원에서 와있다는 이야기를 저번에 들었는데, 그 분이 정보 수집을 해서 대사에게 설명했다든지, 그런 일은 없었나요?

최   : 그것은 일상적으로 있습니다.

❖ 운치 있는 정치가 김종필과 김대중정권의 안보정책.

고하리 : 그런데, 한일의원연맹에 속해있는 사람들과의 교제는 일상적으로 좀 있습니까?

최   : 네, 의장단이 내일하면, 함께 동행하거나.

고하리 : 한번 김종필(JP) 씨가 한일의원연맹회장의 자격으로 와서, 대사 관저에 함께 간 적이 있습니다만.

최   : 있었습니다.

고하리 : 세세한 것은 그다지 기억에 없을지 모르지만, 이때에 JP 씨와 어떤 느낌으로 이야기를 하셨는지, 그런 것에 관심이 있습니다. 대사가 고이즈미 씨에게 JP 씨를 데리고 갔는데, 그때의 모양과 일본 대사를 하고 있었을 때, JP 씨는 자주 왔었지요.

최   : 그렇습니다. 총리 축하 방문은, 누구라도 사진을 찍고, 10

분 전후 환담을 나누는 것이 통례입니다. 만나는 것 자체에 의미가 있습니다. JP가 음악에 조예가 깊은 사실은 전에 말했지만, 그는 맹렬한 독서가이기도 합니다. 시오노 나나미 씨의『로마인 이야기』16권 전부 읽은 것을 확인하고, 제가 "저자와 한번, 만나면 어떻습니까" 하고 말했더니 "시오노 나나미 씨와 대담이라도 하고 싶군" 하고 말했습니다.

고하리 : 일본어 책을 읽었습니까? 아니면 번역?

최　　 : 일본어. 저와 함께 서점에서 16권 전부 샀습니다. 그만큼 푸근한 거물 정치가는, 이제 한국에는 보기 어렵습니다.

무로오카: 정치가 이야기는 또 다음에 자세히 듣기로 하고, 실무적인 이야기에 대해서 꼭 듣고 싶습니다.

　　　　우선 첫 번째는 이전에도 들었습니다만, 김대중정권의 외교안보정책에서는, 임동원 장군이 큰 역할을 했다고 하는데 예를 들어, 대사와의 관계 혹은 대일정책에 있어서도 임동원 씨가 큰 역할을 한 것은 무언가 있습니까?

최　　 : 오부치·김대중 파트너십 선언, 그후의 일본대사발령, 한일 수뇌회담, 그외 일련의 대일정책에 대해서는, 임동원 수석비서관이 제 조언을 무겁게 받아주었습니다. 구체적인 정책 문서의 작성에 있어서도 임 수석비서관은 전면적으로 저를 지지해 주었습니다.

고하리 : 그것은 최 선생님이니까 지지했다는 측면뿐만 아니라 본인도 역시 이해하고 있다는 것입니까? 이해하는 정도가 대단했다는 것입니까?

최　　 : 전문적 지식보다 전략적 사고에 익숙한 분입니다. 김대중 대통령의 일본국회에서의 연설을 현장에서 듣고 가장 높게 평가한 사람입니다.

고하리 : 최 선생님 자신도, 임동원은 대단하다고 생각하십니까?

최 : 특히 포용정책의 이론 및 실천에 있어서는 불가결한 분입니다.

고하리 : 통일정책뿐만 아니라 다른 외교?

최 : 김대중 대통령 자신이 외교 전략가라고 말할 수 있습니다. 임동원 씨는 남북관계와 한미관계의 상수와 변수를 누구보다 정확하게 판단할 수 있습니다. 그의 회고록이 일본어로 나와 있을 겁니다.

무로오카: 애당초 오래된 지인입니까?

최 : 아니, 교류는 그다지 없었지만, 한일 외교관계에 관한 한 저와의 사이에서 이견은 전혀 없었습니다.

무로오카: 알겠습니다. 하나 더, 오부치·김대중 파트너십 이후, 일본과 한국 사이에서는 한국에서 말하는 군사외교, 일본에서 말하는 방위교류가 상당히 진행된 시기가 있었습니다.

최 : 있었습니다.

무로오카: 그에 관해 어떤 에피소드가 있습니까.

최 : 아마 국방 분야 최고책임자의 회합은 처음이었지요. 관저에서 조성태 국방부장관과 일본의 통막의장(統幕議長)과의 디너가 있었습니다. 군인 특유의 공감이 있어서 화기애애했습니다.

무로오카: 최대사의 눈으로 보시고, 군인끼리의 교류는 아직 서로 경계하고 있구나 하는 느낌입니까? 아니면, 군인끼리라서 서로 잘 아는구나 하는, 그런 인상입니까?

최 : 저는 우선 만나야 한다고 생각합니다. 만나는 것은 외교의

스타팅 · 포인트니까. 신뢰하지 않으니까라고 해서, 만나지 않으면 더 불신의 벽이 두꺼워집니다. 만나서 신뢰할 수 없는 것을 확인하는 것도 필요합니다. 만나는 것은 외교의 기본입니다.

무로오카: 어떨까요. 예를 들어 외교관끼리면, 특히 일본에 정통한 외교관은 일본을 잘 알지만, 선생님의 눈으로 보신 한국의 군인은, 특히 국방부 장관이라든지, 합동참모의장 같은 고급 군인은 일본을 어느 정도 이해하고 있다는 인상이 있습니까?

최　　　: 대사관에 준장 클래스의 무관이 있습니다. 그는 꽤나 전문가입니다. 그에게 일상적으로 보고를 받고 있어서, 톱 클래스는 어느 정도 안다고 생각합니다.

무로오카: 그럼, 일본과 한국의 군끼리 상호오해라고 할까, 그다지 걱정하지 않으십니까?

최　　　: 오해가 있다면, 더 만나야 한다고 생각합니다.

무로오카: 예를 들어, 한국의 국방부 장관이 도쿄에 와서 일본의 방위청 장관을 축하 방문하는 때엔 대사도 동석합니까? 그것은 밀리터리·투·밀리터리입니까?

최　　　: 동석하지 않습니다.

무로오카: 동석하지 않는군요.

최　　　: 대사가 동석하는 것은, 수뇌회의나 외무장관회담 정도입니다.

무로오카: 예를 들어 해양수산부 장관이 와서 일본의 농림수산부 대신과 회담 할 때에도 동석은?

최　　　: 동석하지 않습니다.

무로오카: 아, 그런 것입니까. 비교적 그런 때엔, 담당하고 있는 내각끼리.

최　　　: 그렇습니다. 수행하는 것은, 여기에 파견된 국장 클래스. 그들은 전문가니까요.

고하리　: 대사 때의 일본 대사관은 몇 명 정도 있었습니까?

최　　　: 대체로 백 명.

고하리　: 현지 스텝을 포함해서 백 명입니까?

최　　　: 현지 스텝은 약 20명 정도입니다.

고하리　: 현지 스텝은 거의 재일동포입니까? 일본인이 있습니까?

최　　　: 일본인도 일부 있습니다.

무로오카: 그리고, UN의 안보리에 일본이 진출하는지 어떤지의 문제를 둘러싸고, 대사가 있을 때는 어떤 방침으로 임합니까?

최　　　: 지금은 솔직히 말해서 찬성까지 가지 않습니다. UN개혁문제, 중국을 포함한 상임이사국의 태도, 한일 사이의 역사문제와 관련한 쟁점, 그외의 복잡한 요인이 뒤얽혀있습니다.

고하리　: 대사 당시의 판단이슈가 되면 어떻습니까?

최　　　: 제 결정사항이 아니니까.

무로오카: 하지만 본국에서 '이것에 대해서는 소극적으로 대응해라'라든지.

최　　　: 그런 일은 없습니다.

무로오카: 혹은 '찬성 의지를 표명하라'든지.

최　　　: 없었습니다. 그 표명은 단일화하지 않으면. 상당히 중요한 일이니까.

무로오카: 지방 등에 강연하러 가면, 일반 시민이 그런 질문을 할 가능성이 있다고 생각하는데, '한국은 반대하고 있지 않나요'든

지, '한국은 찬성합니까'든지. 그런 일은 없었습니까?

최 : 질문 받은 적은 없지만, '현시점에서는 아직 정해지지 않았습니다'라고 말하겠지요.

무로오카: 아마 다른 동남아시아의 나라거나 하면, '아니, 거의 찬성합니다' 하고, 비교적 태연히 말하겠지만, 역시 한국은 상당히 고려해서, 찬성해야 하는지 어떤지를 고려하고 있다는 것이군요.

최 : 사려 깊은 정치판단을 하겠지요.

무로오카: 고이즈미 씨의 북한 방문에 대해서는, 어쩌면 다음에 묻는 것이 좋을지도 모르겠네요.

최 : 현직총리가 두 번이나 갔는데. 지금은 어떤가요. 당시, 납치 문제가 없었다면 정상화 했을까. 만약 당시 북일정상화가 되었으면, 일본의 존재감이 커졌겠죠.

무로오카: 거기까지 클로즈업되지는 않았지요? 하지만, 적어도 한일 교섭과 같이, 교섭은 계속했다고 생각합니다.

최 : 교섭은 계속 했겠지만요. 저는 고이즈미 씨가 현직으로 두 번 북한 방문하는 것을 보고, 의욕이 있구나 하고 생각했습니다.

최상용 Oral history

제 11회

일시 : 2011년 7월 23일

개최장소 : 오다큐호텔 센츄리 서든 타워 회의실 (도쿄)

녹음시간 : 4시간

〈출석자〉

최상용 (전 주일본대한민국특명전권대사, 고려대학교 명예교수)

고하리 스스무 (시즈오카현립대학 교수)

사도 아키히로 (추쿄대학 교수)

무로오카 데쓰오 (방위연구소 주임연구관)

다카야스 유이치 (다이토분카대학 준교수)

테이프 번역자 유한회사 펜 하우스 미카도 케이코

최상용 (전 주일본대한민국특명전권대사, 고려대학교 명예교수)
고하리 스스무 (시즈오카현립대학 교수)
사도 아키히로 (추쿄대학 교수)
무로오카 데쓰오 (방위연구소 주임연구관)
다카야스 유이치 (다이토분카대학 준교수)

❖ 아타미 정상 회담과 대사관에서의 정례회의

고하리 : 한가지, 전회에서 많이 여쭈지 못한 것이 있어요. 2001년 4
월 즈음에 일본의 교과서문제가 급부상해서, 대사님이 잠시
귀국하셨었습니다. 그 해결책의 하나로서 일본 대학의 센터
시험에 한국어 도입이 거론되었습니다만, 조금 더 알아본다
면 그 전 해의 2000년 9월에 김대중 대통령이 일본에 와서
아타미에서 모리 요시로(森喜朗) 총리와 말씀을 나누었죠.
최 : 그랬죠.
고하리 : 그때 모리 씨가 센터시험에 한국어를 넣고 싶다는 의향을
표명한 바 있다고 합니다. 문부과학성으로 부터의 센터시험
의 발표가 공식적으로 2001년 4월이었습니다. 반드시 교과

서문제 때문이라고 연동해서 봐야 한다고 만은 볼 수 없다고 생각합니다.

최 : 센터시험에 한국어를 추가하는 문제가 교과서문제와는 직접적인 연동이 있다고 생각하지 않습니다.

고하리 : 정식발표는 원래부터 2001년 4월이었지만, 마침 교과서문제가 일어난 그 흐름을 활용했을 가능성은 있습니다. 전 회에서 아타미 회담에 관해서 많이 여쭈지 않았습니다만 대사께서 재임 중에 본국의 국가원수, 그러니까 김대중 대통령이 온 것은 그때 한 번이네요. 그때 뿐이네요.

최 : 그렇습니다.

고하리 : 그 경우 대사로서 어떤 일이 있는지 알고 싶고요. 또 아타미에서 어떻게 관여되신 것인지에 대해서 기억하고 계신가요? 김대중 대통령의 회고록(『김대중 자서전Ⅱ · 역사와 함께 시대와 함께』 이와나미서점 2011년)을 읽으면 '나를 환영하기 위해서 아타미시가 마음먹고 준비했다고 모리 수상이 알려주었다. 그렇게 화려한 불꽃은 본 적이 없었다'라고 쓰여 있는데요.

최 : 아타미 회담에서는 특별한 쟁점(爭点)이 없이 온화한 분위기로 친선의 분위기였습니다. 특히 김대중 대통령은 불꽃놀이를 보고 감동했습니다.

고하리 : 정상 회담을 한다는 것은, 받아들이는 나라의 대사는 꽤나 큰일 아닙니까.

최 : 물론이죠.

고하리 : 예를 들면, 김대중 씨의 경우엔 그다지 몸이 좋지 않으니까, 특별 침대를 준비해야 한다던지, 외무성의 사람으로부터 들은 얘기가 있어요.

다카야스: 저도 서울에서 일본대사관에 있었던 적이 있습니다만, 일본
　　　　　의 경우 수상이 왔을 때는 대사관은 모두가 분 단위로 스케
　　　　　줄을 짰어요.

최　　　: 그런 건 이미 익숙해져 있어요.

사도　　: 일본의 주재대사는 일본의 총리가 갈 때에는 사전에 일시
　　　　　귀국하셔서 주변의 사정을 설명하게 됩니다. 이 경우에 대
　　　　　사께선 3월에 막 부임했었습니다만 또 일시 귀국해서 일본
　　　　　의 정무를 설명하십니까?

최　　　: 그건 당연하다고 생각합니다.

무로오카: 그런 것을 대사 측으로부터 대통령에게 설명하면 대통령 측
　　　　　으로부터 반응이 혹은 반론 같은 것은 없습니까? 그때 어떤
　　　　　왕래가 행해지는 걸까요.

최　　　: 딱히 저로부터 주문 또는 질문은 별로 기억에 없습니다.

무로오카: 그러한 때에는 시간이 평소와는 다르게 정해집니까?

최　　　: 2, 30분 정도

무로오카: 2, 30분 정도로 정해져 있고 그 안에 하지 않으면 안 되는 거
　　　　　네요.

최　　　: 물론. 대통령과의 면담에서 30분이라는 것은 긴 시간입니
　　　　　다.

고하리　: 사전에 사무레벨의 조정이 끝난 후에 하고 있다는 건가요?

최　　　: 그렇습니다. 외무장관과 모두 논의하고 있으니까요.

무로오카: 당시의 대일 외교 말입니다. 예를 들어, 아타미에 갔을 때는
　　　　　외교통상부가 주도해 왔던 건가, 게다가 청와대의 수석비서
　　　　　관이 힘을 가지고 있구나라는 인상이 있었습니다.

최　　　: 뭐, 평소부터 청와대와 외교통상부가 협력해 왔기 때문이 아

널까요. 어딘가가 중심이라고는 말할 수 없다고 생각해요.

사도 : 그건, 특히 일본과 한국 사이에서 중대한 현안이 없으니까, 그다지 문제가 되지 않았다는 말입니까?

최 : 그렇게 생각합니다.

고하리 : 이런 정상회담에 관해서는 외교통상부를 통해서 하는 것이 보통이라고 이해해도 될까요?

최 : 그러네요. 별로 문제가 없다면.

무로오카: 이때에 국가정보원은 어떤 역할을 하는 것입니까?

최 : 저는 국가정보원과 직접 전화를 한 적은 없습니다. 정무 2공사가 있으니까.

고하리 : 이쪽에 왔을 때 경비라든지, 이상하게 신경 쓰게 돼요.

최 : 경찰청에서 한 명 파견되어 있어요.

사도 : 대사시절엔, 미나미아자부의 대사관에서 근무했던 사람입니다만.

최 : 그래요.

무로오카: 당시는 서기관이었습니까? 참사관이었습니까?

최 : 참사관이었습니다. 매주 월요일에 30명이 모이는 간부회의에 참가합니다.

고하리 : 30명이라는 건, 간부급이라는 거네요.

최 : 각 부에서 파견 나와 있는 우수한 관료들입니다. 그 회의는 저에게 있어서는 큰 의미가 있었습니다. 저는 이 회의의 쟁점을 정리하여 필요하다면 각 분야별로 상대의 일본 기관과 접촉을 합니다.

무로오카: 그 30명의 회의라는 건 매주 월요일입니까?

최 : 네.

무로오카: 몇 분 정도 걸립니까?

최　　　: 뭔가 현안이 있다면, 2시간은 합니다. 최단 1시간.

무로오카: 오전 중에 합니까?

최　　　: 그렇습니다. 아홉시 반부터. 일본 대사관은 작은 정부라는 실감이 납니다. 대사는 그 부서의 현안을 알아 두지 않으면 안 됩니다.

다카야스: 부서 통째로 보고를 받는 것이 보통입니까? 아니면 대사가 무언가 지시를 하는 것 입니까?

최　　　: 양쪽 다입니다. 저는 어느 쪽이냐고 하신다면 그들에게 시킵니다. '어떻게든 접촉하세요. 무언가 문제가 나오면 대사에게 보고 하도록'이라고.

무로오카: 그럼 대사는 기장역을 하는 겁니까? 아니면 넘버 투의 공사 쪽이 기장역을 하고, 대사는 듣는 입장인 겁니까?

최　　　: 대사가 주재합니다.

❖ **외국인 지방 참정권 문제를 둘러싸고**

사도　　: 방금 전의 김대중 대통령의 방일의 건으로 돌아가서, 일본과 한국 사이에는 교과서문제와 같이 큰 현안이 없었던 셈입니다만, 지방 예를 들자면, 외국인 참정권 문제와 같은 그 전부터 계속 이어져 왔던 문제가 국회에 법안으로서 상정되고 있다는 시기라고 생각하는 건가요.

최　　　: 물론 이예요. 큰 현안이죠. 저도 정치가를 만난 자리에서 그걸 요청했죠.

사도 : 외교상으로 말하자면 모처럼 대통령이 오신 자리니까 선물이라고 한다면 이상하지만 와 주셨으므로 그에 상응하는 외교적인 성과라는 것으로 한다면, 외국인 참정권 법안의 통과 같은 것이 있다면 하나의 상징적인 일이 아닐까 하고 생각합니다만 그건 어떤 예측이었던 겁니까?

최 : 그런 의미에서 당시의 지방 참정권이 성공했다면 최고의 선물이 됐겠죠.

사도 : 마침 9월쯤에 자민 공명 보수의 간사장의 한국 방문을 선생님께서 주선하셨던 일이 있었습니까?

최 : 있었습니다.

사도 : 그럴 경우 법안의 성립에 힘써주세요라는 게 본심 같은데요.

최 : 물론 그건 절실히 요청했습니다.

사도 : 노나카 히로무(野中 広務) 씨, 후유시바 테츠조(冬柴 鉄三) 씨 … .

최 : 후유시바(冬柴) 씨는 일관해서 지지해주었습니다. 노다(野田 毅) 씨도 아주 합리적인 분이라 그렇게 부정적인 반응은 없었습니다. 노나카 씨도 어느 정도 공조해주시는 것 같은 느낌이었습니다. 당의 입장도 있으니까 그렇게 간단하게는 말할 수 없었지만.

사도 : 또 듣고 싶은 게 있어요. 노나카 씨와는 지금도 선생님은 가까운 관계로 있습니다만, 노나카 씨는 90년대 중반부터 조금씩 힘을 발휘하신 분입니다. 선생님이 노나카 씨와 정말로 친숙해질 수 있던 계기는 언제부터라고 생각하면 될까요.

최　　　 : 뉴오타니 호텔(Hotel New Otani)이었던가요. 제 강연에 현직
의 자민당 간사장으로서 강연이 끝날 때까지 가장 앞자리에
서 앉아 계셨습니다. 저는 답례로 초대한 적이 있습니다. 그
뒤 JP(김종필) 씨가 일본에 오시면 반드시 세 명이 식사를 하
곤 했습니다. JP 씨와 나이가 같거나 아니면 노나카 씨가 한
살 많은가는 모르겠습니다. 두 사람은 유별나게 친했습니
다. 고가 마코토(古賀 誠) 씨도 동석했습니다.

고하리　 : 고가 마코토 씨?

다카야스: 무슨 강연회이었습니까?

최　　　 : 역시 한일관계의 여러 현안에 관해서, 정부의 입장과 나 자
신의 의견을 솔직하게 틀어놓는 강연이었습니다.

사도　　 : 선생님도 노나카 씨도 공직을 맡게 되신 뒤에도 계속 관계
가 이어질 수 있던 이유네요.

최　　　 : 그렇죠.

고하리　 : 노나카 씨에겐 그때 총리가 될 느낌의 사람이네, 하는 생각
을 가지고 있었습니까.

최　　　 : 저는 무엇보다 노나카 씨가 다른 사람에의 배려, 타국에의
배려를 제대로 가지고 있는 사람이구나 하는 인상이었습니
다. 특히 약자에 대한 배려는 그후 그의 책을 읽었을 때도 확
인했습니다.

고하리　 : 노나카 씨와의 관계는 좋습니까?

최　　　 : 2011년에 동경에서 만났을 때, 제가 '선생님 지금까지 정치
인생에서 어떤 좌우명을 가지고 계십니까' 하고 물으니 자
신의 명함을 내밀며 여기에 써주셨습니다.

고하리　 : 그 말을 한 번 더 말씀해 주시겠습니까?

최   : "사랑이 없는 사회, 암흑이로다. 땀이 없는 사회, 부패하리
           다"라고. 이 명함은 평생 보관해 두려고 합니다.

고하리 : 정치가에 대한 얘기는 또 뒤에서 묻겠습니다. 몇 개 현안의
           일을 확인하고 싶습니다.

           방금 외국인 참정권의 문제가 서두에 올랐습니다만, 그건
           일본 국내에 아주 어려운 상황이 있는 것은 대사도 잘 알고
           계신다고 생각합니다. 지금 묻고 싶은 건 두 가지인데요. 첫
           번째는 한국의 본국에서 '이 문제 어떻게든 해봐'라고 하는
           듯한 일이 있었는지. 두 번째는 대사시절에 어떤 결착이라
           고 할까, 어떤 전망을 보고 어떤 방향으로 가는 것이 덫이 있
           는 장소라고 생각했는지, 그 주변 얘기를 묻고 싶습니다.

최   : 물론 본국에서의 우선순위는 아주 높은 과제였습니다. 저도
           최선을 다했습니다. 공적으로 여야의 정치가와 만나면 반드
           시 주문요청을 했습니다. 자민당 내부는 물론 민주당 내부
           도 정리가 되지 않고 있다는 인상이었습니다.

고하리 : 예를 들면 가토 고이치 씨라든지,

최   : 가토 씨에게 제 나름대로 '교포의 문제는 이 지방 참정권만
           해결할 수 있다면 최대의 화해책(和解策)이다'라고 말했습니
           다, '아니 알고는 있지만, 지금 아무리해도 국내의 정치 정세
           가 그 정도까지 가있지 않아요'라고 대답했어요.

           그리고 일본을 방문한 한국인의 사증문제의 해결에도 저는
           꽤 노력했습니다. 법무성의 반응은 불법 체제가 많다는 것
           이었습니다. 저는 이렇게 설득했습니다. '첫 번째로 지금 한
           국도 불법 체제가 20만 명 정도도 있습니다. 문명국가는 모두
           불법 체제로 고민하고 있습니다. 일본에 가고 싶은 욕망이

여기저기 있으니까 생기는 문제입니다. 두 번째로 지금 현상 유지인가, 줄어들고 있는가, 아니면 늘어나고 있는가, 그 판단이 중요하다고 생각합니다. 혹시 현상 유지이고, 줄어들고 있다면 이쯤 결정합시다'. 지금도 그 정도이고, 그다지 늘지 않는다는군요. 그 프로세스에 관해서 저는 지방 참정권과 같은 정도로 자주 주장해 왔습니다. 그 일이 결정된 날, 저는 한잔 했어요. 기뻐서 말이에요. 제가 재임 중에 성취한 일은 아니었지만.

고하리 : 과연, 퇴임 후에 말이죠. 2005년 이후였지요. 그때쯤 아이치 만물 박람관이 있었습니다만, 그 뒤에 영속적으로?

다카야스: 최종적으론 일본이 굽히게 된 계기라고도 말합니까? 상호주의라고 말하는 정도로 일본이 타협한 걸까요?

최   : 2005년도의 결정의 시점으로는, 어떤 배경이 있었는지 알 수 없습니다. 저는 2002년에 귀국했으니까.

고하리 : 일본의 외무성이 법무성을 설득했다는 얘기는 전해 들었습니다.

최   : 저는 주로 일본 외무성 쪽에 말했습니다. '불법 체제는 없어지지 않아요. 늘지 않으면 어느 시점에서 정하지 않으면 안 됩니다.'

사도   : 법무성이라는 것은 일본의 관공서 중에서도 가장 완고한 관공서죠.

최   : 그렇죠.

사도   : 그곳을 설득한 건 대사가 말씀하신 논리 그리고 '계기'가 중요하고, 방금 전 나왔던 아이치(愛知) 만국박람회(万博)가 하나의 돌파구로서. '아이치 만국박람회도 있고, 이런 것도 제

대로 인정하지 않으면 일본이 부끄럽습니다'라는 것. 타이완의 사례도 사실은 그렇죠.

고하리 : 타이완의 사례라는 것은, 타이완 사람이 들어온 일을 말하는 것입니까?

사도 : 그렇습니다.

고하리 : 아마도 일본이 결정하는 시간이 걸리므로, 대사시절에 물밑 작업을 해둔 것이 꽤나 뒤에 꽃 피울 수 있었다고 해석할 수 있었네요.

최 : 국내 정치도 국가 간의 외교도 원칙과 상황, 설득력과 계기의 접점을 어떻게 붙잡는가가 결정적이라고 생각합니다.

무로오카: 이 문제를 포함해서 예를 들어, 일본의 외무성이나 법무성에 대사가 가실 때는 '자신은 이런 일을 계획할 예정입니다' 했던 일을 사전에 통고하는 겁니까? 그것이 아니면 그 자리에서 즉흥적으로 상대의 눈을 보며 '오늘은 내놔도 괜찮다.' 생각해서 그 계획을 내놓는 일도 있는 것입니까?

최 : 계획의 상호 인정은 외교협상의 기본입니다.

고하리 : 그럼 '오늘의 계획은 교과서문제이다'라는 것은 서로 이해하는 것이네요.

최 : 그렇습니다. 참사관, 공사, 대사, 어느 레벨이라도 같습니다.

사도 : 그런 점에선, 당시의 외무성에서 가와시마 유타카(川島 裕) 씨가 차관이여서 이야기하기 쉬웠다?

최 : 가와시마 씨는 한국 근무 때도 잘 알고 지낸 분입니다.

무로오카: 어떻게든 외국 혹은 본국에서의 거물이 온다는 것을 상상하면 그런 것을 경험한 우리들이라면 로지스틱스(logistics)가 가장 큰일 아닌가 하고 생각합니다만, 최 대사의 경우엔 직

업 외교관들이 그런 걸 하고 있다고?

최   : 네, 익숙해져 있습니다.

❖ 무언의 김대중 스타일

무로오카: 예를 들면, 대통령은 하네다에 도착한다고 생각하면, 하네
          다에 도착하시고, 대사도 함께 차에서 이동합니까?

최   : 상황에 따릅니다.

무로오카: 그렇다면 그 차 안에서도 대통령께서 여러 가지 질문이 있
          거나, 대화를 하거나?

최   : 김대중 대통령은 말수가 적으셨습니다. 자신이 알고 싶은
          것은 제대로 질문하시지만 그 이외에는 거의 무언이십니다.

무로오카: 김대중 대통령의 옆에 그의 수행 비서관 같은 사람이 있다
          고 생각합니다만.

최   : 있습니다.

무로오카: 그런 사람이 분위기를 달래서 화제를 제공하거나 '대사님
          어떻습니까?' 하거나 해서 대화를 어떻게든 이어가려고도
          안 합니까?

최   : 안 합니다.

무로오카: 의외로 침묵이 오래 계속 됩니까. 여러 가지 기회로 김대중 대
          통령과 만나게 되면 무언이라고 하는 이외에 무언가 사람을
          압도하는 듯한 것을 느낄 수 있습니까? 그런 것도 아닙니까?

최   : '김대중 대통령은 직언을 싫어한다'라는 평판이 자자합니

다. 저의 경험으로는 그 평판은 틀리다고 생각합니다. 저는 김대중 대통령을 만나서 띄워주거나 하는 말을 한 번도 한 적이 없습니다. 대통령의 요구를 세 번이나 거절한 적도 있습니다. 교수시절 대화할 때도 참가자의 의견을 경청하고 하나하나 호응을 하는 것은 없습니다만, 동의하는 부분은 명확히 표현하십니다. 하나의 일화를 말하자면, 역사에 관해서 이른바 '망언'이 있는 경우 대부분의 사람들이 강경대응을 요구합니다. 이전에도 말씀하셨습니다만, 저는 부적절한 발언을 하는 일본의 정치가 개인에 대해서 일희일비하지 않도록 적극적으로 권고했습니다. 김 대통령은 의외로 명확한 동의를 표하고 그뒤 일관해서 실천했습니다.

고하리 : 1998년 10월이죠.

최 : 그렇죠. 지금 우리들이 들으면 상식 같은 얘기지만 당시의 분위기로 저로서는 각오 하고 한 발언이었습니다. 그 뒤엔 정말로 바뀌었구나 하고. 아마도 주변의 정치가에게 김 대통령이 '일희일비 하지 마'라고 말한 것이 아닐까. 그런데 1998년 10월 국빈 방문 때에 국회연설에 대한 신문의 반응을 보고 대통령은 크게 만족한 표정이었습니다.

고하리 : 그건 한국의 신문입니까, 일본의 신문입니까.

최 : 일본의 신문입니다.

고하리 : 도쿄에서 그걸 펼쳐서?

최 : 그렇습니다. 제 앞에서

무로오카 : 기뻐 보이는 듯한?

최 : 파안대소였습니다.

무로오카 : 김대중 대통령이 유별나게 과묵하신 분이라고 예를 들면,

일본의 수상과 만났을 때 대화가 끊겨서 침묵이 계속되거나 하는 일은 없었습니까? 그럴 때는 사교적인 면도 보이시는 겁니까?

최　　　: 그러한 때도 말수가 없으십니다. 저는 고이즈미 준이치로(小泉純一郎) 총리와의 대담을 옆에서 들었지만 고이즈미 총리도 말은 간결한 편이죠. 그래도 고이즈미 총리 쪽이 대화가 많았죠.

무로오카: 과묵한 성격이라도 예를 들어, 저녁시간 등에 애써 총리라든지 일본의 요인이 있는데도 김 대통령이 생각하고 있는 것이 잘 전달되지 않는다든지 혹은 김대중 대통령의 인격이 오해되거나 하는 경우도 있을 텐데요.

최　　　: 그럴 일은 없다고 생각해요. 아주 진지한 표정을 하고 있죠. 가끔은 유머러스한 진면목을 보이기도 하고요.(웃음)

사도　　: 유머가 성실하네요.

무로오카: 하지만 그 진면목이라는 것이 일본의 정치가들에게는 전해지지요.

최　　　: 전해집니다. 메모를 잠깐 보시면, 섬세함을 알 수 있습니다.

고하리　: 메모를 가지고 계신 것입니까?

최　　　: 가지고 있습니다.

사도　　: 일본의 신문이라든지 매스컴이 어떤 평가를 하고 있는지에 대해서도, 물론 관심을 가지고 계신다고 생각합니다만, 한국에서 일본방문의 성과에 대한 것은 … .

최　　　: 좋았습니다.

사도　　: 어떤 식으로? 아마 한국의 매스컴은 동행해서 올 수 있었다든지, 여러 가지 취재를 했다고 들었습니다.

최   : 방대한 규모였습니다.

사도   : 그러한 때의 대사관 측의 매스컴 대응이란 것은 어떻게?

최   : 저도 알아봤지만, 그때는 이미 신문이 대부분 우호적인 반
       응이었습니다.

고하리 : 오히려 한국 미디어의 반응보다도. 대사관으로서 기자들에
       대한 것을 어떤 식으로 케어 했다던지.

최   : 그건 케어하는 공사가 있어요.

사도   : 매스컴의 일이니까, 다들 특종을 얻고 싶다고 생각해서 억
       지로 취재를 하는 사람도 있을지도 모르고, 배려해줄 필요
       가 없다고 생각해요.

최   : 그런 것은 좀 있죠. 신문의 입장에 따라서 조금 뉘앙스가 다
       르니까.

고하리 : 한국의 신문기자는 엘리트 의식이 높죠. 그런 사람들을 대
       사관에서 어떤 식으로 관리하는 걸까 꽤 관심이 있어요.

최   : 저는 홍보 담당의 공사에게 전부 맡겼죠.

무로오카: 홍보 담당의 공사라는 것은 외교통상부의 사람입니까? 아
       니면 문화관광부?

최   : 민간인이에요.

무로오카: 민간인이 기용된 일도 있는 것 입니까?

최   : 대부분이 언론인 출신이고. 영어, 일본어가 가능하고, 아주
       사교적이라고 할까, 친밀감이 있는 사람입니다.

무로오카: 최 선생님이 대사 일 때는 민간인이?

최   : 민간인이었죠.

무로오카: 어느 쪽 출신이었습니까?

최   : 「조선일보」의 문화부장 출신입니다.

❖ 야스쿠니 참배와 여당 3당 간사장과의 대화

고하리 : 대사께서 사전의 대화에서 말씀하신 것 중에, 야스쿠니 문제에 대해서 잠시 말씀을 하셨죠. 2001년에 들어서 고이즈미 준이치로(小泉純一郎) 씨가 취임하고 처음으로 8월을 맞이할 때에, 신문의 보도에 의하면 예를 들어, 7월 24일이지만, 야스쿠니 방문에 관해서 후유시바 씨가 야마자키 다쿠 씨와 노다 씨에 대해서 '8월의 고이즈미 씨의 야스쿠니 참배는, 15일을 피해 주길 바란다'라고 말한 것을 요청하거나 하고 있습니다.

　　　　그때의 말씀은 이 문제에 대해서 기본적인 입장을 어떻게 가져야 하는지와 앞으로의 예정도 있다고 생각합니다만 기본적인 얘기를 잠깐 여기서 정리해주셨으면 합니다.

최　　 : 일단 그건 대사로서는 당연히 전하지 않으면 안 되는 방침이었습니다. 역시 야스쿠니의 문제는 기본적으로 일본의 문제인 것은 틀림없습니다만 14인의 전범의 문제에 한국의 정부는 반대로 일관하고 있다고 전했습니다. 그 화제에 대해서 당시 후쿠다 야스오(福田康夫) 관방장관에게 몇 번이나 얘기했습니다. 그후 제3의 시설을 위해서 간친회(懇親会)가 열렸다고 생각합니다.

사도　 : 간친회 말씀입니까?

최　　 : 그렇습니다. 저는 일관해서 '조국애, 자신의 나라를 사랑하는 애국심과 이웃나라의 절실한 요청에 대한 배려가 모순하지 않는 방법은 없는 것인가. 그게 우리가 당연히 가져야 할 지혜다'라고 계속 말했습니다. 그건 현시점에선 이미 나와 있지 않습니까?

무로오카: 현시점이라고 말씀하신 것은, 구체적으로 어떤 것을 말씀하십니까?

최　　　: 저는 어느 정도는 답이 나와 있다는 느낌입니다. 실제로 어떡할지는 아직 시간이 걸리겠죠. 예를 들어 현시점에서 총리가 참배를 하면, 아마 문제가 되겠죠.

고하리 : 야당 3당의 간사장과 얘기할 때, 야마자키 다쿠 씨라든지 후유시바 씨는 공식적인 말을 반복하는 겁니까? 아니면 4명 같이 얘기할 때는 본심을 어느 정도 말하는 겁니까?

최　　　: 본심을 말하죠. '역시 자민당의 분위기는 좋은 방향으로 가지 않는다'.

고하리 : 예를 들면, 야스쿠니라든지 '고이즈미 씨에겐 곤란하네' 하는 분이 있다거나?

최　　　: 공식적인 입장으로는 그렇게는 말하지 않죠. 우선 야마자키 씨 자신은 참배하지 않겠지만.

고하리 : 그렇게 생각하고 계시군요. 일국의 총리의 야스쿠니 참배를 멈춘다는 것은 어렵죠. 외국에서의 어법에 따르면, 그건 역시 내정간섭이 되는 게 아닐까 하는 기분도 조금 있었다고 생각합니다만.

최　　　: 그러니까 공공적인 장소에선 정부의 공식적인 입장을 전하는 것 외에 별로 말을 하지 않습니다.

고하리 : 이런 것은, 어떤 장소에서 만납니까? 호텔이라든지 그런데서 만납니까?

최　　　: 누구와요?

고하리 : 야마자키 씨, 후유시바 씨, 노다 씨와 대사가 4명이 함께 만

날 때는 방은 어디로 설정하는 것인가요? 아니면 자민당의 본부에 가는 것인가요?

최 : 대체로 식당이에요.

고하리 : 요정이라든지?

최 : 그렇게 고급 식당은 가지 않아요. 저는 외교 행사는 9시로 끝냅니다. 9시 이후가 되면 비공식적인 회합이니까 와인을 마시는 경우도 있어요.

고하리 : 그러한 때로 예를 들자면?

최 : 그땐 저 혼자 갑니다.

고하리 : 그편이 대화하기 쉽기 때문에?

최 : 그렇습니다. 비공식적인 장소에서 문제가 해결된 적도 있습니다.

고하리 : 그 일의 대화는 본국에 전보로 전하지 않으면 안 된다고 생각합니다만 대사 자신이 직접 전보를 쓴다는 겁니까?

최 : 그건 제가 판단해서 결론만을 간단히 적습니다. 외교라는 것은 인간의 깊은 삶이니까.(웃음)

무로오카: 확인하고 싶은 게 있어요. 7월 24일에 자민당의 야마사키 씨, 공명당의 후유시바 씨, 보수당의 노다 씨, 각 간사장으로 대담하게 됐다는 건, 사석에서 만난 게 아닙니까?

최 : 그건 대사관이었습니다.

무로오카: 동시에 만난 겁니까?

최 : 그렇습니다. 한국에 가기 전 접견을 포함해서.

고하리 : 노나카 씨와 후유시바 씨와 노다 씨말이죠. 그건 한국에 방문하기 전에 2001년의 7월 24일에 만난 것은, 8월 15일에 야스쿠니 참배가 있으므로, 사전에 만난 모양입니다. 그때

는 어떤 장소에서 만났다는 걸까 하고. 대사관저에서 만나고 있을지 모르겠네요.

최　　 : 대사관저입니다. 방문 전엔 대체로 접견을 옵니다.

고하리 : 단지, 이건 방문 전이 아닐지도 모릅니다.

최　　 : 장소를 알고 싶은 것 입니까?

고하리 : 예를 들면?

최　　 : 그 3명이라면 대사관저라고 생각합니다.

고하리 : 그때 야스쿠니는 8월 15일이 아니라 14일이 되었지만, 그것에 대해 의미를 느꼈습니까? 8월 15일이 아니라 14일이 됐다는 것은, 일반적으로는 15일이 아니라 14일로 하면 중국이 그렇게 반대를 하지 않을 거라고 보고 있습니다만 이것에 대해서 무언가 의미를 느끼고 계셨는지 어떤지 기억하고 계십니까?

최　　 : 그 뉘앙스에 관해서 국내의 신문에도 여러 가지 쓰여 있었지만, 저는 그건 별로 높은 평가를 하지 않습니다. 날짜에 관해서는,

고하리 : 날짜를 바꾸는 것에 대해서?

최　　 : 네. 고이즈미 씨에게도 나카소네 야스히로(中曽根康弘) 총리의 예를 들었습니다. '현직의 총리로서 가장 최초로 참배했던 분이지만, 역시 이웃 나라에의 배려로 그만둔 케이스가 있습니다. 그걸 저는 높이 평가하고 있습니다'라고. 간접화법으로서 말한 적이 있습니다.

고하리 : 고이즈미 씨에게?

최　　 : 네. 하지만 저의 직감으로는 고이즈미 총리는 반드시 갈 거라고 생각했습니다.

고하리 : 고이즈미 씨에게 전했다고 생각합니까?

최　　 : 날짜는 정확히 알지 못합니다.

무로오카: 나카소네 총리의 자세를 평가했다고 하는 거에 대해서 말입니다만, 이일 자체를 나카소네 전 총리에게 직접 전했던 적은?

최　　 : 몇 번이나 있습니다. 나카소네 총리와는 그 이외에도 여러 가지 얘기를 했습니다.

❖ 천황폐하의 인연(유카리)발언과 '황태자 한국 방문'의 희망

고하리 : 그럼, 야스쿠니 관계는 이만하도록 하고 이제 퇴임에 점점 가까워지고 있습니다만 대사의 활동으로서 말해둬야 하는 것이 있다면.

최　　 : 이수현 군의 일은 잊을 수 없습니다.

고하리 : 신오쿠보 역에서 발생한 전락사고(2001년 1월 26일)로 사람을 구하려다 돌아가신 이수현 씨의 일 말이죠.

최　　 : 네. 이수현 씨의 살신성인의 마음은 일본인의 마음을 움직였습니다. 그리고 천황폐하의 '유카리 발언'에 대해서 말이죠. 사실은 12월 생일 전에 저에게 말해주셨습니다. 저는 깊이 감명을 받았습니다.

고하리 : '유카리발언'에 관해서는 이전에 별로 자세하게 여쭈지 않았습니다만.

최　　 : 확실히, 천황황후 두 폐하와 저희 부부 4명의 회합의 시간이

었다고 기억합니다. 거기서 '칸무 천황의 생모가 여러분의 나라의 … '라고 말한 것으로. 그때 '유카리'라는 말이 나왔죠.

고하리 : 정식으로 말하면 2001년 12월 18일에 '저 자신에게는 칸무 천황의 생모가 백제의 무령왕의 자손이고, 속 일본기에 기재돼 있던 말로는, 한국과 '유카리'를 느끼고 있습니다'라고 천황폐하가 발언했습니다만 그 전에 천황폐하와 만날 수 있던 계기가 있었죠?

최 : 그렇습니다.

고하리 : 그건, 어떤 장소에서 만날 기회가 있었습니까?

최 : 저는 신문에서 공표하지 않았으니까. 말해도 될까.

고하리 : 괜찮다고 생각해요

최 : 그러니까 날짜는 정확히 기억나지 않아요.

고하리 : 그전이네요.

최 : 물론 그 전이예요.

고하리 : 12월이었습니까?

최 : 꽤 전이었습니다.

고하리 : 그 발언보다 좀 더 전의 일입니까?

최 : 그렇습니다.

고하리 : 폐하는 어떤 식으로 말을 거셨습니까?

최 : 지금 제대로 기억하고 있는 것은 칸무천황의 생모에 관한 사실 확인입니다. 황후폐하와의 대화에서 하나 더 일화가 있어요. 알고 계신대로 황후폐하가 쓰신 시가 음악이 되어 있죠. 그 음악을 아내가 일본의 지적장애자 분들을 위한 연주회에서 노래했죠. 아내가 얘기를 하면 황후폐하는 콧노래로 함께 부르시며 기뻐해주었습니다. 주변의 참석자들이 황

후폐하의 콧노래를 듣고 깜짝 놀란 순간을 지금도 잊을 수 없습니다. 저는 재임 중에도 천황 황후 양 폐하의 한국 방문이 가능하다면 좋을 텐데 하고 생각했습니다.

고하리 : 천황에게는 그런 장소에서 직접 제안하거나 하진 않으십니까?

최 　　 : 하지 않았습니다.

고하리 : 그건 프로토콜 상 불가능하니까요.

최 　　 : 그렇죠.

무로오카: 형식적으로 말하자면 어폐가 있을지도 모르겠지만, 관례적으로 예를 들어 '두 폐하의 한국 방문을 기다리고 있겠습니다'라는 말 정도는 반드시 말하는 것입니까?

최 　　 : 그래도 역시 공식적으로가 아니면 말하기 힘들죠. 이미 초청한 상태이니까.

고하리 : 대사가 귀임하셨을 때는 2002년의 2월 말이었습니다만, 직전의 2월 3일에 「공동 통신」이 '최 대사가 최후의 통로로서 황태자님의 한국 방문 실현을 위해서 노력을 계속하고 있다는 관측이 보인다'라는 보도를 흘렸죠. 그건 기억하십니까?

최 　　 : 하고 있습니다. 저는 오와다 히사시(小和田恆) 대사에게 '천황 황후 두 폐하가 현시점에서 무리라면, 그것도 방법이 아닌가?'라는 의견을 낸 적이 있습니다.

고하리 : 그건 오와다 씨가 관계자에게 말한 것 뿐 아닙니까? 좀 더 구체적으로는?

최 　　 : 혹시 우리가 프로그램을 만들자고 생각했다면 오와다 씨에게 구체적으로 논의를 했겠지만. 오와다 부인으로부터 초대받아 두 번 뵙던 것 뿐이니까.

고하리 : 그래서 보도되었다고 하는 건 최 대사의 머리에서 생각하고

있던 게 아니라, 나름의 플랜을 만들거나 부하에게 조사시
키거나?

최   : 플랜까지는 만들고 있지 않았어요.

❖ 강연외교

고하리 : 알겠습니다. 대사시절에 이슈들은 어느 정도 들었으므로,
         이제 선생님의 쪽에서 다른 것이 있다면 말씀해주셨으면 합
         니다. 없다면 인물평을 하려고 생각해요. 특히 고이즈미 씨
         에게 하고 싶은 말이라든지.

최   : 예술가, 과학자와 달리 정치가의 평가는 어렵죠. 특히 고이
         즈미 총리는 화제가 많은 정치가니까 나중으로 합시다. 무
         엇보다 55년 체제라고 불리는 제2차 세계대전 후의 일본정
         치는 자민당 정치이었으니까. 자민당은 실력이 있는 종합병
         원 같은 조직으로 이념과 정책의 면에서도 아주 폭넓은 정
         당조직입니다. 다나카 형(型), 나카소네 형과 같은 보수 원류
         도 있고, 미키 형과 같은 지성파, 고이즈미 형 같은 개혁파도
         있습니다.

사도   : 일본의 정치가의 평가라는건 꽤 전체적인 평가가 되기도 하
         고, 한일 정치가 비교 같은 것도 좀 있고. 이것도 선생님께서
         대사시절의 전체의 문제로 이어지는 것이지만, 방금 말씀하
         셨죠. 본래는 아직도 좀 더 연한이 있었을 텐데 도중에 귀임
         하시게 되셨지만 대사께서 하셨던 일중에 방금 전에도 나왔

지만, 문화적인 문제를 세세하게 보면. 98년의 문화교류부터 포함해서 계속 일관해온 흐름이 있죠.

최　　　: 그렇죠.

사도　　: 대사시절엔 그걸 본격적으로 각지에서 강연을 하거나 그리고 한일의 교과서문제라든지 여러 가지 문제가 있었지만 문화의 교류에 열심히 힘을 쏟고 계셨다고. 아마 문화의 문제에 힘을 쏟아서 상호의 교류를 토론하는 것은 시간이 걸리겠지만 그것이 제대로 가능하다면 엄청나게 거대한 성과가 되어줄 것이라고 생각합니다만, 대사로서는 아마 좀 더 자신이 길게 재임할 수 있다면 여러 가지 일들이 가능했지 않을까 하는 생각도, 혹시라도 조금은 그런 기분도 있지 않았을까 하고 생각했습니다. 지금까지 없었던 문화외교라고 할까. 대사로서 문화적인 문제에 적극적으로 활동을 하시게 되어 일본의 반응에 대해서 어떻게 생각하셨는지.

　　　　　그리고 아마 하다 남긴 일들이 있다고 할까, '이런 일이 가능하다면, 좀 더 넓힐 수 있었을 텐데'라고 생각되었던 일이 있지 않았을까 하고 생각합니다만, 그 점에 대해서 어떻게 생각하십니까. 아마 대사의 생각으로서도 잘 이어 받지 못한 것들이 있다고 생각하는 부분도 있다고 생각되는데요, 그 부분도 포함해서.

최　　　: 우선 최초의 지적입니다만. 저는 한일관계의 연속성은 문화교류로 하는 게 서로 플러스가 아닐까 생각하고 있습니다. 4세기(397년)에, 백제와 당시의 일본이 지금에 와서 말하면 국교가 시작되고 최초로 문화교류를 했습니다.

고하리　: 수호(修好)네요.

최   : 맞아요. 수호예요. 513년에 오경박사를 포함해 당시의 백제의 지적 그룹이 『논어』를 가지고 왔지요. 그리고 538년에는 불교가 백제로부터 전해지죠. 781년에 즉위하고 25년간 헤이안 조정을 완성한 칸무천황은 고닌 아마베(光仁山部) 천황과 백제 고야 신립(高野新笠)의 사이에서 태어난 장남이었습니다. 그런 관계를 생각해보면 당시 조선반도에는 신라, 고구려, 백제라는 세 개의 나라가 있었습니다만 특히 백제와 당시의 일본은 문화적으로는 남의 나라가 아니었지요. 그 뒤 나라 - 신라, 헤이안 - 고려, 에도 - 조선, 천오백 년의 양국 간의 문화교류였지요. 이 문화교류의 시너지 효과를 어떻게든 살리고 싶다고. 설령 역사문제에서 쟁점이 있다 해도, 이 문화교류의 축적으로 뛰어 넘을 수 있지 않을까라는 결심을 했죠. 그래서 그 결단이 파트너쉽 선언의 문화조항으로 들어간 겁니다. 대사로서 그 문화교류의 실천에 가장 유효한 방법이 강연외교였습니다. 강연의 내용은 거의 문화교류의 중요성을 강조하는 것이었죠. 한일의 평균적인 국민의 교양, 지적 레벨은 아주 높으니까 문화교류의 시너지 효과는 서양을 향해서 메시지성이 높은 게 아닐까 하고. 지금은 민주국가 간의 외교는 그 상대국의 피플즈 마인드(peoples mind)에 호소하지 않으면 안 됩니다. 그런 의미에서 주로 오피니언 리더(opinion leader)를 대상으로 한 강연은 유효합니다. 그들은 정부와 평균적인 국민과의 매개의 역할을 하고 있으니까.

고하리 : '강연외교'입니까.

최   : 강연입니다. 강연외교의 중심은 문화니까, 문화외교라고 말

해도 좋죠. 원래 저는 통일한국의 일본대사가 되는 것이 꿈이었습니다. 혹시 역사의 신이 도와주어서, 그런 기회가 있다면 그때는 반드시 대사가 아니더라도 이런 문제의식을 좀 더 살려가고 싶다고 생각합니다.

사도 : 대사가 하신 문화외교라는 강연을 중심으로 한 외교라는 건, 퍼블릭 디플로머시(public diplomacy)라고 하는 것으로 지금 아주 주목 받고 있습니다만 오히려 일본에서는 뒤처져 있는 부분이라서.

최 : 국익의 상호인정에 의거한 정부레벨의 교섭은 지금도 외교의 기본으로 있습니다만, 최근에는 소프트 파워(soft power) 중심의 퍼블릭 디플로머시(public diplomacy)가 주목받고 있습니다. 문화외교, 강연외교는 그 유효한 방법입니다.

무로오카: 강연회에 가면 일본의 청중으로부터 후에 편지로 '좋았다'라는 반응이 있었다는 말씀이십니까?

최 : 어느 대학 교수로 부터는 '이런 사람에게 일본의 외무대신이 되어주었으면 한다'라고 들은 적도 있습니다.

무로오카: 강연 회장에서도 여러 가지 질문들이 나온다고 생각하는데요. 아마도 호의적인 질문이나 반응도 어느 정도, 어느 의미로는 대사에 대해서 심한 질문이나 지적도 당연히 있지 않았을까 생각합니다만, 대체로 일본의 청중은 어떤 반응을 보입니까.

최 : 심한 질문은 거의 없었습니다. 교과서문제로 어딘가에서 저의 강연을 들은 사람이 익명으로 '조심해, 너'라는 공갈편지가 온 적은 한 번 있습니다.

무로오카: 강연 회장에서는 어떤 질문이 많습니까?

최 　　: 음, 특이하게도 대체로 건설적인 질문이었습니다. 저는 일
　　　　관해서 일본이 비핵대국(非核大國)으로서 도덕적 우선권을
　　　　가지고 계속해주었으면 좋겠습니다. 현재 핵을 가지고 있지
　　　　않은 독일과 핵 보유국인 프랑스, 영국을 비교했을 때, 핵 보
　　　　유가 유럽에서 선진 삼국의 품격, 국력의 평가에 주요한 기
　　　　준이 되지 않습니다. '중국이 가지고 있으니까 일본도'라는
　　　　발상은 일본의 품격에 반하는 것이라고 생각합니다. 이처럼
　　　　저의 주장에 의미 있는 반론은 없었습니다.

고하리 : 지방에서 했을 때는 현 지사 현청에 접견방문을 간다는 방
　　　　식으로 말이죠.

최 　　: 그렇습니다. 접견방문의 대상은 지사, 주요한 시장, 지방신
　　　　문사의 회장 등 입니다.

고하리 : 그건 대사의 관할과는 관계가 없는 일이지요?

최 　　: 관계없습니다. 물론 지방의 총영사를 부르지만.

사도 　: 일본의 각지 지방의 신문사는 독자적으로 대사에게 의뢰를
　　　　해 왔던 겁니까?

최 　　: 그렇습니다.

무로오카: 그리고 한일친선협회와 같은 곳은?

최 　　: 친선협회가 있는 곳은 반드시 표경방문을 합니다. 특히 도쿄에
　　　　서 경제단체연합총회에 초청받았을 때를 잊을 수 없습니다.

고하리 : 경제단체연합의 얘기는 테이프가 돌아가지 않는 곳에서 얘
　　　　기했기 때문에 한 번 더 말씀해주세요.

최 　　: 그것은 비슷한 내용입니다.

고하리 : 경제단체연합 연도 말의 총회 말이죠.

최 　　: 그렇습니다. 데이코쿠 호텔에서 천 명 이상의 경제계의 리

더가 참석했습니다.

고하리 : 출석한 사람들을 말해 주실 수 있습니까?

최　　　 : 모리 요시로 총리대신, 고노 요헤이 외무대신, 히라누마 다
　　　　 케오 경제산업대신과 저입니다.

고하리 : 각각 말씀을 하셨습니까?

최　　　 : 네, 20분 정도.

사도　　 : 그때의 상황에서 20분은 긴 시간입니까?

최　　　 : 네, 그렇죠.

고하리 : 나름대로 경제와 관련된 문제를 예기하는 것인가요.

최　　　 : 경제 문제뿐만 아니라 한일관계의 여러 가지 현안에 관해서
　　　　 저의 의견을 말씀드렸습니다.

고하리 : 이전에도 그런 일에 대해 꽤 말씀을 나누었죠. 그래서 문화
　　　　 외교를 총괄하게 된다면, 자신의 만족도는?

최　　　 : 문화인과의 교류로 특히 깊은 인상을 가지게 된 것은 오에
　　　　 겐자부로 씨가 대사관 디너에 참가했을 때 이었습니다.

고하리 : 그건 대사관저에? 노벨수상자지요?

최　　　 : 물론 이예요.

고하리 : 그 분은 한국에 대한 이해도가 깊은 분이니까요.

최　　　 : 시인인 김지하 씨와의 교류가 깊다고 알고 있습니다.

❖ 고이즈미 총리의 이례적인 대사관저 방문

최　　　 : 그리고 도이 다카코 중의원 의장도 하시모토 류타로 전 총

리도 처음으로 대사관저에 방문해 주셨습니다.

고하리 : 퇴임 한 뒤가 아니라?

최　　 : 퇴임한 후 이었습니다.

고하리 : 고이즈미 수상이 갔던 건 11월 28일이죠. 그럼 좀 더 그 얘기를 공식적으로 들을 수 있을까요. 어떤 경위로?

최　　 : 초대장을 보냈었죠.

고하리 : 총리대신은 우선 초대장을 보내고 가능성이 없다고 생각했습니까? 그래도 왜 보낸 건지 그 얘기부터.

최　　 : 그건 후쿠다 내각 관방장관과의 교류 덕으로.

고하리 : '해보면 어때'라고 후쿠다 씨가 말했다는 겁니까?

최　　 : 네. 그래서 초대장을 보냈죠.

고하리 : 애초에 발상한 것은 어느 쪽입니까? 생각한 건 대사입니까? 후쿠다 씨입니까?

최　　 : 접니다.

고하리 : 대사가 불러보자고 생각해서?

최　　 : 그렇습니다. 그것을 얘기해두고, 정식초대장을 보냈습니다. 그리고 저는 주요 국의 대사에게 전화했죠. 전부 참가해 주셨습니다.

사도　 : 어떤 나라들 입니까?

최　　 : 미국, 중국, 러시아, 프랑스, 영국, 인도이었죠.

고하리 : 그건 고이즈미 씨가 왔을 때 그분들도 왔단 겁니까?

최　　 : 그렇습니다.

고하리 : 그 만찬회, 고이즈미 씨가 초대한 자리에 다른 대사도 불렀다는 거네요.

최　　 : 그렇습니다. 현직 총리가 외국대사와 만나는 것은 최고의 외교 이벤트니까.

무로오카: 그때 언어는 무엇으로 했습니까?

고하리　: 중국은 통역 비서관을 데리고 오거나 했습니까?

최　　　: 없었습니다.

고하리　: 일본어가 완벽하다는 겁니까?

최　　　: 그렇습니다.

무로오카: 예를 들면 식사를 할 때 최 대사가 인사할 때도 일본어이었
　　　　습니까?

최　　　: 전부 일본어이었습니다.

무로오카: 고이즈미 씨가 인사할 때도 일본어로. 다른 대사 분들도 일
　　　　본어로?

최　　　: 일본어가 뛰어난 대사 분들만 계셨습니다.

무로오카: 한국 대사관이 대접할 때는 한국요리를 내 놓습니까?

최　　　: 한국요리였습니다. 당시의 광우병으로 큰일이었지만, 저는
　　　　농담으로 '저는 매일 일본산 소고기를 즐깁니다만, 오늘은
　　　　오스트레일리아의 소입니다.' (웃음)

무로오카: 지금까지 로지스틱스(logistics)의 얘기이었습니다. 많은 분
　　　　들을 초대하여 식사를 하면 부인은 물론 오시겠지만 서비스
　　　　하는 사람은 많이 필요하다고 생각합니다만.

최　　　: 필요하죠.

무로오카: 그건, 대사관에 원래 있던 사람입니까, 아니면 임시로 고용
　　　　하는 겁니까?

최　　　: 요리사가 두 명 정도 있습니다. 아내는 일단 인사만 하고.

고하리　: 고이즈미 씨는 어떤 말을 하셨습니까.

최　　　: 쟁점이 될 만한 얘기는 한마디도 하지 않으셨습니다. 고이

즈미 총리는 시종일관 유쾌하셨습니다.

고하리 : 그때 아직 퇴임이 2개월 후라는 걸 모르고 있을 때네요?

최 : 네

고하리 : 퇴임 연회(reception)가 있었죠?

최 : 있었습니다. 전 총리, 거의 많은 분들이 오셨습니다. 재임 중 대사관 디너에 참석하셨던 분은 거의 다.

무로오카: 대체로 매주 주중에 며칠 정도 디너가 있었습니까?

최 : 외식 이외에는 거의 매일입니다. 그러니까 우리의 외교활동 평가는 디너의 참가자들의 영향력이 하나의 기준이 되니까요.

무로오카: 그렇게 되면 거의 사생활에 쓸 시간이 없겠네요.

최 : 그렇죠.

무로오카: 가족만, 부부만 함께 식사할 기회도 거의 없겠네요.

최 : 디너에는 거의 없죠.

무로오카: 있다면 일요일의 저녁이라든지 그런 느낌입니까?

최 : 그렇습니다.

무로오카: 정치가, 외교관 이외에 문화인을 의식적으로 부른다는 거에 대해서 말입니다만, 어떤 분을 부릅니까?

최 : 일본에서 진보적 문화인이라고 하죠? 그 리더 격으로 오에 겐자부로 씨를 생각했습니다. 오에 씨를 추천한 저의 은사 사카모도 선생님도 정치 분야에서 리더의 한 명이니까. 물론 사카모토 선생님도 와주셨습니다.

고하리 : 예술가는 어떻습니까.

최 : 예술가 중엔 특히 나카무라 히로코 씨 부부에게는 2년간 정말 많은 도움을 받았습니다.

무로오카: 신문사라든지 방송국의 회장도 부르셨습니까?

최　　 : 신문사에는 회장, 사장 모두 불렀죠.

무로오카: 방송국은 어떻습니까?

최　　 : 방송국도

다카야스: 경제단체연합회는요?

최　　 : 그곳은 물론 오쿠다(奧田碩) 회장일행 모두 와주셨습니다.

고하리 : 개별로 기업의 사장도 포함해서 입니까? 아니면 주로 단체?

최　　 : 단체 중심이었습니다. 예를 들면 한일경제 관련의 협회.

다카야스: 상공회의소라든지도 불러서?

최　　 : 네.

고하리 : 다음 년도에 월드컵 한일 공동개최라는 것도 있어서, 그 점을 의식했습니까?

최　　 : 특히 그 준비의 건으로 모리 총리와 잘 애기를 나누었죠.

무로오카: 축구 관계자를 디너에 부른 적은 있습니까?

최　　 : 없습니다. 특히 일본에서 활약하고 있는 연예인이라든지 축구는 여러 가지 생각을 해봤지만 미묘한 면이 있어서 초대하지 않았습니다.

고하리 : 연예인이나 축구 선수도?

최　　 : 네.

무로오카: 당시 대사의 기억에 남는 한국의 연예인으로, 일본에서 활약한 사람은 어떤 사람이었습니까? S·E·S 라든지?

최　　 : 정보는 있습니다만, 직접적으로 만난 사람은 없습니다. 뭐, 정명훈 씨의 연주는 반드시 참석했지만.

무로오카: 방금 전 일본의 진보적인 문화인과의 교류를 했다는 말씀이었습니다만, 예를 들면 북한에 대한 생각 같은 것이, 한국은 북한의 위협이라는 것을 느끼고 있는 나라라고 생각하고 있

지만, 일본의 진보적인 문화인은 극단적으로 말해보면, '북
한의 위협이라는 건 조작이다'. '그런 건 없다'라고 하는 생
각도 있다고 생각합니다만, 그 때문에 서로 의견을 맞추기
힘들었던 것은 없었는지요.

최　　：제가 알고 있는 진보적 문화인 중에는 그 정도 레벨의 사람
　　　　은 없습니다.

사도　：반대로, 진보적 문화인 이외의 보수파 사람들은요?

최　　：제가 교류하고 있는 정치가는 보수파의 사람도 많습니다.

❖ 호소가와, 무라야마, 하시모토, 오부치, 모리, 후쿠다, 하토야마, 가토, 야마자키에의 평가

고하리　：그럼, 정치가의 평가를 들려주실 수 있습니까.

최　　：총리경험자로는, 호소가와 모리히로(細川護熙) 총리, 무라야
　　　　마 도미이치(村山富市) 총리, 하시모토 류타로(橋本龍太郎) 총
　　　　리, 모리 요시로(森喜朗) 총리, 후쿠다 야스오(福田康夫) 총리
　　　　로 하겠습니까.

고하리　：그럼 그 순서대로. 우선 호소가와 씨 말입니다. 대사의 임기
　　　　와 관계가 없습니다만.

최　　：저는 대사가 되기 전에, 칼럼에서 몇 번이나 호소가와 총리
　　　　에 대해서 썼던 경험이 있습니다.

고하리　：호소가와 씨의 에피소드라든지 평가 말이죠. 몇 개 정도 얘
　　　　기를 해주세요.

최　　　：평균적인 한국의 국민 중에서 역사발언에 관해서 말입니다만, 가장 인기가 있는 일본 총리는 호소가와 총리, 무라야마 총리, 오부치 총리, 하토야마 총리, 칸 총리입니다. 지금 생각해보면 김영삼 대통령 시절, 경주에서 호소가와 총리와.

고하리　：경주에서요?

최　　　：경주에서의 역사발언은 아주 신선했죠. 저는 호소가와 총리는 얼굴을 본 것만으로도 '정말 성실한 사람이구나' 하는 인상이었습니다. 얼굴만으로도. 그 대화의 내용은 피해자였던 한국의 입장에서 말을 하는 따뜻함이었습니다. 지금 생각해보면, 그뒤로 무라야마, 오부치, 하토야마, 칸 총리까지 왔지만, 호소가와 씨의 경주 발언으로 그 스타팅 포인트였습니다.

고하리　：개인적으로 초대한 적은?

최　　　：한 번밖에 없습니다.

고하리　：대사시절에 디너에. 그런 때는 부부로 옵니까?

최　　　：아뇨, 혼자. 한국 측에서는 이수성 전 총리를 초대했습니다. 이수성 씨가 꼭 호소가와 총리와 만나고 싶다고 하셔서 연락했더니, 기쁘게 와주셨습니다.

고하리　：이수성 씨와 호소가와 씨는 딱히 아는 사이가 아니죠?

최　　　：총리 시절에 한두 번 만났다고 생각합니다.

고하리　：이수성 씨는 김영삼정권 시절에 수상을 했었죠.

최　　　：그랬죠.

고하리　：실제 만났을 때도, 성실한 느낌이었습니까?

최　　　：변함없었습니다.

사도　　：어떤 얘기를 하셨는지는 기억하고 계십니까?

최　　　：저는 호소가와 총리는 하토야마 총리와 정치적인 배경은 다르지만 닮았다는 인상입니다. 거짓말은 하지 않는다, 할 수 없다. 아주 성실하신 분들이지만, 과연 그야말로 '우아한 냉혹함'을 가지고 복잡하고 어려운 정치의 현장을 리드할 수 있을까 하고 의문이라고 할까, 걱정이라고 할까, 그런 느낌을 가졌습니다. 그 공통점은 역시 명문에서 태어나, 그런 사람은 권력정치의 현장에 적합하지 않은 게 아닌가 하는 느낌도 듭니다.

무로오카: 이수성 전 총리와 호소가와 전 총리는 통역사를 통해 대화했습니까?

최　　　: 영어와 일본어를 혼용했습니다.

고하리　: 다음으로 무라야마 씨네요.

최　　　: 무라야마 씨 말이죠. 현직 총리 시절에 단독 회견을 했었죠. 당시의 관방장관은 사회당의 이가라시 고조 씨였습니다. 홋카이도 출신.

무로오카: 그랬죠.

최　　　: 저의 첫인상을 한마디로 표현하자면 무라야마 총리로부터는 무욕의 힘을 느꼈어요.

사도　　: 만났던 건 언제입니까?

최　　　: 고려대학교 교수시절, 대사시절에는 관저의 디너에 초대했었어요.

사도　　: 네. 1994년부터 1995년 쯤 이었으니까.

최　　　: 그쯤 일거예요.

고하리　: 전반인지 후반인지 아십니까? 취임하고 막 입니까?

최　　　: 취임하고 바로라고 기억해요.

무로오카: 한신 대지진보다 전입니까?

최   : 전이라고 생각해요.

사도   : 94년 정도일까요.

최   : 정치의 세계, 야심가에게 있어선 그것이 바로 '만인의 만인에 대한 투쟁의 장'이죠. '그런 곳이라도, 이런 무욕의 정치가가 야심가를 이기는 경우도 있구나'라고 생각했습니다. 무라야마 총리의 등장은 일본 국내정치가 가진 힘의 밸런스의 결과였지만. 무라야마 담화는 한일관계에 있어서 특히 역사문제와의 관련에서 그뒤 보수의 총리대신들도 '무라야마 담화를 계승한다'라고 말하지 않을 수 없게 됐죠. 그런 의미에서 역사문제 이해에 중대한 공헌을 한 총리라고 생각합니다. 그건 저뿐만 아니라 한국의 평균적인 국민이라면, 모두 그걸 인정하고 있습니다.

고하리 : 어느 신문기자에게 들었습니다만, 무라야마 담화를 만들기 전, 초안 단계에서 당시 부총리였던 하시모토 씨가 한차례 봤다고 합디다만, 하시모토 씨가 손을 봐서 좀 더 유화적으로 되었다라는 얘기도 있습니다.

최   : 하시모토 씨가요? 재밌네요.

고하리 : 무라야마 씨는 고쳤을 때 걱정했는데, 거꾸로 보다 더 파고든 문장이 되어버렸다고 해요.

최   : 그건 재밌네요. 그럼 다음엔 하시모토 씨로 넘어가죠.

고하리 : 그건, 대사시절에 얘기네요. 하시모토 총리 부부와는 나카무라 히로코 부부의 소개로 만났다고.

최   : 네. 애초에 하시모토 총리는 저를 김영삼 대통령으로부터 들었다고 했습니다. '일본에서 한일문제로 깊은 얘기나 논의가 가능한 사람을 한 명 소개시켜 주겠습니까?'라고 요청

했는데 김영삼 대통령이 저를 소개했다고 들었습니다. 하시모토 총리는 사진가이기도 해서 멋진 사진을 선물로 자신이 사인을 해서 보내주기도 했습니다. 저는 가보로 한점 보관하고 있습니다. 갑자기 돌아가셔서 크게 충격 받았습니다.

사도 : 다음엔 오부치 씨입니다만. 오부치 씨는 방금 예를 들었던 것 중에 없었으니, 그 다음 모리 씨로.

최 : 저에게 있어 오부치 총리와의 짧은 교류는 정말 꿈같았습니다. 고대 교수로서 최초로 한국에서 만나서, 대사가 되어 갑자기 돌아가셨으니까.

고하리 : 전화를 받았다고 했었죠.

최 : 맞아요. 국제 전화. 일본의 현직 총리가 외국의 대사내정자에게 그런 전화를 한건 처음이라고 해요. 모리 총리는 제가 대사에 재임 중에 가장 교류가 많았던 분입니다. 월드컵의 준비라든지, 교과서문제 등에서 보여주신 이해와 협력, 지금도 잊을 수 없습니다.

고하리 : 그렇군요.

최 : 특히 센터입시에 한국어를 외국어로 넣겠다고 한 것은 모리 총리의 협력없이는 불가능했습니다.

고하리 : 모리 총리라고 하면, 일본 국내에서는 지지율이 높지 않고, 여러 가지 이미지가 있습니다만.

최 : 아뇨, 저에게 있어서 모리 총리는 가장 친근감을 가지고 대담할 수 있는 분입니다.

고하리 : 최근까지 한일의연(의원연맹)의 회장을 하고 계십니다만, 한국에 대한 이해도는 어떻습니까? 얼마나 알고 계십니까?

최 : 일본의 모리 총리와 한국의 김종필 총리는 한일의연(議連)의

의장으로서는 말하자면 요코즈나(씨름의 챔피언) 급이었습니다. 지금은 지리멸렬(支離滅裂)하게 보입니다.

고하리 : 지난 5월 19일에 '조선왕조의궤' 등을 한국에 건네는 한일 도서협정을 중의원 본회의에서 체결했는데, 자민당의 태반이 반대했지만, 모리 전 총리는 누카가 후쿠시로 전 재무상, 카와무라 다케오 전 관방장관들과 함께 결석, 퇴석했죠. 퇴장한다는 건, 즉 반대는 하고 싶지 않다는.

최　　 : 그렇죠. 그게 지금의 모리 총리의 위치라고 생각합니다.

고하리 : 그러니까, 자민당은 반대를 했지만, 자신은 일단 찬성이라는?

최　　 : 그렇겠죠. 공개적으로 반대할 수도 없는 노릇이고요. 모리 총리다운 반응이죠.

사도　 : 그렇죠. 최근에는 정권교대도 있었으니까, 나타날 일이 적어졌지만, 정권 교대 전엔 역시 자민당의 장로로서 여러 가지 일로 얼굴을 보이시며 '이러면 되지 않겠나, 저러면 되지 않겠나'라고 말이죠.

최　　 : 보수정치의 현장에서는 모리 총리와 같은 역할도 있어야 하죠.

사도　 : 역시 그렇죠.

고하리 : 후쿠다 씨는 어떻습니까?

최　　 : 한 번 더 말씀 드리자면, 동양의 군자와 서양의 신사를 겸비한 정치가.

사도　 : 평가가 아주 좋네요.

고하리 : 관방장관으로서는 아주 잘 해내셨다는 인식을 가지고 있는 사람은 많다고 생각하는데.

사도　 : 모리 총리 때에, 후쿠다 씨가 관방장관으로 계셨다는 것이,

꽤 좋았다고 생각해요.

최　　　: 모리 총리로부터 고이즈미 총리까지이었죠.

고하리 : 후쿠다 씨는 관료로서의 이미지는 좋아요.

최　　　: 그럴지도 모르죠.

고하리 : 그렇다는 것은, 꽤나 사무능력이 있었다는 말입니까? 대사
　　　　와의 대화에 있어서.

최　　　: easy to approach 역시 접하기 좋죠. good listener이기
　　　　도 하고. 권위주의적인 태도도 전혀 없어요.

고하리 : 그렇게 생각하지만, 그래도 수상 퇴임회견에서 신문기자가
　　　　'총리의 회견이 국민에게는 남 일처럼 들린다. 사임회견도
　　　　그런 인상을 가졌다'라고 질문 하니 '저는 자기 자신을 객관
　　　　적으로 보는 것이 가능합니다. 당신과 달라요'라고 말해서
　　　　빈축을 샀던 일이 있습니다만. 그렇지만 관방장관 때는 정
　　　　말 좋은 평가였죠. 그런 의미에서 보면 사람과 접하기 쉽지
　　　　만 대사와 개인적으로 특이하게 마음이 잘 맞는다고 할까.

최　　　: 마음이 맞는다고 할까, feeling is mutual. 분명히 호감을 갖
　　　　고 있습니다.

사도　 : 화제는 많은 편이었습니까?

최　　　: 네. 예를 들면, 저와 예의 한중일의 상설 오케스트라의 얘기
　　　　를 하면 '열심히 응원할게요', '구체적인 내용을, 프로그램을
　　　　만들어서 보여주세요'라고 말했습니다.

사도　 : 하토야마 씨로 넘어가죠.

고하리 : 「조선일보」(2009년 11월 4일 부)의 인터뷰를 대사 퇴임 후의
　　　　개인의 입장으로 했습니다만, 고려대학교 교수시절에도 만
　　　　났었죠. 평가라고 하면 어느 정도?

최　　　 : 그러네요. 대표시절과 총리시절, 두 번 회견했습니다. 특히 「조선일보」에서 실린 회견록에도 있습니다만, 저는 하토야마 총리가 정책과제로서 동아시아 공동체를 보였을 때 조금 불안했습니다. 가치로서는 저도 대찬성이었지만, 학회에서도 쟁점이 많은 문제를 당국과 어느 정도의 조율도 없이 소신표명에 내놓아 어떨까 하고 생각했습니다. 한중일의 오케스트라 상설의 문제에 대해서는 정말 적극적이었죠. '자, 합시다' 하고. 저는 하토야마 전 총리에게 부탁하고 싶은 것은 진정으로 적극적인 의지가 지금도 있다면, 다음 중국의 책임자를 만날 기회에도 그 아이디어를 제시했으면 좋겠습니다. 이 발상은 오히려 공식 방문 때 보다도 인포멀(informal)한 미팅 쪽이 유효합니다. 혹시 중국의 책임자가 '이런 발상은 중화인민공화국에 플러스가 된다'라고 생각할 수 있게 된다면 일이 순조롭게 진행될 거라고 생각합니다. 한중일 상설 오케스트라는 그야말로 동아시아 예술공동체의 상징이 되지 않을까요.

고하리 : 다음은 개별적인 정치가입니다만, 가토 고이치 씨를 부탁드립니다.

최　　　 : 밖에서 보면, 정말 일본의 총리대신에 어울리는 인물이 아닐까 하고 생각합니다. 세계 어디에 내놔도 손색없는 지성파 정치가죠. 특히 놀라운 것은 학자레벨 혹은 그 이상의 적절한 개념을 사용해서 설명하는 능력이죠. 그의 얘기를 영어로 번역하면 그대로 통할 거라고 생각해요. 분석력도, 설명능력도 발군이죠. 그런 사람이 왜 총리의 기회를 놓친 건지 이상합니다. 저의 추측으로는 총리가 되기에는 너무나 지적(知的)인가 하는 생각이 듭니다.

사도 : 같은 지적(知的)이었습니다만, 미야자와 기이치(宮沢喜一) 씨는 총리가 되었지요.

최 : 그러네요, 저는 미야자와 총리도 만나고 싶었지만, 미야자와 총리는 관료합리주의에 철저했으니까 단순히 지성인이라고 볼 순 없어요. 지성도 있지만 역시 현실감이 있지 않았나 싶어요.

사도 : 그건, 가토 씨와 조금 다른 부분이네요.

고하리 : 가토 씨는, 정치가 중에서는 그다지 인기가 없는 분이죠.

사도 : 인망이 없는 사람이죠.

최 : 그렇죠. 인간의 매력이라는 게 도대체 뭘까요. 역시 다른 사람에 대한 배려가 아닐까요.

사도 : '이런 면에서 가토 씨는 한국을 위해서 해주었다'라는 건 있습니까? 가토 씨가 있어 한일관계가 이런 면에서 좋은 것이라고 할까, 도움 되는 것이 있었다거나.

최 : 그다지 적극적인 관여는 하지 않으세요. 이해는 하지만.

고하리 : 평론가적인 부분이 좀 있다는 겁니까?

최 : 저는 가토 씨의 날카로운 판단력을 높이 평가하고 있습니다. 저에겐 아주 솔직하게 말씀해 주십니다.

사도 : 한국에 상당한 네트워크라고 할까, 지인, 친구를 가지고 있습니까?

최 : 숫자보다는 일정한 엘리트층이 있죠.

고하리 : 권오기 씨와 잘.

최 : 권오기 씨는 아주 지적 향기가 있죠. 그게 좋아요.

고하리 : 그럼 다음. YKK에서의 야마자키 타쿠 씨.

최 　　　: 한마디로. 함께 일본 술을 마시고 싶은 정치가?

고하리 : 대사 취임 전엔 알지 못했던 분이죠. 지금은 서로 알고 계십니까?

최 　　　: 대사 이전에도 한 번 만났었어요. 일본을 움직이는 정치가 중 한 명으로서 저는 중의원 의원회관에서 딱 한 번 만난 적이 있어요.

고하리 : 방금 일본 술이라고 하신 건?

최 　　　: 그건 대사 이후 입니다.

고하리 : 대사의 업무 중에서 알고지낸 … ?

최 　　　: 네. 급하게 한국 방문을 하려 했을 때 외교 루트를 통해서 몇 번 노력했지만 대통령을 만날 수 없다고 해서, 저에게 연락이 왔습니다. 프로토콜 상으로는 좀 무리였지만 연락을 해서 만날 수 있게 했습니다. 그는 그걸 아주 높게 평가하고 있어요.

고하리 : 일본 술을 함께 마시고 싶다는 건, 인간미가 있어서라는 의미인가요?

최 　　　: 인간미가 있다고 할까, 역시 술을 마시고 싶어지는 분위기를 만드는 사람이 있잖아요?

고하리 : 고이즈미 씨도 같은 말을 한 적이 있습니다.

최 　　　: 그렇습니까?

고하리 : '오늘 지쳤으니까, 누군가와 술을 마시고 싶다'라고.

최 　　　: 그 말대로 예요. 지치지 않아도 '오늘은 한잔 하고 싶네' 라는 때가 있잖아요. 정치가 중에서도 마찬가지. 한국에서 한 명 고르라고 한다면 저는 김종필 씨. 한국에서는 주사라는 말이 있습니다만, 일본어로 말하면 나쁜 술버릇이지요. 아주 정 자세로 자신의 의견을 제대로 말하면서도 사람을 편안하고 즐겁게 해준다고 할까, 그런 느낌을 주는 분이예요.

고하리 : 그건, 김종필 씨 말입니까?

최 　　: 두 분 다요.

고하리 : 야마자키 씨도?

최 　　: 세 명이서 마신적도 있습니다. 제가 초대해서.

고하리 : 흐트러지지 않습니까?

최 　　: 그러지 않아요.

사도 　: 야마자키 씨 자신은, 한국에서의 자신의 지인, 친구를 가지고 있을까요. 가토 씨와 다른 의미가 되겠지만.

최 　　: 제가 소개한 정동영 씨와 지금도 교류가 있다고 들었습니다.

고하리 : 마치무라 씨 아니면 니카이 씨는?

사도 　: 니카이 씨.

최 　　: 니카이 씨. "politics is minimizing enemy." 이건 제가 만든 문장이예요. "정치는 적을 최소화 하는 것이다". 반드시 그렇게 해야 해요. 정치라는 건 반드시 적을 만들게 되지만, 그걸 미니마이즈(minimize) 하는 것이 정치. 그것에 철저한 정치가가 아닐까요. 그는 적은 거의 없죠. 그걸 느껴요.

사도 　: 여러 가지 대신을 하셨죠. 노력인이예요.

최 　　: 네, 후유시바, 야마자키, 니카이 씨. 저, 네 명이 마시면 언제나 그가 준비하거나 해요. 챙겨주는걸 좋아하시는 분.

고하리 : 그럼 마치무라 씨.

최 　　: 마치무라 씨는 상호이해, 상호존중하면서 대화할 수 있는 스마트한 정치가라는 인상이예요. 그는 agree to disagree 가 되는 사람이죠. 문부대신 시절, 저는 교과서문제로 고통이 있었지만, 마치무라 대신과의 대화가 즐거웠습니다.

고하리 : 역사 교과서문제 말이죠.

최 : 앞서 언급한 예의 판단책임의 얘기를 했죠. 그건 마치무라 대신도 그다지 반론이 없었죠. 즐거운 논쟁에서 서로에게 호의를 가지게 되었습니다. 그는 그 뒤 외무대신이 되었죠?

사도 : 되었죠.

최 : 마치무라 대신은 1박2일의 일정으로 한국을 방문했던 적이 있습니다. 그는 한국외무당국에 최 전 대사와의 면담을 요구한 겁니다. 하드스케쥴로 곤란한 외무당국에서 요청이 있었습니다. '내가 마치무라 대신과 어떤 관계인가' 하고. 당시의 반기문 외무장관은 무리해서 저를 디너에 초청했습니다. 기억에 남는 에피소드입니다.

고하리 : 후유시바 씨는?

최 : 후유시바 씨는 정말 담백한 인품입니다. 그렇게 생각하지 않으세요? 언제나 변함없는 웃는 얼굴이. 지방 참정권, 우리들이 당면하고 있는 역사문제에 관해서 일관해서 지원해 주셨습니다.

고하리 : 노력인답네요.

최 : 그렇게 보이죠. 입장은 다르지만 노나카 씨와 같은 느낌이 듭니다.

고하리 : 법정대학에 와서도 만났습니까?

최 : 만났습니다. 한 번. 예의 4명과.

고하리 : 고노 요헤이 씨는 가토 씨와 무척 사이가 나쁘죠.

최 : 그렇죠.

고하리 : 양웅은 병립할 수 없다는 거네요.

최 : 뭐, 정치의 세계니까. 저는 정치가를 평가할 때는, 니체가 특

히 좋아하던 말이 떠오릅니다. 니체라는 사람은 권력의 가
치와 그 악마적 속성을 잘 파악하고 있지요. 그는 "큰 정치
가는 무서운 정적(政敵)을 가지는 것을 영광으로 생각한다."
요컨대 무서운 정적은 영광이라는 것을 말한 겁니다. 권력
투쟁은 선과 악의 혈투니까. 카이사르와 키케로의의 관계는
하나의 역사적 모델일지도 모릅니다. 그토록 경쟁을 하면서
카이사르가 키케로를 죽인 게 아니니까. 그 반대도 아니고.
두 사람은 다른 사람에 의해 암살되지만. 키케로는 '로마의
아버지'이고, 카이사르는 역사적 '영웅'이었죠. 서로 존경 그
리고 서로 무서워했을지도 몰라요. 두 사람의 관계에는 '무
서운 정적은 영광이다'라는 다이너미즘이 느껴지죠.

고하리 : YS 와 DJ 라는 건 어떻습니까.

최　　 : 아슬아슬하게 화해 한듯 하지만, 근친증오의 관계가 너무
길어서 말이죠. 김대중 씨의 박정희 씨에 대한 태도는 꽤 자
제했습니다. 그 점에서 깊이가 있다고 생각합니다. 김대
중 대통령은 자신의 재임 중 박정희 기념관 설립에 동의했
습니다.

고하리 : 지금 정치가 중에서 다른 화제가 나오고 있는 히라누마 씨는?

최　　 : 히라누마 씨도 기억에 남아있는 보수 정치가네요. 주제도
풍부하고. 그는 저의 얘기를 듣고 '대사는 대단 하구만'(大使
はたいしたもんだな)하고 말하곤 했습니다.

고하리 : 히라누마 씨는 의외로 외국인에 대한 차별적인 발언이 잦은
것으로 알려져 있습니다만.

최　　 : 저는 호감을 가지고 있어서, 현직의 대사시절에 함께 골프
를 치거나 「산케이신문」의 하사마 회장과 세 명이서 식사를

한 적이 있습니다.

사도 : 방금 노나카 씨의 얘기를 할 때 고가 마코토 씨가 가끔 함께 하셨다는 말을 들었습니다. 고가 마코토 씨는 인상이 남아 있습니까?

최 : 있습니다. 한번 노래방에 가서 노래한 적이 있습니다. 대화 중 베버의 『직업으로서의 정치』에 대한 얘기가 나왔는데 그는 신념윤리와 책임윤리의 긴장과 통합에 관해서 깊은 이해를 보였습니다. 그 책의 말미에 나와 있는 "그럼에도 불구하고"의 독일어인 "dennoch!"의 의미를 정확히 파악하고 있었습니다. 고가 씨의 노나카 씨에 대한 존경은 변함이 없습니다.

사도 : 대사가 왔을 시기의 모리 씨는 모리 내각에서 정치의 유력자라고 하면, 참의원에 아오키 씨라는 분이 계시죠. 예전 다케시타 노보루(竹下登) 씨의 비서를 했고 다케시타 씨는 한일관계에서도 많은 일을 했으니, 기억하고 계시겠죠. 아오키 씨는 뭔가 인상에 남으십니까?

최 : 대사관 관저 디너에 초대하고, 공공장소에서 만난 적은 있습니다만, 그 이후엔 교류가 없어요.

❖ 야당, 지사, 종교 단체, 사회복지단체, 자위대

무로오카: 예를 들자면, 한국정치라든지 한국 대사관이 그 나름대로 '이 사람은 힘이 있다'라는 평가를 하는 정치가로, 접근하고

싶었지만, 접근이 어려웠던 사람이 있습니까?

최   : 없었습니다.

고하리 : 예를 들어, 대사시절이라면 누구누구를 만나고 싶다고 하면
        만나보지 못했던 사람에 대해서는 부하직원을 시키죠.

최   : 그렇죠. 일정은 모두 비서실에서 정합니다.

고하리 : 그러니까, 차세대의 리더랄지, 야당도 정권을 잡을지도 모
        르니까. 대사 혹은 공사레벨의 자민당뿐만 아니라 야당의
        젊은 리더를 사전에 한국의 팬이 되게 하기 위해서라는 느
        낌으로 접촉했을 가능성은 없습니까?

최   : 있습니다. 그건 공사레벨입니다.

무로오카: 대사로서는 바쁘기 때문에, 좀처럼 당선 횟수가 적은 의원
        까지 … .

최   : 당선 횟수는 하나의 요인에 지나지 않습니다. 장래성, 한국
        과의 관계, 영향력 등 여러 가지 요인으로 판단하기 때문입
        니다.

무로오카: 그럼 지금 이름을 들어 평가한 분들 이외에, 당선 횟수가 적
        었거나, 별로 좋아하지 않았더라도, 장래에 이 사람은 유력
        하게 될지도 모른다는 관점에서 만나보거나 혹은 기억에 남
        는 정치가가 있습니까?

최   : 대사로서는 별로 없지만, 고노 요헤이 씨의 아드님이라든지.

사도   : 고노 타로 씨 말이죠.

최   : 네, 그리고 오자와 씨의 비서 닷소 타쿠야 씨도 만났습니다.

무로오카: 외교관 출신의 이와테 현지사 말이죠. 예를 들어, 미래의 한
        일관계를 짊어질 것 같은 그룹으로서 강연에 가거나 초대
        하거나 주목하고 있는 곳은 있습니까?

최　　　: 네. 노나카 씨가 리더로 있는 모임. 가토 씨 중심의 그룹에서 강연한 적도 있습니다. 이십 년 이상 교류하고 있는 센고쿠 요시토 씨를 중심으로 하는 그룹은 지금 민주당 정부의 중심축이 되어있죠.

무로오카: 그리고 일본 공산당이라든지? 또 의석수가 적은 정당이 만들어지거나, 사라지거나 합니다만, 그런 작은 정당에 대한 사귐은 어떻습니까.

최　　　: 대사시절에 말입니까. 당시는 사민당은 아직 도이 다카코(土井たか子) 씨가 건재하시죠.

무로오카: 국회에서 벗어나, 종교 단체에서는 어떤 사귐이 있으셨습니까?

최　　　: 창가(創價) 학회의 회장의 초대로 한 번. 회장이 살고 있는 곳에 간 적이 있습니다.

고하리　: 명예회장이 아닌 쪽 말이죠. 아키야 에이노스케(秋谷栄之助) 씨라는 분 말입니까?

무로오카: 이케다 회장 아닙니까?

최　　　: 이케다 회장이었습니다.

고하리　: 카리스마를 느꼈습니까?

최　　　: 있었습니다. 평화관계의 책도 주셨습니다. '식민지정책에 대한 반대는 우리의 일관한 신념이다'라고 말씀하셨죠.

고하리　: 그건, 상대 쪽에서 대사를 초대한 곳에서 한 말입니까?

최　　　: 그렇습니다.

무로오카: 그외의 불교계라든지, 기독교계는?

최　　　: 없습니다.

무로오카: 신도에의 초대도 없었습니까?

최　　　: 없었습니다.

고하리 : 한국계의 통일교회라든지 그런 곳이 접촉을 바란 적도 없습니까?

최 : 없었습니다.

무로오카: 많은 한국계의 프로테스탄트의 교회도 일본에 있지요. 그런 곳에서부터 와주세요 라는 말은?

최 : YMCA에는 두 번 강연을 갔습니다.

무로오카: 사회 복지 관련의 단체도 여러 가지가 있다고 생각하는데요, 그런 곳에 발을 들인 경험은 있습니까?

최 : 그런 곳에는 집사람이 저 대신 참석했습니다. 집사람은 일본에서 15회 정도 연주를 했죠. 치바 현에서 지적 장애인 오백 명 앞에서의 연주는 감동 그 자체였습니다. 아이들의 기쁨의 함성은 지금도 선명하게 기억하고 있습니다. 연주의 힘이라는 건 멋진 거구나 생각했습니다.

무로오카: 부인께서 연주하셨다고요.

최 : 그렇습니다.

무로오카: 대사께서도 함께 가셔서.

최 : 네, 「고추잠자리(赤とんぼ)」「여름의 추억(夏の思い出)」「황성의 달(荒城の月)」 등, 일본인이 다들 애창하는 노래를 불렀습니다.

무로오카: 그리고, 자위대에 간 일은 있습니까.

최 : 갔었습니다.

무로오카: 어떤 곳에 갔습니까?

최 : 자위대의 학교에서 강연을 했습니다.

사도 : 방위대학교 말이죠.

최 : 네.

사도 : 그때는 어떤 말씀을 하셨습니까?

최　　　: 한일관계의 중요성, 역사, 문화, 세계 속에서의 한일의 역할
　　　　　등에 대해서.

무로오카: 그리고 자위대의 기념일에, 자위대가 행진하는 것은?

최　　　: 본 적이 없습니다.

무로오카: 그곳은 참가하지 않고. 연습이라든지 하는 것도?

최　　　: 없습니다. 자위대의 최고 간부를 관저에 초대한 적은 있습
　　　　　니다. 한국의 국방장관이 왔을 때. 역시 군인은 특유의 동료
　　　　　의식이 있죠. '우리들은 군인이다'라는 군인애를 공유하는
　　　　　듯 했습니다.

무로오카: 그건, 통역을 통해 했지만, 서로 잘 지냈다는 거네요.

최　　　: 그렇죠. 곧 사이가 좋아졌습니다. 일본의 통합참모장과 한
　　　　　국의 국방장관이 동석한 유쾌한 디너였습니다. 농담이지만
　　　　　'이래선 전쟁 못하겠네'라고 말하고 파안대소했습니다.

❖ 일본과 한국의 정치 문화 비교

사도　　: 선생님은 연구자의 입장으로 계시면서, 게다가 현실정치를
　　　　　보신 적도 있는 입장에서 일본과 한국의 정치가를 일반적으
　　　　　로 보며 한국의 정치풍토와 일본의 정치풍토의 다름은 물
　　　　　론 있을 거라고 생각하지만, 비교해서 어떻게 보고 있는 걸
　　　　　까 하는 점. 그리고 대사로서 경험한 일을 포함해서 일본과
　　　　　한국의 관계에서 이후 가장 문제라고 생각하는 것이 있다고
　　　　　생각한다면 무엇인지 얘기를 듣고 싶습니다.

최　　： 크네요.

사도　： 조금, 총괄적인 얘기가 되겠지만.

최　　： 한일 정치 문화 비교는 큰 연구 테마입니다. 우선 상대적으로 말해서 정치와 학문의 거리가 한국은 너무 가까워요(近過ぎる). 일본은 너무 먼 면도 있고요(遠過ぎる). 저는 비교하기 위해 '지나치다(過ぎる)'라는 표현을 사용했지만, 이건 긴 전통의 발로라고 봅니다. 한국은 천년 이상 문사정치의 전통 역사가 있어서, 지금도 그 연장선 위에 있죠. 일본은 무사정치로, 정치와 학문의 거리가 한국에 비해서 너무 멀어요. 예를 들어 학자가 국회의원, 대신, 총리대신이 된다고 하면 의외지요. 한국은 일본에 비해 꽤 기회가 있다고 생각해요. 이것이 첫 번째 차이. 두 번째는 대통령제와 의원내각제의 차이입니다. 일본은 총리의 자질에 의해 나라의 정치가 크게 변한다고 까지는 말할 수 없죠. 한국은 5년마다 대통령이 누군가냐에 따라서 정책의 우선순위가 격변할 가능성이 있으니까, 일본의 총리와 한국의 대통령의 임팩트는 큰 차이가 있죠.

　　그리고, 다음 질문입니다만, 가장 성가신 과제는 영토문제죠. 지금 일본도 한국도 중국도 영토문제로 몸살을 앓고 있죠. 일본의 어느 유력한 정치가가 다음과 같이 말했습니다. '현시점에 있어서 요점은 실효지배하고 있는 게 가장 힘이 된다. 이 현상을 파괴하는 건, 꽤나 어렵다. 그 현실인식 위에서 그 영토를 둘러싼 공동 이익의 정책을 생각해야 한다.' 중요한 건 현상유지의 선을 지키면서 공생의 틀을 구성해야 한다는 겁니다. 그의 의견은 일본의 다수의 의견은 아니지만, 영토 내셔널리즘을 극복하지 않고는 한일관계의 미래는 절대 밝지 않을 거라는 전망이었습니다. 그의 의견을 건설적으로 살리기 위해는 우선 독도를 실효지배하고 있는 현상을 파괴하는 언동이나 정책이 있어서는 안 됩니다. 이 기본선만 유지하면 한국인의 일본에 대한 호감도가 15%는 올라갑니다. 지금 일본인에 대한 한국인의 호감도는 60% 이상이지요.

고하리 : 2010년 10월에 내각부 「외교에 관한 여론조사」에서 61.3%였습니다. 일본인의 한국에 대한 「친밀감을 느끼는 사람」의 비율이.

최 : 그렇습니다. 독도를 분쟁지역으로 하려는 의도가 있는 이상 언제나 50% 이하로 떨어질 가능성이 있습니다. 좀 더 긴 안목에서 이보다 악화하지 않도록 한다면 50%는 넘을 거라고 생각합니다.

사도 : 어디까지 갈지는 모르겠지만 자민당에서 민주당과의 차이를 명확히 하기 위해 '우리는 보수다'라는 말을 강조하고 있습니다. 그렇게 된다면, 영토 내셔널리즘이라고 하는 방향성을 강조하는 거겠지요.

최 : 영토 내셔널리즘은 보수의 독점물인가? 보수의 정체성(identity)을 강하게 하는가?

사도 : 영토문제나, 그로 인한 내셔널리즘은 적어도 전후 일본에 있어서는 보수보다도 사실은 좌파 쪽이 사용해왔던 이데올로기(Ideologie)이지만 지금 보수가 영토 내셔널리즘을 말하고 있는 건 '민주당 정권은 좌파이다. 이건 국가 관념이 없다. 국가라는 의식이 없다. 그러니까 영토에 대한 의식도 약

한 것이다'라는 논의입니다.

최 : 그렇게 되면, 일본의 좌파는 혁신 내셔널리즘의 담당세력, 영토 내셔널리즘은 일본 우파의 독점물입니까? 일본에 이질의 내셔널리즘이 공존하고 있다는 거예요.

사도 : 헌법 개정이라는 움직임이 강하게 나타난 경우에는 한국은 어떻게 대처한다고 생각하십니까?

최 : 헌법은 일본국의 기본법이며, 일본국민 최고의 정치문서이기도 하니까, 일본국민이 결정한 것입니다. 단지, 헌법 개정의 내용이 일본의 방향을 제시하는 것이라면 주위 나라의 주목의 대상이 되겠죠.

사도 : 얘기가 조금 바뀝니다만, 일본학회도 잘 알고계시고, 한국학회의 그야말로 중진이신 선생님이니까 여쭤보고 싶었습니다만, 특히 사회과학의 면에서 일본과 한국의 학회의 차이는 어떤가요. 정치와의 거리 이외. 예를 들면 문제에 대한 견해라든지, 사고방식 같은.

최 : 인문사회를 포함해. 이건 너무 범위가 큰데요.(웃음)

사도 : 그래도, 지금 들어 두지 않으면. 다른 데서 이런 질문을 할 수 있는 분을 저는 알지 못하기 때문에. 꼭 선생님께 여쭤보고 싶다고 생각해요.

최 : 우선, 인문과 사회도 일본은 압도적으로 역사가 강합니다. 때문에 한국은 역사 연구와 미국류의 행동 과학적 연구 혹은 경험적 연구가 공존해있습니다. 저는 양쪽이 나뉘어져 있는 것이 아니라 상호 보완관계라고 생각합니다. 저는 미국의 경험적 연구에 단련된 소수의 한국인 연구자들에게 일본에 가서 일본인의 오랜 역사 연구를 배우도록 추천하고

있습니다. 일본인 연구자에게는 일본인은 메이지 이래 150년의 학문의 축적이 있으니까, 정치학의 분야에서도 일본에서 시작한 이론, 방법, 메시지를 발신할 때라고 주장하고 있습니다.

사도   : 알겠습니다.

최상용 Oral history

제 12회

일시 : 2012년 11월 17일

개최장소 : 오다큐 호텔 센츄리 서든 타워 회의실 (도쿄)

녹음시간 : 4시간

〈출석자〉

최상용 (전 주일본대한민국특명전권대사, 고려대학교 명예교수)

고하리 스스무 (시즈오카 현립 대학교 교수)

사도 아키히로 (추쿄 대학교 교수)

무로오카 데쓰오 (방위 연구소 주임연구관)

테이프 번역자 유한회사 펜 하우스 미카도 케이코

제 12회

최상용 (전 주일본대한민국특명전권대사, 고려대학교 명예교수)
고하리 스스무 (시즈오카 현립 대학교 교수)
사도 아키히로 (추쿄 대학교 교수)
무로오카 데쓰오 (방위 연구소 주임연구관)

❖ 귀임 직후의 사회활동, 학회활동

고하리 : 전회에서는 대사시절까지 끝이 났고, 일 년 정도의 공백이
있었습니다만, 사도 교수님도 돌아오셨으니 한국에 귀국하
시고 나서의 일을 여쭤보고 싶습니다. 선생님께 일곱 가지
정도 질문을 전달해드렸습니다만, 우선 귀국하시고 나서 학
교에 다시 돌아오셨습니다. 일본에서는 대사에 임용된 후
다시 학교로 복귀하는 사람이 없지는 않습니다만, 그다지
많지는 않습니다. 어떠한 마음으로 학교에 돌아오셨는지에
대해서 들어보고 싶습니다. 선생님은 귀국하시고 나서 어떤
마음으로 한국사회에 돌아오시게 되셨는지에 대해서 자유
롭게 말씀해 주시기 바랍니다.

최　　　: 대학교수로서 정부에 참가했던 경험이 있는 사람은 대부분 학교에 돌아가서부터 적응장애라고 할까요, 좀처럼 적응하지 못하는 예가 있습니다. 저는 그것을 자각하고 있었지요. 대사부임 전에도 대학교에서는 저를 상당히 환대해 주었으니까요. '대학은 언제라도 기쁘게 받아준다'라고 하는 약속이었지요, 그러한 은혜에 대한 보답이 되기도 하고, 좀 더 확실히 대학교수로서의 연구와 교육에 전심하려고 했던 의지를 가지고 있었습니다.

고하리 : 그렇게 말씀하셔도 2년 정도 있으셨던 현장과는 차이가 있으셨지요?

최　　　: 그러한 차이는 당연한 것이라고 생각합니다.

고하리 : 그다지 돌아가고 싶지 않으셨던 것은 아닐까 하는 … .

최　　　: 아니요, 저는 정치학이라고 하는 학문이 좋아서 대학교수가 되었기 때문에 '정년까지는 학교에 있겠다'라는 의지라고 할까요, 그러한 자세는 바꾸고 싶지 않았습니다. 그렇기 때문에 아마도 일본대사가 아니었더라면, 간단하게 거절할 수 있었다고 생각합니다. 일본대사의 경우에는 역시 일본과의 관계도 있고, 일본은 은사의 나라이기도하고, 친구의 나라이기도 하니깐, 그곳에서 대사의 역할을 하는 것은 상당히 의미가 있지 않을까? 하고 생각했습니다. 대사의 역할이라고 하는 것은 정치학, 특히 국제정치 연장선에 있다고 생각했습니다. 특히 저는 평화사상이 전문이고, 외교란 말하자면, 평화의 실천이라고 보지요. 제한된 기간이었지만 이러한 경험은 학문을 계속하는 의미에서도 도움이 되었습니다. 실제로 정치학자, 정치철학자 중에서 외교관 경험이 있는 사람은 꽤 있습니다. 특히 국제정치이론에서 여러분이 잘 알고계시는 E. H. Carr는 외교관이었습니다. 그리고 『자유론』을 쓴 아이자이아 벌린(Isaiah Berlin)은 우수한 정치사상가이지만, 그도 외교관의 경험이 있습니다. 외교의 경험은, 정치적 인식, 정치적 판단, 정치적 사색에 도움을 준다는 생각을 하고 있습니다. 실제로 정치에서 생각할 수 있는 거의 모든 요인들이 외교활동으로 나타나기 때문이죠, 외교의 체험은 정치적 사고의 성숙이라는 의미에 플러스 기능을 한다고 생각합니다.

고하리 : 그렇다면 구체적으로 느낄 수 있는 것이 많이 있으셨습니까?

최 : 저는 대학에 돌아와서부터 정도전 연구에 몰두했습니다. 저에게 있어서 정도전은 학자정치가의 모델이기도 하며, 플라톤적으로 말하자면, 철학과 정치의 결합에 성공했던 대정치가입니다. 그 연구 성과의 하나로 박홍규 교수와의 공저 『정치가 정도전』이라는 책을 출판했습니다.

고하리 : 예 읽어보았습니다.

최 : 네, 책을 쓴 것이 귀국한 후의 일이었습니다.

고하리 : 학교 이외 사회적으로 맡은 역할은 바로 없으셨던 것입니까?

최 : 저는 정년이 끝나고 나서부터, 혹시 상황이 허락한다면, 공공철학자의 역할을 하고 싶었습니다. 정년까지는 학교에서의 강의, 연구, 교육활동에 전심하고 싶은 생각이었습니다.

고하리 : 단지, 어딘가의 단계에서 듣고 싶은 것은, 2007년에 정년이 되기 전, 2004년부터 민주평화통일자문회의의 상임위원이라든지, 광복60년기념사업 추진위원회 · 평화분과회의 위원장이라든지, 통일부의 통일정책평가의원회의 위원장, 한

·일우청년자문의원회 위원장, 그리고 통일부의 통일고문이라고 하는 것도 하고 계십니다. 말씀하신 것들은 이미 진행하셨군요.

최　　: 네 그렇습니다.

고하리 : 민주평화통일자문회의입니까.

최　　: 민주평화통일자문회의는 헌법에 규정되어 있는 기관이기 때문에, 사회 각 분야의 오피니언 리더(opinion leader)로 구성됩니다.

고하리 : 일 년에 한두 번 모이는 정도인가요?

최　　: 그렇습니다. 대한민국 헌법 제4조는 평화통일정책의 수립을 의무로 정하고 있습니다. 전체회의는 2회, 분과회의는 수시로 열립니다.

고하리 : 통일부는 통일정책평가위원회에서 두 가지를 하고 있네요.

최　　: 제가 관여한 것은 4가지입니다. 민주평화통일정책 자문회의상임위원, 통일원정책자문위원, 통일정책평가위원장 그리고 대통령이 지명하는 통일고문입니다. 20년 이상 통일관련 자문의 역할을 끝냈습니다.

고하리 : 통일고문은 노무현 시대였군요.

최　　: 그렇습니다. 통일정책평가위원회는 약 20명 전후의 전문가 집단입니다.

고하리 : 이것도 노무현 시대였군요.

최　　: 그렇지요. 남북관계의 쟁점에 대해서는 반드시 그 위원회에서 장관이 참가해 의견교환을 하고, 그 결과를 정책에 반영했습니다. 제가 최근에 평양에 방문했던 것도 통일정책평가위원장 때였죠.

고하리 : 그 이야기는 다음에 자세히 노무현정권시대의 이야기에 대해 듣고 싶습니다. 그전으로 돌아가 그 직후에는 별다른 것은 없으셨나요? 여기서 잠깐 사회활동이나 학회활동에 대해서 여쭤보고 정리하고 싶습니다.

최 : 저는 「광복(해방)60주년기념사업」에 참가하여 평화분과위원장으로서 제2차 세계대전 후 남·북화해분야를 담당했습니다.

고하리 : 그것은 노무현정권 때입니다만, 김대중정권하에서 대사로서 관련하셨던 것과 관련하여, 그렇게 임명되신 것인가요?

최 : 그것과 평화연구자로서의 평가도 있었던 것으로 봅니다.

고하리 : 분명히 김대중정권과 노무현정권에 가까운 사람들만이 속해있는 것이 아니었군요.

최 : 그래요. 꽤 폭넓은 멤버였습니다. 그리고 또 하나 잊을 수 없는 것은 2005년, 한·일우정년자문의원회의 한국 측 위원장이었을 때. 히라야마(平山郁夫) 선생이 일본 측의 위원장이었습니다. 당시에도 역사문제로 힘이 들었으나, 유종의 미를 일구어내었습니다. 약 750개 정도의 문화교류행사가 있었지만, 거의 대부분 성공적으로 끝났습니다.

고하리 : 우정년의 질문과 통일부 고문으로서 북한에 갔던 이야기는 이후에 자세히 여쭤보고 싶습니다만, 대략적으로 돌아온 후의 각종 위원으로서, 그전에는 대사로서 귀임하셨던 후의 일로 질문이 있다면.

❖ 귀임 때 일본에서의 일

무로오카: 조금 시간적으로 거슬러 올라가겠습니다만, '당신을 일본대
　　　　　사로서의 직책을 해임한다'라고 하는 연락이 서울에서부터
　　　　　왔겠지요. 그때의 이야기를 들려주셨으면 합니다만, 그것은
　　　　　어떠한 형태로서 오는 것인가요?

최　　　: 형태라고 하심은?

무로오카: 예를 들자면, 갑자기 전보가 오거나, 청와대의 누군가로부
　　　　　터 사전에 전화 같은 것이 걸려온다던가.

최　　　: 바꾸라는 것은 대체로 사전에 알게 됩니다.

무로오카: '당신은 돌아가세요'라고 하는 연락이 오면, 대사로서는 일
　　　　　본의 관련 기관에 인사를 하거나, 꽤 바쁘지 않으실까 생각
　　　　　이 됩니다만, 어떠한 형태로 그러한 일은 진행이 되는지요?

최　　　: 그러한 것은 이미 모든 사람이 하는 것이에요. 저의 후임자
　　　　　는 김대중 대통령의 엄청난 측근이었습니다. 조세형이라고
　　　　　하는 훌륭한 언론인 출신이며, 야당의 총재대행도 했던 거
　　　　　물 정치가입니다.

무로오카: 그렇다면, 예를 들어 지금까지 만나셨던 야마자키 타쿠(山崎
　　　　　拓) 위원이라든지, 모리 요시로(森喜朗) 전 총리라든지, 그런
　　　　　분들께도 인사를 드리셨나요?

최　　　: 아니요, 그다지 시간이 없었기 때문에 개인적으로 인사를
　　　　　할 수 없었습니다. 뉴 오타니호텔, 송별식에서 만나 뵈었습
　　　　　니다.

무로오카: 그렇다면 이임 때가 되어 대사로서 '이런 쪽에 가고 싶다'라
　　　　　든지, 또는 '이쪽에 인사하러 가고 싶다'라고 할 만한 곳은

특별히 가지 않으셨던 것입니까?

최　　　： 그렇습니다. 시간적으로 무리였으니까요.

무로오카: 천황폐하나 외무대신에게는 가셨나요?

최　　　： 그런 것은 외교의례상으로도 그다지 없습니다.

무로오카: 돌아갈 때에도 안 하셨나요?

최　　　： 예. 물론 외무대신은 송별회 때에 뵈었습니다. 다나카(田中眞 紀子) 외무대신이었나.

무로오카: 카와구치(川口順子) 씨요?

최　　　： 그래요, 카와구치 씨였지요. 저는 훈1등 훈장도 카와구치 대 신으로부터 받았습니다.

무로오카: 훈위1등상을 받으셨을 때에는, 당연히 외무대신실까지 받 으러 가셨습니까?

최　　　： 그랬습니다.

무로오카: 대사가 귀임하실 때에는 꽤 시간적으로 바빠서 최후의 추억 으로 일본의 어딘가를 봐두고 싶다라든지 그러한 여유는 전 혀 없으셨네요.

최　　　： 없었습니다.

사도우　： 그러시다면, 인수인계 등은 어떤 방식으로 되는 것인가요?

최　　　： 인수인계는 이미 익숙해져 있으니 간단하게 하였습니다.

사도우　： 사무적으로 서류를 정리하는 형태입니까?

최　　　： 그렇습니다.

무로오카: 일본에서 서울에 돌아오시는 것이 정해지고 나서, 조 차기 대사와는 전화로 말씀을 나누시던가, 그러한 기회가 있으셨 나요?

최　　　： 서울에서는 만났습니다.

사도우 : 예를 들면, '일본의 정치가 중 이러한 사람이 있어요'와 같은 정보를 전하거나 하셨나요?

최 : 물론입니다. 그는 여러 가지에 대해 질문을 하였습니다.

사도우 : 특별히 대사로부터 주문 받으셨던 것은 없으셨나요? '한일 관계로서 이러한 점에 신경을 써주세요'라든지.

최 : 아니요, 제 쪽에서가 아니라, 조세형 씨의 질문에 대해 대답하는 형식입니다.

사도우 : 대사의 인상으로서 조 대사는 어떠한 부분에 관심을 가지고 계신다는 느낌이었는지, 기억하시고 계신가요?

최 : 그는 대사로서 첫 번째 경험이었으니까요, 그는 처음 총리나 대사를 목표하고 있었다고 합니다. 그러나 당시 이한동 총리는 DJP연합에 의해서 취임했던 총리였으니, 그를 바꾸는 것은 불가합니다.

무로오카: 조세형 차기대사는, 일본에 여러 정치가 중 지인이 있었나요?

최 : 우선, 미국에 장년특파원으로서 있었습니다. 언론계에서는 비중이 있는 신문기자, 저널리스트로서 높은 평가가 있었습니다. 무엇보다 김대중 대통령의 신뢰가 두터웠지요.

사도우 : 주미대사가 아니라, 주일대사를 희망하고 있었던 것 같아요.

최 : 그렇습니다.

사도우 : 그것은 어떠한 배경에서 있던 일인가요?

최 : 주미대사는, 이홍구 대사의 후임으로 양성철 씨로 결정되었습니다. 미국에서 장년대학교수를 했던 사람으로, 김대중 대통령의 측근입니다.

무로오카: 조세형 대사는 어렸을 적부터 일본에 가서 일본어도 충분하였기 때문에, 의외로 그러한 것도 관계가 있는 것일까 하고

생각하였습니다.

최 : 하지만 그는 대부분 통역을 사용했던 모양입니다. 지금의 연령으로 본다면, 80살 이상이 아니라면, 정확한 일본어는 남아있지 않다고 생각합니다.

무로오카: 지금 조사해본 결과 2002년의 2월에 선생님은 한국에 돌아 오셨습니다만 2월 1일 기준으로 카와구치 씨로 바뀌어있습니다. 다나카 마키코 씨가 해임되고, 고이즈미 준이치로 씨가 수일간 외무대신을 겸임하고 그리고는 카와구치 준코 씨가 2월 1일부터였습니다.

최 : 그래서 다나카 대신이 왔군요.

무로오카: 송별회 때에는 높으신 분들이 많이 오시기 때문에, 누구에게 인사(스피치)를 받거나 하는 것은 꽤 힘드셨나요?

최 : 전혀 없었습니다.

무로오카: 인사말은 생략하고요?

최 : 저도 하지 않았어요.

무로오카: 간단히 간담을 하셨나요?

최 : 네, 맞아요.

무로오카: 도쿄에서 돌아오시고, 이번에는 서울의 어떤 곳에 인사를 하러 가셨거나 했나요?

최 : 그러한 것은 딱히 없었습니다.

무로오카: 대통령에게 보고하던가, 외무부장관에게 보고하던가?

최 : 그런 것도 안했습니다.

고하리 : 각 정당을 돌아보는 것도 없으셨나요?

최 : 없습니다. 이임하면, 그걸로 끝입니다.

고하리 : 의외로군요.

최   : 그렇습니다. 개인적으로 인사를 한다든지, 그러한 것은 가능하지만요.

무로오카: 예를 들면, 출발할 때에는 김영삼 전 대통령에게 인사를 하러 가셨었죠? 돌아오시면, '대통령님, 돌아왔습니다'라는 인사차원으로서 가지 않아도 문제가 되지 않았나요?

최   : 괜찮아요.

무로오카: 그렇군요. 일본이라면, 설령 대사로서 돌아오면 외무성 안에서 귀국보고라고 하여, 일종의 강연회 같은 것을 하거나 또는 외부단체 한일우호협회 같은 곳이 있다면 그러한 곳에 초대를 받아 연설을 하던지, 여러 가지로 불려 다니는 경우도 있습니다만 한국은 아닌가요?

최   : 대사 경험이 있으니까 강연 부탁을 받은 적은 있습니다.

무로오카: 그렇군요. 그러한 것들 중, 좀 실례가 되는 질문이 될지도 모르겠습니다만, 비판을 받으시거나 하는 경우는 없으셨나요?

최   : 누구에게?

무로오카: 미디어라든지, 또는 강연회에 갔을 때에 플로어에 있는 사람들로부터요.

최   : 전혀 없었습니다.

무로오카: 없으셨군요.

최   : 저는 재임 중의 일로 미디어로부터 비판을 받았던 적은 제 기억으로는 없습니다. 대부분 30인 전후의 특파원이 와 있어요. 지금도, 저를 둘러싼 특파원과의 미팅이 있습니다.

무로오카: 제가 이러한 질문을 한 이유는 대일관계를 취급하면, 한국에서 이상하게 정치적인 위험 부담도 있을 것이라고 생각해서요, 조금이라도 잘못했다 하면 바로 비판의 대상이 되어

버리기 때문에 최 대사님께서는 어떠한 비판을 받으셨을까 생각되어 질문했습니다. 그러나 그러한 적이 없으셨네요.

최   : 재임 중 일본어로 강연했다는 것으로 한 번 경고 받은 적은 있습니다.

무로오카: 전에도 말씀해 주셨지요.

❖ 릿쿄대학으로부터 명예인문학박사 받다.

무로오카: 그러면, 서울에 돌아오시고 바로 고려대학교수라는 생활이 시작되신 것이군요.

최   : 그렇습니다. 대개는 2년 휴직 허가를 받습니다. 딱 좋은 조건이었지요. 이것은 우연의 일치였어요.

고하리 : 한국은 신학기가 3월에 시작하니까 2월 상순에 돌아가신 것은 상황이 좋았네요.

최   : 그렇습니다. 3월2일부터 강의를 시작했으니까요.

고하리 : 그렇다면, 이미 어느 정도는 학원에 복귀하신 것이로군요.

최   : 그래요.

고하리 : 4월에는, 릿쿄대학으로부터 명예박사칭호를 받으셨어요,

최   : 릿쿄대학은 대사재임 중 그러한 제안을 하였지만, 재임 중에는 제가 거절했다고 할까, 제가 적절하지 않다고 생각했습니다. 그래서 은사님께도 상의를 드렸습니다. '동경대학에서 박사칭호를 얻었는데, 또 필요할까요?'라고. 사카모토 선생님께서는 '그건 명예입니다'라는 반응이셨습니다.

고하리 : '받아 두세요'라고 하셨군요.

최　　 : 그래요 맞아요.

고하리 : 어째서 릿쿄대학입니까?

최　　 : 그것은 저도 모르겠습니다.

고하리 : 릿쿄대학의 기준으로 정해진 것인가요?

최　　 : 그렇습니다.

고하리 : 특별히 무언가 인연이 있던 것이 아니라요?

최　　 : 전혀 없어요.

고하리 : 하지만 릿쿄대학 안에서 어떤 분이 최 대사님의 공적을 높이 평가한 것은 아닌가요?

최　　 : 그렇게 말할 수도 있지만, 그것으로 정하는 것일까요? 그것만으로는 결정되지 않겠지요.

고하리 : 어떠한 시스템일까요?

최　　 : 각 대학에 따라서 다르다고 생각합니다만. 아시아인은 제가 처음이었습니다. 대체로 크리스천 계통의 리더라든지, 유럽, 미국 중심이었습니다. 그후 알았지만 빌게이츠의 이름도 들어있고, 이건 명예로구나 생각했지요.

고하리 : 릿쿄대학에는 이종원 선생님이 계시지요?

최　　 : 그래요 맞아요. 이종원 교수님은 충분히 저를 설명해주실 입장이었습니다.

사도　 : 크리스천으로서 계셨고, 릿쿄대학도 기독교학교이니까, 특히 한일관계, 동아시아 평화의 문제로 연구공적이 있다는 것으로 이종원 선생님이 추천을 하면, 의외로 납득이 되네요.

고하리 : 그렇군요.

무로오카: 그럼 역시 이종원 선생님께서?

사도　　 : 모르겠습니다만, 그러한 가능성이 크지 않을까 추측할 수는 있네요.

최　　　 : 본인이 말을 하지 않으니.

무로오카: 하지만 수상식 때에는 이종원 선생님도 계셨지요?

최　　　 : 그랬지요.

고하리　 : 개인적으로는 알고 계시나요?

최　　　 : 물론 알고 있지요.

무로오카: 원래는 같은 연구자로서의 관계였었나요? 그렇지 않다면, 교사와 학생으로서의 관계였나요?

최　　　 : 사카모토 요시카즈 선생의 문하생이었습니다.

무로오카: 대학은, 국제기독교대학입니다.

최　　　 : 한국인 최초의 동경대법학부 조수였습니다. 실로 우수한 연구자로서 릿쿄대학의 부학장을 지내고 지금은 와세다대학의 교수입니다.

고하리　 : 그 박사칭호를 받기 위해서 7월에 다시 일본에 오신건가요?

최　　　 : 그렇습니다. 물론 사카모토 선생님도 뵈었고요. 그곳에서 처음으로 저는 가운을 입었습니다.

고하리　 : 한국에 돌아오시면, 대사를 경험한 공로상을 주는 것은 없었나요? 아니면 다른 상을 받으셨거나.

최　　　 : 반기문 외무장관으로부터 공로상을 받았습니다. 저는 한국 정부로부터 교육자로서2006년 황조근정훈장, 일본정부로부터 2002년 훈1등 욱일대수상을 받았습니다.

사도　　 : 당시에는 그랬지요, 지금은 바뀌어서 공로1등이나 2등 같은 것이 없어졌습니다.

고하리　 : 그것은 무엇 때문입니까?

사도　: 묘한 서열 같은 것이지만 서열은 있습니다. 욱일대수상이
　　　가장 좋은 상이라든지, 중간 상이라든지 여러 가지로 공로
　　　상의 이름을 들으면 알 수 있을 정도로 되어있습니다만,
　　　1,2,3이라고 하는 순위 매김은 지금 하고 있지 않습니다. 대
　　　훈위(일본최고의 공로상)라든지.

❖ 이임 직후의 신분.

무로오카: 일본이라면 정당 같은 곳에 불려 보고요청 같은 것을 받으
　　　실 것이라 생각됩니다만 정당도 그랬나요?

최　　: 이임하고 나서요?

무로오카: 귀국 하건 안하건 정당이 '우리에게 보고 하세요'라든지, 그
　　　러한 것도 없었나요?

최　　: 없었어요. 재임 중, 초청받았을 때에는 국회에 몇 번이나 불
　　　려가서 질문에 답해드렸지만요.

고하리　: 무토 마사토시(武藤正敏) 씨의 경우는 지금도 불려 다니고 있
　　　는 것 같습니다. 아마도 자민당의 외교부회라든지 그러한
　　　곳으로부터요. 그렇군요. 의외로 자유로우셨네요. 돌아오면
　　　완전히 민간인이 되셨군요.

최　　: 그렇습니다.

사도　: 대사라는 신분을 정식적으로 내려놓으신 시기는 언제 인가요?

최　　: 4월이었나?

사도　: 후임으로 오신 분이 천왕폐하에 신임장을 봉정한다면, 그

것으로 새로 임명되는 대사가 되는 것이군요? 그렇다는 것
은 새로 임명되는 대사가 취임하기까지는 정식의 대사는 없
는게 되는 것입니다만 그렇게 하면 선생님 본인께서는 새로
임명된 대사가 취임하기까지는 신분적으로는 아직 대사인
가요?

최　　　: 그랬습니다. 몇 주간 정도는. 그렇기 때문에, 귀국하고 나서
부터는 대기대사였었을 거예요. 그래서 외교안보연구원 쪽
에 사무소를 받았습니다.

사도　　: 신분적으로는 공직상 그대로였지요?

최　　　: 그랬습니다. 몇 주간 정도.

무로오카: 하지만 일본이었다면 공직으로부터 내려오는 때에는 장관
으로부터 지령을 받는다고 생각했습니다만, 한국에서는 그
러한 것은 없었습니까?

최　　　: 감사장은 받았습니다.

고하리　: 좀 더 공식적인 '임직을 해제합니다'라는 것은 일본에서는
흔히 있을 수 있는 일입니다만.

최　　　: 그러한 것은 없습니다.

무로오카: '임직을 해제한다'라든지 말이죠

최　　　: 그것은 통보뿐입니다.

고하리　: 종이로서 통보도 가능했군요.

최　　　: 있습니다. '금일 부로'라든지.

고하리　: 그러니까 그것이 좀 전에 말씀하셨던 것처럼 외교안보연구
원에 잠깐 적을 두지요?

최　　　: 그렇습니다.

고하리　: 실제로 양재동에 있는 연구소의 연구원으로 가셨습니까?

최   : 물론이지요.

고하리 : 역시 가셨군요.

최   : 아마도 2주간 정도로 갔었나?

무로오카: 그런 때에는 자동차를 보내주나요?

최   : 아니요 그런 것 없습니다.

고하리 : 대사시절이라는 것은, 정말 좋은 곳에 살고 직원도 많이 있
         어서 그 나라의 대표 같은 것 아닙니까? 그런데 나라에 돌아
         오면 대학의 선생님이라고 해도 자동차조차 보내주지 않군
         요.

최   : 자동차뿐인가요 비서도 없이 혼자서 방에 돌아옵니다.

고하리 : 일반적인 민간인이 되는 것이네요. 사고의 전환을?

최   : 그렇습니다. 저는 일본에 입국할 때 말이죠. 입관수속을 30
         분~1시간씩이나 줄을 설 때도 있습니다. 그러한 것을 생각
         한다면, 대단한 차이지요.

무로오카: 정말로 훌륭하십니다. 보통 대사경험자라고 하면 공항에 전
         화를 하여 '내가 이번에 가니깐 통관수속 같은 것은 좀 … .'

최   : 의도적으로 그러한 말은 전혀 안합니다. 물론 연락한다면
         통관수속 등 절차가 패스가 됩니다만.

고하리 : '자동차를 보내 달라'라는 것도 가능하지요?

최   : 물론이지요.

고하리 : 통관수속도 하려고 생각하시면 가능하구요.

최   : 그렇습니다. 하지만 그러한 것은 잘못된 것이라고 생각합니
         다. 모두가 공무로 바쁘니까요.

고하리 : 전에도 스카이라이너를 타시고 닛포리까지 오시고.

최   : 물론 그랬지요.

고하리 : 비행기도요.

최 : 물론. 재임 중에도 가족과 함께 비행기를 탈 때는 저는 1등 석 그리고 제 처는 이코노미 좌석이었습니다. 가족은 공무 가 아니니까요.

고하리 : 그만두신 후에도, 한국비행기회사에 말하자면 서비스 업그 레이드라는 것을 해주지는 않았나요?

최 : 그런 것은 안 될 일입니다.

고하리 : 그러한 것도 안 하셨나요?

최 : 안했습니다.

고하리 : 한번 고급생활을 맛보면, 그것을 떨쳐내어 버리는 것은 정 말로 어려운 것이라고 생각합니다.

최 : 특히 대사의 생활은, 어떤 의미로는 대신 이상의 생활이지 요. 지방에 가도 당시는 반드시 국기를 달아줍니다.

❖ 한일양국에서의 학술활동

고하리 : 선생님의 경우에는 세이케이대학에서도, 호세이대학에서 도 연구실에 방문해보면 오로지 공부만 하고 계셨지요.

최 : 그것밖에 재능이 없으니까요 지금은 세이케이대학에서도 화제입니다. 마지막에 전기를 끄는 교수로서.

고하리 : 계속 메모노트를 만들고.

최 : 저는 밤12시에 돌아가니까.

무로오카: 그럼 집에서 식사는? 일단 식사하고 나서 연구실에 돌아가

는 것인가요?

최　　　 : 그렇습니다. 5분도 걸리지가 않지요. 연구실의 분위기는 최고지요. 나는 하버드에도, 파리대학에도 있었지만, 세이케이대학의 연구실은 쾌적 그 자체였습니다.

고하리 : 이것은 변명이 될지도 모르겠습니다만, 대학에 가도 잡다한 용무가 엄청 많지요?

최　　　 : 그것도 있고요. TV에 나오거나 하면. 그것은 전문에 따라 다르겠지만, 특히 저의 경우 정치철학이니까 자유와 고독이라고 하는 분위기가 없으면 안 되지요.

고하리 : 이야기를 다시 되돌려 보겠습니다. 세이케이대학에 가셔도 계속 공부를 하시고 계셨기 때문에 그렇게 하시면 2002년에 돌아오실 때의 한국 고려대학에서의 생활도 같은 느낌으로 지내셨나요?

최　　　 : 물론입니다.

고하리 : 학교의 잡무라든지 학교일은 그다지 많지 않으셨나요?

최　　　 : 저는 평화연구소, 아시아문제연구소 이외의 학교행정에는 관여했던 적이 없습니다.

고하리 · 사도 : 교수들이 하고 싶어합니까?

최　　　 : 그렇지요.

고하리 : 반대로 말하자면, 일본의 경우 였다면 하고 싶지 않으셨던 것인가요?

최　　　 : 한국에서는 과장은 파워가 있습니다. 비상근강사를 정하거나, 인사에도 꽤 영향력을 가지고 있었고요.

고하리 : 반대로 말씀드리자면, 선생님은 분명히 말하여 도망치신 것은 아닙니까?

최　　　: 도망쳤다? 라 함은 무슨 의미이지요?

고하리　: '해주세요'라고 말했지만, '저는 연구만 하고 싶습니다'라고.

최　　　: 연구를 할 수 없다고도 말할 수 있지만, 하루의 생활이 정말 허무합니다. 아침 일찍 가서 밤까지 커피를 마시거나 사람을 만나거나.

고하리　: 사도 선생님은 학부장을 하게 되셨습니다만.

사도　　: 하고 싶지 않았지만요.

최　　　: 하지만 누군가가 하지 않을 경우 학교의 운영이 안 되지요.

고하리　: 귀국 후의 사회활동과 학회활동으로 따로 기록을 남겨놓아야 한다고 생각하시는 것은 없나요?

최　　　: 없습니다.

무로오카: 예를 들어, '대학 내에서의 연구프로젝트, 혹은 대학 외의 돈을 써서 하는 연구프로젝트의 리더가 되어주세요'라는 케이스도 있으실 것이라 생각됩니다만. 그러한 경우는 어떻게 하셨나요?

최　　　: 다행하게도 그런 일이 없었어요.

무로오카: 정치철학이라고 하는 전문은 그다지 팀으로 공동연구라고 하는 것은 ….

최　　　: 그래요 그런 요청이 별로 없습니다. 예를 들어, 아시아문제 연구소의 소장시대 혹은 그 전의 일본연구실장 때에는 공동 연구의 경험이 있습니다.

무로오카: 그때는 행정적인 부담이라는 것은 크지 않으셨나요?

최　　　: 당연히 있지요 아시아문제연구소 소장 때에는 역시 있었습니다. 대체로 조직의 장이 된다면 행정이 최저 30%는 있으니까요. 하지만 그것은 연구에 관련한 요청이었으니까, 어찔 수 없습니다.

무로오카: 그러한 많은 연구 프로젝트를 진행하실 때에는 선생님을 늘 도와주었던 학자라든지 제자가 있었나요?

최　　　: 있습니다. 지금도 특히 제 앞에 있는 조수가 도와줍니다.

고하리　: 이메일을 보내셨던?

최　　　: 그래요, 방상근 박사입니다.

고하리　: 관리를 하시고 계시네요.

최　　　: 그렇습니다.

무로오카: 아직 젊으신 분인가요?

최　　　: 30대 중반

무로오카: 그런 사람이 없다면, 좀처럼 선생님 혼자서는 …….

최　　　: 그렇지요.

❖ 김대중정권과의 관계와 평가

고하리　: 그래서, 노무현정권하에서의 개별역활은 후에 듣겠습니다 만은, 김대중정권에 관여한 것 그것에 대한 평가를 해두는 것이 좋겠다. 생각이 됩니다.

최　　　: 간단한 질문에 답하는 형태로 할까요? 아니면 좀 더 길게 설명하는 편이 좋을까요?

고하리　: 길게 말씀해주실 수 있으신가요?

최　　　: 우선 민주화는 산업화라고 하는 태내에서부터 생겨난 정치운동입니다만 민주화, 역시 김대중이 없는 민주화는 설명이 어렵다고 생각되네요. 그러니 민주화에 대한 공적이라고 한다면 김대중 대통령. 이것은 거의 합의가 형성되어있지 않을까 생각합니다. 저는 '한강의 기적'이라는 상징으로 평가받고 있는 박정희 대통령의 산업화와 정말 기적에 가까운 민주화를 끝까지 완수해내는 과정에서, 김대중 대통령의 역할을 높이 평가합니다. 다음은, 뭐니 뭐니 해도 최초의 정권교체입니다만 한국에서는 보통 '수평적 정권교체'라고 합니다. 아시고 계신 것처럼 헌팅턴의 '두 번의 정권교체가 민주주의의 최소한의 조건'이라고 하는 상식도 있습니다만. 그 최초의 돌파구를 열었던 사람이 김대중이라고 말할 수 있습니다. 그리고 나서 IMF위기를 뛰어넘었습니다. 이것은 광범위한 의견의 일치가 있습니다. 그것과 동시에 정보화를 적극적으로 추진했지요. 그후 노무현, 이명박을 거쳐 이번에는 그야말로 정보화의 소프트웨어를 내면화하는 시대에 들어와 있습니다. 그 담당자가 누군가라고 하는 선택이 12월의 제18대 대통령선거입니다. 저는 최고의 리더로서 가장 높은 덕목은 관용능력(tolerance capability)이라고 생각합니다. 그런 의미에서 저는 김대중을 높이 평가해도 좋지 않을까 하는 생각이 듭니다. 정치보복은 일절 하지 않았어요. 박정희 기념관을 세우는 것도 결정하였습니다. 무엇보다도 남북한관계에 있어서 최초의 수뇌회담을 성공시켰던 것. 이것은 역사적인 평가를 받아도 좋다고 생각합니다. 그리고 저의 외국여행 경험으로 말씀드리자면, 전후(戰後) 한국의 대통령 중에서 상대적으로 평가하여 외국사람으로부터 존경받고, 인정받는 대통령은 김대중이 아닐까 하는 느낌입니다. 저가 김대중 대통령시절의 대사가 아니었다면 좀 더 적극적으로 평가하고 싶습니다만. 실제 일본에서도 미국에서도 그렇습니다. 유럽에서도 그렇구요.

고하리 : 대사로서 관여하시면서도, 그 주변의 것들에 대해서도 여러 가지로 느끼시고 계셨던 것이군요.

최 : 그렇습니다.

고하리 : 특히 정부 안에 들어가면, 보고 싶지 않은 부분을 봐버리는 부분도 있지 않을까 하는 생각이 듭니다만.

최 : 김대중 대통령도 친척의 부패로부터 자유롭지 않았지요. 노무현 대통령도 그렇지만, 살아계실 적에 자신의 이름을 여러 기념관에 붙였지요. 특히 노무현 대통령의 경우 그의 마을에 저택을 만들기도 했지요.

무로오카: 방금 말씀하신 노무현의 저택이라는 것은 봉화마을에 대한 말씀이시군요.

최 : 그렇습니다. 특히 스스로가 작은 묘비를 유언으로 남길 정도의 인간이라면.

고하리 : 김대중 대통령의 경우에는, 돈에 관련된 문제가 대부분이네요. 오히려 노무현보다도 있었다고 생각됩니다만.

최 : 예를 들면 호치민처럼 말이지요.

사도 : 지금의 김대중 평가에서 좀 더 보충적으로 듣고 싶습니다만, 선생님께서 말씀하셨던 민주화의 공적 말이지요. 물론 알고 있으나 박정희 씨가 산업화로서 김대중 씨가 민주화의 제대로 된 길을 만들었다고 하셨습니다. 민주화의 경우에 박정희 정권시대 이래 민주화의 지도자로서 김대중 씨와 김영삼 씨가 나온다고 생각합니다만, 선생님께서 보시기에

는 김영삼 씨와 김대중 씨의 민주화의 공적의 큰 차이라든
　　　지, 혹은 김영삼 씨 보다도 김대중 씨를 평가하는 부분 혹은
　　　김대중 씨 보다도 김영삼 씨를 평가할 부분이 있다면 그것
　　　은 어떠한 부분인가에 대해서 말씀해 주실 수 있으신가요?

최　　 : 김영삼 대통령의 평가는 이미 말했던 대로 입니다.

사도　 : 네 잘 들었습니다만 비교적인 의미로 말씀해 주시면 감사하
　　　겠습니다.

최　　 : 비교라고 하는 것은 정말 어렵지만, 예를 들어 '한 명을 골라
　　　라'라고 할 경우에는 김대중이라고 생각합니다. 김영삼 대
　　　통령도 민주화의 공적은 셀 수 없을 정도로 많습니다. 지금
　　　상도동의 자택은 그대로 이지요. 그러한 의미로는 훌륭하지
　　　요?

사도　 : 이것도 비교가 됩니다만, 정치가로서의 김대중 씨와 김영삼
　　　씨의 예를 들어 정치수법이라든지 사물에 대한 사고라든지,
　　　선생님께서 보셨던 차이점이 좀 더 눈에 띄었던 부분은 어
　　　떠한 부분이라고 생각하십니까?

최　　 : 막스 베버가 말한 정치가의 자질 중에서 목측(目測)이라고
　　　하는 것이 있습니다. 김영삼 대통령은 말하자면 목측력이
　　　우수했습니다.

사도　 : 김영삼 대통령 말씀이시죠?

최　　 : 한국에서는 자주 '감이 좋다'라고 말합니다만, 그것이 좀 더
　　　적당하겠군요. 삼 김은, 전후 한국의 정당정치에 있어서는
　　　각기 우수했던 인물이라고 생각합니다. 저는 '新3国時代'라
　　　고 하는 말을 사용했던 적이 있습니다. 이것은, 학문적인 용
　　　어가 아니지만, 3인의 각자의 개성, 능력, 영향을 상징적으

로 설명하기 위한 말입니다. 신라, 고구려, 백제라고 하는 삼
국이 있었습니다만, 그것이 멸망하고 나서부터 '후삼국'이
되었습니다.

　이 삼 김시대를 新3国으로 비유해 보았습니다.

사도　: 그러시다면, 김대중 대통령의 장점과 우수했던 부분 그리고
　　　가까이 계셨기에 말씀하시기 어려운 부분이 있었을 것이라
　　　고 생각이 됩니다만. 정치가 김대중이 가지고 있었던 한계
　　　같은 부분을 생각하신다면, 어떠한 부분입니까?

최　　: 김대중 대통령과는 의외로 교류가 적었습니다.

사도　: 다른 분들과의 교류와 비교해서 인가요?

최　　: 네. 지금도 김종필 씨와는 휴대폰으로 전화를 주고받을 정
　　　도입니다.

사도　: 정치가 동료와의 교류 말씀이시군요?

최　　: 그래요, 3김 중에서도 말입니다.

고하리 : 그것은 최 선생님이 그러셨다는 것인가요? 아니면 김종필
　　　씨가 여러 사람들과 교류를 했다는 뜻인가요?

사도　: 김대중 대통령 말입니다.

최　　: 삼 김에 대한 제 거리감입니다. 김영삼 대통령과는 자택에
　　　초대받거나, 가족처럼 저녁식사를 함께 했습니다. 김대중
　　　대통령과는 공적인 회의 이외 한 번도 없습니다. 쉽게 말하
　　　면 정(情)의 교류가 거의 없었습니다.

사도　: 자신의 본심을 다른 사람에게 알리려고 하지 않고, 좀처럼
　　　분명히 하지 않는다는 뜻이군요?

최　　: 아니요, 하지만 본심이라는 것은 내용이 여러 가지로 있을
　　　수 있으니까요.

고하리 : 그러한 사람이 있다는 말씀이시군요.

최 : 그래요 그것이 없다면 그러한 방대한 돈을 운영하거나, 조직운영을 하거나 하는 것은 불가능하다고 생각합니다.

사도 : 보통의 인간관계로 간다면 항상 다른 사람과는 선을 그어놓고 접하는 느낌이었습니까?

최 : 저와의 관계는 그랬습니다.

고하리 : 예를 들면, 어떤 한국의 정치기자입니다만 계속 동교동 소속의 신문기자로 있었다고 합니다만, 그 기자는 경상도 출신입니다. 그 사람이 말하기로는 같은 정치기자일지라도 같은 담당기자일지라도 설령 전라도 출신의 기자들의 앞에서는 잠옷차림으로도 나오신다고 … .

최 : 그럴지도 모르겠네요.

고하리 : 그런데 다른 지역출신의 기자와의 사이에서는 항상 제대로 갖추시고 나오십니다. 그러한 거리감이 있다는 이야기를 했습니다만 그러한 것도 있습니까?

최 : 그러한 것도 관계가 없지는 않다고 봅니다.

무로오카: 김영삼 대통령이라면 좀 무서운 면이 있으신 반면에 장난스러운 말을 하셔서 사람들을 누그러뜨리는 면도 있으시다고 생각합니다만, 김대중 대통령은 농담을 하시던가, 그러한 것을 별로 하지 않으시던 분이셨습니까?

최 : 그랬지요, 거의 없었습니다. 마음 한편으로는 있으셨을지 몰라도요.

무로오카: 설령 외국의 수뇌와 이야기할 때에도 정말 진지한 이야기만을 하는 타입이셨나요?

최 : 아니요 그러한 자리에서는 적절한 유머들도 하셨습니다.

고하리 : 지금까지의 선생님이시라면, 고이즈미 씨와 김대중 대통령
　　　　이 만났던 때, 몇 번 동석하셨다고 생각됩니다만.

최　　 : 그렇습니다.

고하리 : 그때에는 그런대로 어느 정도는 유머를 하셨나요?

최　　 : 유머는 정말 가볍게 하셨어요. 제 관찰로는 확실히 고이즈
　　　　미 씨도 오부치 씨도 김대중 대통령께 큰 경의를 가지고 있
　　　　었어요. 간단히 일본과 한국이라고 하기보다도 같은 정치가
　　　　로서 존경하고 있는 것 같은 느낌이었습니다.

고하리 : 일본 측의 총리대신이요?

최　　 : 그래요 오부치 씨도 고이즈미 씨도. 고이즈미 씨는 '존경하
　　　　고 있습니다'라고 제게 몇 번씩이나 말했습니다. '파란만장'
　　　　이라고 하는 말을 몇 번이나 사용하면서요.

사도　 : 오부치 씨나 고이즈미 씨가 일본에서 정치가가 되느냐 되지
　　　　않느냐 할 때에 김대중 씨는 이미 여유롭게 대통령 후보셨습
　　　　니다. 사건이 있고서 납치당하시거나, 그러한 위험한 경험을
　　　　하시고 계셨으니까요, 그것은 일본에서도 잘 알고 있었지요.

최　　 : 역시 그렇군요.

고하리 : 고이즈미 씨는 연령이 꽤 차이가 있습니다만, 고이즈미 씨
　　　　의 경우 인간적인 존경뿐만 아니라 인생에 있어서도 선배라
　　　　고 생각했나요?

최　　 : 그러한 것도 있을 것이라고 생각됩니다.

사도　 : 그렇군요.

고하리 : 고이즈미 씨는 마음 씀씀이가 남다르다고 들었습니다.

최　　 : 그래요 맞아요. 고이즈미 총리의 본심이었습니다.

무로오카: 예를 들면 수뇌회담 때에 김대중 씨가 화제에 대해 몰라 대사

나 외교부의 고관에게 도움을 구하거나, 그러한 적은 없었나
요?

최   : 없었지요. 김대중 대통령은 완벽주의자이고 정말 논리적인
사람입니다.

고하리 : 김대중 씨는 메모를 하는 편이셨습니까? 아니면 전부 머리
안에 넣으셨습니까?

최   : 수첩에 많이 적어놓으셨습니다.

고하리 : 메모를 가지고 계셨습니까?

최   : 그렇습니다.

무로오카 : 메모를 쌓아올리면, 두께가 수십 센치라고 들었습니다.

최   : 두꺼운 것도 있고요, 작은 것도 있었습니다.

고하리 : 오히라 마사요시(大平正芳) 씨의 유족분이 그러한 메모를 공
개했지요?

사도   : 오히라 씨도 일기도 있었고 김대중 대통령의 그러한 메모는
도서관에 전시되어있습니까?

최   : 있겠지요.

사도   : 김대중 대통령도 미국의 프레지덴셜 라이브러리와 같은 형
태로서 만들어져 있겠네요.

최   : 뭐 미국의 대통령이든 일본의 총리대신이든 한국의 대통령
이든 전부가 우수한 정치가라고는 말할 수 없습니다. 우수
한 대통령은 열 명 중 한 명이라도 있다면 다행이지요.

고하리 : 일본의 경우 열 명에 한 명이라고 하면 10년에 한번 나옵니
다만 한국의 경우는 50년에 한명이 되니까요.(웃음)

최   : 동서고금을 막론하고 우수한 정치지도자는 언제나 극소수
입니다.

고하리 : 김대중 평가에 관해서는 이정도 입니까?

무로오카: 남북수뇌회담을 실현하기 위해 여러 가지의 형태로 북조선에 돈을 건네고 있었다는 것이 후에 밝혀졌습니다만 그것을 듣고 어떤 감상을 가지고 계셨나요?

최　　 : 구체적으로 어느 정도의 액수인가 그것은 잘 모르겠지만 저는 정치학도로서 어느 정도 추측하고 있는 것은, 남북수뇌회담을 희망했던 대통령으로서는 후에 이명박 대통령이 말하는 give and take는 잘못된 것이라고 생각합니다. 북으로부터 무엇을 take할 수 있나요? 특히 저의 전문분야인 에라스무스의 평화사상으로 말하면, '가능하다면 평화를 사라' 라고 했어요. 16세기 후반에 이미 이러한 발상이 있었으니까요. 지금의 이론으로 말하면 'economic peace' 라고 하지요.

　　　　　경제평화론. 돈으로 상호의존관계를 깊게 하면 깊게 할수록 전쟁이 일어날 가능성은 적어진다. 그러한 관점에서 정당화는 가능하다고 봅니다.

무로오카: 비판론 중에는 '설령 수뇌회담이 성립했다는 것은 좋은 일이라고 해도, 북조선에 현금이 건네어졌다는 것에 의해 북조선의 핵과 미사일의 능력을 높여버린 것이 아닌가?'라고 하는 비판도 있다고 생각합니다.

최　　 : 그 돈이 아니라도, 북은 무리를 해서라도 핵을 만들었을 것이라고 생각합니다.

고하리 : 후에 두 시간 정도 여쭤보고 싶은 것에 대해 잠깐 확인해보자면, 방금 전의 이야기가 나온 2005년의 한일우정자문위원회에 대해서 좀 더 듣고 싶습니다. 그리고 하나 더 여쭤보

고 싶은 것이 노무현정권때 2007년이라고 생각됩니다만 통일부의 통일정책위원장으로서 북조선에 가셨던 이야기.

최　　　: 그 질문도 넣어보지요.

고하리　: 그리고 세 번째 질문으로는 고려대학 퇴임 때의 이야기, 이것은 대부분 들어가 있기 때문에 한마디의 감상으로 부탁드리고 싶습니다. 각각 2~30분으로 말씀을 듣고 싶습니다. 그럼 잠시 휴식시간을 갖도록 하겠습니다.

❖ 노무현정권 때의 일

고하리　: 우선, 노무현정권 때 몇 가지의 직책을 얻으셨다고 들었습니다만. 통일부에 관해서는 세 가지 중 하나인 고문의 이야기 특히 북으로 갔던 이야기를 듣겠습니다. 그전에 2005년이 더 빠르기 때문에, 한・일우정년자문위원회의 위원장에 대해서, 우선 어떠한 부분부터 일을 처리해주게라고 하는 이야기가 왔는가에 대한 것과 어떠한 일을 하셨는지에 대한 것과 그외 기억하시고 계신 것에 대해서. 2005년은 정확히 다케시마의 문제가 나왔기 때문에.

최　　　: 그래요 큰일이었지요.

고하리　: 3월 정도였나요 굉장히 악화되었던 해였네요. 그때의 고생한 이야기도 있을 것이라 생각이 됩니다만, 기억하고 계신 범위에서 부탁드리겠습니다.

최　　　: 우선 2005년 우정년.

고하리 : 문화관광부 관련이었습니까? 아니면 외교통상부 관련이었습니까?

최 : 외교일지도 모르겠네요. 정확히는 기억하지 못하고 있습니다.

고하리 : 그렇다는 것은 누군가 알고계신 분으로부터 부탁받은 것이라기보다도 ….

최 : 기념식장에 외무부장관도 나왔으니까요, 외무부 또는 문화부 양방으로부터 저를 정한 것 일지도 모르지요. 저는 한국 측, 일본 측 위원장은 히라야마 이쿠오(平山郁夫) 선생님이었습니다.

고하리 : 처음 시작을 알리는 개회식은 서울과 도쿄에서 하고 있습니다.

최 : 그렇습니다. 양쪽에서 진행하였습니다.

고하리 : 양쪽이 다 참석했던가요?

최 : 도쿄 측에서는 오지 않았습니다. 서울에서 많은 청중 앞에서 연설했을 때에는 히라야마 선생님도 서울에 오셨습니다.

고하리 : 도쿄에서도 같은 행사를 하고 있습니다만, 그때에는 가지 않으셨나요?

최 : 가지 않았습니다.

고하리 : 오구라 키조 씨를 비롯하여 위원으로 갔을 텐데요?

최 : 국가수준에서는 여러 가지 일로 싸우고 있던 시대라 하더라도, 시민수준, 인간수준의 우정은 살아있다는 것을 실감하였습니다. 지금은 공공외교라고 하는 말은 누구라도 알게 됐습니다만, 국가 대 국가외교 못지 않게 민간 대 민간의 public diplomacy야 말로 21세기 외교의 부드러운 힘(soft power)

이라고 생각합니다. 서울의 행사에는 많은 사람들이 참가했습니다. 5분씩 연설했지만, 역시 취중에 의해서 장소에 의해서 그 목적에 의해 화법을 바꾸는 편이 좋았지요. 예컨대 우정을 어떻게 강조하면 좋을까 라는 것으로 제가 항상 인용하고 있는 에피쿠로스의 이야기 '우정은 죽음을 초월한다'라고 하는 명제를 생각해 내었습니다. 인간은 언젠가는 자연의 일부분으로서 사라지고 맙니다만, 살아있을 때에 가장 중요한 정신 상태는 우정을 교환할 때라고. 그것은 살아있는 동안은 물론이거니와 후세를 넘어서 그 우정은 계속된다고. 그 의미로서는 우정은 죽음을 넘는다(Friendship transcends death) 라고 하는 것입니다.

당시의 명함을 지금도 많이 가지고 있습니다. 저는 일본에 올 때에 학자에게는 '고려대학 명예교수', 평범한 일본인에게는 '2005년 우정년 한국 측의 위원장'이라는 명함을 사용했습니다.

고하리 : 그것은 저도 받은 적이 있습니다.

최　　 : 우정은 2005년의 1년에 한정하는 것이 아니기 때문에 이 명함을 저는 정말 소중히 여기고 싶습니다.

고하리 : 실은 최 선생님으로부터 고려대학교수의 명함을 받은 적이 없습니다. 그 명함이 제1호입니다.

최　　 : 그런가요? 지금도 남아있습니다.

고하리 : 행사가 700몇 가지 있었습니다만 일본에서도 그때에는.

최　　 : 그럼 백 이상이었겠군요.

고하리 : 90몇 가지입니다. 같은 평가는 일본에서도 있습니다. 그 정도로 갈등이 많았던 해입니다. 직접적으로 어떤 것이 힘들

었다고 얘기할 수 있는지. 불쾌하셨던 적은 없으셨나요?

최　　 : 없습니다.

고하리 : 이 일로 일본에 왔던 기억은 있으십니까?

최　　 : 없습니다.

고하리 : 대부분 한국 측에서 했다는 것인가요?

최　　 : 네.

무로오카: 실행위원장이 되실 수 있다면, 예를 들어 부위원장이나 위
　　　　원을 누구로 할까라는 것도 혼자서 정하게 되셨나요? 아니
　　　　면 이미 정해져있었나요?

최　　 : 전부 외무부나 문화부에서 정했다고 생각됩니다.

고하리 : 위원장에게는 그다지 논의하지 않고 정해졌군요.

무로오카: 그외에 박성용 씨가 자문위원장이 되거나, 그외의 유명한
　　　　한양대학의 수학자인.

최　　 : 김용운 문화교류위원장이 제 다음 위원장이 되었지요.

무로오카: 아니요 일본외무성이 헤이세이 16년 11월에 만들었던 자
　　　　료에 의하면, 최초는 한국 측의 위원장으로서 박성용이라고
　　　　하는 사람의 이름이 나오고, 위원으로는 김용운이라든지 민
　　　　경갑, 구삼열 등.

최　　 : 그들은 문화교류위원입니다.

무로오카: 그렇군요. 조영호, 도영심, 최지우라고 하는 배우.

고하리 : 2004년이니까 헤이세이16년, 그 전의 해의 일입니다.

최　　 : 박성용 씨는 한중친선협회의 회장이었기 때문에 저도 한중
　　　　친선에 관심을 가지고 저런 사람이 한일관계에 참여해도 괜
　　　　찮겠구나라고 판단하였습니다. 그래서 저도 추천했던 기억
　　　　이 있습니다.

고하리 : 2005년 즈음의 이야기입니다만 김대중 대통령과 오부치 씨의 1998년이 있고나서 월드컵을 2002년에 하고 한류 붐은 2003년에서 4년 정도로 엄청나게 크게 성장하였습니다. 그동안에도 아마도 대사시대의 일이라든지 여러 가지로 미루어 본다면, 한일교류가 비교적 잘 진행되었던 시기는 한 번도 없었고, 2005년에 독도문제로 크게 사이가 나빠졌습니다. 그때 엉망이 되었다든지, 그러한 느낌을 받지는 않으셨나요?

최   : 예컨대 역사문제, 영토문제는 영원한 쟁점입니다. 과거에도 지금도 미래에도 있을 것입니다. 그러한 때에 그러한 쟁점을 뛰어넘을 정도의 문화교류가 있었습니다. 2005년에도 그랬지요. 그때의 역사적인 경험으로 말씀드리자면, 여러 가지의 쟁점을 뛰어넘을 수 있는 것은, 역시 문화교류라고 생각합니다. 문화교류를 떠받들어줄 정치력, 외교가 말하자면 'public diplomacy'라는 확신을 갖게 되었습니다.

고하리 : 그렇다면 다음으로 통일부 때의 이야기를 여쭤보고자 합니다. 방금 전에 들었던 몇 분의 위원 중에서 2006년 5월부터 2008년에 통일부 고문이 되어있습니다. 약간 이명박 시대도 겹쳐지는 것 같습니다만.

최   : 이명박 당시에 없어졌습니다.

고하리 : 그렇군요. 이때의 이야기 중 가장 큰 부분을 차지하는 것은 아마도 북조선을 방문했던 것이라고 생각합니다만.

최   : 북에 갔을 때는 통일정책평가위원장 신분이었습니다. 저는 확실히 기억을 하고 있습니다.

고하리 : 그렇다면 잠깐 그 이야기를 들려주시겠습니까?

최   : 몇 년이었지요?

고하리 : 통일평가위원장이라면 2005년 일 것입니다.

최   : 그래요 당시 정동영 통일부장관이었습니다. 정동영 통일부
         장관, 최상용 통일정책평가위원회의 위원장, 이 두 콤비로
         갔었습니다.

고하리 : 위원회가 있다고 하는 것은, 정기적으로 무언가를 듣고서 ….

최   : 그러한 것은 없습니다. 통일정책평가위원회는 20명 정도 있
         습니다. 정기적으로 만납니다. 월 1회 정도 회의를 했지요.

고하리 : 그 위원회의 위원장이셨지요?

최   : 그래요 그 회의는 정말 중요한 회의였습니다.

고하리 : 회의에서는 무엇을 하나요?

최   : 장관도 함께 동석하여 통일정책 전반에 대해서 20명 전후
         의 위원이 의견을 냅니다. 그것을 종합 분석하여 정책 결정
         에 반영시키는 구조입니다.

고하리 : 위원장이실 때에는 어떠한 사람들로 구성이 되었나요. 대학
         의 전문가입니까?

최   : 각 분야의 저명한 학자였지요.

고하리 : 기업인은 들어가는 것이 불가능했나요?

최   : 기업인도 개성공단이 있으니 한두 명 있었습니다.

무로오카: 통일고문회의라는 것은 정기적으로 열리나요?

최   : 자문위원회와 평가위원회의 빈도가 비슷해 월 1회 정도였
         습니다.

무로오카: 그렇다면, 선생님 재임 중에 어떠한 큰 사건들이 있어서 이
         회의가 소집된 적은 없습니까?

최   : 있습니다.

무로오카: 예를 들면 NLL에서 북의 배와 한국의 해군이 … .

최   : 언제였나요 분명 있었을 것입니다.

무로오카: 그런 사건이 있다면 소집하고, 소집한 경우는 대통령도 참석하나요?

최   : 아니요 회의에는 참가하지 않습니다.

무로오카: 그렇다면 선생님들과 고문들을 포함하여,

최   : 거의 25명이었지요 전국으로부터.

무로오카: 그리고, 통일부장관 포함인가요?

최   : 그렇습니다. 통일부장관은 반드시 참가합니다.

무로오카: 청와대에서 예를 들면, 외교통일 수석비서관은 참석하지 않았나요?

최   : 하지 않습니다.

고하리 : 선생님께서 고문을 하셨던 2006년 5월입니다만 핵실험은 2006년이었지요?

무로오카: 2006년 11월에 통일부장관은 정동영 씨로부터 이종석 씨로 바꿨다고 생각됩니다. 이종석 씨가 나오고 있던 회의도 그렇습니까?

최   : 이종석 장관 때는 평가위원회나 고문회의의 기억이 없습니다.

사도   : 미사일발사라고 하는 것이 있었지요?

고하리 : 미사일발사는 2006년 7월입니다. 2006년의 10월이 핵실험이지요.

무로오카: 방금 전의 평가회의라든지, 좀 더 고문회의의 수준을 보다 상대적으로 아래의 회의에 대해서 여쭈어보겠습니다만, 그러한 경우는 장관 앞에서 직접 실제로 하는 것입니까?

최   : 그렇습니다.

무로오카: 일본이었다면, 구청 쪽에서 위원이신 선생님께 사전에 설명

을 위해 먼저 방문하나요?

최 　　　: 그렇지 않습니다.

고하리 : 그 중에서는 노무현 시절의 고문이거나 정책위원회의 위원의 경우에는 노무현 대통령과 코드가 맞는 사람이 많습니까?

최 　　　: 좋은 질문입니다. 대통령에 의해 위원이 바뀝니다. 저는 이명박 대통령시대에는 일절 참가하지 않았습니다.

고하리 : 그때에 어느 정도의 의견이 필요했기 때문에, 흔히 말하는 보수파의 사람도 있다거나, 그런 것은 하지 않습니까?

무로오카: 예를 들면, 선생님 이외의 멤버로 기억에 남아있는 사람은 어떠한 분이 계셨습니까?

최 　　　: 글쎄요 대체로 진보적인 고문의 경우는 백낙청 씨, 보수적인 경우는 이홍구 씨가 고문회의의 의장이었습니다.

고하리 : 그렇다면, 의외로 선생님의 입장이 가장 중도였기 때문에 진보라고 할까요, '진보가 아닌 사람'이라고 한 분류가 될지도 모르겠습니다.

최 　　　: 그렇습니다, 저는 반세기 이상 그런 입장을 취하고 있습니다.

고하리 : 정부의 대립 세력에도, 그러한 눈으로 보여지고 있는 것이 아닐까요?

최 　　　: 그럴 것이라고 생각합니다.

고하리 : 그렇다면 진보 쪽이 아니신 것인가요?

최 　　　: 지금의 이명박 정권은 굳이 어느 쪽인가를 말하자면 저를 진보에 가깝다는 느낌으로 보고 있을지도 모르겠습니다.

사도 　　: 보는 사람의 위치에 따라서 달라지는 것이겠지요.

최 　　　: 누구라도 극좌라든지 극우라고는 생각하지 않습니다.

무로오카: 백낙청 선생님 이외 진보계로서 통일문제의 거물이라고 하

면, 어떤 분이 회의의 멤버에 포함되어 있었나요?

최　　　： 누구였더라 … , 그래요 임동원 전 통일원장관이었지요.

무로오카： 이러한 고문회의 즈음 된다면, 평가회의, 자문회의를 한다고 그러한 분들과 최 선생님의 사이에서 의견이 맞지 않아서 논쟁이 되는 경우도 있었나요?

최　　　： 그다지 없습니다. 약간의 뉘앙스는 다르다 할지라도 그것은 제 쪽이 참으면 상관없습니다. 하하하.

고하리 ： 진보가 아니라 친북, 종북은요?

최　　　： 그렇지요 그러한 말이 있습니다. 북조선에 종순하면 저는 거기까지는 보지 않을 것이라고 생각합니다.

고하리 ： 지금 말했던 이름은 고문이면서도, 평가위원이기도 한 것이지요?

최　　　： 장관경험자는 고문입니다. 평가위원회에는 장관출신은 없습니다. 대부분 전문가 중에서 60대 정도 각 분야의 권위입니다. 30대를 포함하여 40대의 사람들로 분석적인 두뇌가 있는 사람은, 자문위원이었습니다.

무로오카： 그렇다면, 젊거나 중견의 학자라면, 자신이 북조선의 문제를 연구하고 있으니 기꺼이 이러한 회의의 멤버로 선택되었다라는 분위기가 있을 것이라고 생각하시나요?

최　　　： 물론 그렇게 생각합니다. 단지 자신의 신념에 의해서 '이 정부에는 참가하기 싫습니다'라고 하는 사람도 있겠지요.

무로오카： 그렇다면, 한국의 대학선생님으로 '나는 연구 이외의 관심은 없습니다. 그런 정부의 일 따위 절대 하고 싶지 않습니다'라고 하는 사람은 적었나요?

최　　　： 자신의 전문분야라면 그만큼 정보도 얻을 수 있고 자신의 연구에도 이득이 됩니다.

고하리 : 일본의 정치학자는 어떻습니까?

사도 : '아니요 하고 싶지 않습니다만'이라고 말하면서 부탁을 하면 하는 사람이 많을 것이라 생각합니다.

최 : 비슷한 것 같습니다.

고하리 : 학교의 학무보다는, 모두가 하고 싶다고 진정으로 생각하고 있는 것이군요?

사도 : 물론입니다.

최 : 저는 일본의 정치학자라도, 한국처럼 기회가 있다면 참가한다고 생각합니다. 그러나 같은 대통령, 같은 체제라도, 이념적인 색깔이 명확한 정부에서는 좀 하기 싫어하는 경향은 있습니다. 예를 들어 이명박정권의 경우는 진보적인 학자라든지 혹은 진보적인 견해에 입장을 같이하고 있는 사람은 참가하지 않았습니다.

무로오카: 그러나 이명박 씨도 정권 후반이 되었을 때부터 입니다만, 사회통합위원회와 같은 것을 만들어서

최 : 그래요.

고하리 : 안철수 씨도 위원직을 지내고 계셨지요?

최 : 그렇습니다.

❖ 정부대표단 고문으로서 북한 방문

고하리 : 그렇다면 북에 갔을 때의 이야기를 기억하고 계신 범위에

서. 어떠한 경위였나요?

최 : 평양행 전에 정동영 장관은 김정일과 만난다고 하는 가정하에 준비했습니다. 그러나 돌아오기 하루 전날에도 당국에서는 답이 없었지요. 그래서 대표단은 그 유명한 호텔에서 당국의 결정을 기다리고 있었습니다.

무로오카: 백화원.

최 : 그래요 백화원은 아주 조용했고 또 아름다운 연못이 있어서 조깅코스로서 최적이었습니다. 정동영 장관과 저는 조깅하면서 서로 이야기를 나누었습니다. 드디어 김정일 위원장과의 회담이 정해져서 정과 김 두 사람은 상당히 긴 회담을 하였습니다. 그것이 첫 번째 포인트입니다. 두 번째 포인트는 김영남 상임위원장과의 저녁식사입니다.

고하리 : 김영남이요?

최 : 김영남. 지금도 상임위원장이지요. 아직도 김영남, 김기남 이 두 사람이 건재하고 있습니다.

고하리 : 북측의 대응을 보면 아주 정중하게 대우하는 느낌이었습니다.

최 : 그렇습니다. 김영남 위원장은 정동영의 좌우명을 알고 있었어요. 정장관은 '그 좌우명은 최 선생님으로부터 받았습니다'라고 말했지요.

고하리 : 그 좌우명은 어떤 것인가요?

최 : "구동존이(求同存異)" 그것은 저의 가훈이기도 했습니다. 정 장관으로부터 '선생님, 그것을 받아도 괜찮을까요?'라는 물음에 '괜찮습니다. 미덕이니까요 실천한다면 누구라도 상관없습니다.'

사도 : 북조선에 약간 아첨을 할 것 같은 사람도 있을 상황에서, 북

조선과의 논의에 관해서 '이러한 방향으로 가자.' 혹은 '이번은 이러한 방향성으로 논의해봅시다.' 사전에 맞추어보셨나요?

최　　　: 그것은 전부 정통영 장관이 리드했습니다.

무로오카: 대표단 중에서는 정식 인원 이외에 관료들도 보좌역으로서 참여했을 것이라고 생각합니다만, 그 사람들은 통일부 소속도 있었고, 국가정보원 소속도 있었던 느낌이었습니까?

최　　　: 그렇습니다.

무로오카: 그러한 사람들을 보좌하는 사람들은 없습니까?

최　　　: 그러한 사람들도 있었습니다. 서울에서 평양으로 직접 비행기로 날아갔으니까요.

무로오카: 그렇다면 전체의 방향을 정할 때에는 그 분들이 선생님들께 '이러한 말은 하지 말아주세요'라든지 '이런 느낌으로 얘기하세요'라는 부탁 등의 사전요구가 있었나요?

최　　　: 대부분 당시 상당한 훈련을 한 전문가이니까요.

사도　　: 북조선에 들어가신 후에 한국본국과 연락을 주고받을 필요가 있었습니까?

최　　　: 저는 없었습니다만.

사도　　: 방에 묵으실 때에 '아 듣고 있구나'라든지, '도청당하고 있구나'라는 의식은 있으셨나요?

최　　　: 그것은 전제로 하는 편이 좋겠지요.

사도　　: 북조선 측은 선생님이 계셨을 동안 예를 들면, 담당의 사람이 갑자기 따라붙거나 하는 일들이 있었습니까? '도와드리겠습니다' 같은 형태로 말이죠.

최　　　: 그렇습니다.

고하리 : 한 사람에 한 사람이 붙었나요?

최 : 제 앞에 한 사람.

무로오카: 그 사람은 어디 소속으로 보였습니까? 노동당의 통일전선
부라든지.

최 : 전혀 들은 것이 없습니다.

사도 : 상대편 측에서부터 자기소개로 명함을 건네던지?

최 : 명함은 절대 주지 않습니다. 자기소개로 이름은 말했었나?
이름을 말해도 그것이 진짜 이름인지는 모르는 것이니까
요. 들을 필요는 없습니다.

무로오카: 운전수와 농담을 주고받는 것도 없었나요?

최 : 저는 의도적으로 하지 않았습니다.

무로오카: 식사 같은 것은 어떠셨나요?

최 : 최고급이었지요.

무로오카: 한국의 한국요리와는 조금 달랐나요?

최 : 아주 맛있었어요. 말하자면 중국요리에 가까웠습니다.

무로오카: 코스요리였나요?

최 : 코스였습니다.

사도 : 특별초대소 같은 곳에서요?

최 : 그렇습니다. 다음 해인가 평양방문 때에 정부대표단을 환
영해주었던 북의 대표들이 한국을 방문했습니다. 그때 환
영미팅에서 저에게 한마디 하라는 기회를 주더군요. '남한
은 조금 더 민족문제에 대해서 진지하게 생각해야 하지만,
북한은 민주주의의 문제를 앞으로 좀 더 생각하기를 바랍
니다'라고 남한에 대해서도 자기반성의 자세를 보여주면서
북에도 한마디의 주문을 한 것이지요. 한순간 정말 긴장하

였습니다. 한 교수도 동석했습니다. 한용섭 교수는 '선생님이 아니고서야'라고 말하였습니다.

고하리 : 서울대의?

최 : 한 교수는 국방대학교의 군축전문가입니다.

무로오카: 지금은 국방대학교의 부총장입니다.

고하리 : 북에 가는 것이 위험부담이라고 할까요?

최 : 정부대표단장의 정동영 통일부장관과 동행했으니까요.

고하리 : 선생님 개인이 가는 것을 결의할 때는 위험부담을 생각하셨습니까?

최 : 역시 정부의 보호를 받고 있어서 좋았습니다.

고하리 : 정부적 차원으로 북에 간다면 보호받는다고 하는 것은 물론입니다만 돌아온 후 '저 사람은 북에 갔다'라는 것으로 한국내의 비판을 받으신 적은 없었습니까?

최 : 전혀 없었습니다.

고하리 : 그것은 신경쓰지 않았다는 것인가요?

최 : 신경을 쓸 필요는 없습니다. 한국의 정치학자로서 정부의 대표단의 자문위원으로서의 평양방문은 지금도 자랑으로 생각하고 있습니다. 그렇기 때문에 북쪽에서도 저 나름의 Integrity를 지키려고 노력했습니다.

고하리 : 계속 가고 싶다고 생각하고 계셨던 곳에 갔다라든지, 같은 민족이라든지, 혹은 반대로 너무나도 참담한 실정에 큰일이다라든지, 개인적인 감회가 있으셨나요?

최 : 아니요 그것은 이미 알고 있었으니까 놀랄 일도 아니었고,

고하리 : 예컨대 감동이라든지 그러한 것은 없었군요?

최 : 저는 민간으로서 아내와 함께 갔던 적도 있습니다. 그때 아

내는 두 번 다시 오고 싶지 않다고 말했습니다. 북쪽의 20대의 청년을 보면서 아들을 키우는 어머니로서 더 이상 볼 수 없다고 했어요.

고하리 : 그 청년은 많이 말라있었나요?

최　　 : 아내는 그후에 기회가 있었지만, 가지 않았습니다.

무로오카: 그때에는 평양에 가셨었나요?

최　　 : 금강산.

무로오카: 그러한 때에 상대편은 별다른 대우없이 관광객으로서만 인식하고 있었나요?

최　　 : 그렇습니다.

무로오카: '그때 평양에 왔던 선생님이 다시 왔다'라든지는 없었나요?

최　　 : 그들은 알고 있었을 것입니다. 관광객이라고 하더라도 꽤 거물이 들어있으니까요 지사라든지 통일부장관 출신이라든지.

고하리 : 금강산관광에 갔을 때 부인께서 '다시는 오고 싶지 않다'라고 하셨죠?

최　　 : 추운 곳에서 혼자 서있던 그 청년이 잊혀 지지 않는 듯합니다.

무로오카: 그 사람은 군인이었습니까?

최　　 : 그렇습니다.

고하리 : 부인은 한국 이외의 곳에도 가셨을 때에, 그다지 좋지 않았다라든가 그러한 의미는 아니었지요?

최　　 : 그녀는 세계여행을 자주하고 있습니다.

고하리 : 일본을 포함해서요?

최　　 : 러시아도 몇 번 갔었고 유럽은 거의 매년. 두 명의 남자아이를 길렀던 엄마로서의 기분이겠지요.

❖ 고려대교수 퇴임과 희망제작소 고문취임.

고하리 : 그렇다면 앞으로 한 시간 정도 남아있기 때문에 서두르겠습니다. 고려대학을 2007년에 퇴임하셨고 그때의 이야기는 대부분 자료가 있으니 괜찮습니다. 퇴임 때의 스피치는 물론 실려져 있습니다만 한두 마디 더 추가하시고 싶으시다면?

최 : 저는 학교가 허락하는 한 대학교수로서 살고 싶다는 것을 실현했으니 다행으로 여기고 있다고 할까요. 감개무량했습니다. 2년간의 대사 공백도 있었지만 그것도 포함하여 정년을 맞이했으니까요.

고하리 : 지금 선생님은 전반으로 공직을 권유받으셨던 기회는 있었지만 가지 않으셨군요.

최 : 갔다면 정년까지 있을 수 없으니까요

고하리 : 알겠습니다. 국회의원이라든지 그러한 요청도 있었지만, 가지 않겠다고 미리 말씀드렸습니다.

최 : 그렇지요

고하리 : 최후까지 일하여 감개무량하다는 것. 감개무량이라고 하는 말이 여기에도 나오네요.

최 : 그렇습니다.

고하리 : 그후 희망제작소 고문으로 가시나요? 예를 들면 이외의 '지방대학에 근무해주세요'라든지 그러한 별다른 길을 갈까 하는 생각은 하셨나요?

최 : 아니요 생각한 적이 없습니다. 하지만 건강이 허락한다면 좀 더 연구생활을 하고 싶다는 생각은 있었습니다. 그 시점에서 어디로 갈까 고려하는 중에 희망제작소로 가게됐죠.

고하리 : 그럼 조금 그 이야기를 들어볼 수 있을까요?

최　　 : 당시에는 희망제작소는 백 명 가까이 되는 연구원으로 구성되어진 시민단체의 연구소였습니다. 박원순 상임이사가 아주 깨끗한 연구실을 만들어줘서, 저로서는 정년으로 인한 공백이 없었습니다.

고하리 : 전혀 공백이 없으셨네요. 고려대학이 끝나고 나서 바로 희망제작소에?

최　　 : 그렇습니다.

고하리 : 그곳에서 고문으로서 갈 때의 조건이라고 하는 것은 우선 연구실은 줬군요?

최　　 : 그렇습니다.

고하리 : 좀 더 속된 것을 말하자면, 국책연구소에 갈법한 선생님들이 있지 않습니까? 그러한 곳에 가는 사람은 아마도 돈을 받았다거나 운전수를 붙이거나.

최　　 : 그러한 연구소를 구한다고 한다면, 저는 큰 회사의 고문이 될 기회도 있었습니다. 일본에서도 자주 이런 일이 있지요. 대사경험자가 신 일본제철의 고문을 맡거나, 자주 있는 일이 아닙니까? 그것은 한국도 마찬가지 입니다.

고하리 : NGO는 선생님에게 있어서 지금까지 가장 다른 위치였지요? 그래서 연구실은 드린다고. 돈으로서는 아니고, 그렇더라도 그쪽에 갔던 결정적인 ….

최　　 : 우선 박원순이라고 하는 인간의 매력이었어요. 한마디로 말한다면 공공성에 대한 헌신입니다.

고하리 : 그곳에서 일하시며 이것은 꼭 이야기했으면 좋겠다라든지 있으실 것이라 생각됩니다만, 희망제작소에 실제 가셨습

니다. 항상 연구를 해도 좋다고 말해도, 지금까지와는 전혀
다른 생활이 되어버렸네요.

최 : 젊은 연구자들과의 교류였기 때문에 저로서는 대학생활의
연장이었습니다. 저는 희망제작소에서 처음으로 안철수 교
수를 만났습니다. 정확히 6년이네요 그는 연구실에 인사차
방문했습니다. 안철수 교수와 만났던 순간, 박원순 상임이
사와 안철수 교수 같은 사람이 정치적으로 성숙해진다면
굉장한 지도자가 될 수 있다고 생각했습니다.

❖ 박원순 씨와 안철수 씨

최 : 어느 날 운명의 순간이 왔습니다. 전혀 기색조차 보이지 않
았던 박원순 상임이사가 서울시장에 나간다고 하는 결의
를 저에게 말해주었습니다. 정확히 같은 타이밍으로 안철
수 교수와 제가 정의를 테마로 하는 「청춘콘서트」를 위해
서울대 강단에서 동석해 있었습니다.

고하리 : 그것은 박원순이?

최 : 그렇습니다. 강원도의 태백산에서. '고문님 서울시장에 출
마합니다'라고. 곁에 앉아있던 안철수 교수는 '저에게도 장
문의 이메일을 보내주셨습니다'라고 말했지요. 같은 시기
에 서울시장선거문제로 고민하고 있던 안 교수는 최종적
으로 '저는 나가지 않습니다. 양보하겠습니다. 박원순은 준
비되어 있는 시장입니다'라고 판단을 하였습니다.

무로오카: 박원순 변호사가 산에서 전화를 걸어왔던 그때의 「청춘콘
서트」의 시기는 언제입니까?

최 　　: 2011년 9월 2일

무로오카: 최 선생님이 「청년콘서트」에 참가하는 것은 그때가 처음
이었군요.

최 　　: 처음이자 마지막의 1회였지요.

무로오카: 「청춘콘서트」 자신은 그보다 먼저 시작하고 있었던 것이군요.

최 　　: 그렇습니다.

고하리 　: 안철수를 중심으로 전국을 돌고 있을 때.

최 　　: 그렇습니다. 지방으로부터 시작했어요.

무로오카: 그때 안철수씨는 어째서 그러한 행사를 한다고 했습니까?
이미 그때부터 정치적인 무언가의 생각이 있었던 것이 아
닌가요? 간단하게 젊은 사람들에게 힘을 북돋아주려고 하
는 의도로 하였던 것인가요?

최 　　: 후자가 크다고 생각합니다. 그는 어느 쪽이냐 하면 비정치
적 인간입니다.

사도 　: '하시모토(橋下) 현상'과 닮았다고도 할 수 있습니다.

최 　　: 안철수 현상도 하시모토 현상도 출발지점은 닮아있습니
다. 기존의 정치현상, 정당정치에의 불만, 절망이 나타난
것입니다. 그러나 추구하는 가치는 다릅니다. 안철수 교수
의 목표는 정의, 인권, 평화와 같은 보편적 가치입니다.

사도 　: 굉장히 기초적인 질문입니다만 대부분의 사람들은 이미
안철수 씨에 대해서 잘 알고계시지만 일본어로 나와 있는
안철수 씨의 책을 읽어보았습니다. 『경영의 원칙』(동양경제
신보사, 2012년)이라고 하는 서울대학에서 강의를 하셨던 내

용이네요. 상당히 훌륭한 분이라고 생각합니다. 훌륭한 것을 말씀을 하고 있어서 무의식적으로 줄을 그은 적이 있습니다마는 정치적으로 도대체 어떠한 것을 실현하려고 계신가요? 이것은, 정치에 대해서 말하고 있는 책이 아니라 경영에 대한 안철수 씨의 기본적인 사고법을 쓴 것이니까요. 갑자기 대통령이 되겠다고 하는 시점에서 한국을 어떠한 나라로 만들려고 생각하고 계신 것인가 그의 정치이념 중 가장 핵심이 되는 것은 무엇인가 하는 의문이 있습니다. 그리고 이른바 기성의 정치가와는 완전히 틀리더군요. 이정도로 지지가 있다는 것은 그가 상당히 인간적인 매력이 있으신 것이라고 생각됩니다. 미국에 1년 갔다 오시고 작은 정보밖에 접하지 못한 일본인으로서는 잘 모르는 부분이 있습니다만, 그 부분을 알려주셨으면 합니다.

최   : 한국은 대통령제입니다. 대통령의 인격, 성격, 정치의 운영 능력에 의해서 나라가 달라집니다. 과거 10년을 보면 노무현 대통령의 5년간은 노무현다운 한국이었지요. 좋든 싫든 최근의 5년을 보면 이명박다운 한국이었습니다. 안 교수는 여러 가지 경험이 있지만, 일관되는 것은 공공성에 대한 헌신이 돋보입니다. 그러한 관점에서 본다면, 그는 혜택 받지 못한 인간에 대한 배려, 정의감이 강한 사람입니다. 천오백억 원의 현금을 기부했습니다. 규모는 작아도 한국의 빌게이츠와도 같은 노블레스오블리제(Noblesse oblige)를 실천해왔습니다. 특히 컴퓨터바이러스 대책 소프트웨어도 파는 것이 아닌 국민들에게 무료로 배부했습니다. 대통령의 자질이라는 것은 무엇입니까? 정치가의 자질론은 정치철학

의 영원의 테마입니다. 저는 정치가가 가지고 있어야 할 제
1의 자질은 정치적 판단능력이라고 생각합니다. 정치판단
은 상황판단과 인간판단으로 나뉩니다. 상황판단은 국내외
가 당면하고 있는 상황의 종합적 판단이며, 인간판단은 인
간을 적시, 적재, 적소에 활용하는 능력입니다. 저는 박원순
시장에게도 안철수 교수에게도 정치판단의 원칙과 방법,
그 어려움에 대해서 지속적으로 이야기해 왔습니다.

고하리 : 희망제작소와 안철수 씨, 박원순 씨의 만남도 대체로 알 수
있었습니다.

무로오카: 희망제작소에 대해서 확인해보고 싶습니다만, 박원순 변
호사가 최 선생님을 희망제작소의 고문으로서 추대했다고
생각했던 이유로서 희망제작소는 일본과의 사업에 몰두하
는 것 같은 느낌이었기 때문에. 그러한 것도 배경이 되었나
요? 최 선생님을 고문으로 한다는 것은?

최 : 관련이 약간 있었을지도 모릅니다. 일본대사시대에 한 번
만났던 적이 있습니다. 지금 일본에 희망제작소가 있습니
다. 2012년 서울시장으로서 일본을 방문했을 때에도, 저는
센고쿠 요시토(仙谷由人) 대신, 에다노 유키오(枝野幸男) 대
신, 호소노 고우시(細野豪志) 대신을 소개하고, 저녁식사를
같이 했습니다.

무로오카: 하지만 해외와의 사업 중에서 역시 일본과의 사업이 가장 큰
가요? 아니면 다른 나라와도 여러 가지 사업을 하고 있나요?

최 : 미국, 영국, 독일도 있습니다. 시민사회의 역사에서 보면
유럽은 상당히 길지요.

고하리 : 희망제작소는 한국에서의 일부 굉장히 보수적인 사람으로

부터 꽤 비판을 받는 부분이 있는 것 같습니다만.

최 : 무엇보다도 이명박 정부시절에 그 사람과 희망제작소는 직접적으로도 간접적으로도 피해를 받았습니다. 그가 서울시장선거에 출마했던 것도 그것이 계기입니다.

❖ 세 번째의 일본체재... 호세이대학·세이케이대학에서 교수.

고하리 : 그렇다면, 이제부터 듣고 싶은 것은 두 가지, 각각 10분씩 여쭤보고 싶습니다만, 2010년부터 2012년 호세이대학, 2012년 4월부터 세이케이대학 그래서 세 번째의 긴 일본체재가 되신다고 생각됩니다만, 그때의 일본대학도 보시고 계셨듯이 2011년에는 동일본대지진으로 인한 재해도 보시고 「아사히신문」(2011년 4월 21일)에 '대지진재해부흥 일본인의 사려 깊은 행동에 기대'라고 쓰고 있습니다만 세 번째의 일본체재의 자리 매김이라든지 소감이라든지 말씀하시고 싶으신 것이 있으시다면, 부탁드리겠습니다.

최 : 학생시절 6년 반 대사 2년, 대학교수 3년, 11년 이상의 일본생활을 지내고 드디어 평균적인 일본인의 생활을 이해할 수 있게 되었습니다. 학생시절은 학교의 연구실과 하숙집 왕래. 대사시절은 특별한 생활이었기 때문에, 보통의 일본인의 일상생활은 알지 못했습니다. 호세이대학 교수로서의 2년간은 의도적으로 스가모(巢鴨) 상점가의 백 엔 상

점이 있는 빌딩의 3층을 선택하였습니다. 인간 냄새나는 마을에서의 2년은 잊혀지지 않습니다. 세이케이대학에서의 마지막의 1년은 기치조지의 세이케이대학 교원숙사였습니다. 기치조지는 일본에서 가장 생활수준이 높은 곳 중의 하나로, 상당히 세련된 도시로서'젊은이의 하라쥬쿠'라고 불리우는, 스가모와는 좋은 대조를 이루는 곳입니다.

고하리 : 11년간, 생활형태가 모두 다르군요.

최 : 그렇습니다. 어제 저는 세이케이대학의 학생식당에서 200엔짜리 카케우동을 먹었습니다. 가끔은 간단한 카케우동이 맛있을 때도 있습니다. 같은 날 밤, 오랜만에 최고의 요리점에서 접대를 받았습니다. 한 사람 식사비 십만엔, 그에 상응하는 와인을 마시면 가격은 배가 됩니다. 그러면 1일에 점심 200엔의 카케우동, 밤은 천 배의 요리, 이것이 일본이지요. 일본은 정말 먹거리의 천국입니다. 서민적인 것으로는 500엔이라도 좋은 것을 먹을 수 있고.

고하리 : 먹거리가 상징하는 것처럼, 다른 부분에도 그러한 것이 있다는 말씀이십니까?

최 : 특히 요리의 다양성이라고 하는 면에서는 세계 1위가 아닙니까?

고하리 : 앞으로 대학의 문화는 어떻습니까? 한국과 일본의 차이는 없나요?

최 : 호세이대학과 세이케이대학을 비교해보면 호세이의 경우는 대학원의 학생도 꽤 많습니다. 그러나 이곳 세이케이대학원은 학생이 적습니다.

사도 : 호세이대학과 세이케이대학은 꽤나 대학의 문화도 다르고요.

최   : 다르지요

사도   : 세이케이대학은 말하자면 동경대계열의 아카데미즘을 그
        대로 받아들여서 동경대를 정년퇴임하신 선생님이 세이케
        이의 선생님이 되는 케이스가 꽤 많아 연대가 있습니다. 호
        세이대학은 원래 안티 동경대계열의 계통으로 학생도 서
        민적이고 세이케이대학은 옛날로 말하자면 부르주아의 자
        제들이 들어가는 곳입니다.

최   : 초중고 학생은 특히 그렇습니다.

고하리 : 그렇게 말씀하신 호세이대학과 세이케이대학의 차이점도
        있지만, 사제간이라든지 선생님을 통틀어서 한국과의 다
        른 점으로서 말하자면, 결국은 닮았나, 다른가라고 하는 문
        제군요.

최   : 밤늦게까지 전기가 점등해져 있는 연구실은 일본의 대학
        이 더 많은 것 같습니다.

고하리 : 한국에서는 그다지 없군요.

최   : 그렇습니다.

❖ 변치 않는 일본국민에 대한 기대

고하리 : 그렇다면 마지막 10분입니다. 이걸로 일단 최종회가 되
        겠습니다. 물론 다시 다른 기회에 말할 것이 있을 것이라
        생각이 됩니다만, 일본과 반세기 정도 교류했다는 얘기
        입니다. 지금 이 oral history를 마무리하면서 한일관계

의 중간평가라고 할까요? 아까 일본관에 대해서 말하자면 '11년 살아 드디어 이해할 수 있게 되었다'라고 말씀하셨습니다. 그 동안의 한일관계에서 사회나 외교의 움직임들을 고려하여 그 동안을 어떻게 평가할 것인가, 시즈오카의 강연(2011년11월)에서 말씀하셨던 동일본대지진 재해 후에 나타난 일본인의 절제에 대해서 이야기를 하셨다고 생각됩니다. 그 주변의 일들에 대해 말씀해주셨으면 합니다.

최 : 반세기동안 바뀌지 않는 것은 저의 일본국민에 대한 평가입니다. 일본국민의 평균적인 교양, 견식, 상식의 수준은 상당히 높다는 것입니다. 예를 들면 야스쿠니 참배문제를 둘러싸고 일본국민의 53퍼센트가 '가지마'라는 반응을 보였습니다. 이것은 중국을 중심으로 한 많은 나라들이 어째서 야스쿠니 참배를 반대하고 있는지를 고려한 반응입니다. 저는 평균적인 일본국민의 양식을 신뢰하고 있습니다. 설령 국가수준의 여러 가지 쟁점이 있어도 합리적으로 서로 이야기해보면 극복 못 할 것은 별로 없다고 생각합니다. 한국에서는 '남남갈등'이라고 하는 말이 있습니다. 남한 안에서의 소득, 세대, 이데올로기 등의 분열입니다. 저는 이 분극화를 뛰어넘는 방법은 통일밖에 없다고 생각합니다. 분단체제가 계속되는 한 남남갈등(南南葛藤)은 없어지지 않을 것이라고 생각합니다. 저희들은 통일과정에 들어가지 않을 수 없습니다. 통일은 언젠가 찾아올 것이라고 생각합니다. 베트남은 1976년에, 독일은 1990년에 통일했습니다. 1,000년 이상 통일국가를 지켜온 한국이 통일하는 것

은 시간문제입니다.

고하리 : 학문적으로는 앞으로 어떠한 지적 작업을 실행해 나가실 계획입니까?

최 : 스피노자의 이야기를 참고로 하여 저의 oral history 의 매듭의 말로 하고 싶습니다. 대학원생시절, 단편적으로 읽었던 스피노자의 모든 저작을 저는 5년 전부터 새로이 정독해왔습니다. 스피노자에 대한 관심은 나 자신의 연구의 출발점이라기보다 나의 스피노자에 대한 지적(知的)귀의이며, 어느 정도는 '사후정당화'입니다. 왜냐하면 스피노자는 신, 자연, 인간에 대해서 저의 실존적 성찰을 무엇보다도 적절하게 이끌어준 철학자이기 때문입니다. 정치를 있는 그대로 냉혹하게 그려낸 사람이 마키아벨리라면, 인간을 신과 자연과의 관련에서 있는 그대로의 설명을 해준 사람은 스피노자입니다. 지금 와서야 비로소 스피노자의 열렬한 제자라고 칭했던 괴테의 독백에 공감하게 되었습니다. 무엇보다 저의 연구의 관심인 중용사상에서 본다면 스피노자의 신에 대한 지적 열애는 유교의 중용사상에서 말하는 천인합일(天人合一)의 성(誠)과 많이 닮은 경지가 아닐까요? 당분간 세이케이대학에서의 마지막 한 달(2013년 3월)은 「스피노자에게 있어서 자유와 평화」라는 테마의 논문을 완성하는 것입니다. 혹시 이 논문에 어느 정도 만족할 수 있다면, 저 나름대로 스피노자를 자유민주주의의 철학적 선구자로서 자리매김할 수 있고 또 졸저『평화의 정치사상』에 새로운 한절을 추가하는 것이 가능하다고 생각합니다.

고하리 : 이제 시간이 되었습니다.

사도   : 감사드리며, 끝마치도록 하겠습니다.

녹음을 마치며

　본 책자는 주일본대한민국특명전권대사를 지낸 고려대학교 명예교수인 최상용 교수의 녹음사료이다. 최상용 교수의 주일대사로서의 재임기간은 2000년 3월 ～ 2002년 3월까지이고, 이 기록은 그 직무에 관해서도 이야기했으나, 고려대학교 재직시절을 중심으로 한 40여 년의 학자생활에 관한 이야기가 많은 비중을 차지하고 있다. 또한 한국을 대표하는 지식인으로서 격동기 한국사회와 한일관계를 어떻게 보아 왔는지 유학생(동경대 대학원시절,1965년~1972년), 대사, 대학교수(호세이대학, 세이케이대학 2010년~2013년)라는 서로 다른 입장과 시기에 일본인과 어떠한 관계를 가져왔는지에 대해서 많은 이야기를 나눌 수 있었다.

　과학연구비보조금(기반연구B 「녹음사료를 기초로 한 한일관계사의 재구축을 위한 학제적 연구」) 을 사용한 이 프로젝트는 한일관계와 연관된 한국의 주요인물을 대상으로 한 것이다. 그 가운데서도, 최상용 교수에게 녹음사료를 요청한 것은 동서고금의 사상에 통달한 저명한 정치학자이고 또한 현장에서의 외교활동 경험자(대사)이기 때문이다. 이 목적에 맞게, 앞에서 보는 바와 같이 다양한 이야기를 들을 수 있었다.

　무엇보다도, 일본에서는 주일대사로서의 최상용 씨가 유명하다. 그 인품과 사교성을 발휘하여 일본에서 한국에 대해 비판적인 유력자들이나, 각 지방의 사람들과도 정력적으로 만나기도 했다. 저널리스트 후나바시 씨는 '최상용 한국대사의 개성외교'라는 칼럼을 「아사히신문」(2002년2월14일자)에 썼다. 700일 정도의 재임 기간 중, 100회 이상이나 일본어연설을 한 것 등 최상용 교수가 '개성'을 잘 살려서 "말의 힘이 외교의 힘이라는 것을 몸소 보여주었다"고 평가한다.

최상용 교수는 이러한 '사교적인 사람' 이상으로 '사고(思考)적인 사람'이다. 2010년부터 2년간은 호세이대학에서, 2012년부터 1년간은 세이케이대학에서 교편을 잡았다. 이치가야(市ヶ谷)와 키치조오지(吉祥寺)에 있는 연구실을 방문해보면 한결같이 문헌을 읽고 노트에 적고 있는 모습 외에는 본 적이 없다. 대사경험자들로부터 연상되는 화려함이나 정치성은 전혀 느낄 수 없고, '사고적인 사람'으로 살아왔다는 실감만이 있을 뿐이다.

녹음사료의 제8회에서 "막스 베버의 학문과 정치의 자세에 나는 매우 영향을 받았습니다. 학문과 정치, 이론과 실천에 대해서 성찰적 균형을 유지하는 것은 정치학도의 운명일지도 모릅니다"라고 최상용 교수가 말했다. 그것은 김대중정권에서 주일대사 취임에 대한 타진이 있었을 때에 언급한 것이지만 '사고적인 사람' 이기도 하고 '사교적인 사람'이기도 한 최상용 교수의 삶의 방식을 상징하는 한마디라고 생각한다. 그리고 이것은 최상용 교수가 학자로서 탐구해 온 중용사상과도 일맥상통한다.

녹음사료의 청취 작업은, 2009년 7월에서 2012년 11월까지 12회에 걸쳐, 서울시내와 동경시내의 호텔 (회의실)에서 실행되었다. 최상용 교수의 일본어는 완벽하여, 모든 것이 일본어로 행해졌다. 그리고 40시간 가까운 분량의 음성녹음의 번역작업과 그 번역을 기반으로 한 편집 작업 등의 기록화는 2013년 3월까지 행해졌다. 전술한 것처럼 과학연구비 보조금을 중심으로 진행된 프로젝트이지만 시즈오카현립대학과 주쿄대학의 연구비 등도 활용했다.

청취는 고하리(12회 전부)와 사도(제5,6회를 제외)가 했지만, 5~12회에는 무로오카(방위연구소), 제8~11회에는 다카야스(다이토분카대학)도 참가했다. 일정조정 등의 섭외, 일본 국내의 사무적 제반 작업, 기록화 작업·정리 등은 모두 고하리가 담당했다.

본 책자는 대화녹음 기록으로, 명확한 사실 오인(誤認)에 관한 점검이 이루어졌을 뿐 아니라 최소한의 편집 작업(문맥을 건드리지 않는 범위 내에서의 문언수정, 보충, 삭제) 등 이외는 행하지 않았음을 알려둔다. 구어체 표현도 그대로 게재했다. 물론 기록화의 작업·정리 과정에서 최상용 교수와의 면밀한 정리 작업도 행해졌다. 그래도 표기상에 생각지 못한 부족한 부분과 통일성 등에 문제가 있다면, 그것은 구술자가 아니라 기록화 작업자의 책임이다.

마지막으로 우리의 제안을 흔쾌히 받아주고, 공부가 부족한 우리의 질문에 대해서, 진지하게 자신의 이야기를 해주신 최상용 교수, 우리의 작업에 이해와 지원을 해주신 부인 김숙은 교수(성신여자대학교 명예교수, 성악전공), 기록화작업에서 도움을 주신 사이토 히로키 씨, 마스다 아이코 씨, 한예송 씨, 연구비와 사무적인 절차 등에서 지원을 해주신 시즈오카현립대학과 주쿄대학의 관계자 분들께 진심으로 감사드린다.

본 책자가 다양한 학문문야의 연구에 일조가 된다면 다행이다.

2013년 3월

시즈오카현립대학 국제관계학부 교수 고하리 스스무(연구대표자)
주쿄대학 종합정책학부 교수 사도 아키히로(공동연구자)

제 2부

〈자 료〉

최상용 교수 정년퇴임식

<〈2007년 10월 5일〉>

- 사회자 -

저는 동원 최상용 교수님의 제자 '조 민'입니다.

그리고 통일연구원에서 근무하고 있습니다.

최상용 교수님의 약력을 소개해 드리겠습니다.

최상용 교수님은 1942년 음력 2월2일 경주에서 최해덕 선생과 김세금 여사의 무녀독남으로 태어나셨습니다.

임진왜란과 병자호란에서 큰 공을 세우신 정무공 최진립 장군의 12대손으로 수운 최재우 선생과 350년 동안 적선과 부의 사회 환원으로 널리 알려진 경주 최 부자댁과 같은 가계입니다.

경주에서 초,중,고등학교를 나와 1964년 서울대학 외교학과를 졸업하고 1972년 도쿄대학에서 정치학 석사와 박사학위를 취득하셨습니다. 2002년 평화연구로 일본 릿쿄대학에서 명예 인문학 박사학위를 수여하였습니다.

1972년 고려대학교 아세아문제연구소 연구원으로 시작하셔서 1976년 중앙대학교 정치외교학과 조교수를 역임하시고 1982년부터 고려대학교 정치외교학과 서양정치사상사 교수로 부임하여 정년을 마치고 명예교수로 추대되셨습니다. 1980년 81년 사이 하버드 옌칭 연구원 객원교수를 지냈으며 그후 워싱턴대학, 스탠포드대학, 파리대학에서 연구생활을 하셨습니다.

고려대학교 평화연구소장, 고려대학교 아세아문제연구소장, 한국 정치학회 회장, 한국평화학회 회장을 역임하셨습니다. 외교통상부, 통일부정책자문위원, 통일부통일정책평가 위원장을 역임하셨습니다.

한일문화교류위원회 부위원장, 주일본대한민국특명전권대사를 역임하셨습니다.

현재 세종연구소 이사, 안중근기념사업회 이사, 의회발전연구회 이사 그리고 통일부통일 고문과 희망제작소 고문으로 계십니다.

공저를 포함해서 30여 권의 저서가 있는데『미군정과 한국 민족주의』,『평화의 정치사상』,『중용의 정치 사상』은 최상용 교수님의 3부작으로 널리 알려져 있습니다. 특히『미군정과 한국 민족주의』이 작품은 한국 현대정치 연구의 필독서이며『평화의 정치사상』은 국내외에서 널리 읽히고 있는 명저입니다. 그리고『중용의 정치사상』은 중용을 주제로 하여 동·서양의 정치사상을 꿰뚫고 있는 저서로 정평이 나 있습니다. 국내외에서 발표된 50여 편의 논문, 칼럼집『중용의 정치』가 있습니다.

그리고 대한민국 정부로부터 황조근정훈장과 일본 정부로부터 훈일등 욱일대수장을 수여하였습니다. 부인은 성신여자대학교 성악과 교수로 있는 김숙은 여사이며 슬하에 2남을 두고 있고 손자 손녀가 있습니다.

이상으로 동원 최상용 교수님의 약력을 말씀드렸습니다. 감사합니다.

제자들이 만든 영상 순서입니다. 이 영상 자료는 제자들이 모여서 나름대로 동원 최상용 교수님의 생애를 생활, 연구, 봉사 세 분야로 나눠서 준비했습니다. 이 영상 자료는 최상용 교수님의 제자 중에서 학부생, 대학원생 그리고 현재 교수로 봉직하고 있는 곽준혁 교수가 힘을 합쳐서 정성껏 만들었으니까 잘 보셨으면 좋겠습니다.

다음은 집필자 소개 순서입니다.
집필자 소개 순서는 고려대학교 정치외교학과의 박홍규 교수께서 해주시겠습니다.

박홍교 교수 (고려대학교 정치외교학과)

최상용 교수님께서는 오늘 두 권의 책을 출판하셨습니다. 첫 번째가 『민족주의, 평화, 중용』, 두 번째가 『정치가 정도전』입니다.
최상용 교수님께서는 평생을 정치사상 연구의 세 가지의 주요한 테마인 '민족주의', 평화', '중용'이라는 것을 연구해 오시면서 그 제목으로 출간을 하셨습니다. 여기에는 많은 저자분들이 참여를 해주셨습니다. 유럽, 미국, 일본에서 이 분야의 석학들이 논문을 보내주셨습니다.
소르본대학의 명예교수이신 샹퇴르 교수님은 유럽에서 평화사상 분야의 제1인자이십니다. 최상용 교수님의 은사이신 사카모토 교수님은 세계평화학회의 회장을 역임한 이 분야의 대가이십니다. 미국에서는 한국 현대정치사에 관한 저서로 널리 알려진 부르스 커밍스 교수가 참여하셨습니다. 그리고 동양 및 일본정치사상사에 석학이신 동경대학의 와타나베 교수님도 좋은 논문을 보내 주셨습니다. 국내에서는 고려대학교의 김우창 명예교수님, 최장집 교수님, 서울대학교의 하영선 교수님, 이화여자대학교의 양승태 교수님, 연세대학의 김성호 교수님 그리고 김지하 시인 등 국내에서 새삼스럽게 소개할 필요가 없는 대가들이 논문을 보내 주셨습니다.

두 번째 『정치가 정도전』입니다. 최상용 교수님은 그 동안 한국 사학계에서 연구해 왔던 정도전을 정치학의 주요 연구 대상으로 하는데 공헌하셨습니다. 2003년 『정치가 정도전의 재조명』이라는 테마로 제1회 삼봉학 학술대회를 개최했을 때 『정치가 정도전』이라는 제목으로 기조 논문을 발표하셨습니다. 최상용 교수님과 저 박홍규는 정치사상가로서의 정도전과 정치가로서의 정도전의 특징을 사상과 행동의 종합적 분석을 통하여 밝히려고 했습니다. 두 번째 저서인 『정치가 정도전』은 최상용 선생님의 오랜 뜻을 제가 옆에서 같이 느끼면서 나름대로 저작하면서 선생님과 호흡을 맞춘 저서입니다. 감사합니다.

- 사회자 -

오늘 이 자리에 많은 귀한 내빈들께서 와 주셨습니다. 그래서 사실 축하의 말씀을 듣고 싶은 분들이 많이 계시지만 여러 가지 제약으로 인해서 평소에 최상용 교수님과 친분을 가지고 최상용 교수님의 저서를 읽거나 연구와 봉사활동을 관심을 가지고 지켜보신 분들 가운데 몇 분을 모시고 축하의 말씀을 듣는 순서를 가지겠습니다.

맨 먼저 김학준 동아일보 사장님의 축하 말씀을 듣겠습니다. 김학준 사장님은 최상용 교수님과 젊은 시절부터 오랜 세월 동안 학자의 삶을 공유해 오셨고 현재 동아일보에 재직 중이십니다.

김학준 (동아일보 사장)

　오늘 이 자리에는 김종필 전(前) 국무총리님, 이한동 전(前) 국무총리님, 이홍구 전(前) 국무총리님, 김수환 전(前) 국회의장님을 비롯한 국가의 원로들께서 자리를 함께 해 주셨습니다. 또한 새 시대를 책임질 것을 자임하면서 현재 대통령 후보 경선에 나와 계신 차세대의 지도자 정동영 의원도 자리를 함께 하셨습니다. 따라서 저 보다도 축사를 먼저 하셔야 할 분들이 참으로 많습니다만 제가 제일 먼저 나온 것을 송구스럽게 생각합니다. 이 자리에 계신 분들 가운데에는 '저 사람이 어떻게 제일 먼저 시킨다고 무례하게 먼저 나서는가?' 이렇게 나무람 하실 분들도 계시겠습니다만 야구를 생각해 주시길 바랍니다. 1번 타자가 1루 정도만 나가면, 그러면 4번 타자가 만루 홈런을 때리는 것이 유능한 야구 감독의 작전이라고 합니다. 그러한 뜻에서 제가 1번으로 나섰다는 점으로 너그럽게 양해해 주시길 바랍니다.

　사실 저는 최상용 교수와 40년 넘게 교우해 왔습니다. 최상용 교수는 1960년에 서울대학교 문리대 외교학과에 입학하셨고 저는 1년 뒤의 1961년에 입학하였습니다. 저희 세대를 이해하시기 위해서는 당시의 시대상을 돌이켜 보시는 것도 좋습니다. 그 당시 우리 대한민국은 정말 비참할 정도로 가난했습니다. 저 스스로 마찬가지였고, 이 자리에 이부영 전(前) 의원이 계십니다만 저와 함께 문리대 정치학과에 입학하던 당시 많은 학생들은, 특히 지방에서 올라온 학생들은 하루에 두 끼만 먹어도 그 날은 행운의 날이기도 하였습니다. 그러면서도 지금 자랑스럽게 생각하는 것은 그렇게 배고픈 가운데 그리고 양복 한 벌로 4년을 보내는 가운데에서도 한 번도 최상용 교수나 우리 동기생인 이부영이나, 같은 세대인 저와 같은 학년에 고려대학교 입학하신 최장집 교수 등은 우리들이 만나서 이야기 할 때 적어도 "야 우리가 졸업하면 어디 취직해야 되느냐", "어디로 유학 가야하느냐" 또 "누구와 결혼해야 되느냐" 이러한 문제를 화제로 올려본 적이 없었다는 것. 이것은 오늘날에도 저희 모두에게 큰 긍지가 아닐 수 없었습니다. 저희가 알아야 뭘 알겠습니까? 그렇지만 늘 화제는 민족의 통일, 어떻게 하면 우리 민족이 굶주림에서 벗어날 수 있을 것인가, 굶주림에서 벗어나길 위해서는 자유민주주의 가지고는 안 되는 것 아니냐? 오히려 강력한 지도자가 나와서 사회주의로 나아가야만 그래야 경제도 발전할 수 있고 많은 사람들이 굶주림에서 벗어날 수 있는 것 아니냐? 라는 토론도 하던 때였습니다. 저희는 대학 4년을 늘 국가와 민족을 염두에 둔 토론 속에서 보냈으며 따라서 정치학적인 정열을 국가와 민족의 장래를 걱정하는 토론 속에서 보냈다는 것. 그것을 지금도 큰 긍지로 여기고 있습니다.

그 토론의 과정에서 최상용 선배는 탁월한 능력을 보여 주었습니다. 우선 화두를 적절하게 제기하였고 그리고 토론이 격해질 때 평생의 학문적 화두인 중용을 이야기하면서 이야기가 어느 한 쪽으로 흘러가지 않게끔 이끌어준 토론의 달인이었다고 이렇게 저는 회상하고자 합니다. 우리가 3학년 때, 즉 1963년이었습니다. 작가 이병주가 감옥 생활을 마치고 문단에 데뷔하면서 『알렉산드리아』라는 중편 소설을 우리 국민 모두에게 보였습니다. 돌이켜보면 대단한 소설은 아니었습니다만 그러나 그 가운데 이런 구절이 우리 젊은이들을 사로잡았습니다. 지금도 기억하고 있습니다. 즉 "사상이 있는 사람이라면 반드시 감옥에 가게 된다. 왜? 사상을 가진 사람은 기존 체제와 맞부딪치지 않을 수가 없고 따라서 그는 감옥에 가게 된다." 아마 이병주 작가는 당시

중립화 통일을 옹호하다가 5.16에 의하여 감옥생활을 마치고 나오게 되니까 자신의 감회를 피력했는지 모르겠지만 그 구절이 사실은 정확히 무엇인지를 이해하지 못하면서도 저희 젊은이들의 가슴을 울렸습니다. "그렇구나! 역시 젊은이라면 기존 질서에, 전통적인 사상에 도전하는 기백이 있어야 하고 그것 때문에 감옥에 간들 무엇이 아까우랴?" 하는 그 사상적 흐름 속에서 살게 되었습니다. 최상용 교수가 뒷날 감옥생활을 한 것도 결코 우연한 일이 아니었다고 생각합니다.

제가 최상용 교수를 높이 평가하는 이유가 또 하나 있습니다. 그의 학문이 깊은 것, 인격적으로 훌륭한 것, 이 모든 것을 높이 평가합니다만 저도 뒷날 감옥생활을 했는데 그때 고문이라고 하는 것은 이루 말할 수가 없었습니다. 그때는 제가 고문당했다는 사실 조차 제 가족한테도 말하지 못했습니다. 왜? 가족한테 얘기하면 거기서 말이 번져 나가고 그럼 중앙정보부가 와서 또 잡아가서 혹독한 고문을 가할 것 같은 두려움 때문에 저 혼자 사로잡혔습니다. 여러분 중앙정보부의 고문이란 것이 간단한 겁니다. 자기네가 짜놓은 시나리오 대로 제 스스로 모든 걸 써야 합니다. 그것을 쓰지 않으면 절대로 안 내보내는 데가 지난 날의 중앙정보부였습니다. 그래서 여러분 소위 자술서라는 게 있지 않습니까. 자술서라는 건 글자 그대로 자기가 썼다 그겁니다. 그런데 제 자술서를 (중앙정보부가) 써놨어요. 그리고 간단히 얘기해서 이것대로 네 손으로 써라 이겁니다. 그래서 제가 (중앙정보부가) 써놓은 자술서를 읽어보니까 이건 도저히 제 손으로 쓸 수가 없었습니다. 왜냐. 저는 김일성을 존경하고 그래서 김일성 사상에 따라서 남조선 혁명을 하려고 했고 그래서 남조선 혁명을 하기 위해서 - 이 자리에 아까 계셨습니다만 - 박범진 등등과 지하단체를 결성하고 … . 이걸 어떻게 제 손으로 씁니까. 그래서 제가 계속 아니 난 이런 것 아니라고 했더니, 그

다음부터 가해지는 이 고문이 상상할 수 없습니다. 제가 끝까지 저항을 했어요. 그랬더니 수사관이 지금도 고마운 게 "너 이러면 전기 고문을 할 수 밖에 없다." 전기고문을 하면 다 씁니다. "그런데 전기 고문을 하면 너 몸 망가진다. 그러니 이 정도에서 그대로 써라 그리고 나가라." 그래서 제가 정말 그대로 다 썼습니다. 쓰고 나면 그 다음에 피의자 심문 조서라는 게 있습니다. 거기에는 피의자 심문에서는 제 글이 필요 없으니까 문답 다 해놓고 이거 찍어라 이겁니다. 그래서 제가 다 찍었어요. 그러고 나서 제가 대성통곡을 했습니다. 저는 하루 만에 무너졌습니다. 뭐 길게도 안가고 하루 만에 무너졌는데, 그때 같이 감옥에 있으면서 끝까지 그것을 이겨낸 사람이 우리 박범진 선배. 이 자리에 계십니까? 제가 박범진 선배를 평생 존경하는 이유가 야, 그걸 견뎌내다니. 그걸 견뎌 내다니. 그런데 또 한 분. 최상용 교수도 제가 겪은 이상의 그 악행을 수없이 겪으면서도 거기에 굴복하지 않고 그래서 국가보안법위반, 반공법위반으로서의 징역형을 다 살았다고 하는 것. 그것은 인간적으로 훌륭하게 훈련된 사람이 아니면 결코 견뎌낼 수 없는 그러한 고행이었는데 그 고행을 견뎌냈다는 하나만으로도 저는 최상용 교수를 저하고는 한 학년 차이지 만은 훨씬 높게 평가하는 것입니다. 그렇기 때문에 최상용 교수의 일생은 흔들림 없는 일관된, 존경 받을 수 있는 삶을 살 수가 있었습니다. 감옥에서 1년여를 견디고 나와서 직장을 가질 수 없었지만, 기관으로부터 여러 가지 회유와 유혹이 있었지만 그 모든 것을 뿌리치고 꿋꿋하게 견뎌내면서 교직생활에 충실하고 그리고 학계에 들어가서도 조금도 흔들림이 없이 학자로서의, 교수로서의 일생을 걷다가 이제 영예롭게 정년퇴직을 하니 이 얼마나 놀라운 일이 아닐 수 없습니다. 특히 정치학을 공부했고 중간에 그 회유와 압력이 컸을 터인데도 그 모든 것을 이겨내고 정년퇴직의 영예를 가질 수 있다고 하는 것은 글자 그대로 인간 최상용의 승리가 아닐 수 없으며 오늘은 단순히 최상용 교수의 정년퇴임과 출판기념을 축하하는 자리이기 보다도 인간 최상용의 그 험난한 인간 역정을 이겨내면서 이렇게 명예롭게 자신의 생애에서 한 중요한 매듭을 맺을 수 있는 점에 대한 경의 표시의 자리라고 생각하고 여러분 우리 최상용 교수에게 그런 의미에서 뜨거운 박수 한 번 보내주시기 바랍니다.

그 부인 김숙은 여사가 겪었던 고통도 이루 말 할 수 없었습니다. 두 분이 함께 잘 견뎌내셨습니다. 돌이켜보면 저는 정치 전기학에 관심이 많았습니다. 그래서 제 스스로 우리나라의 지식인 지도자 가운데 열 분의 전기를 썼습니다. 그런데 그 열 분의 전기를 제가 다시 보니깐 아홉 분이 감옥을 갔다 온 분입니다. 그러니깐 아마도 제 마음 한 구석에는 학생 시대 때, 즉 문리대 교정에서 가졌던 그 마음, 즉 이병주 소설에 나온 그 한 구절. "역시 사람은 사고하는 사람이라면 사색하는 사람이라면 반드시 감옥을 간다"라고 하는 뜻이 정확하지 않은 그 구절에 홀려서 저는 수십 년을 살았던 것이 아닌가? 그러했기 때문에 제가 열 분의 전기를 이제까지 출판했는데 그 중에 아홉 사람이 감옥을 갔다 온 사람이고 감옥을 갔다 오지 않는 유일한 분으로 제 전기의 대상이 되었던 분은 바로 가인 김병로 전 대법원장 한 분이었다고 하는 것은 아마 저나 최상용 교수가 동숭동 문리대 캠퍼스에서 갖고 있던 대학생다운 사회 변화, 사회 변혁을 추구하던 대학생의 그 정열의 흔적이 이제까지 남아있기 때문이 아닌가. 이렇게 생각해 봅니다. 그러나 저도 올 해 들어 만 64세가 되었습니다. 이제 뒤늦게 철이 난 것 같습니다. 그래서 이제는 사회에 도전했던 사람에 대해서도 전통적인 가치, 전통적인 제도, 전통적인 통념에 도전하여 그리하여 감옥에도 가고 또 망

명의 생활을 하고 그러한 사람도 매우 중요했지만 그러나 체제를 일궈내려 하고 체제를 지키려고 했던 사람 역시 중요한 것이 아니었는가? 따라서 앞으로 우리 사회에서는 체제를 일궈내고 체제를 지켜내는 이 사람들과 그러면서도 끊임없이 체제에 도전하고 의문을 제기하는 사람들 사이에 균형이 잡히는 사회로 발전할 수 있다면 우리에게는 희망이 있는 것이 아닌가, 이렇게 생각해보고 그래서 앞으로 제 전기에는 대한민국을 일궈내고 또 대한민국을 지키기 위하여 노력했던 사람도 전기의 대상으로 삼으려 한다는 말씀을 덧붙이는 것으로 오늘 저의 축하의 말씀을 끝내고자 합니다. 최상용 교수님 진심으로 축하드립니다.

- 사회자 -

1번 타자라고 겸손한 말씀을 하시고 바로 홈런을 치셔서 앞으로 다른 축하의 말씀이 더 기대되는 것 같습니다. 다음 축하의 말씀을 해주실 분은 원래 최상용 교수님과 많은 교류가 있으셨던 분이고 특히 최근에 최상용 교수님께서 희망제작소 고문을 맡으시면서 시간이 갈수록 점점 더 교류가 깊어지는 것 같습니다. 박원순 희망제작소 상임이사께서 축하의 말씀을 해주시겠습니다.

박원순 (희망제작소 상임이사)

최상용 교수님 정년퇴임 축하드립니다. 방금 1번 타자로서 김학준 선생님이 어려운 말씀하셨는데 저는 정말 이미자 다음으로 올라와서 노래 부르는 그런 느낌입니다. 제가 며칠 전에 반기문 유엔사무총장님을 뉴욕에서 뵈었습니다. 그랬더니 이분이 방금 제가 말씀 드린 것 같이 어느 모임의 자리에서 이미자 다음으로 노래 부르는 것 같은 어려움을 클린턴 대통령 다음으로 올라가서 연설하는 느낌으로 말씀을 하시려고 원고를 썼는데 그걸 미국 사람이 보면서 "이미자는 미국에서 시나트라다." 그래서 "시나트라 다음으로 노래하는 기분"이라고 얘길 해서 아마 외신에까지 알려진 그런 얘기를 들었습니다.

무엇보다 우선 최상용 선생님은 잠깐 주일대사를 하셨습니다만 학자로서의 삶을 이렇게 끝까지 가실 수 있었던 것에 대해서 우선 축하의 말씀을 드리고자 합니다. 세상에 많은 분들이 평생을 한 길을 걷는다는 것이 쉽지 않다고 생각합니다. 그런데 아까 김학준 선생님 말씀하신 것 같이, 그런 위협도 있었겠고 회유도 정말 많았으리라 생각합니다. 대한민국의 정치학 학회장을 하시면 누구나 그런 유혹이 있다는 말을 들은 적이 있는데요. 아무튼 학자로서 마지막 정년퇴임을 맞이할 수 있다는 것은 쉬운 인생의 길은 아니지 않는가라는 생각을 하게 되는데요. 그리고 아까 말씀 해주신 것처럼 서른 권이 넘는 저서를 쓰셨다는 것도 얼마나 학자로서 충실했는가! 이런 것을 보여주는 좋은 사례라고 생각이 됩니다.

두 번째로 저는 최상용 선생님은 젊은 시절에 대해서는 김학준 선생님께서 증언하셨지만 교수로서 학자로서 많은 좋은 젊은이들 그런 학자를 키워 내신 것도 정말 축하해드려야 할 일이라고 생각합니다. 제가 선생님께는 직접 가르침을 받진 않았지만 선생님의 제자들 중에는 저와 같이 활동도 했던 많은 분들을 알고 있습니다. 다들 사회에서 의로운 길을 가고자 하는 그런 수많은 제자들을 길러낸 것은 결국 선생님 자신이 그런 생각을 갖고 가르쳤기 때문에 가능했던 일이 아닌가 생각을 합니다. 저는 직접 배우지 않았습니다만 제가 학창 시절에 『평화의 정치사상』이런 책도 읽고, 간접적으로는 저도 제자라고 생각합니다. 그렇게 받아주시겠지요? (웃음) 아마 그런 저 말고도 많은 사람들이 그런 길을 함께 선생님의 책과 가르침들을 받고 가지 않았을까 이런 생각을 하게 되고요.

그 다음 세 번째는 저는 선생님의 저서와 그 학문의 길이 우리의 시대와 더불어서 시대를 고민하는 그런 길을 가신게 아닌가 생각합니다. 오늘 나온 책도 그렇고 평소에 쓰신 책도 민족주의, 평화 그리고 중용이라고 하는 이 세 가지 주제를 평생에 연구의 주제, 가르침의 주제로 삼지 않으셨을까 생각하는데요. 그만큼 우리 시대가 정말 평화보다는 전쟁이나 불안의 시대를 겪어 왔기 때문에 아마 평화에 집착하신 것이라 생각하고 동시에 너무나 극단의 시대였기 때문에 중용을 생각하신 것이 아닌가. 정말 우리 시대에 어떤 가치 또 가야 할 길에 대한 것이 바로 선생님이 평생에 이 시대, 이 사회에 주신 내용이 아닐까 이렇게 생각을 합니다.

책의 내용에 대해서는 다른 분들이 더 말씀하실 것 같고요. 아무튼 정년퇴임을 하시면서 저희들이 모셨습니다. 아까 고문이라고 말씀하셨는데 희망제작소의 상임고문이십니다.

그래서 저희들이 책상을 하나 마련해 드렸고요. 아마 연구소에 나오셔서 연구 활동을 계속 하시고 학교에서의 제자는 아닐지 몰라도 많은 사회적인 제자를 키워 주실 거라고 생각합니다. 선생님은 아마 저한테 백수를 구해주셨다고 말씀하셨는데 저희들은 정말 우리 시대의 최고의 석학, 가장 실천적인 석학 한 분을 월급도 드리지 않고 모시게 됐습니다.

너무 감사하게 생각하고요. 앞으로 저는 우리 사회에 사실은 정년퇴임이 끝이 아니라 시작이라고 생각합니다. 아직도 너무나 젊으시고 많은 학자들 또는 기업의 최고 경영자들의 은퇴라는 것이, 직장에서의 은퇴가 끝이 아니고, 정말 새로운 삶의 제 2의 삶의 시작되어야 된다고 생각하는데요. 바로 또 그런 측면에서도 최상용 선생님은 새로운 하나의 표본을 보여 주시는 게 아닌가 생각됩니다. 저희들이 모시고 함께 이 사회가 좀 더 좋은 방향으로 가는데 함께 노력하도록 하겠습니다.

거듭 축하의 말씀을 드립니다. 고맙습니다.

- 사회자 -

축하의 말씀을 해 주실 분은 최상용 교수님의 학자로서의 삶, 교수로서의 삶에 대해서 누구보다도 잘 아는 분입니다. 젊은 학자 시절부터 교류를 하셨고 특히 고려대학교 정치외교학과에서 같이 근무를 하시면서 같이 공부를 하시면서 최상용 교수님과 여러 가지 학문적 영감을 나누신 고려대학교 정치외교학과의 최장집 교수님께서 축하의 말씀을 해 주시겠습니다.

최장집 교수 (고려대학교 정치외교학과)

나라의 원로님들과 미래의 정치지도자를 포함해서 여러 내외 귀빈들이 참석한 자리에서 최상용 교수 정년 및 출판기념회 축사의 말씀을 올리게 된 것을 동료 교수의 한 사람으로서 매우 영광스럽게 생각합니다.

같은 과에서 오랜 기간 동안 가까운 교수로서 지냈다는 관계 말고도 제가 최상용 교수와는 고려대학교 아세아문제연구소 소장직을 최 교수의 후임으로 맡게 돼서 근무한 이런 인연이 또한 특별하게 최상용 교수와 깊은 관계를 갖도록 했습니다. 제가 최상용 교수와 학교를 같이 다니진 않았지만 처음 만났던 것은 1973년으로 기억되는데, 고려대학교 아세아문제연구소의 김경원 교수님 연구실에서 최 교수가 처음 박사학위를 받고 뜻하지 않은 고초를 겪으면서 학교를 방문해서 김경원 교수를 만나러 왔을 때였습니다. 그래서 저도 무슨 일 때문에 김경원 교수 연구실에서 기다리고 있었을 때 만났던 것이 최초의 만남이었습니다.

제가 학문적으로는 최상용 교수는 당시 동경대학에서 한국 현대사를 주제로 한 논문「미군정과 한국 민족주의」를 책으로 출간도 됐습니다만 이 논문이 당시의 서울신문이 간행했던 서울평론지에 논문의 요지가 최 교수가 기고를 해서 실린 적이 있었습니다. 그래서 제가 최상용 교수에 대해서 이름도 모르고 아무것도 몰랐을 때 먼저 저는 최상용 교수의 글을 읽고 저자를 알게 됐습니다. 나중에 알게 된 일이지만 최상용 교수는 연배가 저보다는 선배이지만 1년 밖에 학교 선배가 아니고 사실상 동년배라 해도 과언이 아니지만 저는 본격적으로 공부를 시작도 하지 않았을 때인데 '벌써 최상용 교수는 동경대학에서 박사학위를 마치고 돌아와서 이렇게 훌륭한 논문을 썼다니' 하고 놀랐고 이걸 느끼면서 자신을 되돌아보는 계기가 됐습니다. 아시다시피 당시 한국현대사는 냉전시기의 공식적 역사라고 그럴까 이런 것이 전부였던 시대였습니다. 그래서 분단된 나라에서 체제의 정당성을 공식적으로 배우는 것도 중요하지만 그 이전에 실제로 어떤 일이 있었나 하는 문제에 대해서 학교에서는 별로 배울 수 있는 기회가 없었습니다. 그럴 때 최 교수의 논문을 처음 읽은 저에게는 충격에 가까운 큰 느낌을 받았습니다. 그래서 역사를 보다 넓은 시야에서 민족주의적인 관점에서 냉전을 객관화해서 볼 수 있게 해준 개척적인 논문이었다고 저는 생각합니다. 그때 서울평론에 저자 소개를 보면서 어찌나 부러웠던지 그때의 느낌이 그대로 기억될 정도입니다.

그래서 그때 저자 소개 속에 최상용 교수의 지도교수가 일본의 국제정치학의 대가이신 사카모토 요시카즈 교수였다는 것도 알게 됐고 그때부터 사카모토 선생의 이름도 알고 저술과 연구도 공부하게 되었습니다. 이 최 교수의 논문을 읽은 다음에 현대사 연구에 대해서 서대숙 교수의 『조선공산당사』라든가 또 나중에 조순승 교수의 저술이라든가 이정식, 스칼라피노 그리고 최근에 들어와서는 부르스 커밍스 등 이런 저술을 읽게 됐는데 냉전의 좁은 시각을 벗어나서 현대사를 객관적으로 볼 수 있게 한 최 교수의 논문은 저에게 학문적으로 매우 큰 영향을 미쳤다고 하겠습니다. 이때의 인상이 굉장히 깊었으며, 이후 최상용 교수는 고려대학교 정치외교학과에서 서양정치사상사를 담당했습니다. 이 분야에 대해서 여러 논문을 저술하고 큰 업적을 남겼으며, 현대사 분야에서의 개척적 연구는 어떤 분야보다도 큰 영향을 미치지 않았나, 또 학문적으로 기여한 것이 많지 않았나 그렇게 믿습니다.

최상용 교수는 저 같은 보통 사람의 기준에서 볼 때에는 누구보다도 능력이 굉장히 출중합니다. 능력이 출중한 것이 최상용 교수의 가장 큰 특징이 아닌가, 그런 생각을 평소에 늘 하곤 했습니다. 정치학자 가운데에서도 글도 명문이고 언변도 출중한 이런 몇 분 안 되는 정치학자의 한 분이라고 믿게 됩니다. 그래서 보통 사람들은 학문적인 업적을 연구 분야에서 많이 남기는 것도 힘든데 이 두 가지 문제를 동시에 현실 정치에서 능력을 갖는다는 것은 보통 사람이 갖기 어려운데, 학자로서의 능력과 현실 정치에서 능력을 동시에 가진 아주 드물게 보는 그런 빼어난 학자라고 생각합니다. 그리고 학문 세계도 현실 정치를 보는 리얼리즘에 기반을 가지면서도 현실을 그대로 수용하는 것이 아니라 이상 사회를 지향하는, 이상적인 가치나 목표를 지향하는 이런 이상주의를 동시에 갖는 이 두 요소를 아주 잘 결합한 대표적인 정치학자라고 저는 생각합니다. 아마 이번 퇴임 기념으로 저술 속에 정도

전에 관한 저술이 있지만, 조선 최초의 성리학자의 한 사람으로서 그리고 조선을 건국한 대표적인 정치지도자의 한 사람으로서 삼봉 정도전은 최상용 교수의 하나의 학문적이고 정치적인 실천, 두 개를 다 아우르는 모델이 아닌가 그렇게 생각했고 아마 그것이 최 교수가 평소에 늘 삼봉 정도전 사상에 대해서 깊이 연구하고 저술까지 낸 것이라고 생각합니다. 제가 정치적인 실천과 학문적인 연구, 이 두 가지가 최상용 교수가 모두 잘 갖고 있는 것을 느낄 수 있었던 것은 제가 아연(아세아문제연구소) 소장을 하면서 최상용 교수가 1996년에 한일공동연구포럼이라는 것을 성사시켰습니다. 이것은 당시 김영삼 대통령과 일본의 무라야마 도미이치 수상 사이의 문화교류 협정으로서 체결된 공동 프로젝트입니다. 아마 제가 알기로는 한일 문화교류로서는 이것이 효시가 아닌가, 그렇게 대규모의 연구 프로젝트는 처음이라고 하겠습니다.

그래서 최상용 교수가 이것을 만들어 놓고 주일대사로 부임하는 까닭에 제가 뒤를 이어서 이걸 마무리 짓는 역할을 했습니다. 그래서 9년 동안에 두 나라, 일본과 한국의 학자들이 35명씩 참가해서, 그러니까 모두 70명의 학자들이 9년 동안 참가해서 여기에서 연구 결과가 간행된 것이 우리 한글로 21권이 나오고 똑같은 일본어판이 21권이 되어서 모두 합치면 42권의 연구 결과가 나오는 아주 대규모 프로젝트를 하느라고 최 교수가 주일대사 역할을 할 때에 일본을 자주 방문하게 되었습니다. 그런데 일본 학자를 만나면 한국에서 최상용 교수를 평가하는 것보다 더 높게 평가하는 것을 자주 들을 수 있었습니다.

그리고 한일관계 증진에 아주 지대한 기여를 하고 있다는 문제에 대해서 일본 학자들이 최상용 교수의 능력에 대해서 또 그 기여에 대해서 매우 감사한다는 말을 늘 하곤 했습니다. 어떤 일본학자는 저한테 그동안에 일본에서 근무한 외국 대사 가운데서 가장 훌륭한 대사가 아니가, 그러면서 마치 60년대에 미국의 주일대사였던 에드윈 라이샤워에 비견되는 이런 학자 외교관이라고 평가하는 소리를 제가 들을 수 있었습니다. 그래서 동료 교수가 이렇게 높은 평가를 받고 있는 것에 대해 너무나 흐뭇한 느낌을 가졌던 적이 여러 번 있었습니다.

고려대학교 정외과는 훌륭한 교수들을 여러 분 배출했고 또 지금도 현직에 있는 교수들이 각 분야의 대가들이 여러 분 계십니다. 그런데 일본 외교와 일본정치의 대가이신 최상용 교수님이 퇴임해서 이 빈자리가 매우 크게 느껴집니다. 저도 물론 1년 후에는 퇴임을 합니다만 최상용 교수는 특히 남다른 학문적, 정치적 실천에서도 역량을 갖고 계시는 분이기 때문에 그동안의 학문적인 깊이와 현실 외교의 경험. 이런 것을 그냥 묻히지 마시고 국가 발전에 기여할 수 있었으면 하는 것이 저의 바람입니다. 아무쪼록 건강하시고 학문에도 정진하시고 힘이 닿으면 정치 발전에도 기여할 수 있기를 바라면서 저의 축하를 마칩니다.

- 사회자 -
최상용 교수님께서는 스크랩해서 다시 읽어 보고 싶을 만큼 좋은 칼럼도 많이 쓰셨습니다. 다음에 축하 말씀을 해주실 분은 언론계에서 활동하시면서 평소에 최상용 교수님의 학문세계에 대해서도 큰 관심을 가지고 지켜보신 분입니다. 김영희 중앙일보 대기자님을 모시고 축하의 말씀을 듣겠습니다.

김영희 (중앙일보 대기자)

　김학준 사장의 그 야구 타순론에 따른다면 이건 분명히 잘못된 것입니다. 9번 타자 정도 돼야 되는데 4번 타자가 되어버렸습니다. 여러분들 좀 뜻밖이라고 생각하시겠습니다. 저는 최상용 교수와는 학연관계, 지연관계, 혈연관계 일절 없습니다. 그럼에도 불구하고 제가 여기에 선 것은 제가 자부하기를 최상용 교수의 학적 없는 제자라고 늘 이렇게 생각하고 있습니다. 그건 왜냐하면 제가 자주 글에서 인용을 하고 또 강의, 강연에서 인용을 하는 몇 사람의 대가들 중의 대가가 최교수입니다. 그로 인해서 제가 자주 뵙고 가르침도 받고 그랬는데 제가 그 중에서 책을 하나 가지고 나왔습니다. 최 교수의 영문저서입니다. 『A Political Philosophy of Peace』. 평화 철학론이죠. 평화의 정치 철학인데요. 2000년에 나온 책입니다. 제가 이 책을 왜 굳이 들고 나왔느냐면 최근의 남북관계, 우리의 대북정책, 부시 대통령의 대북정책. 이것과 직접 관련이 있습니다. 여기 보면 르네상스 시대의 네덜란드 사상가 에라스무스의 경제 평화론이 나와 있습니다. 그런데 그때부터 21세기까지 얼마나 많은 평화론, 얼마나 많은 대가들이 얼마나 많은 평화론을 썼겠습니까? 그런데 최 교수가 그 많은 문헌들을 뒤지고 섭렵해서 거기서 이걸 전부 찾아내서 한 챕터로 만들었습니다. 그런데 여기 보면 에라스무스는 "필요하면 평화를 돈 주고 사라." 이렇게 얘기하고 있습니다. 영어로 번역되어 있으니까 "If necessary, buy peace" 이렇게 얘기합니다. 이 경제평화론은 Kant의 공화제 평화론, 미국의 민주평화론으로 이어져 왔습니다. '퍼주기' 논쟁까지 불러일으킨 우리의 대북 포용정책도 에라스무스의 경제 평화론의 연장선에서 볼 수 있으며 북한에 대한 regime change 정책은 미국의 민주평화론의 연장선에서 설명할 수 있습니다. 이렇게 이 책이 오늘날 저 같은 사람한테는 아주 관련성 있는, 영어로 얘기하면 relevancy가 대단히 큰 그런 책입니다. 그래서 전 최근에 와서 우리나라의 대북정책과 관련해서 다시 이 책을 읽어보는데요. 그래서 많은 것을 배우고 자주 인용을 합니다.

그리고 또 하나는 우리가 이 저녁에 두툼한 책을 두 권 가지고 갑니다만 그중에 하나가 "삼봉 정돈전의 사상" 아닙니까? 기억하시겠습니다만 KBS TV에서 「용의 눈물」이라는 인기 역사 드라마를 내보내고 있었습니다. 그때 제가 우연히 최 교수의 삼봉 정도전에 관한 글과 저술을 읽고 아, 우리가 이걸 좀 들어봐야겠다. 그래서 제가 속한 어떤 모임이 있는데 거기서 「용의 눈물」 출연진들과 함께 최 교수를 모셔다가 정도전의 사상을 들었습니다. 요지는 물론 삼봉 정도전이라는 탁월한, 그 당시로 치면 동서양을 통틀어서 가장 탁월한 정치 사상가의 한 사람인 정도전이 지력intellectual power와 정치력political power를 융합을 시켜서 조선이라는 하나의 정치 공동체를 세우는 데 성공을 했다. 이런 강의를 배우들과 함께 아침을 먹으면서 감명 깊게 들었습니다. 그리고 그 뒤에 제가 기자로서 탐문한 바에 따르면 우리가 1998년을 한일관계의 가장 밀월시대라고 얘기합니다. 지금 돌이켜 보면 그때 김대중 – 오부치 시대가 가장 한일관계의 밀월시대인데 그때 한일관계의 밀월을 가능케 하는데 배후에서 소리 소문 없이, 얼굴 없이, 브레인트러스트, 가장 중요한 브레인 역할을 한 분이 최 교수라고 제 취재 결과 밝혀졌습니다.

그래서 이런 등등의 이유에서 아까 말씀 드린 대로 저는 최 교수의 학적 없는 제자로 자처하면서 그분의 글을, 저술을 나름대로 열심히 읽다보니까 이 자리에 서게 되었습니다. 그런데 미국에서는 대학 졸업식을 graduation ceremony라고 하지 않고 commencement ceremony라고 부르죠? commencement라는 건 새로 시작한다는 얘기 아닙니까? 그런데 오늘 퇴임을 하십니다만 이것이 종말이 아니고 끝이 아니고 이것이 일종의 최 교수의 제2의 인생을 시작하는 commencement ceremony라고 저는 생각합니다. 그래서 아까 박원순 변호사께서 최 교수가 할 역할 하나를 말씀하셨습니다만 저는 이런 저술을 포함해서 앞으로 최 교수는 지금까지보다도 훨씬 더 생산적인 제2의 미래를 사실 것을 확신하고 또 기대합니다. 감사합니다.

- 사회자 -

오늘 축하의 말씀 마지막 순서로는 김종필 전 총리께서 축하의 말씀을 해주시겠습니다. 김총리께서는 최상용 교수께서 주일대사로 재직 중일 때부터 한일관계를 중심으로 해서 최상용 교수님의 주일대사 활동을 주의 깊게 지켜보셨다고 합니다. 김 총리님 모시고 말씀 듣겠습니다.

김종필 (전 총리)

아까 말씀대로 한다면 내가 이미자군요. 이미자는 먼저 하는 게 아니라 제일 나중에 하기로 되어있어요. 제가 여기 올라와서 무슨 얘기를 할 수 있는 처지인지. 그건 잘 모르겠습니다만, 난 최상용 교수, 박사, 대사 이분을 참 존경하고 좋아했어요. 보통 분이 아니에요. 주일 대사를 지낼 때 자주 만났습니다. 아마 제 기억에 주일 대사 지낸 사람들이 많지만 수상한데 전화 하나 걸어서 당장 만나고 일본의 아주 유력한 정객들을 간단하게 만나서 얘기하고 외교관다운 외교를 벌인 분은 최 대사 말고 또 없었을 걸로 믿습니다.

제가 얘기를 하려고 뭔가 좀 적어가지고 왔는데 전부 통계입니다. 저도 열심히 공부도 하고 책도 읽고 남들 좋은 얘기도 듣고 그러면서 이제 80을 훨씬 넘는 고령에 이르렀습니다만, 그러면서도 항상 생각하는 것은 왜 이렇게 무지몽매 하냐, 하는 자기반성 밖에 없습니다. 그런 제가 최 대사를 볼 때, 엄청난 분이에요. 책을 몇 권 내셨다 하는 것보다도 공부를 한 대학 이름만 봐도 서울대학, 동경대학, 릿쿄 대학, 워싱턴대학, 중앙대학, 고려대학, 하버드대학, 스탠포드대학, 프랑스의 고등사회과학원. 뭐 매거에 틈이 없을 정도의 많은 세계적인 으뜸가는 대학의 교수, 초청 교수, 연구위원, 연구원. 이런 학구적인 최 대사 존경 안 할 수가 없어요. 알수록 참 대단한 분이다. 이런 걸로 오늘에 이르렀습니다. 우리나라 속담에 유명을 달리한 최 가 한 사람이 살고 있는 김 가 셋 당한다고 했는데 최 대사 지금 살아 계세요. 그러니 김 가 하나 가지곤 도저히 어림없어요. 존경하면서 또 그래도 좀 뒤지지 않으려는 노력을 계속하면서 생애를 끝마치는 것이 그래도 도리가 아닌가 하는 이런 생각마저 합니다. 내 아까 여러 가지로 최 대사의 훌륭한 점들을 말씀들 하셔서 중언부언 할 이유가 없습니다.

다만 제가 같이 지내면서 골프도 치고, 술도 같이 마시고 이 소리 저 소리도 하면서 오늘날까지 지내오고 있습니다. 그러나 한 번도 농담을 하더라도 저 여기 북악산 밑에 있는 분처럼 우스운 농담 안 하십니다. 그 속에 교훈이 들어있고 아주 잘 새겨서 자기 인생에 보탬이 될 수 있는 그런 학자적인 농담이지 흔들림이 없고 틀림이 없어요. 이런 인격은 어떻게 어디서 도야하게 되었는지. 참 부러움을 느끼면서 같이 접촉을 하고 있습니다. (최상용 교수의) 부인께서 여기 와 계시지만 대단한 분입니다. 여러분 아시겠지만 두 시간 반 동안을 이태리 원어로 아이다를 노래 부르는 이런 기가 막힌 분입니다. 저 최 대사도 위대하시지만 내조의 공이 없었던들 오늘이 없었을 겁니다. 부인께서 어디 계십니까?
어디 나가셨어요? 저기 계신가요? 우리 한 번 박수로 좀 (드리지요.)

　정치인을 저는 불쌍한 사람이라는 생각을 자기 스스로 합니다. 실업
인들은 잘하면 열매를 얻을 수 있어요. 그래서 실업이라고 그러지요.
선생님들도 오늘 여기서 보시다시피 가르침을 받은 제자들이 "선생님
고맙습니다. 오랫동안 사람 만들어 주시는데 얼마나 노심초사 하셨겠
습니까. 이제 정년이 되셔서 편안하게 지내실 여유를 가지시게 되었는
데 저희들 고마움을 이렇게 선생님께 드리겠습니다." 이런 고마운 제
자들을 가지고 있을 수 있으니까 선생님들도 사실은 실업가들입니다.
그러나 정치는 저는 실업에 대해서 허업이라고 생각을 해요. 빌 허 자
입니다. 속이 텅 비어있어요. 뭐 국무총리 됐다고 차를 타고서 어깨를
좀 펴고 돌아다녀 봤자 끝나면 아무것도 남는 게 없어요. 여기 국무총
리 지낸 분이 몇 분 계시지만, 안 그렇습니까? 속은 텅텅 비었어요. 이
대로 한 십여 년 지나면 자실 것도 없을지 몰라요. 누가 또 알아주기
나 합니까. 그러나 정치하는 사람들은 그런 허업을 허업이라고 느끼면
서 그래도 조국에 대한 조금이라도 보탬이 된다면 자기의 이상과 정
열을 불태운 사람들인데 저도 그렇게 해서 정치마당에 44년 있었습니
다만 지금 남은 것 하나도 없어요. 어떤 사람은 박 대통령을 욕합니다.
뭐 박 대통령 한 게 뭐냐. 그때 누가 했어도 박 대통령 한 정도 나라에
했을 거다. 뭐 박 대통령 군사 독재나 해가지고 뭘 했다는 거냐 하는
얘기를 함부로 하는 사람들이 있습니다. 나도 그때 그 자리에 있었으
면 그 정도는 했을 거다 하는 그 사람들에게 제가 이런 얘기를 했어요.
박 대통령 폄하하는 사람들한테 잘 생각해봐라. 구라파의 발전도 따지
고 보면 계몽적 전제 국왕이, 황제가 혹은 왕이 장기간 그 자리에 앉아
서 밀고 이끌고 나갔기 때문에 발전을 한 거예요. 요즘에서 민주주의

다 자유다 마구들 얘기합니다만, 역사를 볼 때 그런 개명(開明) 전제 군주들이 장기간 이끌고 앉아서 이끌었기 때문에 나라들이 발전했어요. 정치건 문화건 예술이건 사회건 교육이건 그랬어요. 그게 제대로 됐느냐 어쩌느냐 그런 것은 여러 가지 각도로 논의의 대상이 되겠지요. 그렇지만 그런 하나의 강력한 리더십이 나라 발전을 이루었습니다. 우리나라도 그 1960년대 아무나 하지 못 할 일을 박 대통령 하셨어요. 왜 그 이전에 그런 사람들 왜 밥 먹을 수 있는 세상 못 만들었어요. 누가 아까 중앙정보부 허튼 얘기를 하십디다. 중앙정보부 제가 만들었어요. 저는 1961년 혁명 직후에 중앙정보부를 창건하고 63년 정월에 그만뒀습니다. 제 1목적은 김일성이 끌고 가고 있는 북한 정보를 수집하는 것이었고. 정보부의 기본 임무라는 건 수집해서 작성해서 국가를 옳게 발전해 나갈 수 있도록 자료를 제공하는 것입니다. 그거 했어요. 두 번째는 혁명 뒷받침하기 위해서 수사권을 잠정적으로 부과하고. 저 새로운 정부가 민의에 의해서 발족하게 되면 그 수사권은 검찰에 돌려주고 정보 수집 조사해서 작성 및 사용, 이것만 하게 하려고 했는데 제가 그런 걸 못하고 60년 정월에 그만두고 공화당을 만드는데 전력을 하다가 또 밖으로 쫓겨 나갔습니다만, 그러나 그후는 좀 잘못된 점이 많아요. 나라가 아무것도 없는 바탕에서 먹고 살 수 있는 나라를 만들기 위해 몸부림치는 과정에서 중앙정보부 나름대로 기여한 점도 있지만 잘못한 점도 많다는 걸 압니다. 또 그때 반정부적인, 반체제적인 활동을 한 사람들, 그들도 나라가 옳은 방향으로 옳은 자세로 발전하는데 기여했다고 저는 생각합니다. 그렇지만 양륜 같은 그런 상호규정의 교호작용을 해온 그런 터인데 반체제 한 사람들은 덮어놓고 그때 집권층을 비판하는 성향들이 아직 있어요. 그걸 저는 좀 슬프게 생각합니다. 지금 50년대 후반부터 60년대 일본서 안보문제를 주로 해가지고 그 소용돌이 쳤던 일본의 좌경 학생들 또 거기에 가담됐던 지식인들 요즘 뭐라 하느냐면 "그땐 젊었었다." 이런 반성들을 하는 걸 제가 자주 듣습니다. 그런데 우리나라는 그런 반성은 한마디도 틀리지 않아요. 이런 것도 우리나라의 특성인지도 모르겠습니다만 그런 속에서 우리 최상용 박사께서 옥살이를 하셨다는 것. 저 잘 압니다. 옥살이는 저도 세 번 했어요. 자랑을 않고 발언을 안 해서 그렇지. 저 군대 하극상서부터 저도 참 별 치욕을 다 당했습니다. 그렇지만 그런 얘기 안 합니다. 자랑이 안돼요. 제 소견대로 하다가 그렇게 된 걸. 그러나 제가 옥살이 했다는 걸 최상용 박사한테 들은 일 없어요. 저한테 그런 얘기 안 합니다. 내 그걸 알기 때문에 한 번 넌지시 물었어요. 그때 고생 많으셨지요. 소이부답이에요. 빙그레 웃고 대답 안 합디다. 그런데서 인격을, 존경할만한 인격을 봤어요. 우리가 조국 사랑하는 거, 뭐 했다고 떠들어 댔다고 해야 조국 사랑하는 겁니까? 이 대한의 하늘 아래 누가 알아주든 안 알아주든 자기 국민된 도리로 자기 나름대로 기여하고 공헌하고 자기가 긍지로 생각할 수 있는 생활을 더듬어 왔다면 좋은 일 아닙니까? 자랑거리는 안 된다고 나는 봐요.

난 허무주의자는 아니지만 아까 여러분들 말씀 들으면서 거기 앉아서 이런 생각을 했어요. 일본의 후지무라 미사오라고 제일 고등학교에서 개교 이래의 수재가 있었다고 합니다. 고등학교 그때 3년. 거기서 나오면 대학 들어가는데 저 게곤노타키(게곤폭포)라고 하는 일광(日光) 옆에 있는 데에서 떨어져서 자살을 했어요. 그 후지무라 미사오가 남겨 놓은 아주 유명한 구절이 있어. 양정한 찬양, 유유한 고금, 오척의 종말한 이 소굴을 가지고서 천양의 대를 겨눠보려고 한다. 칸트의 철학, 무슨 대단한 authority에 해당하는 얘기냐, 대단한 낙관은 대단한 비관에 일치하더라. 번민, 여기서 나는 죽음을 택했다. 하면서 폭포수

위에서 떨어져서 죽어요. 아까 어떤 분 얘기하는데서 그 생각이 났어요. 여긴 학술 토론회가 아니기 때문에 더 얘기를 안 하겠습니다만 그런 이 사람의 모자란 인식, 여기에도 최상용 박사는 조용하게 하나씩 둘씩 일깨워주셨어요. 많이 배웠습니다. 많이 느꼈습니다. 그리고 이런 조용한 분이 있느냐 그랬어요.

근데 최 대사 일본서 하신 말씀 같은데 그때 한 번 이런 얘기를 들었어요. 식음의 문화에 대해서 우리 한국의 식음 문화는 혼합 문화다. 저 일본의 식음 문화는 혼재 문화다. 우리는 여러 가지가 범벅이 됐지만 거기서 엑기스가 나오고 일본은 하나하나 따로 따로 있지만 이것이 몸에 들어갔을 때 필요로 하는 (엑기스로) 소화가 된다 하는 그런 얘기였지요. 대단히 재미있는 학자다운 표현을 하시는 걸 내 들었어요, 같은 것은 같이 들 지내지만 같지 않은 것을 같은 것으로 만들어 가는 그런 노력들을 한-일 간에 해야 되지 않겠느냐 그런 말씀을 하시고. 하나 또 기억에 남는 것은 대한민국이 통일이 된 그런 나라가 됐을 때 초대 일본 대사를 내가 지낼 수 있었으면 더 없는 영광이겠다 하는 얘기를 최 대사께서 하셨어요. 일본 2년 남짓 대사를 하시면서 아주 높은 평가를 받고 그리고 못다한 아쉬움에서 한-일간의, 지구가 존속되는 한 한일, 한미, 한중 사이좋게 지낼 수 있어야 하겠는데 일본 대사를 그런 때 초대 대사를 지낸다면 얼마나 보람 있을까 이런 심정이시겠지요. 참 많은 것을 느끼게 되는 그런 분입니다. 오늘 두 가지 저서 아직 읽어 보지를 못했습니다. 이런 인품이시고 그런 철학을 가지고 계시고 그리고 그런 고매한 생각을 가지고 계시고 나날을 보내고 계신 최 선생님. 지금 비록 정년 다하시고서 이제 대학 밖에 나오셨다 하지만 저 하나님이 부르실 때까지 계속 후진들을 옳은 방향으로 옳게 최대한의 신장을 도와주실 수 있도록 계속 이끌어 주실 것을 부탁을 드리면서 내외분 건강하시길 빌어마지 않습니다. 고맙습니다.

- 사회자 -

　다음은 오늘의 주인공이신 최상용 교수님께서 감사의 말씀을 하시 겠습니다. 큰 박수로 맞이해주시길 바랍니다.

최상용 (교수)

　원래는 25분 정도 얘기를 준비했습니다만 시간이 너무 흘렀습니다. 따라서 제 얘기를 생략을 하고 간단한 감사의 인사 말씀을 드리겠습니 다. 오늘이 금요일 주말 저녁인데도 불구하고 이렇게 많은 여러분께서 왕림해주셔서 송구스럽고 정말 감사합니다. 아까 집필자 소개에도 얘 기했지만은 제 저서에 좋은 논문을 보내주신 국내외 석학들에게도 다 시 한 번 감사를 드립니다. 김종필 총리님, 김영희 대기자님, 김학준 교 수님, 최장집 교수님 그리고 박원순 상임이사님. 축하의 말씀 격려의 말씀 깊이 새기겠습니다. 오늘 여기 오신 여러분은 거의 대부분이 인 생의 어느 길목에서 저와 만난 분들이에요. 대화하고 토론도 하고 때 로는 밤새도록 격론을 편 분도 몇 분 계십니다. 그 과정에서 그분들에 게서 지식과 정보를 얻고 때로는 신선한 영감도 얻었습니다. 참 감개 무량 합니다. 플라톤이 나이 오십이 돼야 최고회의(supreme council) 멤 버. 우리말로 하면 어떠할까요? 정치적 또는 지적인 리더가 될 수 있 다고 했고, 플라톤의 스승 소크라테스. 그 소크라테스보다도 81년 전 에 태어난 공자는 오십에 지천명이라 했습니다. 2,500년 전에 50이니 까 지금 생각하면 80. 우리 김종필 총리님 정도 돼야 겨우 정치를 안다 고 하는 게 아닌가, 그렇게 해석해 봅니다. 굳이 장자크 루소의 얘기를 인용하지 않더라도, 인간의 행위는 넓은 의미에서 정치와 무관한 것이 하나도 없습니다. 그만큼 정치를 이해한다고 하는 것은 고난도의 지혜와 깊은 경륜이 따른다고 봅니다. 48년 정치학을 공부해왔습니다만 이제야 정치가 이렇게 어렵구나. 이 어려운 정치현상을 다루는 정치학이 이렇게 어려운 학문이구나 하는 것을 겨우 느낄 때 정년이 되고 말았습니다. 기분 같아서는 지금 수준의 문제의식을 가지고 제 나이가 30대라면 얼마나 좋겠나, 이렇게 부질없는 생각을 해봅니다. 이럭저럭 대과 없이 정년을 맞았습니다. 여러분 직접 간접의 도움 덕분입니다. 무엇보다도 우리 고려대학교 정치외교학과 동료 교수분들의 따뜻한 우정을 잊을 수 없습니다. 제가 좀처럼 못한 얘기입니다만 한마디 덧붙이면 저하고 40년 같이 해온 저의 아내 김숙은 교수와 두 아들의 인내심, 격려가 아주 컸습니다. 이 자리를 빌어서 충심으로 고마운 마음을 전합니다. 여러분 감사합니다.

- 사회자 -

이 자리에 정동영 전 장관께서 대통합민주신당 경선으로 바쁘신 데도 참석해 주셨습니다. 그래서 정 전 장관께서는 최상용 교수님의 수업을 들은 제자 중 따지고 보니까 이 자리에서 학번이 높은 선배이십니다. 연배가 높은 제자로서 간단한 인사말씀을 하시는 게 좋겠다는 생각이 듭니다.

정동영 (전 통일부장관)

황지우 시인과 경희대학의 권만학 교수 그리고 저 정동영 이렇게 셋은 삼십 년 동안 선생님께 사숙해온 사회 제자입니다. 저는 26살에 선생님을 뵙고 올해 53입니다. 30년간 제가 실족하지 않고 바른길로 살아올 수 있도록 늘 등불처럼 지켜주셨던 선생님께 다시 한 번 감사를 드립니다. 군대있을 때 서울 평론에 실린 선생님의 「미군정기 한국민족주의 연구」이 글에 감명을 받고 제가 복학해서 선생님이 시간을 강의 하셨을 때 그 강의실에서 찾아가서 뵙고, 그리고 나서 직업선택 그리고 정치입문, 그리고 통일부 장관할 때 평양에 모시고 가서 김정일 위원장과의 면담에서 우리 임동원 원장님과 함께 지도를 해주셔서 장관직을 수행할 수 있도록 쭉 가르쳐주셨습니다. 선생님의 평생의 학문적 업적이신 평화의 사상, 그리고 중용의 사상, 그것을 현실 정치에서 반의반도 실천을 못했습니다만 선생님이 이룩하신 학문적 업적을 앞으로도 저의 등불로 삼아서 열심히 정진하겠습니다. 감사합니다.

- 사회자 -

이 자리의 마지막 순서로서 축가를 듣는 순서를 가지겠습니다. 오늘 축가는 국내 정상급의 바리톤이신 우주호 선생께서 세빌리아의 이발사 중에서 아리아를 연주해 주시겠습니다. 박수로 맞이해 주시기 바랍니다.

축가

- 사회자 -

네 오늘 마지막 순서입니다. 최상용 교수님 내외분께 제자들이 꽃다발을 증정하는 순서를 갖겠습니다. 선생님 내외분 앞으로 자리해 주시길 바랍니다. 오늘 꽃다발 증정은 최상용 교수님의 제자인 나정원 강원대 교수와 이나미 박사가 해 주겠습니다.

이상으로 동원 최상용 교수님 정년 및 출판기념회를 마치겠습니다. 대단히 감사합니다.

崔相龍 교수 정년인터뷰

高大新聞 (2007년 4월 30일)

1. 교수님께서 어릴 적에 교회의 십자가 위에 피뢰침을 보고 충격을 받았다고 들었습니다. 그것이 학문을 하게 된 하나의 동기가 되었나요.

▶1950년 6월 25일 북한의 전면남침으로 한국전쟁이 일어났습니다. 그때 나는 초등학교 4학년이었는데, 어느 날 교회의 십자가 위에 피뢰침이 붙어 있는 것을 보았습니다. 나에게는 충격적이었습니다. 십자가는 하느님의 모습인데 왜 피뢰침으로 벼락을 막아야 할까, 주위에 물어봐도 시원한 답을 해주지 않았습니다. 십자가와 피뢰침은 지금 내가 전공으로 하고 있는 서양정치사상사에서 보면 신앙과 이성(과학)을 상징한다고 볼 수 있습니다. "학문은 놀라움으로부터 나온다"는 아리스토텔레스의 경구가 생각납니다. 중세사상 강의를 할 때면 그때의 충격이 되살아나곤 합니다.

2. 서울대학교 외교학과에 입학하여 지금까지 정치학자의 길을 걸어왔고 곧 정년을 맞게 되는데 정치학자가 된 특별한 계기가 있습니까.

▶1960년 나는 정치학자나 외교관이 되겠다는 꿈을 가지고 서울대학교 문리과대학 외교학과에 입학했지만, 1960년 4월은 내가 정

526 중용의 삶

치학자가 되기로 결심한 중요한 계기가 되었습니다. 4.19혁명 바로 그날 나는 시위대에 참가했습니다. 3.15부정선거에 대해서는 당시 우리들 젊은이들이 눈감고 있을 수 없었습니다. 발포명령이 나기 직전 대치상황에서 통의동의 어느 중국집에서 자장면을 먹은 걸로 기억합니다. 그때 잠깐 쉬는 사이 나는 가방에 갖고 있던 민중서관 편 영한사전에서 'politics'라는 말을 찾아보았습니다. 그 뜻을 몰라서가 아니라 도대체 정치란 무엇인가에 대한 말의 뿌리를 알고 싶어서였습니다. 그 사전(지금도 갖고 있음)에는 ①정치학 ②정치·정책 등으로 나와 있었습니다. 그때 나는 직감으로 정치학과 정치는 떼려야 뗄 수 없는 관계에 있다는 것을 알게 되었습니다. 그후 유학을 마치고 1973년 내가 고려대학교 대학원에서 서양정치사상사를 가르치기 시작하면서 아리스토텔레스가 정치학을 이론학이 아닌 실천학, 더 간략하게는 실천지(知)로 규정한 것을 알았을 때 야릇한 감회를 느끼기도 했습니다.

3. 기억에 남는 제자들이나 수업이 있다면 말씀해 주십시오.

▶너무 많습니다. 정치사상 분야에서 김병곤 교수의 홉스연구, 박홍규 교수의 조선 및 일본정치사상연구, 그리고 곽준혁 교수의 마키아벨리연구가 돋보였습니다. 1978년에 개설한 「마르크시즘 정치사상」은 암울했던 군부정권시대의 지적 살롱과도 같았습니다. 그때 참가한 15명의 학생들은 대부분 현역교수로 활동하고 있습니다. 무엇보다 고마운 것은 나의 정치사상 강의에는 고려대학교 40여 개의 과에서 골고루 참여해 준 것입니다. 200여 명의 학생

들이 2,500여 년 전의 옛날 얘기에 귀를 귀울려 준 것은 지금 생
각해도 신기한 일입니다.

4. 20·30대에 민족주의, 40·50대에 평화사상, 그리고 지금은 중용의
   정치가 교수님을 사로잡은 테마입니다. 교수님이 생각하시는 민주
   평화사상은 무엇인지, 그 학문적인 배경에 대해서 자세히 듣고 싶
   습니다.

▶나는 고향 경주에서 밤에는 〈밤손님〉 공비(共匪)로 불리는 좌익세
력이 판을 치고, 낮에는 그들을 잡으러 다니는 군경들을 번갈아
보았고, 때로는 이들 좌우의 싸움으로 유혈이 낭자한 길거리를
걸어 다니기도 했습니다. 이때부터 나의 뇌리에 박혀버린 절실한
물음이 있었습니다. 왜 같은 동포끼리 이렇게 죽기 아니면 살기
로 싸워야 하는가. 그 원인은 무엇이며 해결책은 무엇인가. 이러
한 나의 문제의식은 20대에 쓴 『미군정과 한국민족주의』로 결실
을 보았습니다. 민족주의에 대한 관심은 1960년대 한국의 정치
학도라면 누구나 겪었던 하나의 지적 홍역이었습니다. 이 책에서
나는 해방한국의 민족주의의 목표를 민족의 독립, 통일 그리고
의회민주주의와의 결합에 두고 미소국제냉전과 좌우국내냉전의
이중 구조하에서 전개된, 미군정기 한국의 좌우파 민족주의 운동
을 비교 분석한 바 있습니다.
　　1970년대 이래 나의 연구관심은 민족주의에서 평화사상으로
이행하게 되었습니다. 민족주의가 민족이나 국가중심의 사상과
행동이라면 평화는 국가 간 그리고 국가 내의 구조적 변화에 초점

이 있습니다. 1960년대 후반부터 제기된 민주평화론은 민주주의 국가 간에는 전쟁이 없다는, 지난 170년간의 경험적 연구를 토대로 민주주의 체제와 평화의 내적 관련을 분석한 것인데, 현실적으로는 유일 초대국인 미국 외교정책의 이데올로기로서 기능하고 있습니다. 그런데 미국의 민주평화론자들은 그들 주장의 철학적 거점을 칸트에서 찾고 있습니다. 나는 1997년 『평화의 정치사상』에서 민주평화론을 원칙적으로 지지하면서도 그 사상사적 뿌리를 칸트 이전으로 소급하여 고대 그리스 이래 서양사상의 연장선에서 파악하고 있습니다. 말하자면 나의 평화사상연구는 미국류의 민주평화론에 대한 비판적 재구성이라고 할 수 있습니다.

1970년대 이래 평화사상을 연구하면서 나는 거의 동시적으로 동서양에 공통된 중용사상에 관심을 기울이게 되었습니다. 헤겔식으로 표현하여 자기 → 자기탈출 → 자기내 귀환으로 인간의 지적 성장을 설명해 본다면, 나에게 민족주의는 자기, 평화는 자기탈출에 해당하며, 중용은 자기내 귀환의 원뿌리라고 말할 수 있습니다. 동서양에 공통된 중용의 정의는 과불급이 없는 것입니다. 중용은 중간인 동시에 중심입니다. 중간은 양극을 배제한 다양한 공간이며 중심을 잡는 것은 중간에서 상황과 조건을 고려한 사려 깊은 선택, 즉 정곡을 찌르는 것입니다. 중간은 주어진 상태이기 때문에 비교적 이해하기 쉬우나, 중심은 다양한 가능성 가운데 가장 적절한 선택을 해야 하기 때문에 고난도의 예지와 용기가 필요합니다. 이 세상에는 중간에 서있는 사람은 많으나 중심을 지키는 사람은 찾아보기 힘듭니다. 그래서 공자나 맹자, 플라톤이나 아리스토텔레스 등 동서양의 철인들은 이구동성으로 중용을 알고 행하는 것이 지난(至難)하다는 것을 토로하고 있습니다.

최근 나는 평화와 중용의 체제구상과 관련하여 하나의 열쇄 개념을 만들었습니다. 나의 연구에 의하면 평화와 중용은 동전의 양면과 같이 서로가 서로를 규정하는 관계에 있습니다. 평화가 중용의 목표라면 중용은 평화의 조건이라고 말할 수 있습니다. 그러한 관점에서 나는 평화와 중용의 정치체제를 표현하기 위하여 중용(mean)에 정치(cracy)를 결합하여 'meanocracy'라는 새로운 개념을 쓰기로 했습니다. 고대 그리스의 합법다수정치체제(polity)에 뿌리를 두면서 오늘날 자유 인권 법치를 중심가치로 하는 democracy는 나의 문제시각에서 보면 고대 그리스, 로마 이래의 meanocracy의 현대판에 다름 아닙니다.

5. 교수님께서는 네오콘식 이상주의보다 키신저식 현실주의를 강조하시는 것 같은데요.

▶민주주의가 평화에 기여한다는 관점에서는 미국의 민주당이나 공화당, 그리고 네오콘들이나 키신저도 크게 다를 바 없습니다. 그러나 네오콘의 경우 원리주의적인 경향이 농후합니다. 원리주의는 선악이분법으로 질주할 개연성이 높습니다. 이에 비해 현실주의는 언제나 정치적 타협의 가능성을 열어두고 있습니다. 최근 부시정부의 대북한정책의 변화는 원리주의적인 선택의 한계를 자인한 결과라고 봅니다.

6. 일본의 대중문화가 한국시장에 개방된 지 거의 10년이 되었습니다.

선생님께서는 이 문화개방정책 결정에 이론적인 틀을 제공했고 그 공적으로 일본대사로 임명되었다고 알고 있습니다.

▶나 개인적으로 감개가 무량합니다. 1998년 일본의 대중문화를 수용하는 문제가 큰 쟁점이 되었습니다. 당시 일본의 만화와 애니메이션의 경쟁력이 한국과 비교할 수 없을 만큼 높았기 때문에 우리국민이 위기의식을 느끼고 있었습니다. 그래서 반대여론이 지배적이었습니다. 그때 나는 과감히 찬성의 입장에서 논리를 전개하고 반대하는 분들을 설득한 바 있습니다. 당시 문화교류에 대해서 내린 나의 정의가 지금도 기억에 생생합니다. 우선 영어로 먼저 정의해 보았는데, 다름 아닌 상호학습의 과정(mutual learning process)입니다. 문화교류란 과거 현재 미래를 잇는 끝없는 상호학습의 과정이라고 설명했습니다. 한때 우리가 일본에 대해서 cultural giver의 입장이 된 적도 있습니다. 이를테면 이퇴계 사상이 도쿠가와 초기 일본의 최대의 사상가 야마자키 안사이(山崎闇斎)에 크게 영향을 끼쳤다는 것은 널리 알려진 사실입니다. 지금 문화산업에서 일본이 앞서 있다면 배우면 되지 않느냐 하고 일본 대중문화를 개방할 것을 요구했습니다. 그때의 결정이 없었더라면 한류(韓流)는 기대할 수 없었으리라 생각합니다. 주일대사 재임기간 동안 나는 강연외교와 문화외교의 방법으로 나의 문제의식을 실천으로 옮길 수 있었습니다.

7. 최근 야스쿠니문제 역사교과서문제 헌법개정 문제 위안부문제 등을 둘러싸고 일본의 아베(安倍)정권의 행방에 대해 우려하는 목소리가

커지고 있습니다.

▶야스쿠니는 일본국국주의시대의 국가신도(神道)의 성격이 농후하며 역사교과서에는 애국심을 강조하는 경향이 높습니다. 방위청이 방위성으로 승격되고 가능한 빨리 점령헌법 민주헌법 평화헌법으로 불리는 현행헌법을 바꾸려 하고 있습니다. 이들 움직임의 저류에는 국가주의적 지향이 깔려있습니다. 대륙의 중국도 대국민족주의 모습을 갖추고 있습니다. 한반도는 경제적으로 뿐만 아니라 대국민족주의 사이에서 샌드위치의 입장에 놓여 있습니다. 이러한 고통스러운 상황 속에서 전략적 선택을 할 수 있는 강력한 리더십이 그 어느 때보다 절실합니다.

8. 미국과 FTA 체결 후 분위기가 체결과정의 옳고 그름을 따지고 있는 듯합니다.

▶한마디로 한미FTA는 한국의 운명을 좌우할 수 있는 전략적 선택이라고 평가합니다. 한미FTA를 평가하기 위해서는 한국근대사에 대한 역사적 성찰이 필요합니다. 19세기 말 바깥으로부터의 압력에 대해서 우리는 위정척사, 개화, 동학 등으로 대응했습니다. 각기 정당성의 근거가 없지 않으나 우리가 식민지로 전락한 것은 개화의 실패에 큰 원인이 있었습니다. 우리 근대사에서 제1의 개방에 실패했다면 IMF, 한미FTA 등은 제2의 개방의 의미를 지닙니다. 문제는 FTA 채결에 따른 손익계산서와 손실을 메우기 위한 국민의 통합력을 유도할 수 있는 정치적 리더십입니다. 그

선택은 FTA 선택 이상의 의미를 가집니다.

9. 교수님의 마키아벨리 강의는 학생들에게 널리 알려져 있습니다. 학생들에게 전하고 싶은 메시지는 무엇입니까.

▶학생들에게 마키아벨리의『군주론』과 함께 루소의『사회계약론』을 꼭 읽도록 권유합니다. 특히 정의감에 불타는 젊은 학생들에게 정치의 냉혹함의 본질을 꿰뚫어보는 안목을 키워주기 위해 마키아벨리의『군주론』을 필독서라고 생각했습니다. 그리고 정치란 이상과 현실의 투쟁이란 사실(史實)을 이해시키기 위해 루소의『사회계약론』을 추천하고 있습니다. 그리고 인간성에 내재하는 천사와 악마, 사(私)적인 것과 공(公)적인 것 등 여러 가지 이율배반적 속성을 종합적으로 파악하는 훈련을 위하여 칸트를 읽기를 권하기도 합니다. 읽을 기회가 없는 학생들을 위해 칸트의 열쇠 개념의 하나인 이른바 비사회적 사회성(ungesellige Geselligkeit)의 개념을 많은 예를 들면서 설명하기도 합니다.

10. 서양 고대 중세 근대 정치사상사를 강의하시면서 가장 인상적인 그 시대의 정치가는 누구입니까. 교수님께서는 정치가 정도전을 높이 평가하시는데 그 이유는 무엇입니까.

▶우선 아테네의 페리클레스를 들고 싶습니다. 요즈음 나는 2,500년 전의 플라톤에서 근대의 토크빌까지 민주주의에 내재하는 '다

수의 전제'를 경고한 사상가들의 혜안에 새삼 놀라고 있습니다. 아테네 민주주의의 질을 높인 정치가는 역시 페리클레스였습니다. 민주주의 국가일수록 탁월한 지도자가 있어야 한다는 생각을 요즈음 많이 하게 됩니다. 같은 맥락에서 로마시대의 키케로도 철학을 가진 탁월한 전략가였습니다. 14세기에 등장한 우리 조국의 삼봉 정도전도 동서양 어디에 내놔도 손색이 없는 걸출한 정치가라고 봅니다. 철학과 권력의지 그리고 치밀한 제도화의 능력 등에서 타의 추종을 불허할 만한 정치가(statesman)입니다.

11. 지금 한국이 필요로 하는 지도자의 자질을 한마디로 말씀해 주십시오.

▶통합력을 가지고 경제선진화를 이룰 수 있는 지도자입니다. 통합력은 무엇보다 이념적으로 관용능력(Tolerance capability)이 있어야 하고 그러려면 문사철(文史哲)에 대한 기본 교양이 바탕에 깔려 있어야 합니다. 통합력이 없으면 경제선진화도 어렵고 경제력이 없으면 평화비용과 통일비용을 감당할 수 없을 뿐만 아니라 평균적 국민의 일상적 행복을 보장할 수 없기 때문입니다.

12. 정치학이나 정치지망생들에게 전하고 싶은 말씀.

▶무엇보다 문제의식이 투철해야 합니다. 나에게 있어서나 국가에 있어서 최우선 순위의 문제가 무엇인지를 자각한 다음, 사색과 독서를 통하여 견고한 방법론과 결합시킬 수 있다면 정치학자로

서의 기본 소양이 있다고 봅니다. 그리고 사색과 독서 등 내면적 성찰보다 활동력과 실천에 소질이 있는 사람이면 일찍부터 정치가, 지도자로서 현장에 들어가기를 권고합니다. 멋있는 지도자는 진흙탕에서 피어나는 연꽃처럼 험난한 과정에 몸을 던져 자기를 불사르는 정열과 망망대해를 헤엄쳐 나갈 수 있는 기술과 지혜를 익혀야 하기 때문입니다.

13. 은퇴하고 어떤 일을 하실 생각이십니까.

▶ 우선 금년 중에 3권의 책을 출간해야 합니다. 하나는 『민족주의 평화 그리고 중용』, 둘은 『정치가 정도전』, 셋은 『중용의 정치사상』입니다.

14. 고대생들에게 해주고 싶은 말씀.

▶ 전문지식과 인간적 매력을 가진 필수불가결한 인간이 되라고 말하고 싶습니다. 전문지식은 지금 학생들이 전공하고 있는 분야에 대한 체계적인 이해 및 소화된 지식이고, 인간적인 매력은 문학, 역사, 철학, 예술 등 이른바 부드러운 힘(soft power)의 원천입니다. 이러한 매력을 가진 사람은 가정이나 사회나 그리고 국가와 세계 어디서도 필요한 것입니다.

한국지식인의 소련방문기

- 페레스트로이카 기행-

지난 2월12일부터 22일까지 10일간 소련의 모스크바와 레닌그라드를 다녀왔다. 초청기관인 IMEMO(세계경제 및 국제관계연구소)는 우리 내외를 자상하게 안내했고, 내가 면담을 요청했던 인사들을 모두 만나도록 주선해 주었다.

방소(訪蘇) 목적은 페레스트로이카의 관점에서 현대 사회주의 내지 소련의 사회주의를 어떻게 설명하고 있으며, 또한 평화와 군축에 대한 기본입장은 어떤 것인지에 대해서 면담을 통해 탐색하는 것이었다. 이를 위해 나는 20여 개의 긴 문항을 만들어 미리 배부하고 면담과 동시에 본론에 들어갈 수 있도록 계획을 짰다. 면담자는 20여 명 인데 각기 1시간 내지 2시간 정도의 시간을 할애해 주었다.

논의의 근거를 제공하는 의미에서 주요 면담자의 명단을 밝히면 다음과 같다. 페레스트로이카의 이론적 대변자로서 서방세계에 널리 알려진 부르라츠키 정치철학 교수, 세계사회주의체제 경제연구소의 부소장 암바르츠모프 교수, 세계사회주의체제 경제연구소의 부소장 암바르츠모프 교수, 세계정치학회의 부회장인 법과 국가연구소의 스미루노프 교수, IMEMO 부소장인 시모니아 교수를 비롯, 미르스키 교수, 레스케 이바노프 부시킨 박사, 군축전문가인 핀추코브 박사, 미국 및 캐나다 연구소의 노소프 박사, 그리고 동방연구소의 카피차 소장을 비롯하여 커리쟁코, 사르키소프, 보론소프, 그외 정확한 이름은 표기할 수 없으나 진지하게 대화에 응해준 수 명의 사회주의 이론가 등이다. 나는 소련의 국내정치나 외교정책을 체계적으로 공부한 지역전문가가 아니다. 대학에서 정치학을 가르치는 연구자로서 사회주의와 평화사상을 중심으로 페레스트로이카의 이론적·철학적 기초를 알아보고자 했을 뿐이다.

먼저 소련이 말하는 '민주적 사회주의'내지 '인간의 얼굴을 한 사회주의'의 참다운 의미가 무엇이냐고 물었다. 그들의 주장만 들으면 이탈리아·프랑스·스페인 공산당, 이른바 유로코뮤니즘의 내용과 다를 것이 없다. 그리고 그들이 말하는 '인간적'이란 형용사의 뿌리는 초기 마르크스 사상에도 찾을 수 있음직하다. 이에 대해 대부분의 면담자들이 수긍을 했다. 즉, 유로코뮤니즘과도 공통성이 있고, 소외로부터의 해방을 부르짖은 마르크스의 초기 사상과도 연결된다고 했으며, '인간의 얼굴을 한 사회주의'는 1968년 '프라하의 봄' 때 체코의 두브체크가 내세운 슬로건이란 것도 인정했다.

소련에서 출간된 세계철학사를 읽어보면, 철학사는 유물론과 관념론의 투쟁사이며 관념론에 대한 유물론의 승리의 기록이라고 하고 있다. 이러한 철학사의 서술이 페레스트로이카의 관점에서도 타당하다고 보느냐고 물었더니, 자신을 유물론자라고 공언한 한두 사람을 제외하고 나머지 대부분은 그러한 이분법은 낡은 것이며, 관념론의 독자적 성격과 다양한 영역을 중시해야 한다고 했다. 특히 흥미로운 것은 면담자 전원이 마르크시즘은 사회를 설명하는 하나의 수단이며 방법론이지, 결코 지배적 세계관도 도그마도 될 수 없다고 단언한 점이다.

페레스트로이카와 레닌과의 관계에서 특기할 만한 것은 부르라츠키 교수의 설명이다. 그에 의하면 혁명 후 소련공산당의 역사는 레닌의 NEP(신경제정책)적 요소와 스탈린의 전시 공산주의적 요소가 있었다고 전제하고, 페레스트로이카는 이 레닌의 NEP에 뿌리를 두고 있다고 했다. 그는 노동자(worker) 대신 근로자(working person)란 말을 즐겨 썼는데, 일반 사회구성원 대부분을 포괄하는 개념으로 근로자가 좋다고 하면서 너와 나, 우리 모두가 근로자가 아니냐고 말하기도 했다.

부르라츠키와 함께 페레스트로이카의 이론가로 널리 알려진 암바르츠모프 교수에게도 그의 저서를 중심으로 질문했더니, 페레스트로이카는 현상에서 바랄 수 있는 최선의 선택이긴 하지만 아직도 그 이론적 방향을 설정하지 못하고 있다고 실토하면서 '사회주의적 시민사회'를 추구하는 것이 그의 당면 관심사라고 했다. 사회주의의 기조를 지키면서 서구시민사회가 향유하고 있는 가치들을 실현하고자 하는 그의 진지한 태도에서 전인미답의 사회를 갈구하는 변혁기 인텔리겐차의 고민하는 모습을 읽을 수가 있었다. 이쯤 되면 고르바초프뿐만 아니라 적지 않은 소련 지식인들이 스웨덴을 거론하는 뜻을 이해할 만하다.

이 경우 주목할 것은, 소련이 대체모델의 하나로 생각하는 것이 사회주의국이 아닌 '인간의 얼굴을 한 자본주의'의 나라 스웨덴이란 점이다. 또 하나의 이론적 문제로서 정치와 경제의 관계를 어떻게 설명하는지도 알고 싶었다. 레닌은 정치를 경제의 집중적 표현이라고 했는데 페레스트로이카에서도 같은 관점을 갖고 있느냐고 묻고, 이와 관련하여 서유럽의 네오 마르크스주의자들이 말하는 정치의 상대적 자율성은 어떻게 생각하느냐고 했더니, 페레스트로이카 자체는 경제적 재건을 핵심으로 하기 때문에 레닌 명제의 연속일 수 있지만 현대에 와서는 정치와 경제의 상호관계를 중시해야 하며, 특히 페레스트로이카에서 말하는 신사고는 정치적 사고의 중요성을 강조하는 것이라고 말했다.

이들 소련 지식인들은 아직 페레스트로이카의 사회주의에 대한 엄밀한 정의를 갖고 있지 않다고 고백했고, 마르크스와의 단절을 애써 부정하지 않으면서도 가능한 레닌과의 거리를 가까이함으로써 레닌의 재해석으로 페레스트로이카에 의미를 부여하려고 안간힘을 다하고 있었다. 여기서 그들의 고통스러운 딜레마가 엿보였다. 한편으로 제도적으로 보면 페레스트로이카의 철저한 실현은 레닌의 부정으로 이어지지 않을 수 없고. 다른 한편으로는 현실적으로 고르바초프를 레닌에 연결시킴으로써 혁명의 전통, 나아가 피터대제까지 이어지는 러시아 정신의 재현이 필요하기 때문이다.

우리는 평화공존의 문제로 화제를 옮겼다. 우선 레닌의 저술에서 자주 제기되고 있는 부르주아 평화주의와 사회주의적 평화주의의 엄별에 대해서 어떻게 생각하느냐고 물었더니, 모든 면담자가 한결같이 난센스라고 답했다. 평화는 이미 인류의 보편적 가치이며, 계급적 관점에서 평화의 의미를 구별하는 것은 이젠 낡은 사고방식이라고 잘라 말했다. 이와 관련하여 내가 무엇보다도 알고 싶은 것은 평화공존의 철학적 기초에 관한 것이었다.

우선 나는 자본주의와 사회주의가 각기 인간이 창출한 신념체계요 생활양식이란 점을 인정하고, 철학적으로는 사적 소유에 대한 인간의 욕구를 어떻게 보느냐에 따라 그 분기점이 생긴다는 견해를 피력했다. 즉 사유재산에서 부패와 부정의 뿌리를 찾으려는 발상과 사유재산이야말로 인간의 건전한 욕구로 보는 발상이 고대 그리스에서부터 있어 왔다. 그러한 역사의 흐름을 제도화한 것이 하나는 사회주의요, 다른 하나는 자본주의로 뿌리내린 것이다. 이렇게 볼 때 두 체제는 지극히 정상적 인간의 삶의 표현이며, 따라서 평화공존은 단순히 일회적 정책의 표현이 아니라 원리적으로나 철학적으로 인류공통의 규범이 될 수 있다고 했더니, 대체로 평화공존은 국가간 관계의 기본적 규범이며 계급투쟁과는 무관하다는 긍정적 반응을 보여주었다. 이를 통해 종래 평화공존을 계급투쟁의 일환으로 파악했던 관점과 크게 달라졌음을 알 수 있다.

여기서 우리의 토론 가운데서 자연히 흘러나온 것이 이른바 수렴(convergence)이론이었다. 지금 소련에서는 수렴론이 진지하게 논의되고 있고, 적지 않은 사람들이 이 수렴론을 긍정적으로 검토하고 있다. 나는 1960년대 다니엘 벨을 중심으로 한 미국의 이데올로기 종언론, 나아가 수렴론에 대해서 많은 소련 지식인들이 반공의 음모라고 비난했는데, 이제 와서 소련 내부에서 수렴론이 논의되는 이유는 무엇이냐고 따졌다. 그들은 이야말로 역사의 아이러니라고 하면서 수렴이든 혼합이든 절충이든, 표현이야 어떻든 간에 오늘날 인류는 사회주의 국가와 자본주의 국가가 서로 배우고 상호의존하면서 살지 않을 수 없다는 것이다.

그런 의미에서 핀추코브 박사와의 대담은 퍽 유익했다. 그는 평화공존은 국제관계의 부동의 원칙이 되었지만 그것만 가지고는 부족하다는 것이다. Co-exist는 병존과 같은 뉘앙스가 있는데, 보다 필요한 것은 따로따로가 아니라 서로를 필요한다는 것이다.

그래서 나는 즉흥적으로 평화적 공존에서 나아가 '평화적 상호의존'(peaceful interdependence)의 시대로 이행해야 한다고 했더니, "오늘 아주 창조적 개념 하나를 만들었다"고 치켜세우면서 '평화적 상호의존'이란 개념을 쓸 때는 나의 이름을 인용하겠다는 약속까지 했다. 우리의 남북한 관계를 생각하면 아직 까마득한 얘기이긴 하지만 금후의 세계를 환경 특히 생태학적 관점에서 전망한다면, '평화적 상호의존'은 퍽 유효한 전략개념이 될 수 있다고 생각한다.

그 다음 한국 및 한반도에 관해서도 몇 가지 질문을 했다. 우선 이론적 문제로서 한국을 포함한 신흥공업국(NICS)의 경제발전을 설명할 수 있는 새로운 패러다임이나 이론들을 갖고 있느냐고 물었더니, 그것이 바로 문제라고 말하고 새로운 설명방법을 찾아야 한다고 덧붙였다. 즉, 종래의 신식민주의론이나 국가 독점 자본주의의 카테고리로서는 충분한 설명을 할 수 없다는 것이다. 이점은 오늘날 다양한 사회구성체이론이 한국사회의 설명원리로 등장하는 우리의 현실을 생각하면, 기묘한 대조라고 하지 않을 수 없다.

베트남과 독일을 염두에 두면서 한반도의 평화와 통일에 대해서도 물었다. 이 문제는 북한과 동맹관계에 있는 소련의 입장에서는 약간 불편을 느끼게 하는 것이었으나 그래도 비교적 솔직하게 대답해 주었다. 그들에 의하면 한반도는 고유의 특성이 있으니 다른 나라의 모형을 그대로 적용하기는 어렵겠지만 분명한 것은 오랜 기간의 평화공존의 축적이 필요하다는 것이었다.

그러한 평화공존의 축적 위에 연방제 통일을 하는 것이 어떠냐고 하면서 북한의 남한에 대한 군사정책, 즉 미국철수 · 팀스피리트 중단 · 비핵지대안 등을 원칙으로 지지한 반면, 다른 영역 이를테면 주체사상 · 권력승계 문제 등에 대해서는 흥미를 잃은 듯 고개를 저으면서 시간만이 해결할 것이라고만 했다. 그 가운데서도 어떤 사람은 최근 소련의 인사들이 너무 서울에만 가려하고 평양에 가는 것을 꺼려한다고 지적하면서 한반도에 대한 보다 균형 있는 접근이 필요하다고 역설하기도 했다. 일견 우리에게 듣기 좋은 말을 하는 이들이 과연 한반도에서의 군사적 대치의 실상을 어느 정도나 이해하고 있는지 자못 의심스러웠다.

북한 변화의 전망에서도 이들 소련 지식인들은 북한이 오히려 소련의 페레스트로이카를 혼돈이나 통치능력의 결여로 볼 것이며 중국의 동향에 민감하게 반응을 보일 것이라고 지적하면서도, 결국 북한의 변화도 시간문제로 보고 있었다.

이상은 제한된 소련의 지식인을 상대로 시도한 나 자신의 학문적 논의에 불과하지만, 이들 외에도 나는 모스크바나 레닌그라드의 보통시민과도 대화할 기회가 있었고, 지하철·택시도 타보고 렌터카도 해보았다. 레닌그라드의 키로프 극장에서 보았던 무소르그스키의 오페라 「호반치나」는 나의 기억에 오래 남을 것이며, 에르미타주 박물관도 장관이었다. 서점에 나와 있는 사회과학서적들의 내용이 너무나 단조로웠고, 외화상점에 진열된 상품들도 값에 비해 질이 좋지 않았다. 호텔과 지하철 주변에서 거지도 보았고, 부당요금을 노리는 운전기사들도 많았다. 그런가 하면 웃음은 거의 없었으나 성실한 눈매를 가진 사람들도 많았다.

지금까지 이들 소련사람들은 최소한의 필수품인 빵과 감자와 보드카도 충분히 공급받지 못하고 살아왔지만, 이제는 크게 눈을 뜨기 시작한 것이다. 생활필수품을 찾는 시민의 수요와 이에 못 미치는 공급 사이에서 생기는 욕구불만, 거꾸로 말하면 생필품에 대한 자연스런 욕구 내지 물욕은 이미 자본주의적 탐욕이 아니라 인간의 본능이 아니냐고 항변한다. 모스크바시내에 있는 맥도널드 가게에 2백여 명이 줄을 서서 기다렸고, 매점(買占)을 막기 위해 10개 이상은 살 수 없게 제한까지 하고 있었다.

이 광경은 오늘의 모스크바 시민의 일상생활을 이해하는 데 하나의 흥미로운 자료가 될 것이다. 정치분야에서의 괄목할 만한 변화에도 불구하고 경제 재건을 목표로 했던 페레스트로이카는 별 진전이 없고 현재로서는 실패라고 털어놓았다. 레닌을 증오한다는 박사도 있었고, 당의 고급간부들의 행태와 그 구조를 '국가 독점 사회주의'라고 매도하는 교수도 있었다. 요즘 우리나라에서 유행하는 '국독자(國獨資)'가 아니라 '국독사(國獨社)'라고나 할까.

누구나 페레스트로이카를 지지하면서도 그 페레스트로이카에 대한 의미부여는 각기 다르다. 보수파 리가초프도 페레스트로이카를 반대하지 않는다고 하고, 급진파 옐친은 페레스트로이카를 보다 적극적으로 추진하지 않는다고 비판하면서 최근에는 고르바초프의 사생활을 폭로하는 수기를 내놓고 있다.

과연 페레스트로이카는 어디로 갈 것인가. 그 방향을 아무도 정확히 모른다. 그러나 분명한 것은 그 이외의 대안이 없고 절대다수의 소련인이 지지하고 있다는 점에서, 그리고 그것이 동구는 물론 세계를 바꾸고 있다는 점에서, 대내통합이나 대외적응 어느 모로 보나 페레스트로이카는 탁월한 전략개념임에 틀림없다.

20년간 소련에서만 근무한 일본의 한 노련한 외교관은 고르바초프가 '물의 철학'을 몸에 익힌 사람이라고 평했다. 그의 설명에 의하면 강의 물은 크고 작은 바위에 부딪치지만 그것을 피하면서 흘러가게 마련이라는 것이다. 우로 리가초프, 좌로 옐친을 두면서도 결정타를 가하지 않은 채, 자기 페이스대로 소련을 끌고 가는 고르바초프에 대한 조심스러운 찬사인지도 모른다.

바야흐로 소련은 지금까지의 사회주의적 금욕과 불붙기 시작한 인간적 기본욕구 사이의 기로에서 중병을 앓는 거인의 자화상을 드러내 보이고 있다. 이 거인이 지난날 미국과 함께 우리의 조국을 두 동강으로 잘라놓았다는 사실, 비록 잘못은 인정하고 있지만 KAL사건으로 엄청난 인명을 앗아간 사실, 그리고 바로 그 나라와의 수교를 외교의 최우선 과제로 해야 하는 우리의 현실을 어떻게 생각해야 할 것인가. 역사의 중압감을 다시 한 번 느끼면서 서울을 향해 귀로에 올랐다.

(조선일보 1990.3.10.)

한글날, 영릉(英陵)에서 세종리더십을 생각하다

최상용 (고려대학교 명예교수, 전 주일대사)

지난 10월 9일, 여주시가 주최하고 여주대학교 세종리더십연구소가 주관한 〈훈민정음 반포 569돌 기념 명사초청 강연회〉에서 나는 통일외교 분야에서 「10년 후, 미래가치로서의 세종」에 대한 강연 요청을 받았다. 그래서 나는 동북아평화와 그 핵심인 한중일 협력의 가능성과 한계, 특히 한일관계의 고통스러운 딜레마를 푸는 해법에 대한 발표문을 제출했었다.

그런데 바로 그날, 처음으로 세종대왕의 영릉(英陵)을 참배하면서 나에게 불현듯 위대한 정치지도자 세종대왕의 모습이 떠올랐다. 나는 지난 55년 동안 정치학을 공부하면서 우리 조국에서 세계에 내놓고 싶은 정치지도자로, 직업정치가(Berufspolitiker) 정도전과 세습왕으로는 세종대왕을 나라 안팎에 알려왔다. 그래서 훈민정음 반포 569돌을 기념하는 날, 세종대왕의 무덤 앞에서 우리 모두가 세종리더십에 대한 몇 가지 관점을 공유하고 싶었다.

첫째, 세종대왕은 15세기 세계사에서 걸출한 철인왕(哲人王)의 한 본보기로 꼽을 수 있다. 플라톤은 가장 바람직한 지도자를 철인왕으로 보고, 지도자가 철인이거나 아니면 철학을 공부하라고 권고했다. 철학은 앎의 깊은 경지이며, 권력과 앎의 결합을 바람직한 리더십으로 보는 전통은 고대 이래 지금까지도 면면히 전해 내려오고 있다. 세종대왕은 당시의 포괄적인 정치철학이었던 주자학(朱子學)에 대한 깊은 식견과 함께, 무엇보다 우리 민족의 언어인 한글을 만든 지도자이다. 세종대왕의 철학은 플라톤이 말하는 이데아의 인식이나 형이상학적 체계가 아니라, 실사구시(實事求是)의 공공철학이었다. 세종대왕은 정치권력과 공공철학의 결합이라는 점에서 탁월한 리더십을 발휘했다.

둘째, 동서냉전 붕괴 후 오늘날 세계 각국은 저마다 생활정치(life politics)의 경쟁시대에 돌입했다. 삶의 정치 또는 민생정치라는 말로 모든 국민이 알고 있는 말이다. 요컨대 삶의 질을 높이는 정치이다. 세종대왕은 생생지락(生生之樂), 즉 삶의 즐거움을 국정지표로 하고 백성을 편안하게 하는 편민(便民) 정치, 삶의 물질적인 조건과 함께, 한글을 만들어 지식과 정보를 공유할 수 있도록 함으로써 삶과 앎을 결합하는, 우리시대의 참다운 의미의 민생정치의 모범을 보여주었다.

셋째, 오늘날 정치학의 개념으로 사용하고 있는, 하드파워와 소프트파워 그리고 그 둘의 적절한 결합으로써의 스마트파워의 관점에서 보면, 세종대왕은 우리 역사에서는 물론이고 세계사에서도 보기 드문 스마트파워 리더십의 선례를 보여주었다. 32년 재임기간 중, 북방영토를 개척하고 경제력의 기반인 과학기술을 세계적 수준으로 발전시키고, 문화력(文化力)의 원천인 민족 고유의 문자를 만들어 문화국가의 기초를 다졌다. 그리하여 군사력·경제력의 하드파워와 기술력·문화력의 소프트파워를 결합한 스마트파워 리더십의 전형을 보여주었다.

세종연구자들은 세종리더십을 소통, 섬김, 관용, 통합 등으로 설명하고 있다. 그런데 나는 이들 덕목들의 공통점이나 교집합이 될 수 있는 합의의 개념으로 중용(中庸)을 제시하고 싶다. 왜냐하면 중용의 리더십이야말로 세종이 내세웠던 공공철학, 문화국가, 민생정치의 비전과 그 실현 방법으로써의 소통과 통합을 포괄할 수 있기 때문이다. 이제 우리는 튼튼한 국방과 문화력을 바탕으로 하여 세계가 인정하는 매력적인 통일 한반도를 이룩하기 위하여, 정치지도자는 물론 우리 국민들이 세종리더십의 실천에 매진해야 할 것이다.

나는 저녁 무렵 영릉의 아름다운 정원을 거닐면서 한글과 세종대왕에 대한 고마움에 다시 한 번 고개를 숙였다. 세계적인 언어학자이면서 정치학자이기도한 노암 촘스키(Noam Chomsky)가 언어를 인간정신의 자유와 창조의 산물로 보고 한글을 가장 과학적인 언어의 하나로 평가한 것을 잊을 수 없다. 우리가 동서양 여러 나라의 외국어를 공부하면서 비교적 발음을 쉽게 익힐 수 있는 것도 모음과 자음의 조합을 절묘하게 만들어 놓은 세종대왕의 덕분이라는 평소의 생각을 확인하면서, 영릉을 떠나 서울로 향하였다.

서 문 – 정치에서 보편과 특수의 문제

최상용(고려대학교 정치외교학과)

일반적으로 보편주의는 특수주의와 대립되는 개념으로 특정의 지역 개인 집단을 초월하여 보편성을 가지는 사상과 운동을 가리킨다.

인간은 누구나 특수한 상황에서 태어나 나름대로 보편성을 지향하면서 살다가 유한한 생명을 마감한다. 우리는 특정의 시간과 장소 그리고 무지의 상태에서 삶을 시작하지만 배움의 과정에서 언젠가는 신과 자연, 이성과 감성, 자유와 평등, 정의와 평화 등 보편적인 가치에 대한 앎을 추구하기 마련이다. 그런데 우리가 일상 속에서 공기처럼 받아들이는 보편적인 가치도 그것을 체계적으로 인식하기 위해서는 어떤 형태로든 대상을 한정하고 분류하고 개념화하는 지적 작업을 수반한다. 그 과정에서 다양한 관점이나 획일적인 주장도 나올 수 있지만 우리에게 비교적 익숙하지만 결코 이해하기 쉽지 않은 접근 방법이 바로 이원론이다. 특히 정치 영역에서 보편과 특수의 문제는 끝없는 물음으로서 전체와 부분 이론과 실천 이상과 현실 원칙과 상황 등의 이원론과 함께 그 양자 간의 공존, 분극(分極) 융합의 현상을 인식하고 판단하는 것은 참으로 어렵다. 따라서 정치적 보편주의는 우리가 정치철학의 역사에서 제기되어온 보편의 사상과 운동을 특수와의 내면적 관계에서 어떻게 파악할 것인가 하는 인식론적 문제로부터 자유로울 수 없다. 우리가 살고 있는 21세기의 시대정신에 걸맞은 정치적 보편성을 탐구하기 위해서는 우선 고대 이래 정치적 보편주의의 획을 그은 사상과 운동에 대한 성찰적 판단(reflective judgment)이 필요하다.

　서양철학사에서 보편주의의 단초는 플라톤의 이데아이며 그의 이데아와 현상이 이원론의 출발이란 점을 받아들이는 사람도 그리스 철학이 폴리스를 넘어 보편성의 논리를 구상하는 데까지는 이르지 못했다고 본다. 그러나 정치 영역에서 보면 보편과 특수의 형식 논리적 이분법으로 플라톤의 철학을 이해한다는 것은 무미건조하다. 왜냐하면 플라톤의 철학은 원천적으로 폴리스 철학, 즉 정치철학이며 이데아의 보편사상도 정치공동체인 폴리스를 떠나서 생각할 수 없기 때문이다. 플라톤에겐 소규모의 특수한 정치공간인 폴리스가 바로 정치적 보편주의의 도장(道場)이었다. 그래서 보편적 이데아의 체현에 가장 가까운 특수한 인간, 즉 철인왕에게 폴리스를 통치할 수 있는 권력과 권위는 물론 고상한 거짓말(gennaion pseudos)까지 허용했던 것이다. 따라서 플라톤의 정치적 보편주의는 보편을 위한 보편이 아니라 보편의 특수화인 동시에 특수의 보편화로서 폴리스 철학의 철저화의 산물이라 할 수 있다.

　그리스에서 시작하여 로마로 이어지는 스토아 사상의 전개 과정에서도 우리는 자연법과 코스모폴리타니즘, 거기서 파생된 인류와 세계의 이미지에서 보편주의의 풍부한 자원을 찾을 수 있다. 스토아의 보편주의는 그 전 단계의 에피쿠로스 사상과 함께 폴리스 공동체의 멸망에 따른 허탈감, 오랜 기간 폴리스에 의존했던 인간 개인의 해방감과 같은 특수한 상황에서 태어났다. 스토아 학파의 창시자인 키프로스의 제논은 우주는 로고스, 즉 이성에 의해 지배되고 인간은 자연 본성적으로 이성적이며 이성을 보편성의 원리로 보았다. 스토아 철학의 체계화를 추진한 크리시포스는 인간을 '공동체적 동물(Zoon Koinonikon)'로 규정하고 있는데 이때의 공동체는 이미 아리스토텔레스적인 소규모의 자족적인 폴리스가 아니라 세계적 규모로 확대된 코스모폴리스였다. 이처럼 스토아 사상은 인간이 특정의 국가나 집단에서 생활하는 것이 아니라 전 인류를 구성원으로 하는 세계 속에 존재한다고 보았다.

스토아의 정치적 보편주의야말로 인류, 세계, 지구의 이미지를 만들어낸 산실이다. 정치의 이론 및 실천에서 스토아의 보편주의를 끈질기게 추구한 사람이 바로 로마의 철인정치가 키케로(Marcus Tullius Cicero)였다. 그는 스토아의 자연법 사상을 세속화함으로써 보편적 원리로서의 스토아 사상이 현실의 로마정치권력과 결합하는 계기를 마련했다. 여기서 비로소 스토아의 정치적 보편주의가 보편주의적 체제 이데올로기로서의 역할을 다하게 된다.

보편 종교인 기독교가 제기한 "신 앞의 평등"은 보편주의의 종교적 선언이라고 말할 수 있다. 아우구스티누스는 인류를 원죄로부터 구제한다는 관점에서 기독교적인 역사철학을 구상하여 보편주의의 이론적 근거를 제공했다. 그리고 중세 스콜라철학을 집대성한 토마스 아퀴나스의 자연법은 신의 세계지배의 이념인 '영원법(lex aeterna)'이 인간 이성에 각인된 것으로 그 이성이 인간에게는 실천이성으로 나타나며 그 실천이성의 보편적 원리가 바로 "선을 행하고 악을 피하라"는 것이다. 그 실천이성의 보편성은 훗날 스피노자의 도덕적 확실성(moral certitude)과 칸트의 정언명령(kategorischer Imperativ)으로 자리 잡게 된다. 우리가 중세사회를 일원적 기독교 정신과 다원적 봉건제를 결합한 정치체제로 파악한다면, 기독교의 보편주의야말로 중세신분사회를 정당화하는 보편주의적 체제 이데올로기의 역할을 다한 것이다.

18세기 말 근대에 들어와 칸트는 입법자의 의지인 실정법과는 달리 자연법을 보편적 원리에 따라 각자의 이성이 인식하는 법이라 규정하고 그것을 근거로 국내법, 국제법 나아가 세계시민법이 마련돼야 한다고 했다. 칸트의 세계시민정치체제의 구상이야말로 칸트의 정치적 보편주의의 핵심이다. 특히 칸트의 정치적 보편주의는 보댕이나 홉스의 국가주권사상이 주류였던 시대에 계몽의 등불로 보편주의적인 개혁의 길을 열었다는 점에서 주목할 만하다. 그리고 19세기 후 국민국가시대에 등장한 마르크스주의와 인터내셔널운동은 보편주의 사상과 운동의 또 하나의 축을 형성하기 시작했다.

이처럼 근대 국민국가의 전개과정에서 칸트와 마르크스로부터 정치적 보편주의의 사상과 운동이 잉태했다는 것은 정치사상의 역사에서 획기적인 의미를 가진다. 그후 역사의 진행과 함께 전자로부터는 자유주의와 평화, 후자로부터는 사회주의와 혁명이라는 사상과 운동이 세계적 규모로 퍼져나갔던 것이다. 혁명과 전쟁의 시대, 극단의 시대로 불리는 20세기에 들어와 이 두 정치사상은 각기 보편주의적 정치이데올로기로 조직화하기 시작했고 제2차 세계대전 때는 이른바 연합국을 형성하여 독일나치즘, 이태리파시즘, 일본의 천황제파시즘을 축으로 하는 세력과 인류사상 최대 규모의 전면전을 치렀던 것이다.

제2차 세계대전 이후에는 미국과 소련이 각기 자본주의와 공산주의, 자유주의와 사회주의라는 보편주의적 이데올로기로 무장하여 세계적 수준에서 양극화함으로써 동서 냉전체제가 본격화되었다. 특히 한반도의 냉전은 미소국제냉전과 좌우국내냉전의 이중구조를 이루면서 국가, 국토, 민족의 분단은 물론 개인의 내면세계에까지 자기분열의 그림자가 드리워졌다. 1947년 트루먼독트린으로 공식화된 미소냉전은 1989년 소련사회주의체제의 붕괴로 막을 내렸다. 그후 이어진 동유럽 공산주의체제의 붕괴, 중국과 베트남 등 아시아 공산주의국가의 시장경제 체제로의 이행 등으로 한반도를 제외한 세계 모든 지역이

탈냉전시대로 진입하게 되었다. 냉전의 붕괴에 따른 세계정치의 구조적인 변동으로 인하여 보편주의적 이데올로기에 의한 극단주의나 원리주의는 크게 약화되었다. 그러나 탈냉전기에 접어들면서 민족과 문화의 특수성에서 파생된 각종 원리주의와 그 폭력적 형태인 테러리즘, 그리고 지구규모의 환경오염과 격차의 심화 등의 구조폭력이 또 다시 인류의 평화롭고 정의로운 삶을 크게 위협하고 있다.

바야흐로 우리는 정치영역에서 보편적인 가치인 자유와 평등, 정의와 평화를 어떻게 학문적으로 재정의하고 그 목표 가치를 개별국가 및 지역에서 실현할 것인가 하는 엄청난 도전에 직면하고 있다.

우리는 공허한 보편실재론이나 맹목적인 가치상대주의에 안주할 수 없다. 프로타고라스가 만물의 척도로 본 인간이 전지전능하지는 않지만 만물의 영장(靈長)임에는 틀림없다 그렇기 때문에 현실에 존재하는 윤리적인 규범들은 특정의 인간사회의 사회적 구성물(social construction)이며, 더욱이 인간 주체의 능동성이 강조되는 정치영역에서 추구하는 보편성과 보편주의의 관념은 특정의 인간에 의해 만들어지는 구성물이다. 그런 점에서 실제론과 상대주의의 양극이 아니라 인간의 창의를 바탕으로 하는 구성주의(constructivism)적 사고는 정치적 상상력을 풍요롭게 한다. 이것이 바로 우리가 칸트에서 롤즈로 이어지는 정치적 구성주의에 주목하는 이유다. 이를테면 칸트가 제기한 자유주의적 평화론의 핵심인 공화제평화, 세계시민상태, 나아가 민주평화사상의 한계를 극복하고 그 효용을 어떻게 재구성할 것인가. 칸트의 세계시민상태의 연장선에서 국가주권을 넘어선, 정치적 보편주의의 조직화로 볼 수 있는 지역통합을 어떻게 확충할 것인가. 지역통합이 전쟁의 주체인 개별국가의 틀을 극복하고 지속적으로 세계평화에 기여할 수 있을까. 동북아시아에서 그 가능성과 한계는 무엇인가. 그리고 중국, 베트남 등 아시아 공산국가들이 채용하고 있는 사회주의적 시장경제의 전망을 어떻게 평가할 것인가 등 이들은 세계정치에서 정치적 보편주의의 조직화를 둘러싸고 제기된 주요 쟁점들이다.

그리고 20세기 정의론의 백미를 장식한 롤즈는 평등 문제에 대해 나름의 대답을 하고 있는데, 그 핵심이 바로 '차등원리(difference principle)'이다. 롤즈의 방법론에 대한 치열한 찬반논쟁에도 불구하고 광범한 합의를 얻고 있는 이 차등원리를 특정의 개별국가와 사회에서 어떻게 실현할 수 있을까. 우리가 차등원리의 보편성을 받아들인다 해도 그 실현을 위한 구체적인 정책을 만들기 위해서는 개별국가나 사회의 특수한 상황과 조건을 고려하지 않을 수 없다. 롤즈가 정의론의 연장선에서 내놓은 「만민법」은 정치적 보편주의로서의 자유주의를 바탕으로 칸트가 그의 영구평화론에서 제기한 평화연합(foedus pacificum) 사상과 현대의 민주평화사상을 거의 전면적으로 계승하고 있다. 여기서 롤즈는 개별국가나 국민이 아닌, 세계수준의 민중(peoples)이 공유할 수 있는 정의와 평화의 일반원칙을 열거하면서 민주적이고 양식 있는 세계 각국의 민중이 하나의 정의로운 세계에서 평화롭게 살 수 있는, 현실주의적 유토피아(realistic utopia)의 구상을 제시하고 있다.

이상에서 나는 정치영역에서 보편성, 보편주의의 사상사적 흐름을 간략히 스케치해보았다. 예나 지금이나 우리가 보편적인 것과 특수적인 것 이를테면 자연과 인간, 하늘(天)과 사람(人)을 인식하는 과정에서 서양의 이데아와 현상, 정신과 육체에 해당하는 동아시아의 이(理)와 기(氣), 마음(心)과 몸(身), 그 이원론의 의미를 성찰적으로 판단하는 것은 철학사의 영원한 숙제일지 모른다. 그런데 다양한 영역에서 이원론을 파악하는 유력한 방법의 하나로 서양에서는 변증법적인 사고와 동아시아에서는 음양(陰陽)사상이 있다는 것이 자못 흥미롭다. 일찍이

베냐민 슈월츠가 서양변증법의 동양적 표현이 음양사상이라 하여 의미 있는 단순화를 시도한 적이 있지만, 오래전부터 나는 이 두 사상을 꿰뚫는 핵심적 개념으로 동·서양이 공유하는 중용(the mean)을 제시해 왔다.

물론 변증법적인 종합(Synthese)과 음양의 조화(harmony)는 그 전개과정이나 설명방법이 다르긴 하나 우리는 다양한 이원론과 이분법을, 독단론이나 환원주의의 양극이 아닌 성찰적 균형(reflective equilibrium)으로 파악하는 방법으로 동양과 서양에 중용의 보편성이 존재한다는 것을 확인할 수 있다. 고대 이래 동·서양의 정치철학과 윤리학에서 중용은 규범적가치인 동시에 사고와 판단의 방법이었다. 그리고 졸저『중용의 정치사상』에서 밝혔듯이 중용개념의 내포와 외연에서 동서양의 정의(定義)가 동일하고 특히 정치적 사고와 판단의 방법에서 일관된 보편성을 가지고 있다는 점이 나에겐 아직도 놀라움으로 남아 있다.

우리는 지금 냉전의 절대화시대를 지나 냉전 후의 상대화시대에 살고 있다. 그렇다면 이 상대화시대에 걸맞은 정치적 보편성과 보편주의는 무엇이며 그것을 인식하고 판단하는 방법은 어떤 것이며 그 판단의 주체는 누구인가. 모든 궁극적인 물음이 인간자신에게로 돌아오듯이 칸트는 근본악(das radikale Böse)과 비사회적 사회성(ungesellige Geselligkeit)을 가진 인간의 정체성을 지력(知力)과 의무와 희망, 3가지로 나누어 묻고 있다. 이 물음에 대해서는 다양한 대답이 가능하지만 나는 정치역역에서 하나의 대답으로 중용의 보편성을 제시하고자 한다.

첫째, 인간은 무엇을 알 수 있는가. 이것은 인간의 인식능력을 묻는 것인데 중용적 인간관에서 보면 인간의 존재론적 상대성(ontological relativity)이 하나의 기준이 된다. 즉 인간 이성의 가능성과 한계에 대한 깊은 자각을 바탕으로 유한한 인간이 범할 수 있는 오류를 최소화하려는 치열한 노력과 능력 바로 그것이다. 앎에 대한 인간의 능력도 그 범주를 벗어나지 않는다.

둘째, 인간은 무엇을 해야 할 것인가. 이 물음에 대한 답은 인간이 무엇을 하지 말아야 할 것인가에 대한 답으로부터 출발할 수 있다. 즉 다양한 영역에서 원리주의, 극단주의, 패권주의로의 질주를 피하고 실천이성으로서의 중용을 견지하는 것이다. 많은 사람들이 정치는 정의의 실현이라는 명제를 받아들이면서도 정의(正義)의 정의(定義)에 따라 다양한 대답이 가능한데 나는『중용의 정치사상』에서 중용으로서의 정의(justice as mean)로 대답한 바 있다.

셋째, 인간은 무엇을 바랄 수 있는가. 정치영역에서 보면 우리가 바라는 정치공동체, 즉 세계적으로 광범한 합의를 얻고 있는 정치적 보편주의의 체제가 무엇인가에 대한 물음이다. 이 물음에 답하려면 지구상의 대부분의 나라가 민주주의 이념을 선호하고 있는 미중유의 현실에 착안하여 그렇다면 어떤 민주주의가 바람직한가에 대한 성찰이 필요하다.

『중용의 정치사상』에서 제시한 나의 대답은 정의와 평화와 법치를 바탕으로 하는 중용민주주의(meanocracy)이다. 이 경우 정의는 곧 중용이고 평화는 중용으로서의 정의의 결과이며 법치는 중용의 제도화에 다름 아니다.

지난날의 배움의 여정을 되돌아보면 나에게도 우연적 필연(zufällige Notwendigkeit)이라고 할 수 있는 여러 계기들이 있었던 것 같다. 중용은 어릴 적부터 가정교육의 연장선에서 귀에 익숙한 말이었고 지난 반 세기동안 "사려(phronesis)의 학문"이라 할 수 있는 정치학, 특히 서양 정치사상을 공부하면서 정치적 사고와 판단의 방법으로서의 중용에 관심을 모으게 되었다. 이제 고희를 훌쩍 넘기면서 어릴 때 뜻도 모르고 외웠던 불유구(不踰矩)의 의미를 다시 생각해 본다. 널리 알려져 있듯이 『논어』에는 마흔에 불혹(不惑), 쉰에 지천명(知天命), 예순에 이순(耳順) 마지막으로 일흔에 불유구라하여 중용을 일탈하지 말 것을 권고하고 있다.

그리고 중용과 함께 아니 그 이상으로 나의 대학시절을 즐겁게 했던 테마가 바로 변증법이다. 1961년 박종홍 교수의 헤겔 변증법 강의에서 맛본 지적 희열은 지금도 잊을 수 없다. 당시는 일부 학생들이 변증법을 변혁의 철학, 혁명의 이론적 무기로 받아들이기도 했지만 그때나 지금이나 나에게 있어 변증법은 다양한 이원론이나 역설의 진리를 파악하는 논리이면서 특히 복합적인 정치현상을 인식하고 판단하는 방법이기도 하다.

중용과 변증법은 전자를 윤리적 규범, 후자를 논리적 분석의 방법으로 볼 수도 있고 각기 세계관과 역사관을 달리할 수 있으나 상호작용, 상호삼투, 상호인정을 통한 혼합, 절충, 타협, 통합, 종합, 융합 등의 사고와 판단의 방법에는 많은 유사성이 있다. 특히 형식논리적인 모순율과 이분법만으로는 복잡하고 복합적인 정치현상을 판단하기 어렵기 때문에 모순의 변증법과 역설의 중용이 정치적 사고와 판단을 위해 유력한 방법이 될 수 있다.

우연의 일치일지 모르나 양승태 교수와의 첫 만남은 1986년 그가 아리스토텔레스의 변증법에 관한 연구논문을 발표할 때였다. 그후 그가 발표한 연구논문들을 읽어보면, 논리전개의 기저에 변증법적 사고가 깔려 있음을 쉽게 짐작할 수 있다. 그리고 학문적 대화를 하는 과정에서 중용담론에 대한 관심을 공유하게 되었고 특히 시중(時中)을 정치적 판단의 요체로 보는 관점에 대해서도 공감하고 있다.

우리가 정치적 인식과 판단의 방법으로서 중용과 변증법의 유효성을 인정한다면, 정치적 보편주의는 보편과 특수의 중용 또는 보편과 특수의 변증법으로 보편적 원리와 가치를 실현하는 사상과 운동이 될 것이다.

2015년 3월 2일
최 상 용

靑雲 崔相龍 약력

姓　名：	崔相龍
生年月日：	1942年 3月 28日
本　籍：	慶北 慶州市 內南面 伊助里 459
住　所：	서울市 瑞草區 方背洞 12-19 巨峰빌라 304号
電話番號：	02-591-5996(自宅), 010-9146-1803(Mobile)
E - mail：	syongchoi@korea.ac.kr

學　歷

1959	慶州高等學校 卒業
1964	서울大學校 文理科大學 外交學科 卒業
1965~1972	東京大學 大學院 政治學 碩士 및 博士
2002. 4	日本 立教大學 名譽 人文學博士

經　歷

1972~1975	高麗大學校 亞細亞問題研究所 研究員
1976~1982	中央大學校 政經大學 助教授
1977	日本 學術振興財團 研究費로 東京大學 法學部 招聘教授
1979	美國 國務省 Leader's Grant 招聘教授
1979~1981	Harvard大學 Yenching Institute 客員教授 및 Japan Institute 研究員
1981~1982	Washington大學 School of International Studies 研究員
1986~1991	高麗大學校 亞細亞問題研究所 日本研究室長
1982~2007	高麗大學校 政經大學 政治外交學科 教授
1991~1993	高麗大學校 平和研究所 所長
1992~2007	韓國議會發展研究會 理事
1993~2000	統一部 政策評價委員
1993~2000	韓日Forum 委員
1994	Stanford大學 Hoover Institution 研究員
1995~2000	高麗大學校 亞細亞問題研究所 所長
1997	韓國政治學會 會長

1998	韓國平和學會 會長
1998	프랑스 高等社會科學院 招聘教授
1998	國會制度運營委員會 委員
1999	韓日文化交流委員會 副委員長
2000. 2~2002. 2	駐日本國 特命全權大使
2002. 4~2007. 3	日本 法政大學 客員硏究員
2003. 4~2008. 12	東京大學 法學大學院 運營諮問委員
2004	民主平和統一諮問會議 常任委員
2005	韓日友情의 해 諮問委員會 委員長
2005	'2005 광복 60년 기념사업추진위원회 평화분과 위원장
2005	북관대첩비 반환 추진위원
2005~2007	안중근의사 기념관 건립위원회 이사
2005. 7~2009. 10	世宗財團 理事
2006. 1~2015	경주(慶州) 고도(古都)보존회 고문
2006. 5~2008. 12	통일부 통일고문
2007. 3~2010	희망제작소 고문
2007. 9~現在	고려대학교 명예교수
2010~2012	일본 法政대학 특임교수
2012~2013	일본 成蹊대학 법학부 교수
2014~現在	서울신학대학교 석좌교수

賞　勳

2002	훈일등욱일대수장 (일본국정부)
2006	황조근정훈장 (대한민국정부)

學會活動

1977	韓國國際政治學會 硏究理事
1978	韓國國際政治學會 涉外理事
1986	韓國政治學會 硏究理事
1993	韓國政治學會 運營改善委員長
1997	韓國政治學會 會長
1998	韓國平和學會創立 會長
1999~現在	韓國政治思想學會 顧問

擔當科目　　西洋政治哲學, 平和研究, 日本政治

研究業績 / 主要著書

- 現代各國政治論　　　　　　　　(共著: 法文社, 1975)
- 自民黨의 長期執權研究　　　　　(共著: 한길사, 1976)
- 韓國 · 美國 · 日本　　　　　　　(共著: 亞細亞問題研究院, 1977)
- 韓國 民族主義의 理念　　　　　　(共著: 亞細亞問題研究院, 1977)
- 韓國イデオロギー論　　　　　　　(共著: 東京: 成甲書房, 1978)
- 現代日本의 解剖　　　　　　　　(共著: 한길사, 1978)
- Japan and Korea　　　　　　　　(共著: 亞細亞問題研究所, 1978)
- Marx · Leninism　　　　　　　　(共著: 亞細亞問題研究所, 1982)
- 現代韓國政治論　　　　　　　　　(共著: 法文社, 1986)
- 現代韓國政治와 國家　　　　　　　(編著: 法文社, 1986)
- 美軍政과 韓國民族主義　　　　　　(나남, 1988)
- 韓半島 平和論　　　　　　　　　(共著: 法文社, 1989)
- 韓國人의 平和意識과 統一觀　　　　(共著: 法文社, 1989)
- 南北分斷의 克服과 平和　　　　　(共著: 法文社, 1990)
- 現代平和思想의 理解　　　　　　　(編著: 한길사, 1992)
- デモクラシーの未來　　　　　　　(共著: 東京大學 出版會, 1993)
- 日本 · 日本學　　　　　　　　　(共著: 오름, 1994)
- 平和의 政治思想　　　　　　　　(나남, 1997)
- Democracy in Korea : its ideals and realities（編著: 韓國政治學會, 1997)
- 脫冷戰期 韓日關係의 爭點　　　　(共著: 集文堂, 1998)
- A Political Philosophy of Peace　　(UNESCO, Korean Commission: 2000)
- Korea under the American Military Government (共著: Praeger, 2002);1945~1948
- 21世紀 平和學　　　　　　　　　(共著: 풀빛, 2003)
- 人間과 政治思想　　　　　　　　(共著: 인간사랑, 2003)
- 중용의 정치　　　　　　　　　　(나남, 2004)
- 정치가 정도전 재조명　　　　　　(共著: 경세원, 2004)
- 민족주의, 평화, 중용　　　　　　(共著: 까치, 2007)
- 정치가 정도전　　　　　　　　　(共著: 까치, 2007)
- 중용의 정치사상　　　　　　　　(共著: 까치, 2012)
- 중용의 삶　　　　　　　　　　　(종문화사, 2016)

중용의 삶 – 한일관계에 대한 성찰 –

초판 1쇄 인쇄 2016년 1월 5일 | 초판 1쇄 출간 2016년 1월 7일 | 저자 최상용 | 펴낸이 임용호 | 펴낸곳 도서출판 종문화사 | 편집 이태홍 · 디자인오감 | 인쇄 · 제본 위 | 출판등록 1997년 4월 1일 제22-392 | 주소 서울시 은평구 대조동 188-32 2층 | 전화 (02)735-6891 팩스 (02)735-6892 | E-mail jongmhs@hanmail.net | 값 35,000원 | © 2016, Jong Munhwasa printed in Korea | ISBN 979-11-954022-3-6 03340 | 잘못된 책은 바꾸어 드립니다.